二〇二一年度國家古籍整理出版專項經費資助項目

禮記通解

上

九部經解

〔明〕郝敬 撰
廖明飛 點校

長江出版傳媒
崇文書局

圖書在版編目（CIP）數據

禮記通解 / （明）郝敬撰 ; 廖明飛點校. -- 武漢 : 崇文書局, 2022.12
（九部經解）
ISBN 978-7-5403-7120-3

Ⅰ. ①禮… Ⅱ. ①郝… ②廖… Ⅲ. ①《禮記》一研究 Ⅳ. ①K892.9

中國國家版本館CIP數據核字（2023）第021357號

出品人 韓 敏
選題策劃 李豔麗
責任編輯 吕慧英
責任校對 董 穎
責任印刷 李佳超

禮記通解

出版發行 長江出版傳媒 崇文書局
地 址 武漢市雄楚大街268號C座11層
電 話 (027)87677133 郵政編碼 430070
印 刷 湖北新華印務有限公司
開 本 880㎜×1230㎜ 1/32
印 張 30.625
字 數 736千
版 次 2022年12月第1版
印 次 2022年12月第1次印刷
定 價 218.00圓

整理前言

《禮記通解》二十二卷，首一卷《讀禮記》，爲郝敬《九部經解》中第五部，是近古《禮記》學史上具有开拓性意義的一部重要著作。

一、郝敬的生平與《九部經解》的成書

郝敬（一五五八—一六三九），字仲輿，號楚望，又署康樂園主人，湖廣（今湖北）京山人，學者稱京山先生，是晚明著名的經學家、思想家。萬曆十七年（一五八九）舉進士，明年任浙江縉雲知縣，又明年調永嘉知縣，並有政聲。萬曆二十三年（一五九五）陞禮科給事中，翌年乞假歸養。萬曆二十五年（一五九七）冬還朝候補，翌年四月除補户科給事中，敢言直諫，十月之内諫草凡十二上，曾因所謂「抗旨黨庇」奪俸一年。萬曆二十七年（一五九九）春京察，以「浮躁」降宜興縣丞。萬曆二十八年（一六〇〇）遷江陰知縣，萬曆三十二年（一六〇四年，郝敬時年四十七歲）考績復以「浮躁」列下下等，再降，遂掛冠而歸。自是杜門著書，不通賓客，所著除《九部經解》一百七十七卷外，尚有《山草堂集》内外編二十八種、一百五十二卷。傳附《明史》卷二八八《文苑傳·李維楨傳》後，事蹟又詳敬自撰《生狀死制》（《小山草》卷九）以及鄒漪《啟禎野乘一集》卷七所載《郝給事傳》、

余廷燦《存吾文稾》所載《郝京山先生傳》、章學誠《湖北通志檢存稿》卷二所載《郝敬傳》等。

《九部經解》，又稱《九經解》，起草於敬棄官還鄉後的次年即萬曆三十三年（一六〇五）冬，卒業於萬曆四十二年（一六一四）春，「十年不窺户」，爲解一百六十七萬言。其自述編撰之先後次第，曰：「餘力下帷課兒學《詩》，家世《詩》，守師説，古序不講，爲著《毛詩原解》已，乃及《春秋》《周易》《三禮》《論》《孟》，各著爲解，共九部。」（《生狀死制》）由此可知，敬以其家世傳《毛詩》之學，首解《毛詩》，次及《春秋》《周易》諸經。唯此但爲編撰之先後，書成，敬部次全書，則固以「《周易正解》部第一」，即以《周易正解》二十卷爲《九部經解》第一部，次爲《尚書辨解》十卷、《毛詩原解》三十六卷、《春秋直解》十五卷、《禮記通解》二十二卷（以上所解五種即懸爲功令之「五經」）、《儀禮節解》十七卷、《周禮完解》十二卷、《論語詳解》二十卷，而以《孟子》爲「《五經》之都護」，乃殿之以《孟子説解》十四卷，是爲「九部經解」，凡一百六十六卷。每經卷首分别冠以通論性質的《讀易》《讀書》《讀詩》《讀春秋》《讀禮記》《讀儀禮》《讀周禮》《讀論語》《讀孟子》各一卷，其中《論語》《孟子》卷前又分别冠以《先聖遺事》《孟子遺事》各一卷，與經解正文合計一百七十七卷。另外，《讀易》以下九篇文字，又匯集爲一編，初名「經解緒言」，先於《九經解》付刻單行，後改題「談經」，收入《山草堂集》，爲内編第一種。由於郝氏將自宋以來與《論語》《孟子》合爲「四書」的《大學》《中庸》二篇還之《禮記》，重新作解，從結果來看，他的《九經解》除了涵蓋《五經》《四書》之範圍，又納入了《儀禮》《周禮》二經。他以一人之力偏解《三禮》，仿佛東漢鄭玄之兼註《三禮》，是尤其值得我們關注的。

郝敬晚年回顧自己的爲學歷程，曾説「早歲出入佛老，中年依傍理學，垂老途窮，乃輸心大道」（《跋時習新知》），顯然他不僅以爲佛老所言非「大道」，理學（朱子學與陽明學）同樣無關「大道」，而《九經解》的撰作不妨看作是其開闢新路求索「大道」之一端。《九經解》殺青後，敬有如下一段自白：「經教之衰，亦無如今日者矣。三百年來，雕龍繡虎，作者實繁，而含經味道，羽翼聖真，寂乎無聞，是子衿之羞，聖代之闕典也。某一介腐儒，有志未酬，十年閉户，揣摩粗就。」（《小山草》卷七《送九經解啓》）可見他對有明開國以來的經解著作皆致不滿，其以「羽翼聖真」自任的志向與自信亦躍然紙上。正如乃師李維楨（一五四七—一六二六）所云，郝敬「病漢儒之解經詳於博物而失之誣、宋儒之解經詳於説意而失之鑿，而自爲解」（《舊刻經解緒言跋》），整部《九經解》對以鄭玄、朱熹爲代表的漢、宋經學都予以嚴厲批評，實有摧陷廓清之功，自是一代偉著。可以説，郝敬經學是其滿懷自信，在揚棄漢、宋經學的基礎上形成的自得之學。易言之，郝敬《九經解》在漢、宋經學之後，樹立了明儒解經的典型，是以知友夏樹芳（約一五五一—約一六三五）有言曰：「漢、宋諸儒而後，又有京山郝氏之《九經》傑然標幟於將來矣」（《消暍集》卷三《與郝楚望》）。郝敬《九經解》獨樹一幟，最能體現晚明經學的新風格，也最能代表此一時期經學研究達到的水準。如果將明代經學史粗略劃分爲前半期與後半期兩階段，前半期應以永樂官修《五經四書大全》爲代表性作品，後半期即當以郝敬《九經解》爲標誌性成果。

二、《禮記通解》的學術特點、價值及其立場

明洪武十七年（一三八四）頒行科舉成式，「經義：《易》主程朱《傳義》，《書》主蔡氏傳及古註疏，《詩》主朱子《集傳》，《春秋》主左氏、公羊、穀梁、胡氏、張洽傳，《禮記》主古註疏」（《（正德）大明會典》卷七七）。至永樂十五年（一四一七）《五經四書大全》頒行天下，逐漸成爲科舉考試的標準用書，大約永樂末、宣德中，已棄古註疏不用而主《大全》，《禮記》止用元人陳澔（一二六〇—一三四一）之《集説》（參考井上進、酒井惠子譯註《明史選舉志1》，平凡社，二〇一三年，第二五〇頁）。是故明代《禮記》學展開的一個突出方面，即是爲科舉應試服務的鄉塾課蒙、講章類著作的大量出現。此類著作雖夥，但大多不具備學術價值，可姑置勿論。另一方面，也出現了一些針對陳澔《集説》的訛舛紕繆、取捨失當，而别採先儒舊説、折衷己意的著作，如徐師曾（一五一七—一五八〇）《禮記集註》等即是。郝敬則無意與陳澔較短長，他撰《禮記通解》主要的商榷對象是鄭玄與朱子。他説：「訓詁之士，鑿以附會；理學之家，割以别傳。」（《九部經解敘》）前一句是批評鄭玄註《禮記》多穿鑿附會，後一句是批評朱子從《禮記》中裁出《大學》《中庸》兩篇而與《論語》《孟子》合爲《四書》。關於二者之「失」，郝敬在本書中都力爲「救正」。即使説對鄭玄與朱子的「糾謬」構成本書的主要任務，亦不爲過。在明代《禮記》學的諸多著作中，郝敬《禮記通解》稱得上是一部特色鮮明而又頗具開拓性意義的力作。爲方便讀者對郝敬的《禮記》學與《禮

記通解》有一初步了解，以下對本書的學術特點、價值及其立場稍作介紹。

《禮記》凡四十九篇，本書釐爲二十二卷，首又冠以《讀禮記》一卷。《讀禮記》凡十三條，內容涉及《禮記》學的方方面面，其中大部分觀點都散見於四十九篇的註解或按語中，濃縮了郝敬有關《禮記》學的基本認識。讀者觀此，即可快速領會全書大旨。在以下的敘述中，亦將較多引用《讀禮記》中的相關論述。

（一）郝敬的《禮記》觀

《漢書·藝文志》著録《禮》十三家，中有「《記》百三十一篇」，原註云「七十子後學者所記也」，是知《記》類文獻乃由七十子後學記録並保存下來。鄭玄《六藝論》云「戴德傳《記》八十五篇」「戴聖傳《禮》四十九篇」（孔穎達《禮記正義》大題疏引），提示戴德選編傳授《大戴禮記》八十五篇，而今本《禮記》四十九篇則由戴聖選編傳授。郝敬説「是書（《禮記》）漢儒戴聖所記，多先聖格言，七十子門人後裔轉相傳述，非出一手」（《讀禮記》），可見他關於《禮記》成書的見解，基本與傳統認識一致。他與前人的不同之處，是在《三禮》中特重《禮記》。如朱子認爲《儀禮》是「經」，《禮記》是「根本」，《禮記》是解釋《儀禮》之「傳」，是「枝葉」（《朱子語類》卷八四），他編《儀禮經傳通解》，首爲《士冠禮第一》，其後即附《冠義》作爲「傳」。郝敬有云「先儒推《周禮》《儀禮》以爲經，欲割《記》以爲傳」（《讀禮記》），就是批評朱子的這種禮書觀及其編纂《通解》的上述做法。郝敬對《周禮》《儀禮》的評價都不高，説《周禮》「尤多揣摩，雜以亂世陰謀富强之術」，謂《儀禮》「枝葉繁瑣，未甚切日用」。他甚至根本否認《周禮》《儀禮》作爲「經」的地位。他説：「《周禮》《儀禮》烏可以爲經乎？萬世常行之謂經。二禮不行于天下後世，今十且九矣。」郝敬認爲，祇有可施之於萬世者始堪稱天地之常「經」，而《周禮》《儀禮》行於世者止什一而已，不可以爲「經」。《禮記》則不然，「多名理微言。天命人性易簡之旨，聖賢仁義中正之道，往往而在。如《大學》《中庸》兩篇，豈《周官》《儀禮》所有」，因此他主張「《三禮》以《記》爲正」。他的尤重《禮記》，源於其對禮義的極端强調。他説：「二禮（《周禮》《儀禮》）詳于器，而《記》詳于義。義可兼器，器不可兼義。如以義耳，寧獨《記》。」他之所以重「禮義」而輕「器數」，因爲「器者隨時變通，而義者百世不易」（以上《讀禮記》）。這毋寧是在説《禮記》雖然是「記」，但因其詳于「百世不易」之「義」，比《周禮》《儀禮》都更加具備「萬世常行」之「經」的質素。在郝敬看來，「義」的重要性至少體現在以下三個方面：一是「義」可以興起新禮，他説「凡禮者，義而已。古今不同時，而禮可以義起」（《讀周禮》）；二是「通其義而儀可知也」（卷二二《冠義》篇題解），若知悉禮之義，則禮儀節目自能分曉；三是知禮之義是行禮如儀的前提，他説「未有不知其義而能行禮者也」（卷一六《祭義》篇題解），又説「讀禮者達其義，則禮無不行」（《儀禮節解》卷二）。本書中屢屢徵引孔子所説「君子義以爲質，禮以行之」（《論語·衛靈公》）一語，其意即在於是。既然「義」之於禮的意義如此，郝敬認爲「《三禮》以《記》爲正」，又以爲《三禮》以《禮記》爲先（《儀禮節解》

卷一大題解），實在理所當然。

總而言之，鄭玄以《周禮》爲「經禮」，在《三禮》中最重《周禮》，朱子禮學則以《儀禮》爲中心，而郝敬强調「禮義」，特重《禮記》，且不承認《周禮》《儀禮》爲「經」。

（二）對鄭註的批判

郝敬對《三禮》記載的歧互參差，有比較清楚的認識。在《讀禮記》第三條，他説「《禮》非夫子原定之書矣。後儒各記所聞，互相矛盾」，並列舉了四十九例。他不僅指出《三禮》之間記載的差異，而且也指出《禮記》《周禮》《儀禮》内部各篇之間記述的異同。如其中有云：「《王制》云『諸侯於天子五年一朝』，又云『天子與諸侯相見曰朝』，而《周禮·大宗伯》云春曰朝，夏曰宗，秋曰覲，冬曰遇，然《儀禮》惟有覲禮，無所謂朝、宗、遇，而《大行人》又有九服分六歲來朝之説。」他認爲，「如此之類，錯雜紛拏，師説相承，言人人殊」，後人有不同解釋，聚訟紛紜，亦屬自然。他又説「雖使考證詳確，古今異宜，亦難盡用」，即使考證詳明精確，古今情勢不同，有關禮儀亦難以一一用之於今。針對這種禮文獻記載的歧互，他主張「達觀者自能折衷，有所不知，宜存而弗論」；反之，如果「牽强附合」，則「失之愈遠」。他直指鄭玄註禮正坐此弊：「鄭康成輩好信不通，執此徵彼，及其不合，牽强穿鑿，譸張百出。」（《讀禮記》）他更謂：「大抵禮教不明，一壞于聖遠經殘，百家補葺，淆亂而失真；再壞于鄭玄輩好信寡識，附合以求同。」（《讀周禮》）如所周知，鄭玄禮學是以《周禮》

爲本（「經禮」），彌縫調和《三禮》記載之間的歧互矛盾，進而貫通《五經》《七緯》的龐大精深的解釋體係。這種體係性，很大程度上即表現爲郝敬所説的「執此徵彼」「附合以求同」云云。也就是説，郝敬所激烈批判的恰是鄭玄禮學中最具創造性的部分。他批評鄭玄的上述解經方法是「禮教不明」「世儒所以苦于讀禮」的主要原因之一。那么，爲了讓禮文獻重獲生命力，使禮教復明於世，就必然要打破鄭玄禮學的牢籠。

在《讀禮記》第七條，郝敬對《禮記》鄭註有一段總括性的批判：「此四十九篇大都先賢傳聞，後儒補緝，非盡先聖之舊，而鄭康成信以爲仲尼手澤，遇文義難通，則稱竹簡爛脱，顛倒其序；根據無實，則推殷、夏異世，逃遁其説；節目不合，則游移于大夫、士庶之間，左右兩可；解釋不得，則託爲殊方語音，變换其文。牽强穿鑿，殊乖本初。」這幾個方面皆確中鄭註之「失」，宋儒如陳祥道、朱子等人就此已多有議論，郝敬繼承了宋儒以來駁難鄭玄的傳統，是清楚明白的。但他批評鄭註的力度，恐怕又是空前絶後的。在《讀禮記》第十一條，郝敬對《禮記》鄭註大加撻伐。首先，他説：「鄭康成解禮多强作（『强作』《談經》本作『穿鑿』），俗士詫爲辯博，小有異同，輒云『學問未到康成地，焉敢高聲議漢儒』。夫議論前人長短，非也；議論前人所議論道理文字，何傷？」郝敬指摘鄭玄禮註多穿鑿妄作，未得經義本旨，俗士反而詫爲賅博，不敢議論鄭註之是非。「學問未到康成地，焉敢高聲議漢儒」，當然不是郝敬所處的晚明的學術氛圍，而主要應指北宋以前中古時期的崇鄭風氣。實際上，北宋諸儒已「視漢儒之學若土埂」（王應麟《困學紀聞》卷八《經説》），明中期以降古註疏的地位雖然呈上升趨勢，但遠未形成不敢議論康成、獨尊漢儒的學風。質言之，郝敬此説並非針對時人而發，而是遥接往昔，對學術史上尊崇鄭玄禮學導致「禮教不明」、禮學未能别開生面的現象下一針砭。據此而言，郝敬似有一種超越自身所處時代的胸襟與氣度，他的志向顯而易見，就是要對鄭玄禮學進行一番徹底的清算。在此條中，他繼而列舉了鄭註「四十九篇中解説謬者」六十四例，且謂「他如此類，不可枚舉」，則鄭註之謬誤不足觀已毋庸置疑。

要之，郝敬對鄭註的批判有當有不當，且另當别論，但清算鄭學即爲他註禮之原動力，則可謂彰明昭著。他在學術上反對權威主義，提倡自由思考、平等批評，意氣風發，捨我其誰，與他在政治、倫理觀念上的頑固保守（詳下），適成鮮明對照。

（三）將《大學》《中庸》還之《禮記》

本書卷十八、十九解《中庸》，卷二十一解《大學》，篇首各冠以《中庸總論》二十條、《大學總論》九條。以上三卷字數合計約十萬字，篇幅竟佔全書的五分之一。其他各篇皆一段經文後總爲之註，其後或附按語，唯獨此二篇一段經文之後，反復爲之作解，故經文原文雖不甚長，而註解文字乃數倍於他篇。这是因爲郝敬要挑戰被尊爲官學的朱子《章句》，提出獨自的解釋，「故言之不覺冗瑣」，「以俟明道君子裁削」（卷十八《中庸》篇題解、卷二十一《大學》篇題解下有相似表達）。

北宋二程子表章《大學》《中庸》在先，後朱子爲撰《章句》，與《論語》《孟子》合爲《四書》，奠定了《學》《庸》二篇作爲道學經典之地位。隨着元代科舉考試將朱子《四書章句集註》列爲指定教科書，學者註《禮記》於《大學》《中庸》兩篇亦皆空其文而不録，如陳澔《禮記集説》於《學》《庸》不載經文，僅録篇名，云：「朱子《章句》。《大學》《中庸》已列《四書》，故不具載。」結果《大學》《中庸》徹底脱離《禮記》而獨立，原本四十九篇的《禮記》就在事實上變成四十七篇。郝敬説「按《大學》《中庸》本禮書也，今獨摘取此二篇單行，以爲道學之書，豈禮之外别有道歟」（《小山草》卷三《考亭疑問》），主張禮、道無二，認爲《學》《庸》二篇爲「禮書根蒂」（《讀論語》），《中庸》爲「聖門約禮之教、傳心之典」（卷一八《中庸》篇題解），《大學》爲「先聖傳心要典，禮學之統宗」（卷二一《大學》篇題解）。他更警告，割裂《學》《庸》二篇獨行，「舍禮專譚性命」，將有空言無實，薄視名法，墮入佛老二氏境地的危險（《中庸總論》），因此要「亟還舊觀」（《讀禮記》）。

郝敬將《學》《庸》二篇還之《禮記》重作解釋，於朱子兩《章句》從違之不同，源於他對《中庸章句》與《大學章句》的評價不同。他説「朱子《〈中庸〉章句》大有分曉，較《大學》爲近之。若鄭註、孔疏，孟浪無足觀矣」（《中庸總論》），完全否定鄭註、孔疏，而對《中庸章句》基本持肯定態度，其解《中庸》經文章次亦依朱子《章句》本而略加改訂。朱子《中庸章句》分經文爲三十三章，郝敬則分爲三十章，其不同在於，將朱子《章句》的第五、六兩章合併爲第五章，將朱子《章句》的第七、八兩章合併爲第六章，將朱子《章句》的第九、十兩章合併爲第七章，而「子曰：『射有似乎君子，失諸正鵠，反求諸其身』」一句在朱子《章句》第十四章末，郝敬將之分入下章，置於第十二章首。

可見郝敬之《中庸》分章與朱子《章句》本微有不同而已。

與之相對，郝敬對朱子《大學章句》基本持否定態度：「《中庸章句》猶可觀。此篇（《大學》）被其割裂攙補，牽强解説，不成義理。」（《大學總論》）朱子分《大學》首一章爲經，謂「孔子之言，而曾子述之」，其後十章爲傳，謂「曾子之意而門人記之」；又以爲「舊本頗有錯簡」，故調整移易經文次序，乃至於第五章自補傳文，即著名的「格致補傳」（又名「格物補傳」）。然則郝敬批評朱子「割裂攙補」，是符合事實的。郝敬以經、傳之分爲無據，「《大學》是一片文字。……古人文字亦有自作自釋者，何據知爲經爲傳乎」（卷二一），更批評「《大學》傳格致」是朱子之學令人「大惑」之一（《小山草》卷三《考亭疑問》）。職是之故，他解《大學》不用朱子《章句》本，而遵用「古本」（「舊本」，即鄭註本），不過爲了方便初學尋覽，略將全篇分爲六章。他説：「今按舊本尋繹，古人意思躍然，未見錯簡也。」（《大學總論》）。言下之意，朱子「牽强解説」，並未得古人真意，更無所謂錯簡，何須「割裂攙補」。此外，郝敬遵用「古本」，亦應與明中葉王守仁刊佈《大學古本》以來回歸「古本」的思潮不無關係（相關研究可參考劉勇《變動不居的經典：明代〈大學〉改本研究》，生活·讀書·新知三聯書店，二〇一六年）。

郝敬將《學》《庸》二篇還之《禮記》重新作解，這一壯舉，「打破了三百年來《禮記》著作不録《大學》《中庸》的慣例」（石立善《〈大學〉、〈中庸〉重返〈禮記〉的歷程及其經典地位的下降》，《國學學刊》二〇一二年第三期，第三三頁），意義重大，並對清代《學》《庸》重返《禮記》

的運動産生不小影響，不得不説是《禮記》學史上的一件大事。

（四）考信於《詩》《書》與《孟子》

在本書中，郝敬考訂禮文往往首先徵之於《詩》《書》，以《詩》《書》是否記載作爲判定是非以及取捨去取的標準。如《王制》「天子無事與諸侯相見」以下一節，郝敬按語云：「酒稱鬯，取香氣充暢。《周禮》有鬯人、鬱人。鄭氏謂秬黍釀酒曰鬯，煮以鬱金之草。然《詩》《書》但言『鬯』，不言『鬱』，恐鬱亦是醖釀濃厚意，非必是草。」（卷五）這是以《詩》《書》不言「鬱」而駁鄭玄訓詁。《王制》此節經文又有云「出征執有罪，反，釋奠于學，以訊馘告」，郝敬按語云：「學宫之祭，不見於《詩》《書》；釋菜小禮，非所以告武功。《記》言大抵附會耳。」這是以《詩》《書》不載作爲否定《王制》有關釋奠禮記述的旁證。類似的例子還有不少，如云「其事不見于《詩》《書》」（卷八《禮器》）、「然考之《詩》《書》無徵」（卷一一《玉藻》），而在考察虞、夏、商、周四代帝系這種重大問題之際，郝敬甚至斷言「往牒悠邈，若有若無。《詩》《書》所無，一切難信」（卷一六《祭法》），已然將《詩》《書》是否記載作爲可信與否的絶對標準。若然，郝敬考信於《詩》《書》的做法就未可等閒視之，值得一探究竟。

《王制》「天子七廟，三昭三穆，與大祖之廟而七」一節下，郝敬按語云：「廟制、祭名，諸説紛紛不齊。七廟不見於《詩》《書》。孔《書》云『七世之廟』，非必真伊尹語。《儀禮》《周禮》《穀梁》《家語》等書，大抵與《記》先後雜出，未可相徵。或稱虞、夏五廟，殷六廟，周七廟，或云九廟，以至于十一廟，《祭法》又云適士二廟，官士一廟，未知誰是。」廟制是禮制中最爲要緊的議題之一，郝敬對此進行討論，亦首以「七廟不見於《詩》《書》」爲説。既不見於《詩》《書》，《王制》「七廟」之説就很可疑了。按照郝敬，此處所云「《詩》《書》」之「《書》」專指伏生所傳二十八篇，其下「孔《書》」則指「孔氏《古文尚書》」二十五篇，乃僞《古文尚書》，「七世之廟」即出自其中的《咸有一德》篇。他在這裡還指出《儀禮》《周禮》《穀梁傳》《孔子家語》等書與《禮記》的出現相先後，不能取以相證，可知根據他的意見，《三禮》及《穀梁傳》《孔子家語》是同一層級的文獻，其可信度無法與孔子删定、「子所雅言」的《詩》《書》等早期經典相提並論。換言之，他之所以考信於《詩》《書》，最重要的原因是《詩》《書》成書較早，在考察上古歷史、典章制度諸方面最值得徵信。

若《詩》《書》無以爲徵，郝敬又取證於《孟子》。如《明堂位》篇題解下云：「明堂不見于《詩》《書》。惟《周頌·我將》之序云『祀文王于明堂』，《孟子》云『明堂，王者之堂』，然則明堂誠有之。」（卷一二）明堂雖不見於《詩》《書》，然見載於《孟子》，即信以爲有。又如《王制》「凡養老，有虞氏以燕禮」以下一節歷述養老之禮，郝敬按語云：「老老之禮，先王教民爲子弟孝弟之道也。三老、五更不見於《詩》《書》。……説莫善於《孟子》……孟子去古未遠，養老之説，于斯爲正。《王制》作於漢文帝世，三老、五更禮至東京始行。」（卷五）這裡討論養老禮，首先指出三老、五更之名「不見於《詩》《書》」，不信《王制》的敘述，而以孟子所述養老禮爲正。在《文王世子》「遂設三老、五更、羣老之席位焉」下，郝敬按語有與此大致相同的議論（卷七）。郝敬以爲「孟子去古未遠」，因而更值得採信。他對孟子其人及《孟子》一書的態度，與對《詩》《書》的態度頗爲相似。

以下再舉一例稍加説明。《王制》「王者之制禄爵」一節敘述班爵、授禄制度，郝敬按語云「《王制》作于漢博士，其説宗《孟子》而加附會」。《孟子·萬章下》「北宮錡問曰：『周室班爵禄，如之何』」下有一段敘述周室班爵、班禄制度的文字，郝敬認爲《王制》的記載即本諸此又加以附會改補。他還具體指出「次國之上卿位當大國之中」至「下當其下大夫」乃採輯自《左傳》成公三年臧宣叔對魯成公之語，因而出現爵位的前後牴牾。他同時指出《周禮》所述班爵禄之制與《孟子》不同，「《周禮》未足據」。他説：「大抵《王制》《左傳》《周禮》皆成於後人手。惟孟子近古可信，且生周末，猶自謂其詳不可得聞，未知漢博士何據而反得詳也。」孟子在回答北宮錡之問時曾説「諸侯惡其害己也，而皆去其籍」，故「其詳不可得聞」，自己不過「嘗聞其略」（引者註：或許聞自口述）。在孟子的時代，周室班爵、班禄的相關文獻記載已湮滅不傳，漢文帝時博士所撰之《王制》，敘述反比《孟子》更加詳密，其何所依據邪？郝敬的質疑順理成章，亦頗中要害。他認爲孟子生於周末，「近古可信」，《王制》成於後人之手，雖詳而必出於附會，不足憑信。在《讀孟子》中，郝敬有更加斬截的闡述：「（孟子）去聖未遠，六籍尚存，故七篇之言，明徵可信。其他傳記，如《周禮》《春秋》諸傳等書，皆經後人脩飾，辭多附會。如言班禄……」又云：「至于先王之禮，巡狩、述職、班爵、班禄、井田、學校，皆治天下大經大法，其（孟子）説明徵典要，可信可傳。若《周禮》之煩苛，《儀禮》之瑣碎，

《王制》《明堂位》之附會，皆强世難行。故欲考古禮、法先王，莫善於孟子矣。」所以，郝敬屢言「善稱先王，莫如孟子」（卷五）、「惟孟子近古」（卷七）、「孟子之言最近古」（卷一二）、「諸傳獨《孟子》近古」（《讀書》）、「《孟子》之書最爲近古」（《尚書辨解》卷五）、「稽古以《孟子》爲正」（《讀儀禮》）。

郝敬的考信於《詩》《書》與《孟子》，並非簡單的「尚古主義」，而是已具近代文獻實證的性格，在論證方法上有其「科學」性。

（五）維護名教的立場

對於郝敬來説，「《六經》之教不越日用人倫」（《時習新知》卷一），「《六經》，名教之規矩也」（《小山草》卷三《春秋後言》），而「名教之樂，人生一快也」（《小山草》卷七《再答田肖玉》）。維護名教秩序、人倫綱常與尊君卑臣的言論，在郝敬禮註中真可謂俯拾即是。

如其關於「孔氏三世出妻」的議論，就屬典型事例。《檀弓上》「子上之母死而不喪」節，言及孔子與孔子之孫孔伋（字子思）出妻事，下經「子思之母死於衛」節，又言及孔子之子孔鯉（字伯魚）出妻事，這就是所謂「孔氏三世出妻」的文獻記録。在「子上之母死而不喪」節下，郝敬按語云：「出妻，人倫之變，非士君子之高誼。《大戴記》有婦人七出之説，於人情未宜。今謂孔氏三世出妻，無稽甚矣。《詩》云『刑于寡妻』，豈聖人之配，名賢之母，皆不克其家？好事之説，本無足信。」郝敬以爲，「出妻」

是「人倫之變」，在人倫上屬於消極的事態。但他以「孔氏三世出妻」爲不可信，並非是從事實層面加以反駁，而是從倫理層面予以否定，認爲聖賢之妻、母，理應品格端方，不當「不克其家」而見出。揣摩郝敬的心理，此等關涉聖賢名教之事，固不容亦無須討論其「事實」真相爲何，因爲事實真相是如此清楚：符合聖賢名教規範者即爲事實，否則不能是事實。同節經文末句有云「故孔氏之不喪出母，自子思始也」，是說孔氏一族不讓兒子爲見出的母親死後穿孝，是從孔伋開始的。對此，郝敬說：「母死無喪，是路人耳。此禮不宜自孔氏始。」他在《讀禮記》第七條中論及「出母無服」而謂「雖古近薄」，其實承認爲出母無喪是古禮，但這意味着母子形同路人，是毀滅人倫，怎麽可以始於爲聖爲賢的孔氏一族呢？「不宜」二字，生動地傳達了郝敬維護聖賢名教的立場。

又如《王制》「諸侯賜弓矢，然後征；賜鈇鉞，然後殺」，説的是諸侯得到天子特賜的弓矢，就可以征討叛逆；諸侯得到天子特賜的鈇鉞，就可以擅行誅殺。郝敬引孔子之言「禮樂征伐自天子出」（《論語·季氏》），謂之爲「不易之經」，主張諸侯爲人臣，不得專征伐。他指出，以諸侯得賜弓矢、鈇鉞便可專征伐，乃是「五霸」藉以作亂之口實，「大亂天下者也」（卷五）。他在《尚書·西伯戡黎》篇題解下有更加詳細的論述。他説「爲人臣者，焉得有專征伐之事」，指出齊桓公、晉文公「挾天子，取彤弓，稱方伯，搰亂天下」，即以西伯（文王）爲口實，藉《尚書》《春秋》合理化自己的行動，正是由於儒者未對上述經書作出「準確」解釋的後果，「豈非經術不明，儒者之罪與」（《尚書辨解》卷三）。因此，郝敬斥《王制》的這段記載，「爲莽、操九錫濫觴，可删也」（卷五），是亂臣奸雄如王莽、曹操之輩逼迫天子爲自己加九錫的罪惡源頭，應當删去不録。於此，他尊天子抑諸侯、尊君卑臣、嚴君臣之辨的立場顯露無遺。

郝敬極力爲周公辨誣，也出於同樣的理由。《文王世子》「成王幼，不能涖阼。周公相，踐阼而治。抗世子法於伯禽，欲令成王之知父子、君臣、長幼之道也。成王有過，則撻伯禽，所以示成王世子之道也」，《明堂位》「武王崩，成王幼弱，周公踐天子之位，以治天下。六年，朝諸侯於明堂，制禮作樂，頒度量，而天下大服。七年，致政於成王」。這兩段經文主要提到：由於成王年幼，周公踐阼，治理天下，七年始還政於成王；周公通過教育自己的兒子伯禽，來向成王顯示做世子的規矩。郝敬認爲二者都是無稽之談，「周公踐阼，尤罔先聖」，指斥「踐阼」之説是厚誣周公。他説「讀《詩》《書》」即知周公事幼主戰戰兢兢，小心忠慎，自古以來未有如周公「謙遜不驕」之人，豈會有霸佔帝位長達七年之事？果真如此，「周公貪叨，何異莽、操」。所以他説周公踐阼，以及誅殺管叔，「皆戰國緯稗邪説」，荒謬不經。他又「考之《詩》《書》」，周公兩年居東，三年東征，既未「踐阼」，也不曾「抗世子法於伯禽」，因爲伯禽在魯，亦絶無可能「與成王從容同學」（卷七《文王世子》）。他又説，「愚嘗考《詩》《書》，知周公殺兄，作僞《書》者誣之；周公踐祚，記禮者誣之」，「『七年致政』云者，誤解《洛誥》『復子明辟王』與『誕保文武受命，惟七年』語，緣飾之過也。説詳《洛誥》」（卷十二《明堂位》）。而且，在《讀書》第十三、十四條，復有相關辨誣。郝敬解《尚書·金縢》「武王既喪」一節，又力主周公殺管叔事爲誣妄，表述更爲直白。郝敬云：「兄弟之惡，不過鬩墻，而羽檄星馳，播告四方，豈聖人所爲？」他以爲周公無東征殺兄事，其判斷的依據是作爲「聖人」的周公不應有此類舉動。郝敬繼而又云：「學者窮經，此何等事，可以不辨？既厚誣（周）公矣，乃詭稱大義滅親，援湯武放殺爲解……」學者既以窮經爲業，事關名教綱常，豈可不爲周公辨誣？然則名教綱常之於經學家郝敬來説是何等大事，再明白不過了。郝敬又有云：「自古大臣功高謙沖，未有如公者……可不謂萬世人臣之師表與？必如世儒誣公負扆明堂，朝諸侯，流言殺兄，此其暴戾衡行，何異莽、操！鄉原不爲，而謂聖人爲之乎？」（以上《尚書辨解》卷五）總之，郝敬對《文王世子》《明堂位》有關周公踐祚、抗世子法於伯禽的記載，並周公殺管叔事，都予以否定，嚴加批判，竭力爲周公辨誣，是要維護「先聖」周公謙遜不驕、忠慎事主的完美的人臣形象。

已經有研究者從氣學理论的角度探討郝敬的思想立場，指出郝敬是既存秩序（體制）、價值觀的堅定擁護者，他的思想中存在相當保守的成分（荒木見悟《郝楚望の立場》，《中國哲學論集》第二〇號，一九九四年十月），這一點從上述郝敬的禮註中亦可得到印證。

三、《九部經解》的刊行與《禮記通解》的版本

《九經解》的刊刻前後歷時六年，大約開雕於成書之年即萬曆四十二年，依《周易》《尚書》《毛詩》《春秋》《禮記》《儀禮》《周禮》《論語》《孟子》之部次刻梓行世，至萬曆四十七年（一六一九）孟夏刻成《孟子説解》止，乃得蕆事。各經卷前皆署「京山郝敬著囗男千秋千石校刻」，卷一首俱署「郝

敬習」，書末均附刻刊記，如《周易正解》卷末附刻刊記云「時萬曆乙卯季夏京山郝氏家刻」。這就是《九經解》的首次刊刻，習慣稱爲郝氏家刻本。另據日本國立國會圖書館藏《尚書辨解》（書號：ね-二五）封面題署云「京山郝氏九經堂刻」，顯示郝氏堂號爲「九經堂」，可以作爲版本著録的明確依據，以下即稱該本爲「京山郝氏九經堂刻本」。

京山郝氏九經堂刻本有早印、後印之別，後印本校訂了早印本的部分誤字，在内容上亦有修訂。凡是卷端署「郝敬習」者，可以認爲是早印本，署「郝敬解」者，可以認爲是後印本。蓋漢儒註經每自謙曰「學」（如何休註《公羊》署「何氏學」），郝敬初效之曰「習」，而後印本爲了與《九部經解》的題名一致，故皆剜改作「解」。值得注意的是，即使同署「郝敬習」之早印本，仍存在先印、後印的區別，而同署「郝敬解」的後印本，後來又有經郝洪範重校修印者，卷端改署作「京山郝敬著男千秋千石洪範較」者即是，姑且稱之爲「重校修本」。如所周知，「較」是避明熹宗朱由校（年號天啟）的帝諱。千秋、千石爲敬正室孫氏所生之長男、次男，洪範則爲側室管氏所生之季男。千秋、千石皆早於敬而逝，千秋卒於《九經解》刻成的萬曆四十七年，千石卒於五年後的天啟四年（一六二四）。洪範約生於萬曆四十四年（一六一六）抑或萬曆四十五年，天啟（一六二一—一六二七）時尚爲少年，大概到了崇禎（一六二八—一六四四）年間，他從事了《九經解》的重校修印工作，故添入自己的名字印行。依目前所掌握的版本資料，至少可以確認《周易》《尚書》《毛詩》《禮記》《周禮》《春秋》《論語》七經皆有郝洪範的重校修本，然則不妨推測崇禎以降洪範重校修印了全套《九經解》。要之，京山郝氏九經堂刻本可以大致分爲早印本、後印本、重校修本三種。現在世界各地公私藏書機構所藏以及《四庫全書存目叢書》《續修四庫全書》所影印之《九經解》，多呈現出混合早印本、後印本與重校修本的面貌，無言地訴説着該書刊、印、修的歷史。

此後，至遲在清順治十六年（一六五九）前後，已有校定重刊《九經解》之議，江西籍學者張自烈（一五九八—一六七三）曾受囑「重定」，同時郝敬門人余正公（湖廣人，「正公」當爲字號，未詳其名）亦有志「重鋟」（張自烈《復余正公論〈山草堂集〉書》《復友人論〈字彙辨〔辯〕〉書》，《豫章叢書》本《芑山文集》卷九），後遂不果。直到清光緒十七年（一八九一），《九經解》中的《尚書辨解》《毛詩原解》二種以及《春秋直解》的後二卷《春秋非左》（又收入《山草堂集·内編》）刻入《湖北叢書》，是繼京山郝氏九經堂刻本之後的第二次刊刻。《九經解》流傳到日本後，頗受歡迎，學者争相傳鈔，至今有多家藏書機構庋藏《九經解》的鈔本（或者刻本混配鈔本），而《尚書辨解》有文化六年（一八〇九）三浦源藏（吶齋）校刻之本，僅刻前八卷解伏生書者，而未刻後二卷辨僞古文者，故書名改題《郝京山尚書解》，略去「辨」字。

以上就是《九經解》刊行的概況。就本書《禮記通解》而言，版本情況並不複雜，僅有京山郝氏九經堂刻本，刻成於萬曆四十四年季冬，有早印本、後印本以及郝洪範重校修本。《續修四庫全書》影印復旦大學圖書館藏本（以下簡稱「《續修》本」）署「郝敬習」爲早印本，《四庫全書存目叢書》影印湖北省圖書館藏本（以下簡稱「《存目》本」）、日本築波大學中央圖書館藏本（書號：ロ八〇三－三三二，以下簡稱「築波本」）卷端署「郝敬解」爲後印本，哈佛燕京圖書館藏本（以下簡稱「哈燕本」）卷首改署作「京山郝敬著男千秋千石洪範較」，爲郝洪範重校修本。後印本不僅改正誤字，内容亦有補訂。如卷三第五葉左闌第四行「或云拜再拜也」六字，《存目》本、築波本、哈燕本如此，《續修》本原無。又如卷六第三十四葉左闌第五行，《續修》本作「合制而頒之，不來也」，《存目》本、築波本、哈燕本則作「合制而頒，不親受也」。雖然同爲後印本，築波本的印製又似後於《存目》本，前者訂正了後者的部分訛字。如卷一一第十一葉右闌第五行，《續修》本作「飲而賜」，《存目》本「賜」字爲讀者所塗抹，而猶可辨認，築波本則改作「飲而俟」，哈燕本同。郝洪範重校修本作了進一步修訂。如卷十第十二葉左闌末行至第十三葉右闌首行，《續修》本、築波本作「俗呼爲高粱者，粱之正名也」（《存目》本「高粱」下一字爲讀者所塗抹，當亦作「者」），哈燕本改作「俗呼爲高粱，此粱之正名也」。據此似可推測，《九經解》的每次印製，事先都經過不同程度的文字校訂。

根據以上版本調查的結果，可知屬於郝洪範重校修本的哈燕本文本質量較優，故此次整理即以之爲底本，校以《續修》本、《存目》本、築波本，首一卷《讀禮記》並酌情參校《山草堂集》所收《談經》，點校細則另見後附《凡例》。整理者承乏點校本書，雖勉力爲之，謹慎從事，然學殖譾陋，誠不能無謬誤，懇請讀者和專家們批評指正。

壬寅霜降後一日，瑞金廖明飛謹識於閩中寓所

校點凡例

一、此次整理，以哈佛燕京圖書館藏京山郝氏九經堂刻郝洪範重校修本《禮記通解》二十二卷、首一卷《讀禮記》爲底本。

二、本書整理所用校本及簡稱如下：

（一）《續修》本：《續修四庫全書》影印復旦大學圖書館藏京山郝氏九經堂刻早印本；

（二）《存目》本：《四庫全書存目叢書》影印湖北省圖書館藏京山郝氏九經堂刻後印本；

（三）築波本：日本築波大學中央圖書館藏京山郝氏九經堂刻後印本（印製略後於《存目》本）；

（四）《談經》本：《四庫全書存目叢書》影印中國國家圖書館藏明崇禎間郝洪範刻《山草堂集·內編》所收《談經》；

（五）閩本：臺灣圖書館藏明嘉靖中李元陽、江以達校刻《十三經註疏》本《禮記註疏》六十三卷（書號：〇一二七二）。

三、本書刻本經註皆經圈斷，但不無錯訛，難以盡從。凡經文標點，在關照郝敬本人讀法的同時，主要參考了王文錦先生《禮記譯解》（中華書局，二〇一六年第二版）的處理。

四、本書所據《禮記》經文與明嘉靖中李元陽、江以達在福州校刻的《十三經註疏》本《禮記註疏》所載經文文字最爲接近，同時亦參考了別本、他書加以校訂，總體來説文本質量欠佳，不乏訛脱衍倒之處。但郝敬既以之爲正字作註，今亦不敢以所謂「善本」之文字輕易改變其文本面貌。是以凡經文校勘，除非本書刻印過程中産生的訛奪衍倒，否則盡量不出校；在確有必要的情況下，雖出校亦不輕易改動底本。今校郝書，自當以郝氏爲宗故也。

五、鑒於上述原因，凡校訂經文，即以臺圖藏閩本《禮記註疏》爲據。

六、首一卷《讀禮記》酌情參校《談經》卷五所載文本，但一般止出校記，不直接改動原文。

七、凡底本不誤而校本誤者，一般不出校，但可以反映作者對原稿内容進行修訂的重要異文，即可以反映早印本、後印本與重校修本的顯著差異之處，酌情出校。

八、凡出校，校本與底本一致，則略而不言。

九、對於書中的異體字、俗字、訛用字等，如其可能影響到讀者對文義的理解，則酌情進行規範化處理。如已、己、巳，比、北等，古書往往混用不别，皆徑改不出校。

十、古人引書往往不嚴格依照原文，本書亦不例外。爲便於讀者閲讀，即使引文並非完全與原文一致，亦斟酌加標引號，以提示引文起止。

十一、書中存在編撰不够謹嚴之處，如引文與其所提示之篇名不符等。嚴格來説，此類疏失不在校勘範疇，唯爲方便讀者參考，間亦出校，但一般不改動原文。

十二、前一行文字至行底，另起行爲下一條内容時，底本使用了小圓圈（「〇」）作爲區隔的標記。今重新排版，其區隔前後之功能殆失，但仍保留不删。

十三、不能確定留空處究當作何字，則以「口」標記。

目録

上册

下册

禮記通解卷十七

禮記通解卷十八

禮記通解卷十九

禮記通解卷二十

禮記通解卷二十一

禮記通解卷二十二

禮記通解

京山郝敬著，男千秋、千石、洪範較

讀禮記

禮家言雜而多端，學者須靈鏡獨照，然後可以觀古人陳蹟。苟無高明豁達之見，耳食訓詁，隨人短長，則逐處成滯矣。

是書漢儒戴聖所記，多先聖格言，七十子門人後裔轉相傳述，非出一手。如《中庸》子思所作，《緇衣》公孫尼子所撰，《月令》吕不韋所脩，《王制》漢文帝時博士所録，《三年問》荀卿所著，真贋相襲，而瑕不掩瑜。先儒推《周禮》《儀禮》以爲經，欲割《記》以爲傳。夫三書皆非古之完璧，而《周禮》尤多揣摩，雜以亂世陰謀富强之術；《儀禮》枝葉繁瑣，未甚切日用；惟此多名理微言，天命人性易簡之旨，聖賢仁義中正之道，往往而在。如《大學》《中庸》兩篇，豈《周官》《儀禮》所有？故《三禮》以《記》爲正。今之學官守此程士，良有以也。

《禮》非夫子原定之書矣。後儒各記所聞，互相矛盾，達觀者自能折衷，有所不知，宜存而弗論，牽强附合，失之愈遠。如《王制》云「公侯國方百里，伯七十里，子男五十里」，而《周禮》云「公五百里，侯四百里，伯三百里，子二百里，男百里」。《王制》云天子三公、九卿以下至元士百二十人，而《周禮》官職多至三百六十，其人不可勝數也。《王制》云次國三卿，一命于其君，小國三卿，皆命于其君，而《周禮》云「諸侯之卿大夫士，皆命自天子」。《月令》封諸侯以孟夏，而《祭統》云「出田邑以秋」。《雜記》云公圭九寸，侯伯圭七寸，子男圭五寸，而《周禮》云「子執穀璧，男執蒲璧」。《聘記》云諸侯朝天子，圭繅皆九寸，三采；諸侯，圭繅皆八寸，二采。而《周禮·大宗伯》《考工記》皆云天子、諸侯圭璧長短，各以等差。《禮器》云天子堂九尺，而《考工記》云「堂崇三尺」。《王制》云「諸侯於天子五年一朝」，又云「天子與諸侯相見曰朝」，而《周禮·大宗伯》云春曰朝，夏曰宗，秋曰覲，冬曰遇，然《儀禮》惟有覲禮，無所謂朝、宗、遇，而《大行人》又有九服分六歲來朝之説。《禮器》云「天子席五重，諸侯席三重」，《周禮·司几筵職》云天子席三重，諸侯再重。《周禮·典命》禮儀各視其命數，天子大夫四命四牢，而《檀弓》云大夫遣車五乘，諸侯之卿大夫與天子之卿大夫命數異，而廟制與相見之贄、小斂之衣、几筵之席，諸侯與天子卿大夫士又無别。《曲禮》《王制》《月令》皆云五祀，唯大夫祭之，《周禮》亦云五祀，而《祭法》云王立七祀，諸侯五祀，大夫三祀，士二祀，庶人一祀。《王制》天子七廟，或又云九廟；士二廟，又云士一廟。《祭法》自天子至于士，廟外各有壇墠，而《王制》但有五七等數，無壇墠。《王制》《祭統》皆云夏祭曰禘，《郊特牲》《祭義》云春禘，《明堂位》云季夏六月禘，《雜記》又云七月禘，然則禘常祭耳，而《喪服小記》《大傳》

皆云王者禘其祖之所自出，不王不禘。《祭法》天于泰壇，地于泰坎，《周禮》圜丘方澤，樂舞玉帛，天地各異，是祭天與地分也，而《詩·周頌·昊天有成命》一詩，爲祀天地之樂，則是祭天地合也。《祭義》云「郊之祭，大報天而主日，以月配」，是祭日、月與天合也，而《祭法》又云祭日、月、星與四時、水旱同，郊用犢，日、月用少牢，《周禮》亦云禋祀昊天上帝，實柴祭日、月、星辰，則是祭日、月與天又分也。《月令》仲夏大雩于上帝，是五月也，而《春秋傳》云「龍見而雩」，則是四月也。《郊特牲》云郊「用騂，尚赤」，而《周禮·大宗伯》以蒼璧祀天，其牲各仿其器之色，是郊牲又用蒼也。《祭法》天地皆騂犢，而《周禮》陽祀騂牲，陰祀黝牲，是地牲又不用騂，用黑也。《曲禮》云「大饗不卜」，《表記》亦云「大事有時」，而《周禮·大宰》祀五帝卜日，祀大神祇〔一〕亦如之，是又無時也。《郊特牲》云郊用辛，而《月令》云擇元日，是又不定于辛也；社用甲日，而《月令》仲春「擇元日，命民社」，《周書·召誥》社以戊日，是又不定于甲也。《曲禮》大夫祭以索牛，而《儀禮》大夫祭則少牢也。《中庸》云「上祀先公以天子之禮」，而《周禮·司服》云祀先公用毳冕，則是以侯禮也。《雜記》云「士弁而祭于公，冠而祭于己」，而《論語》云宗廟之事，端章甫爲小相，章甫，冠名，是祭于公亦冠也。《玉藻》以玄冠爲齋冠，玄端爲天子燕居、諸侯之祭服，而士冠、昏與卿大夫聘享上下通用玄冠玄端。

〔一〕「祇」，原作「祗」，今據文義改。

《周禮》冕衣裳五等皆祭服，而《曾子問》〔一〕云「冕而親迎」，《樂記》云魏文侯端冕聽鼓瑟，則是冕亦衣端也。《周書·顧命》成王、康王臨朝，君臣皆冕服，則是冕服不止祭也。《禮器》云天子龍袞，諸侯黻，士玄衣纁裳，而《周禮》云侯伯鷩冕，子男毳冕，孤希冕，大夫玄冕，士皮弁服。《玉藻》云國君帶朱緑，大夫玄華，士緇，故《士冠禮》三加帶皆緇，而《雜記》又云「諸侯、大夫帶皆五采，士二采」。《祭義》云君用玄冕，夫人用副禕，而《周禮》又云王后用副禕。《喪大記》云「復衣不以衣尸，不以斂」，而《士喪禮》又云「以衣尸」。《喪大記》云士小斂陳衣于房，西領北上，大斂陳衣于序東，西領南上，而《士喪禮》云大小斂皆陳衣于房，皆南領西上。《周禮》云天子含用玉，而《雜記》云用貝。《喪大記》云「君于大夫疾，三問之」，而《雜記》云「卿大夫疾，君問無算」。《喪大記》云公之喪，大夫俟練而歸，士卒哭而歸，《雜記》云「大夫次于公舘以終喪，士練而歸」。《奔喪》云「大功望門而哭，齊衰望鄉而哭」，《雜記》又云「聞兄弟之喪，大功以上，見喪者之鄉而哭」。《士喪禮》小斂、朔奠皆陳鼎，遣奠陳五鼎，皆具牲牢，《周禮·牛人》亦云「喪事共奠牛」，而《雜記》有子以遣車視牢具載粻爲非禮，喪奠脯醢而已。《喪大記》云「四鄰賓客弔，其君後主人而拜」，蓋君爲臣主，君拜則主人拜其後，而《曾子問》又云衛靈公弔季桓子之喪，哀公爲主拜，季康子亦拜，孔子謂喪有二孤，季康子之過，則後拜又非也。《曾子問》云金革之事無避也者，伯禽有爲爲之，《喪

〔一〕「曾子問」，當作「哀公問」。

大記》又云「既卒哭，弁、絰帶，金革之事無避也」。《曾子問》云「慈母無服」，《儀禮》又云慈母如母服。《檀弓》云「天子之哭諸侯也，爵弁絰，緇衣」，而《周禮》又云天子「爲諸侯緦衰」。《檀弓》云「祥而縞，是月禫，徙月樂」，則是祥之月不作樂，而又云孔子既祥彈琴，十日而成笙歌。《雜記》云枇用桑，《儀禮·特牲》又云枇用棘。《郊特牲》云「鼎俎奇而籩豆偶」，《鄉飲酒義》云「六十者三豆」，「八十者五豆」，是豆亦奇也。《檀弓》云「孔子惡野哭者」，又云孔子哭伯高曰「吾哭諸野」。《曲禮》云「卜筮不相襲」，而《周禮》又云「大事先筮後卜」。《玉藻》云天子日食少牢，月朔大牢，而《周禮》又云「王日一舉」，是日食亦大牢也。《射義》云天子歌《騶虞》，《周禮》亦然，而《儀禮·鄉射》亦「歌《騶虞》」，是士庶人與天子同樂也。《周禮·司射〔一〕》云王射六耦三侯，《儀禮·大射》諸侯三耦射三侯。《周禮》王虎、熊、豹侯，諸侯熊、豹侯，卿大夫麋侯，而《鄉射記》又云「天子熊侯白質，諸侯麋侯赤質，大夫、士布侯，畫虎豹、鹿豕」。如此之類，錯雜紛拏，師說相承，言人人殊。雖使考證詳確，古今異宜，亦難盡用。而鄭康成輩好信不通，執此徵彼，及其不合，牽强穿鑿，譸張百出。初學爲〔二〕所眩惑，隨聲應和，莫知其烏，世儒所以苦于讀禮也。

先儒以《大學》《中庸》兩篇爲道學之要，别爲二書。夫禮與道，非二物也。禮者，道之匡郭。

〔一〕「司射」，當作「射人」。

〔二〕「爲」下《談經》本有「其」字。

道無垠塄，禮有範圍，故德莫大于仁，而教莫先于禮。聖教約禮爲要，復禮爲仁，禮儀三百，威儀三千，致中和，天地位，萬物育，此道之至極，而禮之大全也。故曰即事之治謂之禮，冠昏喪祭，禮之小數耳。子曰：「民可使由之，不可使知之。」世儒見不越凡民，執小數，遺大體，守糟魄而忘菁華。如《曲禮》《王制》《内則》《玉藻》《雜記》則以爲禮，如《大學》《中庸》則以爲道，過爲分疏，支離割裂，非先聖所以教人博文約禮之意。自二篇孤行，則道爲空虚，而無實地；四十七篇别列，則禮似枯瘁，而無根柢，所當亟還舊觀者也。説詳本篇。

繁文瑣節，聖人所以教人斯須不去者，不專在此。故雅言執禮，而至其論禮則曰「寧儉」「寧固」，曰「禮云禮云，玉帛云乎」，三千三百，惟曰「約之以禮」，林放一問及本，則欣然大之，其易簡真切如此。若夫《論語·鄉黨》篇所記，皆聖人從心不踰之矩，非古有陳迹硜硜模仿爲之也。而當世人見，謂聖人一步一趨皆有格局，得自好古，以晏平仲之智，亦曰孔丘學禮當年不能殫，累世不能究，謂問禮于老聃，學禮于郯子，是以禮爲格套，聖人習而知之，豈達禮之本者哉？據《記》所稱好禮諸賢，莫如曾子、子游、子夏、子張。子夏拘拘，故論交曰「可者與之，其不可者拒之」，至聞「素絢」之教，則知禮爲後，其言曰「大德不踰閑，小德出入可也」。子張論士，曰：「喪思哀，祭思敬，其可已矣。」子游論喪曰「致乎哀而止」，其論學曰「洒掃應對進退，抑末矣，本之則無如之何」。曾子用功于容貌辭氣，夫子曉以一貫，遂悟忠恕。顔子仰鑽，夫子約之以禮，博之以文。夫禮，至博也，而曰「博文」，可知博乃是文；禮非約也，而曰「約禮」，可知約乃是禮。此聖門學禮明法，學者所當默識也。

禮以節人情，非遠于人情也。人情樂簡便而趨驕惰，不防檢則淪于禽獸，故不得不以禮節之。若遂强之以其所難，而盡易其所安，辛苦勞頓，將并其所謂節者棄之。故聖人制禮，從容和順，使人安常樂就，如出入由户，舍之不能。故曰：「先王之道斯爲美，小大由之。」有如《曲禮》《雜記》諸篇之煩瑣，則雖日撻而求，人豈從之？故人皆知放佚驕惰之非禮，而不知牽强煩瑣者之害禮也。

凡禮不可常行者，非禮之經。用于古，不宜于今，而猶著之于篇，非聖人立經之意。即四十九篇中所載，如俎豆席地，袒衣行禮，書名用方策，人死三日斂之類，古人用之，今未宜。父在爲母期，出母無服，師喪無服，此等雖古近薄。父母爲子斬衰，妻與母同服，此等失倫。官士不得廟事祖，支子不祭，此等非人情。杖不杖視尊卑貴賤，哭死，爲位于外，嫠穀與魚腊置柩旁，此等近迂濶。國君饗賓，夫人出交爵，命婦入公宫養子，國君夫人入臣子家弔喪，此等犯嫌疑。祭祀用子弟爲尸，使父兄羅拜，若祫祭，則諸孫濟濟一堂爲鬼，此等近戲謔。人死含珠玉以誨盜，壙中藏甕、甒、筲、衡等器，歲久腐敗，陷爲坑谷，此等無益有害。古人每事不忘本，酒尚玄，冠服用皮，食則祭，至于宗族姓氏則隨便改易，如司徒、司空，韓氏、趙氏，惟官惟地，數世之後，迷其祖姓，又何其無重本之思也！廟制：天子至士庶有定數，皆有堂有寢，有室有門，大邑巨家，父子世官，兄弟同朝，將廟不多于民居乎？如云皆設于宗子家，則宗子家無地可容；如父爲大夫、子爲士庶，則廟又當改毁，倏興倏廢，祖考席不暇煖。適子繼體，分固當尊，至于抑庶之法，亦似太偏。喪服有等，不得不殺，至于三殤之辨，亦覺太瑣。衰麻有數，不得不異，至于麻葛之易，亦覺太煩。天子選士，觀德用射，射中得爲諸侯，不中不得爲諸侯。如此之類，雖古禮乎，烏可用也！故凡禮非一世一端可盡，古帝王不相沿襲。聖人言禮，不及器數，惟曰「義以爲質」，有以也。此四十九篇大都先賢傳聞，後儒補緝，非盡先聖之舊，而鄭康成信以爲仲尼手澤，遇文義難通，則稱竹簡爛脱，顛倒其序；根據無實，則推殷、夏異世，逃遁其説；節目不合，則游移于大夫、士庶之間，左右兩可；解釋不得，則託爲殊方語音，變换其文，牽强穿鑿，殊乖本初。蓋鄭以《記》爲經，既不敢矯《記》之非，世儒又以鄭爲知禮，不敢議鄭之失，千餘年來所以卒貿貿然耳。昔者老聃爲周藏史，夫子果從之問禮乎，則知禮莫如老聃矣，而其言禮則曰「忠信之薄」，何自毁其學與？佛子駡佛，自是一重公案，故夫子曰「老子猶龍」。世儒以老氏言忽之，至鄭康成銖銖兩兩，則曰知禮，此夫子所謂飛者吾知其爲鳥也。

禮不根情，則枯槁而無生意，故聖人言禮不貴文，貴情；行禮不貴禮，貴義。如親喪不飲酒食肉，禮也；飲酒不樂，食肉不甘，情也。先王因人有是心制是禮，而人本是心行是禮，心安理順，則中節而和，斯謂之禮。今之行禮者，但言不飲酒不食肉之文，更不問不飲酒不食肉之心，雖貪饕朵頤之夫，能忍不飲食，即謂知禮；毁行敗節者，三日水漿不入口，皆稱曾參。嗟夫！是烏得爲禮乎？

世儒謂《禮經》未全亡而《樂經》亡矣，此市兒語也。夫禮樂非二物，《禮》《樂》偕亡，天下後世何緣復得見禮樂哉！今之禮樂由古之禮樂，非自天降地出，皆聖人之教也。故曰：「禮云禮云，玉帛云乎？樂云樂云，鐘鼓云乎？」世儒惟以禮樂爲玉帛、鐘鼓，求其數而不詳，故謂禮樂亡，至欲引《儀禮》《周禮》爲經，屈《記》爲傳。夫《記》爲傳猶可，而《周禮》《儀禮》烏可以爲經乎？

萬世常行之謂經。二禮不行于天下後世，今十且九矣。二禮詳于器，而《記》詳于義，義可兼器，器不可兼義，如以義耳，寧獨《記》。《易》《詩》《書》《春秋》，何經無禮樂？四十九篇大經小曲，何器不備？器者隨時變通，而義者百世不易，故夫子言禮曰「殷因於夏，周因於殷，所損益可知」，其言樂曰「始作，翕如；從之，純如，皦如，繹如，以成」，樂其可知。必如《周禮》官職、《儀禮》節文，而後爲禮樂，則聖人宜取鐘鼓管籥、綸絲比竹，各定爲一法，編爲一書，又取《儀禮》所不備者，如天子、諸侯及大夫、士升降坐立拜起服食器用，各定爲一法，編爲一書，謂之經，而後謂之禮樂存。如此，不惟時勢古今，踐戾難行，且多如牛毛繭絲，委瑣煩複，《六經》有此體裁否？故夫《三禮》自達人觀之，亦已詳矣，猶謂之禮殘樂亡，愚故曰「市兒語也」。

禮者，物之則。《詩》云：「有物有則。」物之類萬，而物皆備萬，何止千百，故曰「三千三百」，甚言多耳，非謂先王定三千三百爲數，限人必由也。鄭康成解禮，求合此數，以《周官》三百六十爲「經禮三百」，《儀禮》十七篇爲「曲禮三千」，其不足三千者，謂之「逸禮」，所謂癡人説夢也。

鄭康成解禮多强作〔一〕，俗士詫爲辯博，小有異同，輒云「學問未到康成地，焉敢高聲議漢儒」。夫議論前人長短，非也；議論前人所議論道理文字，何傷？今據四十九篇中解説謬者，畧舉之。《曲禮》曰「葱渫處末」，「渫」與「渫」通作「泄」，《易·井卦》九三云「井渫不食」；古字借作「屑」，

〔一〕「强作」，《談經》本作「穿鑿」。

《内則》云「屑薑與桂」，《士喪禮》云「罋三，醯、醢、屑」，是也。鄭云：「浨，蒸葱也。」又「國中以策彗卹，勿驅」，本謂車行城中，宜垂策緩步，以策末拊卹其馬，勿使疾驅。鄭以「勿」字屬上讀，解云「卹勿，搔摩也。」《檀弓》曰：「公儀仲子之喪，檀弓免焉。」凡免冠而加布于首曰「免」，與「絻」通。自五服以至朋友新喪皆絻，禮也。而鄭解云：檀弓故爲非禮，以諷仲子之廢適。凡「免冠」之「免」讀如字，加布焉曰「絻」，通作「冕」，與「免」同而義異。故《喪服小記》曰爲母「免而以布」，然則爲父免而不以布，免冠而已，以布則加絻也。鄭于凡「免」皆混作「絻」解。又宋敗魯師于乘丘，公御縣賁父死，死者御一人耳，鄭謂與車右同死，而誤以「卜國」之「卜」爲人姓。又謂申詳〔一〕爲子張之子而無據，解云：顓孫、申詳，周、秦聲相近也。又「曾子弔于負夏，主人既祖，填池，反柩」，本謂填起柩前柳池，使見棺行禮也。鄭變「填池」作「徹奠」。又「魯哀公誄孔子曰：嗚呼哀哉！尼父！」魯地有尼丘，故孔子以尼字丘，蓋呼其字哭也。鄭謂以「尼」謚之。又「未仕者不敢税人」，「税」作「裞」，襚〔二〕同。贈死衣服曰襚。未仕則衣服不備，故不敢襚人。鄭謂：「税，以物遺人也。」又「國君七个，遣車七乘。大夫五个，遣車五乘」，古字个、介通。《禮器》云：「諸侯七介，七牢；

〔一〕「詳」，本書《檀弓上》本文作「祥」，然下文及《檀弓下》亦作「詳」，則其原稿當如此，今亦各仍其舊。

〔二〕「襚」上《談經》本有「與」字。

大夫五介，五牢。」《周禮》諸侯貳車七乘，介七人。故《雜記》云「遣車視牢具」，謂送葬之車視死者命數爲多寡。鄭以「个」爲遣奠包牲體之數，以遣車爲塗車，納之壙中者也。又「國昭子謂子張曰：『噫！毋曰我喪也斯沾爾專之。』」毋，戒辭。沾爾，自用貌。言勿謂我之喪，我沾然自專主也。鄭讀「噫毋」爲句，「我喪也斯沾」爲句，謂「沾」當作「覘」。又「歌斯猶」，猶，合也，凡歌必有節以合之，如今人唱則拍板拊手之類。鄭謂「猶」作「摇」，未聞有歌而摇者。又「季康子母死，公輸若方小斂，般請以機封。」般，公輸若名。稱般者，自請之辭。若方與小斂，因自請他日葬，已爲機以封，不用碑繂也。鄭以公輸若、般爲兩人，以「方小」爲句，謂若爲匠師，年幼，般爲若族人，掌窆事也。又「諸侯輴而設幬，爲榆沈，故設撥」，爲讀去聲，榆，木名，物重曰沈，撥與「紼」音義通，謂諸侯以榆木爲柩車，榆性沈重難行，《風俗通》曰「桑車榆轂聞聲數里」，故設紼以引之。鄭云：以水澆榆白皮汁播地引車也。又「高柴葬妻，犯人之禾，申詳請庚，不許，曰：後難繼」，此正識治體者，而鄭以爲「恃寵虐民」。又「晉獻文子成室，晉大夫發焉」，獻文，趙武謚也，發猶落也，始新之名。而鄭解「獻，賀也」，「發，發禮往也」。《王制〔一〕》冬「祀行」，行亦謂之井，《孟子》云「井上有李」，謂道上有李樹也。古者井地，井閒爲道，道閒有水，即所謂「行潦」也。冬，水用事，故祭行即是祭井。鄭謂「冬陰盛寒於水，祀之于行，從辟除之類」，則是以行爲土也。《禮運》

〔一〕「王制」，當作「月令」。

云「蕢桴而土鼓」，「蕢」與「塊」通，合泥草爲鼓椎也。土曰塊，草曰蕢。《論語》曰「譬如爲山，方覆〔一〕一簣」，「簣」與「蕢」通，猶塊也。又「荷蕢過孔氏之門」，農家荷土者也。喪禮寢苫枕塊，草土同類，故《孟子》曰「不知其足而爲屨，我知其不爲蕢」。古蕢、塊通，而鄭解云「蕢讀爲塊，聲之誤也」。又《禮器》「如竹箭之有筠」，筠，竹節也。竹節均，故曰筠，言人外有禮以爲〔二〕節也。鄭于《尚書·顧命》「敷重筍席」註云：「筍，析竹青皮。《禮記》曰：如竹箭之有筠。」是以筠爲青皮，以箭爲筍也。又「天子、諸侯廢禁，大夫、士棜禁。」承酒尊之器曰禁，無足曰廢。《士喪禮》浴尸設「廢敦」，亦謂無足之敦也。《士虞禮》有「廢爵」，有「足爵」。《論語》曰「中道而廢」，亦無足之義。棜與「輿」通，形似車箱，有足故高，廢禁無足故下，所謂「以下爲貴」也。而鄭謂「廢禁」爲不用禁，「棜禁」爲無足。又「犧尊」，本謂尊上畫犧牛之形。鄭云：「犧」作「娑」，畫鳳羽于尊上，婆娑然也。又「周坐尸，詔侑武方」，本謂周禮爲尸者坐而祝與佐食詔告勸侑，其步武進退，皆有方法，而鄭解「武」作「無」。《禮器》云：「罍尊在〔三〕阼，犧尊在西」〔四〕，「君在阼，

〔一〕「方覆」，《談經》本作「未成」，與《論語》本文相合。
〔二〕「以爲」下《談經》本有「之」字，於文義較順。
〔三〕「在」下一字格原爲墨釘，據《禮器》本文删。
〔四〕「尊」，原訛作「象」，據《禮器》本文改正。

夫人在房」。按：廟制有東房，無西房，故《祭統》亦云：「君純冕立于阼，夫人副褘立于東房。」尊在房户之外，罍、犧二尊并列，罍東犧西，以西爲上，神席在室西故也。鄭謂「人君尊東，天子諸侯有左右房」，謂夫人在西房也。《郊特牲》「鄉人裼」，本謂鄉人大儺，袒裼相逐，而鄭解「裼」作「禓」，「强鬼也」。又「縮酌用茅，明酌也。醆酒涗于清，汁獻涗于醆酒，猶明、清與醆酒于舊澤之酒」，本謂以茅泲醴，盛于醆，和之以水，加鬱汁以獻，如今人以水和飲陳酒之類。鄭援《周禮》謂明酌爲事酒，醆酒爲盎齊，清爲清酒，「汁獻」作「汁莎」。「舊澤」本謂舊酒醲厚如膏澤也，鄭變「澤」作「醳」。《内則》云：「男子入内不嘯。」蹙口出聲曰嘯。凡隱事相號則嘯，故盜黨嘯聚。鄭變「嘯」作「叱」。又《内則》「世子生，告于君，接以大牢」，本謂世子見君，君具大牢饗諸臣，而鄭變「接」作「捷」，「謂食其母，補虚强氣也」。又「男鞶革，女鞶絲」，鞶，大帶也。鄭謂「鞶」爲「小囊」。未聞古男子皆佩皮囊也。又「年不順成，君搢本」〔一〕，古者執竹簡記事曰笏，笏本竹也，後世易以玉、象，故謂竹笏爲本。鄭以笏下爲本也。《玉藻》曰「諸侯笏荼」，荼，葦苕也，和柔之意，謂諸侯之笏上剡而挫其角，如荼然，與天子挺直異。鄭因古「荼」字有通作「舒」者，遂變「荼」爲「舒」，以附會《考工記·玉人》「大圭，杼上」之「杼」，云天子之笏舒上爲椎頭，諸侯舒上無椎頭也。又「侍坐必退席，引而去君之黨」，黨猶側也，謂不敢迫近君側，猶《鄉射禮》云「乏居侯黨」

〔一〕按：此爲《玉藻》篇文，不當承前省略篇名，下「玉藻曰」三字當冠於此句之上。

之「黨」。而鄭謂「黨」爲鄉之細者，避君親黨也。又「侍食，君未覆手，不敢飧」，食畢放箸曰覆手。古人飯以手，食必仰其手，食終則覆手。鄭謂以手循口旁餘食也。又「親没不髦」，謂五十者始衰，遇親喪不髦頭也。鄭云「去爲子之飾」。又「大帛不緌」，古冠小而撮髮，以緇布爲之，周始爲委貌大冠，以玄帛爲之，故曰「大帛」。「衛文公大布之衣，大帛之冠」，是也。鄭據《雜記》「大白冠」謂以白布爲冠。又「裘之裼也見美，服之襲也充美」，皮上用單帛爲表曰裼，裘外加重衣曰襲。鄭云：裘之外有裼衣，裼衣外有襲衣。又「尸襲」，本謂始死之尸，重衣斂襲，鄭以爲祭祀之尸尊，襲衣，充美也。又「笏，畢用也」，畢即簡，君前用笏當簡記事，鄭作「盡」訓；笏本竹簡，鄭作「珪」訓。《喪服小記》云「士祔于大夫則易牲」，本謂孫爲士者祔于祖爲大夫者之廟，則祖用少牢而孫用特牲，廟可祔而牲不可襲，故曰「易牲」。鄭云「不以卑牲祭尊」，則是並用少牢也。《大傳》云「同姓百世昏姻不通者，周道然也」，周道猶言大道，鄭解爲周禮，然則夏、商禮有同姓爲昏者與？《少儀》云「不貳問」，謂人隱而不答，不可再問，鄭解謂問卜不可貳其心也。又「車不雕幾」，幾，細微也，雕刻爲細文。鄭解「幾」爲「圻鄂」。又「枕、几、穎、杖」，「刀郤刃授穎」〔一〕，檽謂之穎。鄭以「穎杖」之「穎」爲「警枕」，「授穎」之「穎」爲刀環。《樂記》云』『敦和率神』『別〔二〕宜居鬼』，

〔一〕「授穎」之「穎」原作「頴」，《談經》本作「穎」，此下及《少儀》本文亦作「授穎」，今據改。

〔二〕「別」，原訛作「便」，據《樂記》本文改正。

本謂樂從陽，禮從陰，鄭謂聖人死爲神，賢人死爲鬼。《學記》云「足以謏聞」，謏，訹誘也，與「叟」通，獵譽也，鄭作「小」。又赴辭「使某實」〔一〕，實，信也，使謂之信，鄭作「至」。《雜記》：復，夫人以狄衣素沙。沙、紗通，薄繒也。婦人盛服，外籠素紗單衣。《詩》云「其之展也，蒙彼縐絺」，又云「衣錦褧衣」，《士昏禮》「加景」，是也。鄭謂六服以素紗爲裏。又「大夫不揄絞」，絞、縞通，單繒也。鄭謂「絞」爲青黃色。又「士練而歸，士次于公館。大夫居廬，士居堊室」，本謂哀次輕重先後。鄭以堊室士爲邑宰，公館士爲朝士。又大夫卜筮宅、葬日，公私皆有有司、占者、史而服異；又「卒哭諱。王父母、兄弟、世叔父、姑、姊、妹，子與父同諱」，鄭皆不解，而曲爲説。又「小斂環絰，公、大夫、士一」，本謂弔者視小斂之服，即所謂「玄冠者易之而已」也。鄭以環絰爲孝子。《喪大記》云：「未小斂，主人出，徒跣，扱衽。」不冠曰徒，不屨曰跣。凡罪人髡髮則免冠。《周禮·司圜職》云：「害人者弗使冠飾，而加明刑，任之以事而收教之」，故不冠，謂之徒，即所謂「笄纚」也。鄭謂親始死素冠，是未識「徒」爲不冠也。又「主人袒，脱髦」，『髦』與『毛』通，亂髮蓬首，如今人脱去網巾是也。鄭以「髦」爲人子事親之飾。又「子、大夫、公子、衆士食粥，納財，朝一溢米，莫一溢米。」納，進食也。財與「纔」通，猶僅也。溢與「搤」通，一手所握曰搤。言朝夕僅進米一搤耳。鄭訓「財，穀也」，「二十兩曰溢」。又「紟無紞」，紞，組屬，所以束也。紟，單被也。

〔一〕按：此非《學記》文，不當從上省略篇名，下「雜記」二字當冠於此句之上。

大斂外有絞，故紟不用組。鄭解爲被上之識。又「祥而外無哭者，禫而内無哭者」，其閒哀止，即《閒傳》所謂「中月而禫」。鄭云大祥門外不哭，禫則門内不哭也。《祭法》云「相近于坎壇」，本謂四時、寒暑、日、月、星、水旱六宗之祭，與天之泰壇、地之泰坎相近。鄭解「相近」二字作「禳祈」。《表記》云「裼襲不相因」，凡去衣曰袒，單衣曰裼，重衣曰襲。裼襲不止衣服，凡執龜玉重器，皆有裼襲。單藉爲裼，重裹爲襲。鄭謂執玉者衣裘倏裼倏襲也。又「唯卜之日稱二君」〔一〕，謂人臣筮仕，則稱兩君，擇其所事，非是則君不稱二。鄭引《春秋傳》晉惠公「卜貳圉」之語，謂「辭得稱君之貳」也。《中庸》云「見乎蓍龜，動乎四體」，謂禍福先兆有見于卜筮者與形于人身動作者。鄭解爲「龜之四體，春占前左，夏占後左〔二〕，秋占前右，冬占後右」也。《服問》云「『從無服而有服』，公子之妻爲公子之外兄弟」，本謂妻爲其昆弟之爲父後者期，鄭謂外兄弟「爲公子之外祖父母、從母」也。《大學》云「之其所親愛而辟」，「辟」與「僻」通，本謂用情偏僻，鄭解「辟」作「譬」。又「見賢而不能舉，舉而不能先，命也」，本謂天命，鄭解「命」作「慢」。《鄉飲酒義》云「聖人制之，以道鄉人、士、君子」，本謂聖人制此禮以教鄉之衆人與士、君子，鄭以「鄉人、士、君子」連下文「尊于房户之間」爲句，以鄉人爲鄉大夫，士爲州長、黨正，君子爲鄉大夫、士也。《聘義》云：「孚尹旁達。」孚，

〔一〕按：此句《坊記》文，不當承上省略篇名，且當在《表記》之先。

〔二〕「春占前左，夏占後左」，據鄭注本文當作「春占後左，夏占前左」。

信也。尹，割也。旁達者，一玉割而爲圭爲璋，瑕瑜旁分，皆不失信，故曰「旁達」，信也。鄭解「孚尹」作「浮筠」，玉色也。《喪服四制》云：「高宗諒闇。」諒，明也；闇，暗也，猶言昧爽，幽居愁處不分明之意。鄭謂「諒」作「梁」，「闇」作「庵」，訓爲倚廬。他如此類，不可枚舉。必若世儒謂學問不及鄭，則一切朦朧，不敢聲説，承迷習醉，何時而已！甚者，解説不通，輒以意變亂舊章。如《玉藻》「笏度」，《樂記》「師乙」，《雜記》「内子以鞠衣」，《喪大記》「君設大盤」等章，本無錯簡，自生顛倒。又如《燕義》首節實錯簡而不知。其餘文字，如「從容」之作「舂容」，「汁獻」之作「汁莎」，「封」作「窆」，「純」作「緇」，「大圭不琢」作「不篆」，「鹽諸利」作「艷諸利」，「諸侯荼」作「諸侯舒」，「其慎也」作「其引也」，《祭義》「見間以俠甒」，合「見間」二字作「覸」，《曾子問》「告用牲幣」作「告用利幣」，《曲禮》「日而行事則必踐之」作「必善之」，《樂記》「禮有報而樂有反」作「禮有褒」，《喪大記》「加僞荒」作「帷荒」，《中庸》「一戎衣有天下」作「一戎殷」，若斯之類，亦不可勝記。今皆從舊，以俟後之君子參焉。

冠裳服色等制，《詩》《書》無明據，今世所傳，皆鄭康成之説。愚按：冕最貴，弁次之，冠通用。上古冠制甚小，僅取撮髮，即今羽流所戴，是遺意也〔一〕。《詩》云：「臺笠緇撮。」緇，緇冠也。撮，小貌。字從元，首也；從寸，小也；從冖，象形也。弁制大，覆額。《詩》云：「有頍者弁。」

〔一〕「是遺意也」，《談經》本作「是其遺象」。

頍，覆額貌。弁，盤也，槃者，大也[一]，字從廾，兩手拱捧以戴也。用玄帛爲之者曰爵弁，用皮者曰皮弁，皮無飾者曰韋弁。冕則加板于弁上，前後垂旒，其制又大于弁，其形稍俛而前，故曰冕。冠、弁、冕皆用玄帛。冠有用緇布者，冕有用麻者，古制也。凡禮服衣、裳殊，常服衣、裳連，如深衣、褒衣、袍之屬，皆連也。凡服色多用玄、緇、纁。纁即赤，周以火德王，尚赤。玄、緇二色，皆自赤出，故冠服多用之。即衮衣亦以玄爲地而加刺[二]繡耳。裳多赤色，或玄、黄或雜不等。韍，蔽膝也。鄭謂韍色與裳相稱，而《易》與《詩》多言「朱芾」「赤芾」，則是韍[三]不離赤，然裳色不等而韍多赤[四]，則是韍色亦不盡從裳也。鄭謂朝服玄衣素裳，皮弁服純素，弁用白皮，天子視朝，諸侯視朔，皆用之，羣臣亦然。夫平居無事，舉朝衣白，未見其可。即殷人尚白，非必吉服純用白也。此未可信。端者，禮服之通名。凡禮服制方正，故謂之端。用玄爲玄端，用素爲素端。《雜記》云「端衰無等」，

〔一〕「弁盤也槃者大也」，《談經》本作「弁盤也盤大也」，二字同作「盤」，而《儀禮節解》卷一郝注有云「弁，槃也。槃，大也」，二字俱作「槃」。此處兩字宜統一用「盤」或「槃」，然不能必其作此而非彼，故仍之不改。

〔二〕「刺」，原作「剌」，各本同，今改。古書「刺」「剌」多不别，類此者不悉校。

〔三〕「韍」，原訛作「裳」，今據文義改正。

〔四〕「而韍多赤」，《談經》本作「而韍每稱赤」。

則是衮亦可謂之端，非端定爲一衣也。裼襲之名，不專指衣。單曰裼，重曰襲。凡手執寶器重幣，亦稱裼襲。呈現其物而單藉之謂之裼，不見其物而重裹之謂之襲，非但衣服有裼襲耳。鄭謂「裘上有裼衣，裼衣上有襲衣」，非也。詳見各章。冕衣裳九章，引《虞書》「山龍華蟲」等爲証，尤爲牽强。詳見《周禮·司服》。世儒耳食康成以爲知禮，不復思索，轉相傳習。凡今之禮，非古之禮，皆鄭康成之禮也。

鬼神者，造化之靈，人物之命。大而天地山川，小而昆蟲草木，凡有生氣，不離鬼神。人者，鬼神之會。先王制爲祭祀，使人知有鬼神；又制爲卜筮，使人知有鬼神之靈，所以顯造化之情狀，齊億兆人之心志也。洪荒之初，混沌未鑿，二氣苞孕，人物初生，鬼神道隆。叔季元始剖散，如日既中，幽曖全消，陽驕陰微，鬼道日遠，人事日益，是以殷人尚鬼而周人尚文，世運自然也。孔子贊《易》，神作《十翼》，不言卜筮言義理，以開物成務、立人之道爲本，故曰「務民之義，敬鬼神而遠之」。神怪不語，非其鬼則不祭，是以臧孫居蔡，譏其不智，此孔門「民義」之教也。至于定禮，豈自背其説？而鄭康成解禮，專引讖緯附合，如以五帝爲人，各有名號姓字，句芒、祝融等神，皆以人充數。其説怪誕，非聖人立教「務民義」之意[一]。蓋天之有帝，以人事天之道不得不爾。如鳥能祭則必以鳥，獸能祭則必以獸，各因其所固然，爲報本反始，非天果有帝如人也。猶日稱宫，星稱垣，亦因人立名，豈日真有宫，星真有垣耶？老氏曰「可名非常名」，通乎此者，可與譚鬼神祭祀之義矣。

〔一〕「非聖人立教務民義之意」，《談經》本作「非聖人務民義之教」。

禮記通解卷一

郝敬 解〔一〕

曲禮上第一

《曲禮》，記行禮節目委曲也。曲，細也，非其大者。

《曲禮》曰：毋不敬，儼若思，安定辭，定民哉！

此四語，爲四十九篇之綱，禮之本也。聖人所謂脩己以安人、安百姓者，其道不外此。毋，禁止辭。隨事隨處皆當禁止其怠慢之心，勿敢不敬。其容貌端莊，儼然若心有所思，内志惺惺，貌與心符，所謂「正顔色，斯近信」也。多言損志，又當安定舒徐，言不妄發。如此，則内齊明而外恭默，心正身脩，時措咸宜，君子所以篤恭而天下平也。有不能安民者哉？禮之體約而功博如此。

〔一〕「解」，《續修》本作「習」，此出於剜改。下同者，不悉校。

敖去聲**不可長**上聲**，欲不可從**縱**，志不可滿，樂**洛**不可極。**

四不可，皆申致上文「毋不敬」之戒，學禮之本，存心主敬之目。

賢者句**，狎而敬之，畏而愛之。愛而知其惡，憎而知其善。積而能散，安安而能遷。**

此舉居敬行禮之人，爲學禮之法，皆就恒情易偏者融之，所謂允執厥中，從心不踰矩，盛德之至也。賢者，舉其能敬之人。恒情狎則易慢，畏則易疏，惟賢者所褻能敬，所畏能親也。恒情溺愛則忘醜，過憎則棄善，惟賢者愛知其惡，憎知其美也。恒情貪得則無厭，適意則重遷，惟賢者財有餘能散，居雖安不懷也。六者惟不長敖、不縱欲、不盈滿、不極樂者能之。蓋敬雖主一之心，即時中咸宜之道。執中無權，非禮之禮也。六者時中，脩己安民之道，端在此。

按：《大學》論誠意正心，以至治國平天下，不外好惡兩者。此人情之矩，居敬之要，于此能毋不敬，則用中不偏，絜矩篤恭而天下平矣。「積而能散」二語，即財貨居處以言仁者克己復禮之事。夫子毋固，顔淵屢空，積而能散也。子貢貨殖，積而不散也。蓋情動氣感，如雲翳生空，雖賢聖不能無，而聚散起滅，各有天則，苟非涵養精純者，不能化也。安安而能遷，則積散無心，所謂「從容中道」，「順帝之則」，從心所欲，無入不自得。如是，而後大禮與天地同節矣。或曰：安而能遷，遷而能安，同否？曰：遷而能安者，止於至善；安而能遷者，「介于石，不終日」，「可與幾也」。兩者相因，所謂仕止久速，無可不可，「周旋中禮，盛德之至」者矣。

臨財毋苟得，臨難毋苟免。很毋求勝，分去聲毋求多。疑事毋質，直而勿有。若夫坐如尸，立如齊債，去聲。禮從宜，使從俗。

承上言居敬學禮者當法賢以自脩也。利害、學問、容貌、習俗四者，皆學禮之地。禮非廢財也，苟得則不可。禮非犯難也，苟免則不可。橫逆雖很，勝負有定理，求勝則不可。分所當取，多寡有常數，求多則不可。此處利害毋不敬也。事理雖嘗學問，而未深信，勿輕以己之所信，正衆之所疑，非遂隱而不發也，惟當直陳所見，待人自擇。蓋道本公共，我知之，非我自有之，所謂博聞强記而讓，雖有周公之才而驕吝，無足觀。此處學問毋不敬也。至于出入起居，各有矩度。時坐則如尸，尸象神，坐必敬也；時立則如齊，齊對神，立必敬也，而視聽言動可知。此動容貌毋不敬也。君子用禮，義以爲質，苟生今反古，矯世絶俗，非禮之禮，大人弗爲，故一敬常主，萬變隨時。使從俗，舉一事明之。使，謂以君命使于四方。從俗，謂因其國俗，如居宋章甫之類。蓋禮，强世則難行，宜民則可久。此處世羣俗毋不敬也。

夫禮者，所以定親疏，決嫌疑，別同異，明是非也。禮不妄說悦人，不辭費。禮不踰節，不侵侮，不好去聲狎。脩身踐言，謂之善行。行脩言道，禮之質也。禮聞取於人，不聞取人。禮聞來學，不聞往教。道、德、仁、義，非禮不成；教訓正俗，非禮不備；分爭辨訟，非禮不決；君臣、上下、父子、兄弟，非禮不定；宦學事師，非禮不親；班朝治軍〔一〕，非禮威嚴不行；禱祠祭祀，供給鬼神，非禮不誠不莊。是以君子恭敬、撙節、退讓以明禮。鸚鵡能言，不離(去聲)飛鳥；猩猩(生)能言，不離禽獸。今人而無禮，雖能言，不亦禽獸之心乎！夫惟禽獸無禮，故父子聚麀(攸)。是故聖人作，爲禮以教人，使人以有禮，知自別於禽獸。

此言禮之用甚切，人當學禮也。禮有隆殺，則親疏定；有分辨，則嫌疑決；有等級，則同異明；有從違，則是非分。此禮之用也。妄悅人爲禮則卑諂，辭費用廢禮則鄙陋，奢侈則踰節，倨傲則侵侮，戲謔則好狎。此五者，皆不明于親疏、嫌疑、同異、是非之禮者也。禮以脩身爲本。踐言善行，所以脩身也。善則行脩矣，踐則言道矣。言道，言可爲道也。質，猶本也。取於人，謂爲上所徵用，達行之事。來學，謂爲學者所就正，窮居之事。苟人不我取而取人，則辱己；人不來學而往教，則貶道，君子行脩言道之身不爲也。道、德、仁、義，同出于性，禮即斯四者之節文，成體而可履者也。共由曰道，同得曰德，生理曰仁，時宜曰義，必有禮，然後道德仁義行之而成也。教，傚也。訓，循也。上之立教以身，下之循訓以言，惟禮品節詳悉，然後教訓備也。客遊曰宦。宦學，從師遠學也。班朝，

〔一〕「班朝治軍」下，閩本有「涖官行灋」四字，郝注於此四字未有訓釋，蓋其所據經文原本如此，今亦不敢補。

班朝廷位次也。治軍，治軍陳行伍也。禱，祈求也。祠，報賽也。祭以接神，祀以嗣續。供給，謂牲幣器皿之類。貌肅曰恭，心存曰敬，裁盈曰撙，制過曰節，謙卑曰退，推與曰讓，六者，所以操心脩身，踐言善行，定決親疏、嫌疑，辨別同異、是非，而明禮者也。人所以異于禽獸，唯此。鸚鵡，鳥名。猩猩，獸名。人與禽獸，血氣嗜慾、視聽食息同，但人能言，而禽獸不能言。然禽獸中有若鸚鵡、猩猩，言亦與人同，而卒未免爲禽獸者，心無人禮耳。苟人無禮，口雖能言，而心固禽獸，又何别于鸚鵡、猩猩乎！鹿性善淫。鹿牝曰麀。

太上貴德，其次務施報。禮尚往來，往而不來，非禮也；來而不往，亦非禮也。人有禮則安，無禮則危。故曰，禮者不可不學也。夫禮者〔一〕，自卑而尊人。雖負販者，必有尊也，而況富貴乎！富貴而知好禮，則不驕不淫；貧賤而知好禮，則志不懾。

太上，謂聖人。貴德，謂從心不踰矩，盛德之至，忘人我報施之迹也。其次，謂君子之學禮。務報施，謂使人我兼盡也。《孟子》曰：「有禮者敬人，敬人者人恒敬之。」又曰：「禮人不答反其敬。」子夏曰：「君子敬而無失，與人恭而有禮，四海之内皆兄弟。」即往來報施意。聖人制禮，父慈則子孝，君敬則臣忠，夫唱則婦隨，兄友則弟恭，賓主相將獻酬交酢，無施不報，無來不往，所以諧人情，勸恭讓，

〔一〕「者」字原無，據閩本補。

使亹亹不倦也。故報者禮之尚，而利者義之和。義無利，有時而睽；禮無報，有時而怠。此聖人制禮之精意，非故責效計利也。有禮則安，脩齊治平之福；無禮則危，放佚怠惰之禍。自天子至於庶人，莫不皆然，故曰禮不可不學。禮以退讓爲本，自卑者，人不能卑之；尊人者，人亦必尊之。此往來之定數也。以下奉上，以賤承貴，以少事長，皆自卑尊人，所以爲禮。負販，謂負擔鬻販者。雖其貧賤，爲人父兄長上，亦必有尊之者；爲人子弟，必有所當尊者，況富貴者，可廢禮乎！

按：自此以上論禮之綱，以下數禮之目。

人生十年曰幼句，**學**；**二十曰弱**句，**冠**；**三十曰壯**句，**有室**；**四十曰强**句，**而仕**；**五十曰艾**句，**服官政**；**六十曰耆**句，**指使**；**七十曰老**句，**而傳**；**八十九十曰耄**冒；**七年曰悼**導。**悼與耄雖有罪，不加刑焉。百年曰期**句，**頤**宜。

天地之數起于一，極于九，而終于十。故聖人制禮以節人情，每十年一變，以律天時，盡人事，調盛衰，適盈虚之節也。人生十歲曰幼，可以學矣。二十曰弱，已成人而尚未壯，可以冠矣。三十血氣充足曰壯，乃可以娶妻而有室。四十壯甚而强，志氣堅定，乃可出仕。五十肌髮色蒼如艾。艾，藥草，老而刈始良，故年長者謂之艾。是時乃可服從官政。蓋四十强仕，服事而已。服官政，謂爲卿大夫。服事久，諳練日深，始可謀國政、當大任也。六十曰耆。耆，久也。《詩》云：「上帝耆之。」六十而天地之數一周，故曰久。以意指使人，不自勞也。七十曰老，時宜退藏，在國則致位避賢，在家則委事授子，止足隨時，不當復營戀世務也。八十九十則惛憒不明，曰耄。老而耄，與幼而七歲者，皆曰悼，雖有罪不加刑，蓋老耄與幼昏一也。悼者，憐恤之意。人壽大約七八九十止矣。若夫百年，大數一終，謂之期，猶限也。頤，養也。百年之間，精氣形神，惟在所養：得養而善則壽，失養而害則夭。

按：年與時俱長者，造化之自然；事與時俱變者，人事之當然，皆所謂禮。何但三代因之，即亙天地古今，盈虛消息，舉不能易。聖人志學，十年一變，以禮教人，亦十年一易。質義而行，大畧如此，非必拘拘十歲始學，二十後冠，三十後娶，四十後仕，七十必傳也，乃爲所損益可知也。故天子諸侯十二而冠，卿大夫十五以後皆冠。説者謂文王十三生伯邑考，十五生武王，古今名賢生子，多在三十以前。少壯登膴仕，立功揚名，不待五十。夫子七十一猶請討陳恒，作《春秋》，是七十未傳也。其他可知，故曰「禮從宜」。讀禮者，舉一隅而三隅可推矣。

大夫七十而致事。若不得謝，則必賜之几杖，行役以婦人，適四方，乘安車。自稱曰老夫，於其國則稱名。越國而問焉，必告之以其制。

大夫年七十，致還其職事于君，即「老而傳」之義。謝，釋去也。不得謝，謂君勉留也。賜，君賜。几所以憑，杖所以扶，行役以婦人隨，奉養也。安車，小車，一馬駕，坐而乘之。禮，大夫四馬車，立乘，坐則安也。賜几杖以下三事，皆君優老眷留之禮。大夫在四方，對同輩以降自稱老夫；在本國父母之邦，則稱名，不敢自尊也。鄰國有事來問，必諮老成人。國有老成，文獻足徵，大夫對，必稱先王、先君之制以告。此耆舊自處之禮也。君以耆舊之禮厚其臣，臣亦以耆舊之禮自盡，所以上下交而令終，老而愈親也。

謀於長者，必操几杖以從之。長者問，不辭讓而對，非禮也。

謀，就長者諮問也。操几杖，示爲役也。從，謂就而隨之也。行則爲操之，居則從之，非定操其几杖以問也。長者問，長者謀于己也。辭讓而對，如子華言志曰「非曰能之」，是禮也；「子路率爾而對」，非禮也。

凡爲人子之禮，冬温而夏凊凊，去聲，昏定而晨省星，上聲，在醜夷不争。夫爲人子者，三賜不及車馬。故州閭鄉黨稱其孝也，兄弟親戚稱其慈也，僚友稱其弟也，執友稱其仁也，交遊稱其信也。見父之執，不謂之進不敢進，不謂之退不敢退，不問不敢對，此孝子之行也。夫爲人子者，出必告，反必面；所遊必有常，所習必有業，恒言不稱老。

温以致其煖，凊以致其涼。昏則安定其寢，晨則省問其安。醜夷，衆等也。言處衆不争，懼以忿辱親也。三賜，三命，屢錫也。仕初命受職，再命三命則君寵厚而體統尊，自當有車馬之衞，而云「不及」者，蓋出入鄉黨，謙退撿約，如漢石慶入里門必下車之類，有而不乘，非君賜而不受也。若云父在之子皆不受車馬，則大臣之有車馬者鮮矣。爲人子而貴不敢驕，則孝謹之節，孚于輿情。《周禮》：五家爲比，二十五家爲閭，百家爲族，五百家爲黨，二千五百家爲州，萬二千五百家爲鄉。僚友，同官者也。執友，同業者也。交遊，交相往來者也。慈、弟、仁、信，皆孝行之屬。父執，父同執業之友。孝子見父之執如父，況見父乎！三不敢，敬謹之至。凡出必禀告，反歸必面見，遊有常，欲親知所在也。習有業，率親之所教也。常言不稱老，諱親之老，不忘己之孺也。自言老，則憂及父母，故舜「五十而慕」，老萊子七十爲兒戲以悦親，孝子之情也。

年長以倍，則父事之；十年以長，則兄事之；五年以長，則肩隨之。羣居五人，則長者必異席。

肩隨，並肩而差後，如鴈行也。古者坐席地，羣居則横席，並坐四人，長者居席首。席向南北，以西爲首；席向東西，以南爲首。若五人，則長者專席。

按：古人席地，亦有至理，今不可用矣。百昌不離地，地道最親。坐必席地，以卑法地，不欲多上人也。祭享皆奠于地，相見拜稽首皆至于地，長者坐于地上接卑幼，非遠也。後世用几案，尊者踞高座，使人委體拜于足下，尊卑懸殊，非古人之意。

爲人子者，居不主奧，坐不中席，行不中道，立不中門，食饗不爲概，祭祀不爲尸，聽於無聲，視於無形。不登高，不臨深，不苟訾紫，不苟笑，孝子不服闇暗，不登危，懼辱親也。父母存，不許友以死，不有私財。

禮，命士以上，父子異宫，使子各遂其尊。若士庶，父子同宫，則子居不當尊。古者室向南，户近東南隅，其西南隅深閒無事，謂之奧，以處尊者，明安樂也。尊者之居，故人子避之。少者坐無餘席，必垂近席邊。蓋食饗之禮，人各專席，居中則倨而當尊。古者男女異路，路各有中，尊者中道行，卑者或左或右，不當尊者所行也。門中央有臬，臬兩旁有棖，不中門，謂不當棖臬之閒。蓋尊者出入由中，人子不得當之立也。概，量也。家事未傳，子孫不得待賓。如子爲士大夫，往來饗禮饌具之類，亦順尊者裁定，己不得爲限制也。古者祭祀，必卜其人爲尸以像神，無父之子則可爲之，有親在者嫌以身近死也。聽無聲，視無形，誠敬之至，赤子之慕，無時忘之也。不登高，恐顛也。不臨深，恐墜也。不苟訾，恐招侮也。不苟笑，戒嬉戲也。不行暗中，遠嫌也。不登危險，防患也。數者皆足以喪身辱親。許友以死，後世任俠之事。古君子雖父母亡，未嘗輕以死許友。親在，雖國難未輕死，況朋友乎！身體髮膚，皆親之有，況私財乎！有私財，是二其親矣。

爲人子者，父母存，冠衣不純如字素。孤子當室，冠衣不純采。

凶主素，吉主采。父母俱存，人子平居吉祥，冠衣不全用素。幼而無父曰孤。人生三十以上有室，則有代父之端，喪除不稱孤。三十以下，父母早喪，平居亦稱孤，冠衣不全用采，不忘親也。當室，適子當家，與衆孤異。鄭註：「純，緣也。」蓋據《深衣》解。禮言不必盡同，他處「純」又作「緇」，即鄭且自異矣。

幼子常視毋誑。童子不衣裘、裳。立必正方，不傾聽。長者與之提攜，則兩手奉上聲長者之手。負劒，辟咡二詔之，則掩口而對。從於先生，不越路而與人言。遭先生於道，趨而進，正立拱手。先生與之言則對，不與之言則趨而退。從長者而上丘陵，則必鄉向長者所視。

視，與「示」同。童子天真無僞，不可示以欺詐之事。大人者，不失其赤子之心者也。童子衣裘，則迫近成人，衣下有裳，亦成人之禮服。童子給役，惟襦袴耳。正方，面正向一方，不疑立也。傾，偏欹也。不傾頭左右屬聽，皆端重之容。提攜，謂長者以手牽引，如提攜物然，則童子必兩手恭捧長者之手，致親敬也。負，古「背」通。負劒，謂長者以手加童子肩背，挾之腋下，如帶劒也。辟，偏也。咡，口旁也。詔，告語也。長者於童子耳邊，以口旁語之，則童子必手自掩其口而應，勿使氣觸長者。先生，謂父兄師長。從，隨行也。從長者行，而越路與人言，是忘其所從也。遇先生于路，疾趨前進，不敢煩先生就己也。恐有教令，正立拱手俟之。與己言則對，不言則趨退，不敢質問，亦不敢叩所往也。土高曰丘，陵遲可升曰陵。鄉長者所視，視東亦東，視西亦西，恐長者有問，隨所見對也。

登城不指，城上不呼。將適舍，求毋固。將上上聲堂，聲必揚。户外有二屨據，言聞則入，言不聞則不入。將入户，視必下。入户奉上聲扃絅，視瞻毋回。户開亦開，户闔亦闔。有後入者，闔而勿遂。毋踐屨，毋踖跡席，摳寇，上聲衣趨隅，必慎唯上聲諾。

登高望遠，人所共見，自上視下，人所疑忌，指而呼則驚惑者衆矣。君子在車中，不親指，不疾言，而況城上乎！舍，旅館也。旅邸不能無求，若執平日所用，堅索如意，非爲客之義。君子無處無物可以固求，而于旅次尤當戒也。將升堂，必先揚其聲，使内人知避也。古人席坐，脱屨而升，羣坐，惟長者一人脱屨於户内，餘皆脱於户外。外有二屨，則在坐非一人，語聞于户外，則可入；不聞，恐有密，不當入也。入户視必下，不欲掩人所私也。扃，鉉通，門内外拴鈕也。排户而入，則兩手捧持其扃，勿左右回視。户初或開或闔，既入，使開闔如初，不違主人意也。當闔而有後入者，則闔勿盡，恐拒後入者也。毋踐屨，不踐蹋先入者所脱之屨。踖，亦踐也。長者所居席端爲上。長者先登，則後來者自前序升，如歷長者之位，以就己位，是謂之「踖席」也。摳，提也。手提其衣便坐也。隅，席角，末坐也。幼者趨席末，由末升也。慎唯諾，長者有問，唯諾必中節也。

按：此類皆儀文末節，然皆心術所形，心苟不存，則倒行逆施，故曰「德言慎，禮言恭」。惟盛德之至，動容周旋無時無處非禮，君子所以不可斯須去身，存心〔一〕之謂也。後多仿此。

大夫、士出入君門，由闑右，不踐閾。

造化以東陽爲生物之鄉，《易》曰「帝出乎震」，故禮以東爲主位。人身左屬東，爲陽。家國天下，莫不有主。主不可移，可移則非主。故賓雖尊而必右，主雖讓而必左。君者國之主，其出入尚東，由左。門兩扉閒植木窒扉曰闑。出入者由闑左右，闑東西自定，左右隨身出入。君自内南面東出由闑左，入由西，亦闑左也。臣自外北面東入爲闑右，出由西，亦闑右也。入由闑西則疑于爲賓，出由闑東則疑于爲主，故不敢也。在他國則否。閾，門限，踐則不敬，且防傾跌。

凡與客入者，每門讓於客。客至於寢門，則主人請入爲席，然後出迎客，客固辭，主人肅客而入。主人入門而右，客入門而左；主人就東階，客就西階。客若降等，則就主人之階。主人固辭，然後客復就西階。主人與客讓登，主人先登，客從之，拾級聚足，連步以上。上於東階，則先右足；上於西階，則先左足。

〔一〕「存心」，《續修》本作「操心」，《存目》本「心」上一字有讀者塗抹，難以辨識。

由外至内非一門，寢門〔一〕最近内，而進則升寢堂矣。大門讓客先入，及寢門，主人先入設席，然後出迎客，致專敬也。客固辭，則主人止而肅客入。肅，謂俯首揖而進之，即肅拜也。入門左右，皆以身爲概。自外入，東爲右，主趨東階也；西爲左，客趨西階也。客若降等，謂客分卑于主，主爲大夫、客爲士之類，則就主人之階，示隨行，不敢當賓也。待主人固辭，而後就西。再讓曰固辭。主人先登，分尊也。拾，更迭也。級，階梯也。兩足更迭升，前足俟後足至，而前足更上也，猶《雜記》「拾踊」，射禮「拾取矢」之「拾」。聚足，謂兩足聚一級。連步，階梯非一也。東階先右足，西階先左足，順入門之左右，主賓相顧也。

帷薄之外不趨，堂上不趨，執玉不趨。堂上接武，堂下布武。室中不翔，並坐不横肱國，平聲。**授立不跪，授坐不立。**

帷，幔也。薄，簾也。趨，直前疾進也。見長之禮，以疾爲敬。帷薄之外，不見尊者，可自紓，則不必趨。堂上地迫，執玉恐墜，皆不可趨。武，足也，取强立意。凡上文下武，左文右武。冠下曰武，所以爲固也；足下曰武，所以爲壯也。堂上不趨，足跡相接，舉步狹也。堂下地稍寬，可開步，布散其武也。張拱緩步曰翔。室中愈迫，非脩容之所。肱，手臂横張兩肱，恐妨並坐者。凡授物，長者立，

〔一〕「門」下一字格原爲墨釘，今删。

則己不必跪，恐勞長者俯也；長者坐，則己跪而授之，不敢俯臨長者。兩足並坐曰跪。

按：趨、翔、跪，皆所以爲敬。然以趨爲敬，亦有不必趨者；以翔爲敬，亦有不必翔者；以跪爲敬，亦有不必跪者，節文雖多，時中而已。故「君子義以爲質，禮以行之」，明于細而大可知。

凡爲長者糞之禮，必加帚於箕上，以袂拘溝而退，其塵不及長者，以箕自鄉向而扱插之。奉上聲席如橋衡，請席何鄉，請衽壬，上聲何趾。席南鄉北鄉，以西方爲上；東鄉西鄉，以南方爲上。若非飲食之客，則布席席閒函丈。主人跪正席，客跪撫席而辭。客徹重席，主人固辭。客踐席，乃坐。主人不問，客不先舉。將即席，容毋怍，兩手摳衣，去齊咨尺。衣毋撥剥，足毋蹶貴。先生書策琴瑟在前，坐而遷之，戒勿越。虛坐盡上聲後，食坐盡前。坐必安，執爾顔。長者不及，毋儳暫言。正爾容，聽必恭。毋勦説，毋雷同。必則古昔，稱先王。

糞，掃除不潔也。帚，所以掃。箕，所以盛糞。以帚加箕上，捧之而進退也。一手捉帚，一手舉袂環障帚外，且掃且移，郤步而退，使塵不及長者。拘、鉤通，舉袂内向如鉤也。掃畢，以箕内向扱地，斂取糞壤，不以箕向長者。既掃布席，兩手奉席，高如橋，平如衡。長者欲坐，請問面向何方；長者欲卧，請問足向何方。衽，卧席也。凡坐隨陰陽，如南向、東向之席，坐于陰方，則皆上右，蓋南向以西爲右，東向以南爲右也；北向、西向之席，坐于陽方，則皆上左，蓋北向以西爲左，西向以南爲左也。凡飲食之席，賓主不相對；非飲食而講説之席，則對設。凡席制，廣三尺有奇，兩席合中閒空地約共一丈。函，合也。跪，膝著地也。主人跪而正客之席，敬客也；客以手按席止之，不敢當也。重席，所以優客。固辭，再辭也。凡辭，初爲禮辭，再爲固辭，三爲終辭。踐席，客將坐也。客坐，主人乃坐。坐定，主人先問勞客，客不先舉問也。凡即席，容貌端好舒徐，勿矜持、愧怍也。將坐，必兩手摳提衣旁，使邊齊離地尺許，然後坐，以便起居也。齊，一作「齋」，衣下邊也。撥，開散也。蹶，掣動也。坐必收斂衣服，足無動摇也。席閒遇長者書簡琴瑟當前，必跪而遷移之，慎勿跨越也。虚閒並坐，陵越向前，則疑于先人，非謙也。當食並坐，偃仰退後，則似輕主人之饌，不敬也，即下文「無餘席」之意。或云：盡前者，以俎豆在前，就之，恐汙坐席也。儳、攙通，越次也。勦説猶亂説，便給争勝之狀。雷同，附和阿比之狀。準古昔，稱先王，言皆舊典，可徵可信也。

侍坐於先生，先生問焉終句，則對。請業則起，請益則起。父召無諾，先生召無諾，唯而起。侍坐於所尊敬，無餘席，見同等不起。燭至起，食至起，上客起。燭不見現跋鈸。尊客之前不叱狗。讓食不唾拖，去聲。侍坐於君子，君子欠伸，撰選杖屨，視日蚤莫，侍坐者請出矣。侍坐於君子，君子問更端，則起而對。侍坐於君子，若有告者曰：「少閒閑，

願有復也。」則左右屏而待。

問終乃對，不敢儳也。古者席地坐，以兩膝著席，兩股著足，有請，則伸股起。起有二：長者坐，少者請業、請益、問更端之類，則膝跪而股起；燭至、食至、上客至之類，則足立而身起也。請業，問所習學之事。請益，既告而復問也。諾者，應之徐。唯者，應之疾。無餘席者，坐垂席端，恭敬不寧之貌。侍先生坐，見同等者，則先生亦其同敬，敬有所專，不敢顧私，故不爲起。燭至起，以時變也。食至起，敬主人之供也。上客起，非同等，長者之所敬亦敬也。古者以薪炬爲燭，燒餘爲跋，勿使客見，恐其厭久也。叱狗，惡聲，嫌暴怒也。讓食而唾，近穢惡也。吸氣曰欠，舒體曰伸。欠則氣乏，伸則體疲。撰，古「算」通，心計貌，將起尋覓杖屨也。視日早晚，思息也。皆厭倦之容。更端，更舉一事問也。起而對，待命復坐也。有告者，他人告君子也。少閒，須少空閒也。復，白也。必空閒而後白，則幾事也。屏，退也。左右，隨便也。屏隱而待，不敢干其私也。

毋側聽，毋噭叫應，毋淫視，毋怠荒。遊毋倨，立毋跛，坐毋箕，寢毋伏。斂髮毋髢替，冠毋免，勞毋袒，暑毋褰裳。侍坐於長者，屨不上於堂，解屨不敢當階。就屨，跪而舉之，屏於側。鄉長者而屨，跪而遷屨，俯而納屨。

毋側聽，毋側耳探聽人之私也。應必和平，毋噭號暴厲也。視必直，毋流移邪眄免也。怠荒，謂身體放散不收也。遊，行也。倨，驕傲也。跛，偏攲也。箕，坐伸兩足，狀如箕舌也。伏，覆也，以胸腹帖席也。斂髮，以纚韜髮也。髢，假髮，一云「髲」，勿使髮垂如髲也。免，脱也，非凶事不脱冠。袒，解衣露體也。雖有疲勞之事，不得肉袒。雖當炎暑，不得揭下裳取涼也。屨賤，少者屨尤賤。長者坐於室，則著屨升堂而脱之户外以入；長者在堂，則屨不上堂，而脱之階下以升。屨有繫，解之不敢當階，爲妨後升者。有事暫起，就階下著屨，必跪而舉屨，屏於側著，不當階也。禮畢退，長者送己，向長者前著屨，屨在階側，跪而遷移近己，勿妨長者降也。俯而納屨，不跪者，納屨足在前也。

離坐離立，毋往參焉。離立者不出中間。男女不雜坐，不同椸移枷架，不同巾櫛，不親授。嫂叔不通問，諸母不漱裳。外言不入於梱，内言不出於梱。女子許嫁，纓，非有大故，不入其門。姑、姊、妹、女子子已嫁而反，兄弟弗與同席而坐，弗與同器而食。

離，猶麗也。兩相與曰麗。兩成離，加一爲參。兩人同坐立，必有所私，毋往參之。道遇麗立者，行其旁，毋出其中間。枷、架同，置衣服之具，横者曰椸。巾以拭汗，櫛以理髮。問，贈貽也，《詩》云「雜佩以問」。諸母，父妾之有子者。漱，浣也。裳，褻服。不使漱裳，惡瀆尊，遠嫌也。内言、外言，男女各職也。梱，門限也。内外有限，男女不相通言也。纓，佩也，絛組之屬。女子既許嫁，佩纓，成人之飾也。大故，謂病喪之類，非是，不入其門。門，謂女子所居室之户。女子子，即女也，重言「子」

者，别于男子之爲子也。兄弟，謂姑、姊、妹、女子子各有兄弟也。坐、食，男子在堂，則婦人在室。

父子不同席。

古者一席坐四人，父子同席則尊卑無等，父必異席。

男女非有行媒，不相知名；非受幣，不交不親。故日月以告君，齊戒以告鬼神，爲酒食以召鄉黨僚友，以厚其别也。取去聲妻不取上聲同姓，故買妾不知其姓則卜之。

行媒，謂媒氏通往來也。名，謂男女之名。受幣，謂納幣以後，乃通交相親也。《周禮》凡判妻入子者，媒氏書之，以告君也。告鬼神者，告其先祖。非是則無别，爲此以厚别也。厚，猶遠也。妻取同姓，則近于禽獸。妾或不知姓，亦必卜之，以決疑也。

寡婦之子，非有見焉，弗與爲友。

寡婦之子，弗輕與之爲友，避嫌也。見，謂其子有德業聞望表見于世。無所見而友其子，欲何爲乎！所以嫌也。

賀取妻者曰：「某子使某，聞子有客，使某羞。」

凡以財慶人曰賀。昏禮無賀，以人子將有嗣代之憂也。如賀，則直云「某聞子有客，使某來進食」，不直言賀也。某子，賀者名。使某，使者自名。羞，進食也。

貧者不以貨財爲禮，老者不以筋力爲禮。

貧者不能備將禮之物，老者不能任行禮之勞。禮不在儀文，故無財亦可行也；禮不在周旋，故衰老亦可行也。不然，豈貧者、老者遂無禮乎？故曰「禮云禮云」，「君子義以爲質」，此之謂也。

名子者不以國，不以日月，不以隱疾，不以山川。

子生三月，而父名之。義方之始，不可不慎。以國則僭上，以日月則褻天，以隱疾則貪菑，以山川則瀆神，推而廣之，必正乃順。隱疾，隱諱之疾，如目疾名瞎、足疾名跛之類。

男女異長。男子二十，冠而字。

異長，各自爲伯仲。男子之長幼，達于四方；女子之長幼，閨門之内耳，故不相雜。男子冠而字之，重成人，不斥其名也。

父前子名，君前臣名。

名，謂自稱與稱同輩，皆以名。父尊于一家，子自稱及稱家衆，皆以名也。君尊于國，臣自稱與稱他人，皆以名也。《春秋傳》：鄢陵之戰，晉侯陷于淖，欒書欲載晉侯，鍼曰：「書退！」鍼，書之子也。對晉侯稱「書」，是君前子亦名父，他可推。

女子許嫁，笄而字。

女子十五以上，皆可許嫁。許則十五而笄，未許則二十亦笄矣。字之，亦敬其名也。

凡進食之禮，左殽右胾恣，食嗣居人之左，羹居人之右，膾炙隻處外，醯醬處内。葱渿渫處末，酒漿處右。以脯脩置者，左朐劬右末。客若降等，執食興辭，主人興辭於客，然後客坐。主人延客祭，祭食，祭所先進，殽之序，徧祭之。三飯，主人延客食胾，然後辯殽。主人未辯，客不虚口。

殽，牲體熟而升之俎也。胾，純肉切而盛于豆也。謂之殽者，骨肉雜也。禮重骨賤肉，故左殽右胾。食，飯也，穀食爲主，故居左。肉汁爲羹，羹陪食，故居右。細切爲膾，燒肉爲炙，盛之以豆，居食羹之外也。醢，醬屬，或云醋也。醢通爲醬，醢醬之類不一〔一〕，皆所以和諸饌，亦盛以豆，居殽胾之内也。葱渿，

〔一〕「醢通爲醬，醢醬之類不一」兩「醢」字，原作「醯」，據文義改。

所以爲和也。湥，當作「屑」。《内則》云「屑桂與薑」，《士喪禮》云「醯、醢、屑」，是也。亦盛以豆，居諸饌之末。漿，諸飲之屬。《周禮》有三酒、六飲。居右，與羹近，取便也。脯脩，皆乾肉。薄析曰脯。脯，始也。始成爲脯，捶而施薑桂曰腶。脩，脩治也，治而後成也。朐，屈也。末，謂兩端。乾肉屈中，而以末端向右。食脯先末，便于擘取也。降等，謂客分卑於主人也。執食起辭，如《儀禮》臣食于君，先捉飯而起，欲往食于堂下之類。主人起止客，然後客坐也。延，請也。食每品取少許置于豆閒之地，以祭先代造食之人，不忘本也。若敵客，則自祭，不須延請。若降等之客，待主人延請而後祭也。凡祭食之禮，祭其所先進之食，後進者後祭之，各以進殽之序，祭之必徧也。飯，食飯也。三飯，三食也。每飯皆食殽，擩以醯醬。殽與飯爲正饌，三飯竟，主人乃延客食胾，然後徧食各殽。辯、徧通，周也。必俟主人食殽徧，而後客止。如主人方食，客虚口不食，是違主人之意也。

按：飲食，人之大欲，無禮則亡厭。故先王因飲食行禮，俎豆有常品，陳設有定位，以將敬而導讓也。苟薦獻有文，辭受有節，豐儉有數，因時制宜，皆可名禮。故夫殽胾之左右，羹炙之内外，脩脯之本末，主客之拜興，善用禮者，不簡不煩，當乎人情，愜乎事理，合乎時宜，所謂「義以爲質，禮以行之，遜以出之，信以成之」，如是而已。故禮有情有文，非徒鼎俎之多寡、左右之陳設，一一依仿陳跡，如鄭康成輩牽强附合，虚敝精神，無適于用耳。

侍食於長者，主人親饋，則拜而食；主人不親饋，則不拜而食。共食不飽，共飯不澤手。

毋摶團飯，毋放飯，毋流歠，毋咤查食，毋齧孽骨，毋反魚肉，毋投與狗骨，毋固獲，毋揚飯，飯黍毋以箸，毋嚃答羹，毋絮羹，毋刺齒，毋歠醢。客絮羹，主人辭不能亨；客歠醢，主人辭以窶。濡肉齒決，乾肉不齒決。毋嘬蕞炙隻。

主人，即長者。饋，進饌也。共食，與人同席食也。非賓主勸侑而飽，則所取多矣。共飯，與人同器而飯也。古人飯以手，不澤手，手必潔也。沾汙曰澤。汗出曰手澤，涎沫曰口澤。凡涎沫著手，羹汁染手，皆謂之澤，人所穢惡也。摶飯，團取飯，欲其多也。放飯，搶食也。流歠，亟飲也。咤，口舌聲。齧骨，嚼骨有聲。反魚肉，以所食餘反于器也。投與狗骨，則賤主人之物。固獲，堅取必得也。揚飯去熱，急於食也。飯黍以匕，不以箸。箸以食殽，非飯黍也。羹有菜，食用箸。嚃，以口嚃取也。絮羹，別取蔬品入羹和之也。刺齒，剔齒也。醢，醬屬，味鹹，以殽擩食之，非可歠也。可歠則味必淡。故客絮羹，則似調和未善，主人辭以不能烹；客歠醢，則似醢味薄，無殽可飽，故主人辭以貧窶。濡肉，輭濕之肉。齒決，以齒斷而食之，不須手也。乾肉，脯脩之類，必手擘之，而後可食，用齒決斷，則失容也。一舉盡臠曰嘬。以上數者，皆貪饕粗率之狀。君子于觴酒豆肉，未嘗不退讓，以養廉也。

卒食，客自前跪，徹飯齊齋以授相者，主人興辭於客，然後客坐。侍飲於長者，酒進則起，拜受於尊所，長者辭，少者反席而飲。長者舉未釂醮，少者不敢飲。長者賜，少者、賤者不敢辭。賜果於君前，其有核者懷其核。御食於君，君賜餘，器之溉者不寫，其餘皆寫。餕俊餘不祭。父不祭子，夫不祭妻。御同於長者，雖貳不辭，偶坐不辭。羹之有菜者用梜夾，其無菜者不用梜。爲天子削瓜者副劈之，巾以絺答；爲國君者華花之，巾以綌隙；爲大夫累倮之，士疐帝之，庶人齕覈之。

卒食，食畢也。客自出向席前，跪而取己所食之飯與醬齊，授佐食者，將以持歸，卒主人之惠也。齊，與「齏」通，即菹醢之菹。獨徹飯齊者，食以飯齊爲主也。唯受食於尊者親徹，賓若敵則主人起辭，客坐，而相者代徹也。尊，盛酒器。尊所，置酒尊之所。謂之尊者，燕飲主酒，主爲尊也，故主人當尊。天子、諸侯飲其臣則專尊。燕與鄉飲，則尊在房户間，賓主共之，主尊賓、賓尊主之義也。故長者就尊酌酒，少者必起就尊所而拜。長者辭拜，少者乃反席飲。俟長者飲盡釂，而後少者乃敢飲。盡飲曰釂。君前食果，不敢棄其核，即「勿投與狗骨」之意。御食於君，如爲君佐食之類，非侍食也。侍食則不必賜餘矣。器之溉，謂如賜爵之類，禮所必洗，則即其器食之，不必更瀉之别器也。如其器未可便洗者，則當瀉于别器食之，不敢與君同器也。食餘曰餕。尸餕鬼神之餘，臣餕君之餘，賤餕貴之餘，下餕上之餘。餕餘皆有豆閒之祭，但不可以祭先祖與他鬼神，故孔子君賜食，先嘗不祭，唯腥則熟以薦也。子生則餕父之餘，子死則父不得以己所食之餘祭之；妻生則餕夫之餘，妻死則夫不得以己所食之餘祭之，而況祖考與外神乎！御同於長者，謂同長者食也。凡用物當前曰御。貳，陪也。同長者食，雖盛饌，與長者爲貳，不必辭，以其爲長者設也。偶，遇也。遇則成偶，遇席偶坐，雖盛饌，非爲己設，亦不必辭也。梜，箸也。鉶羹菜和用箸，大羹無菜乃可歠也。爲天子削瓜，副之。副、劈同，析破也。以細葛巾覆之而進。華、花同，半破如花開不斷也。葛之粗者曰綌。累、臝通，但華之而不用巾，猶《檀弓》之云「剥萛」也。疐、蒂通，亦不華，但去其蒂而已。齕之亦不疐，以齒自齕而已。

按：《玉藻》及《士相見禮》皆云「君賜爵，卒爵而俟，君卒爵」，是以先飲爲禮也。故禮不必强同，因時制宜，敏於從尊者之命，先飲可也；讓以待尊者之命，後飲亦可也。解者謂公私不同飲，豈私燕遂無導飲之禮乎？長者有賜當受，亦有義不可受，雖君命辭，若子思之鼎肉、孟子之兼金是也。削瓜細事，諸侯以下不得劈，明微辨等云爾，非謂庶人之瓜但可斷蒂，而劈瓜者皆犯禮也。解者曰公庭大會則爾，非謂平日，然則禮惟公庭有之，平日無禮乎？且庶人何得與天子同堂食瓜？附會不得，而强爲之説也。大抵禮者人情耳。無恭敬之心，非人也。無是心，則講求是禮；有是禮，則反求是心。今不求制禮之義與行禮之心，但比儗求合于古人之跡，牽强支離，亦不可行矣。

父母有疾，冠者不櫛，行不翔，言不惰，琴瑟不御，食肉不至變味，飲酒不至變貌，笑不至矧，怒不至詈利，疾止復故。有憂者側席而坐，有喪者專席而坐。

不櫛，不櫛髮也。首必櫛而後加冠，冠而不櫛，匆遽之至也。翔，緩步也。惰，慢也。不惰，言語較平時迫切也。君子無故不去琴瑟，父母疾，則不樂也。變味，謂厭飫知味也。變貌，謂酣醺改色也。

齒本曰矧。笑而見矧，是劇驩也。怒罵曰詈。怒而至詈，是忘憂也。有憂，如親疾、大患難之類。側，獨也，猶《儀禮》「側尊」「側授」之「側」。側席，謂獨席，不別設席待賓也。專席，謂不與衆人共坐，吉凶不相襲也。

水潦降，不獻魚鼈。獻鳥者佛拂其首，畜鳥者則勿佛也。獻車馬者執策綏雖，獻甲者執胄宙，獻杖者執末，獻民虜者操右袂，獻粟者執右契，獻米者操量鼓，獻孰食者操醬齊齏，獻田宅者操書致。凡遺人弓者，張弓尚筋，弛弓尚角，右手執簫，左手承弣撫，尊卑垂帨。若主人拜，則客還旋辟闢辟避拜。主人自受，由客之左，接下承弣，鄉向與客並，然後受。進劍者左首，進戈者前其鐏鑽，去聲，後其刃，進矛戟者前其鐓隊。進几杖者拂之。效馬效羊者右牽之，效犬者左牽之。執禽者左首，飾羔鴈者以繢。受珠玉者以掬，受弓劍者以袂。飲玉爵者弗揮。凡以弓劍、苞苴、簞笥問人者，操以受命，如使去聲之容。

水潦方降，則魚鼈不足貴，故不以獻于尊者。獻鳥者必捩列轉其首，止其啄，而防其逸也。如欲畜之，則勿拂，恐其傷也。佛、拂通。車馬不可以登堂，獻則執撻馬之策與升車之綏先之。胄在首，甲在身，呈胄自知有甲矣。獻杖則執末，授長者以本也。民虜，戰勝所獲之人，獻則操持其右袖，防有異志也。獻粟，收取必以契，契必合兩，書契先右，執右爲尊也。鼓，量器。操量鼓進，則知有米也。粟久儲，故執契；米即用，故執量。醬齊所以和味。先醬齊，自知有熟食也。書，版冊也。獻田宅以書致之。凡弓，筋在外，角在内。授張弓，筋向上；授弛弓，角向上，使兩梢下垂，便于授也。簫、弰通，弓末也。弣，弓中央把處，如花之有柎，故名弣。右手執弰，左手承弣，便也。尊卑，謂賓主無貴賤一也。垂帨，猶垂佩。帨，佩巾。賓主授受，身皆磬折，其佩懸而垂也。客，謂使者。主人拜而後受，客執弓旋辟以避其拜。還辟，回旋開辟也。但避不答拜者，主人拜聘主，非拜使者也。主人自受，謂不遣人代也。由客之左，客自外入，則西爲左。接下，亦右手執簫，郤左手接客之下，承其弣也。鄉與客並，謂與客並立同向，然後受之，不逆受也。進劍以把爲首。左其首，尊者在左，以首授之，避刃也。戈，如戟，旁有横刃向下，所謂鉤戟也。矛，似鋋而三隅。戟，兩旁皆有横刃向上。鐏、鐓皆柄下鐵，鋭者曰鐏，平者曰鐓。前鐏、鐓，亦避刃也。進几杖者，必拂去其塵。效，猶呈也。馬與羊，右手牽之，便用力也。犬左手牽之，以右手防齧噬也。執禽皆左其首，尊者在左，以首向之也。獻羔鴈者，畫布飾之。受珠玉者，以兩手掬之。受弓劍者，以衣袖承之。飲玉爵者，雖有餘瀝，不揮灑，防失墜也。苞，包裹之；苴，承藉之，或以葦，或以茅，魚肉之類也。竹器圓曰簞，方曰笥，盛飯食之器也。凡操持此物遺人者，受使命之初，即如出使在彼之容，則臨事可無失禮矣。

凡爲君使者，已以受命，君言不宿於家。君言至，則主人出拜君言之辱；使者歸，則必拜送于門外。若使人於君所，則必朝服而命之；使者反，則必下堂而受命。

朝受君言，夕舍于郊，故曰「不宿於家」。朝服而命之，則拜送、反受命亦朝服可知，拜君言之辱朝服又可知已。

博聞强平聲**識**志**而讓，敦善行而不怠，謂之君子。君子不盡人之歡，不竭人之忠，以全交也。**

多學而不傲〔一〕人以自用，篤于行善而不以少得自止，斯誠君子矣。人有好于己，勿求其好之必盡；人有忠于己，勿責其忠之必竭。如此，則我望人不過厚，而人施于我易爲德，彼我之閒可常繼，全交之道也。

《禮》曰：「君子抱孫不抱子。」此言孫可以爲王父尸，子不可以爲父尸。爲君尸者，大夫、士見之則下之，君知所以爲尸者則自下之。尸必式，乘必以几。

《禮》，古禮也。祖父憐孫之幼，常擁抱之，子長則不抱。父嚴祖慈，人情也。記者引此以明孫爲祖尸之意。蓋惟其死則爲尸，故生則鍾愛。《曾子問》云「尸必以孫，孫幼則使人抱」，意與此異。王父，祖父也。君尸，謂天子、諸侯祭祀，公、卿、大夫爲尸者，已筮已宿，大夫、士遇于外則下車，

〔一〕「傲」，原作墨釘，《續修》本作「傲」，今據補。

敬之也。君遇于路，知其臣已筮爲尸者，亦下車。尸皆式于車上答之也。尸乘車，必加几于式使憑，以優之也。

按：古者惟祭殤無尸，内外之神，祭皆以尸。内神用同姓，外神不擇姓。勝國之社稷，則士師爲之；宗廟之祭，主人之子爲之。使其父北面拜其子，近逆；飲食生人以爲鬼，近戲。此古禮之不可强通于後世者也。

齊債，平聲**者不樂，不弔。**

遇大事而齋戒，則不爲樂，不弔哀，專志以養誠也。

居喪之禮，毁瘠不形，視聽不衰，升降不由阼階，出入不當門隧。居喪之禮，頭有創平聲**則沐，身有瘍**羊**則浴，有疾則飲酒食肉，疾止復初。不勝**升**喪，乃比於不慈不孝。五十不致毁，六十不毁；七十唯衰**催**麻在身，飲酒食肉，處於内。生與來日，死與往日。**

孝子哀痛，自不免於毁瘠，然使銷肌見骨，則反傷生；使耳目昏亂，則反廢禮。升降不由阼階，不忍歷親之位也。出入不當門中道，不忍踐親之迹也。居喪不整容，故不沐浴；不甘味，故不進酒肉。然有瘡瘍，沐浴可也；有疾病，酒肉可也。疾止復初，仍不食也。孝子之身，親所寄託之身，以啓後則爲慈，以承前則爲孝。苟過哀，傷生廢禮，謂之「不勝喪」。雖慈孝，乃比於不慈不孝者。不致毁，不極毀傷也。年愈衰，則哀當愈節。孝子居喪三年，是生者來之日也；父母喪已三年，是死者往之日也。生者不忘，久而若暫；死者不生，近而若遠。與，猶數也。生數來日，如親死四日成服，喪禮以爲三日，祥禫皆越月而後祭，祥雖兩期，而從吉直須二十七月，是生者之喪，必數來日也。死數往日，如親喪二十五月，實得兩期，遂爲三年，是死者之期，但數往日也。數來者雖久，猶若未久，孝子自盡之心也；數往者未久以爲久，孝子思親之心也。聖人制禮，斟酌情理而損益之也。

按：前云「爲人子者，居不主奥，行不中道，立不中門」，故「居喪不由阼階，出入不當門隧」，猶親存也，故曰：「事死如事生」，「父没觀其行，三年無改於父之道，可謂孝矣」。禮者，人情而已，非泥跡也。孔疏謂祔祭以後，得升阼階，引《雜記》「弔者入，主人升堂西面」，爲敬賓，乃由阼，恐亦不止此，顧其心何如耳。泥跡比擬，非禮之義。

知生者弔，知死者傷。知生而不知死，弔而不傷；知死而不知生，傷而不弔。弔喪弗能賻附，不問其所費；問疾弗能遺，不問其所欲；見人弗能館去聲，不問其所舍。賜人者不曰來取，與人者不問其所欲。適墓不登壟，助葬必執紼。臨喪不笑。揖人必違其位。望柩不歌，入臨不翔。當食不歎。鄰有喪，舂不相去聲；里有殯，不巷歌。適墓不歌，哭日不歌。送喪不由徑，送葬不避塗潦。臨喪則必有哀色，執紼不笑，臨樂不歎，介胄則有不可犯之色。故君子戒慎，不失色於人。

恤生曰弔，哀死曰傷，二者非可混施也。以財助葬曰賻。問人之乏而不能濟，是失言也。賜人而使之來取，是無禮也。與人而問所欲，是矜惠也。壟，墳也。登墳，則躪〔一〕踐死者，不敬也。引棺之索曰紼。助喪本爲相事，非爲客也，故必執紼，示效力也。與人揖必出位，以變爲敬也。入哭人之喪，勿舒徐翔行也。憂則廢食，食則輟憂，非歎所也。五家爲鄰。鄰有喪，舂米者不唱和相助也。二十五家爲里，不巷歌，不歌於里之巷也。送喪由截徑，避泥水，是憚勞也。身被介胄則必有不可犯之色，臨喪則必哀戚之色，故君子每事戒慎，必誠必信，服必稱情，外必由衷，不失色於人也。

國君撫式，大夫下之；大夫撫式，士下之。禮不下庶人，刑不上大夫。刑人不在君側。兵車不式，武車綏芮，平聲旌，德車結旌。史載筆，士載言。前有水則載青旌，前有塵埃則載鳴鳶，前有車騎則載飛鴻，前有士師則載虎皮，前有摯至獸則載貔皮貅休。行，前朱鳥〔二〕而後玄武，左青龍而右白虎，招摇在上，急繕其怒。進退有度，左右有局，各司其局。父之讎弗與共戴天，兄弟之讎不反兵，交遊之讎不同國。四郊多壘累，上聲，此卿大

〔一〕「躪」，原作「躝」，據文義改。按：郝氏《周禮完解》卷十作「躪踐」不誤。

〔二〕「鳥」，原作「雀」，閩本作「鳥」，且注內亦言「鳥」不言「雀」，今改。

夫之辱也。地廣大，荒而不治，此亦士之辱也。

撫，俯憑也。式，車中較下橫木，有所致敬，則俛而以手撫之，如過宗廟之類。君所撫式，大夫過則下；大夫所撫式，士過則下。朝廷之禮論爵，庶人無爵，故禮無下逮庶人者。大夫近君，有罪則議，《周禮》有「八議」。不可議，同姓則刑于甸師，勿使人見；異姓則刑于朝，不棄市，以重有爵也。有罪被刑之人，不使近君側，防懷怨也。兵車尚威猛而不讓，故不式。武車即兵車，旌載于車上。綏、緌通，散垂貌。《詩》曰：「淑旂綏章。」武容飛揚，故散其旌，垂緌然也。德車，文車，貴安恬，故纏結其旌。史載筆，謂君行，史官載筆隨，以記事也。士，掌故官屬。言，謂訓典。前，謂前驅。君行師從，前驅遇變，必舉類示後，使知備也。載，舉之車上也。青，青雀，水鳥。旌，畫青雀于旌上。塵埃起，則前有衆伏，風能揚塵，鳶鳴多風，故舉鳴鳶也。見車騎成行，則舉飛鴻，鴻飛成列也。士師，掌刑殺之官，在前，謂爲先鋒，舉虎皮以張威武也。前遇猛摯之獸，則舉貔貅之象，使衆知備也。此四〔一〕者，畧舉其類。蓋師行人衆，有急未可言傳，但舉旗幟以齊三軍之耳目也。下文因以五方旗色承之。行，謂行師。凡軍，前爲南，鳥，南方七宿。朱，火色。前建鳥旟七斿，以象鶉火，鳥宿之屬，有星星，凡七星也。武，北方七宿。玄，水色。後建龜旐四斿，以象營室，武宿與東壁，連體四星也。軍東爲左，龍，東方七宿。青，木色。左建龍旂九斿，以象大火，龍宿之屬有尾，尾九星也。軍西爲右，虎，

〔一〕「四」當作「五」，此誤數耳。

西方七宿。白，金色。西建熊旗六斿，以象伐，虎宿與伐參，連體六星也。招摇，天中北斗七星。上，謂中軍。北斗杓轉，衆星隨之，故居中央。軍行，爲五方之旗，法五星，以指揮士卒，而招摇在上者，將帥居中，舉招摇之旗，督作三軍之武怒也。急，猶督也。繕，猶作也。度，謂進止之律。局，謂部分。皆所謂軍禮也。下文因以敵讐承之。不共戴天，猶言不與同生也。不反兵，謂不待還取兵，兵常自隨也。四郊，城外四郊。壘，屯軍之壁。卿大夫不能謀國，致寇納侮；士未遠於庶人，食禄代耕，而不勤民事，各以爲辱也。

按：「父讐」三語言帥臣分闘敵愾之義，「四郊」二語言人臣謀國任事之忠，或古聖有爲而言，猶速死速朽之類。如《春秋》魯莊公忘父讐，爲齊諸兒主婚，儒者矯其非，遂以報讐爲大義，後儒遂緣飾大復讐之例。要之，非通論也。傳記成于後儒手，非先聖之舊，而此一節，多春秋諸侯盟會征伐之事，非先王巡狩朝會太平之文物。所述前載後備，皆倉卒道路掩薄，權宜之術。青龍、白虎、招摇等名，後世緯稗小説，非聖人雅言所執之禮。鄭康成輩每屈經從緯，禮壞經訛，由訓詁始也。

臨祭不惰。祭服敝則焚之，祭器敝則埋之，龜筴敝則埋之，牲死則埋之。凡祭於公者，必自徹其俎。

不惰，祭如在也。祭服、祭器敝壞，以他用則褻神，故焚而埋之。牲，犧牲，未用死，與犬馬之屬，皆是。人臣助祭于君，有獻俎，祭畢各歸之。臣必自徹者，不敢當賓也。鄭謂獨士當自徹，亦拘也。

卒哭乃諱。禮不諱嫌名，二名不偏諱。逮事父母則諱王父母，不逮事父母則不諱王父母。君所無私諱，大夫之所有公諱。詩書不諱，臨文不諱，廟中不諱。夫人之諱，雖質君之前，臣不諱也。婦諱不出門。大功、小功不諱。入竟境而問禁，入國而問俗，入門而問諱。

卒哭，謂朝夕哭也。未葬，哭不絶聲。既葬，返而三虞，惟朝夕哭，思至哭，故謂之卒哭。卒哭則祔主于廟，乃有謚以易名。名，所以名其質也。人死質藏則名隱。孝子聞名思親，不忍舉也。鄭謂生不諱名，非也。人子于親生死同，死不忍聞，生亦不敢斥，但生則名有必用，不可盡諱；死則名不復用，謚方新而名可釋矣。故諱自卒哭始。卒哭之日，生事終而死事初也。嫌名，名不同而音相近。二名，二字爲名，偏舉一字則不諱。蓋禮至諱名，而尊崇哀敬之情極矣。惟三年之喪爲然，期以下無此禮。期喪有諱，惟王父母，而王父母之諱亦以父之所諱諱之。苟子幼孤，不及見事父母，未嘗聞父之諱祖，則己亦可不諱矣。凡諱，惟在家則然，在朝廷君前，雖子不得諱父。在大夫之家，國之所諱者則諱之，亦無私諱也。不以諱改詩書之語，不以諱易記載之文，恐其害義理也。廟中有先祖在，則尊無踰者，故皆舉名，如《雝》詩「禘太祖」，則文王之名，亦不諱也。君夫人之諱，即君夫人之名。質，猶當也。雖當君前，臣亦不諱，其非君前與非臣可知，何也？婦人尊貴者之名，惟諱於閨門中，門外非婦人得預也。大功、小功，服殺分輕，故不諱。孔氏謂大功、小功亦當從父之諱，是拘于「逮事父母則諱王父母」之文而失其解者也。蓋禮至于諱，事愈輕而情愈重，非君父無是，豈可概施乎？入竟，入國之界首。入國，入城中。入門，入主人大門。亦畧言其義，如必待入城而後問俗，及人之門而後問諱，亦迂矣，是鄭康成之禮也。

外事以剛日，內事以柔日。凡卜筮日，旬之外曰遠某日，旬之內曰近某日。喪事先遠日，吉事先近日。曰：爲去聲日，假爾泰龜有常，假爾泰筮有常。卜筮不過三，卜筮不相襲。龜爲卜，筴策同爲筮。卜筮者，先聖王之所以使民信時日、敬鬼神、畏法令也；所以使民決嫌疑、定猶與去聲也。故曰，疑而筮之，則弗非也；日而行事，則必踐之。

舊說外事謂巡狩、朝會、征伐之類，內事謂宗廟、祭祀、冠昏之類。天干五奇，甲丙戊庚壬爲剛日；五偶，乙丁己辛癸爲柔日。外剛內柔，外陽內陰也。其說蓋附會《小雅·吉日》之詩。《郊特牲》云：「郊用辛。」郊亦外事也，而辛又用柔。又云：「社日用甲。」社，后土，陰也，而甲又用剛。喪祭鬼事，用柔日可也。冠昏人事，何以用柔？女昏爲內事可也，男冠何以稱內？其說未足憑。聖人用禮，未嘗爲此拘拘也。卜筮日，謂卜筮其行禮之日。旬內外，謂卜十日內外也。曰遠某日、近某日者，命龜筴之辭。喪事，謂葬與祥、禫之類奪哀之事，則先遠日，示不急也。吉事，謂祭祀、冠昏之類，則先近日，情欲伸也。先，謂不從乃改擇也。曰，亦命辭。假，借也。言爲擇日，借爾泰龜、泰筮也。泰，尊之之辭。有常，信之之辭。吉凶有常，故可信也。卦成于三，故卜筮三不吉，則不復問也。襲，重也。三卜不吉則止，不可重筮；三筮不吉則止，不可重卜也。筴、策同，以蓍草爲籌也。卜筮之設，非倚鬼神而忽人謀，聖人謀已定矣。聖人所信者，衆人所疑；法令所不能行者，借鬼神以定之。此聖人神道設教之權，故曰「所以使民」，非爲己也；所以使畏法令，非畏鬼神也。所以決民之嫌疑，定民之猶豫，非聖人嫌疑、猶豫待卜筮決定之也。嫌疑，未明也。猶與，未斷也。與，作「豫」。此數語善言卜筮，若後儒言卜筮。以人事仗鬼神，豈聖人作《易》本義哉！既疑而筮之，筮定則不當復疑；既諏日而行事，得日則當必踐，此教人勿疑也。鄭改「踐」作「善」。

按：鄭以「踐」作「善」，因《春秋》葬敬嬴與定公，皆改日違卜，《左傳》誣以爲禮，鄭遂謂日可以不踐，非也。卜筮已定已決，而又不踐，何取于決疑、定猶豫乎！鄭之譸張附會類此。

君車將駕，則僕執策立於馬前；已駕，僕展軨零效駕，奮衣由右上上聲，取貳綏，跪乘，執策分轡，驅之五步而立。君出就車，則僕并轡授綏，左右攘辟，車驅而騶驟。至于大門，君撫僕之手，而顧命車右就車。門閭、溝渠必步。凡僕人之禮，必授人綏。若僕者降等則受，不然則否。若僕者降等，則撫僕之手，不然則自下拘溝之。客車不入大門。婦人不立乘。犬馬不上於堂。故君子式黄髮，下卿位；入國不馳，入里必式。君命召，雖賤人，大夫、士必自御之。介者不拜，爲其拜而蓌剉拜。祥車曠左。乘君之乘車不敢曠左，左必式。僕御婦人，則進左手，後右手；御國君，則進右手，後左手而俯。國君不乘奇車。車上不廣欬概，不妄指。立視五巂攜，式視馬尾，顧不過轂。國中以策彗卹句，勿驅句，塵不出軌。國君下齊齋牛，式宗廟；大夫士下公門，式路馬。乘路馬，必朝服，載鞭策，不敢授綏，左必式。步路馬，必中道。以足蹙路馬芻，有誅；齒路馬，有誅。

此節言乘車之禮。僕御君車者，大夫、士也。策，刺馬杖。將駕，別有人牽馬就車，而僕臣執策立馬前監之。軨，車式前欄楯，君所憑處，以簸覆之，故須展視也。效駕，試習也。奮衣，攝衣，或云振衣去塵致潔也。由右升者，左當君位，避也。貳，副也。綏，挽以登車之索也。取，自取也。凡車兩綏：正綏曰良綏，僕者負之，君升執之；副綏曰散綏，繫車上，僕與戎右升執之。凡乘車，倚較立，效駕則跪，示敬也。右手執策，分四馬八轡，以驂二轡繫軾前，其六轡，左執三，右并策執三，分轡乃驅，試之五步而止，待君出也。君出就車，僕以六轡併一手，以一手取正綏負之授君，挽以升，僕乃左右攘辟人避道，乃驅車也。攘，揮也。辟，開也。騶，猶馳也。凡御車，僕中立，君左，勇士右爲衞。大門，君外門。天子五門，諸侯三門。君由内門登車，勇士尚未登。車右，即勇士也。車至大門外，君乃按撫僕手止車，顧命勇士登，門外備非常也。行遇門閭、溝渠，勇士必下步行，蓋過閭里君式，則臣當下；又門閭防姦宄，溝渠防險阻也。凡御者授綏，登者分尊乃可受，不然，讓無受也。即尊者當受，亦必撫止御者之手，以示少讓。其不當受者，則自御者手下拘其綏，自執之以升也。凡賓客乘車，不得入主人大門，敬主也。凡婦人乘車，不得如男子倚立，避外也。凡庭實犬馬不上於堂，賤畜也。此皆所謂質義之禮也。故君子在車，見黄髮則式，敬老也；過卿大夫之位則下，敬貴也；入國不馳，衆所聚也；入里必式，父兄親族所居也。奉君命有所徵召，其人雖賤無爵，而大夫、士以君命往，其人來，亦必親爲之御。君之所敬，亦敬之也。披甲鎧者，不屈體拜。蓋文武不同容，冠裳雝雝，則其拜也，和順而拜也；甲胄暨暨，則其拜也，剉折而拜，容不稱服也。祥車，送葬之車，乘則虚左，死者之靈居車左，避也。乘君車，謂君出副車從，臣代君乘，則不敢虚左，不以凶事擬君也。然立君之處，必憑式，以示不安也。御婦人之車，婦人在左，御者進左手執轡，面向右，遠嫌也。御君，以右手執轡，面向左，不敢背君，而身常俯，示恭也。名器莫重于車。《周禮》五路、六等之數，皆有正法，不如法者，謂之奇車。不軌不物，則君不乘。車上居，高聲大欬，手妄舉，非静正之容也。立，謂倚較立。巂、規通。車輪一轉爲一規，五巂謂輪五轉。輪高六尺六寸，圍一丈九尺八寸。五輪之地九丈九尺，每步六尺，蓋十六步半也。車上立視，遠不過此。有所敬而式，則目不得過馬尾。馬尾，近車闌也。左右視曰顧，不得過轂，轂在車兩旁，顧過轂，則掩後人之私也。車入國中不馳，則不用鞭策。彗，策末也。邮，撫摩也。以策彗撫恤其馬，勿令疾驅，垂鞭信步，塵不揚出軌外也。鄭以「勿」字連上，讀作「没」，鑿也。凡國君乘車，遇大祭之牛必式，過宗廟必下。下牛式廟，文誤也。路馬，君馬駕路車者。人臣或效駕，或乘副車，必朝服致敬也。載鞭策，載而不用也。不敢使僕授己綏，自奮衣上也。不敢曠左，左必式也。步路馬，謂君出牽馬以駕，或君歸税駕也。必中道，不行邊側也。

路馬所食草，以足蹴踏之，是蔑視乘輿也。齒，謂問馬之年齒。馬老則晏駕，故忌之。誅，謂謫罰。

按此類衰世諸侯貴倨之禮，先王無是也。

禮記通解卷一終〔一〕

〔一〕「禮記通解卷一終」此行原在書葉闕損處，今據《續修》本補。

禮記通解卷二

郝敬　解

曲禮下第二

凡奉上聲者當心，提者當帶。執天子之器則上衡，國君則平衡，大夫則綏妥之，士則提之。凡執主器，執輕如不克。執主器，操幣、圭、璧[一]，則尚左手，行不舉足，車輪曳踵。立則磬折垂佩。主佩倚則臣佩垂，主佩垂則臣佩委。執玉，其有藉者則裼，無藉者則襲。

此節記將奉授受之禮。仰手當心曰奉，屈臂當帶曰提。帶在腰與心之下。器，謂圭璋之類。衡，平也。手以心爲衡。上衡，謂高於心。平衡，謂當心。綏，心下。提，則帶間矣。蓋分愈尊則禮愈恭，非謂士與大夫之器，使者遂可忘敬也。執主器，通上下言之。執輕如不克，即《論語》云執圭如不勝、《聘禮》云執玉如重之意。尚左手，謂以左手在上。左尊而文，右卑而武，右手在下，便用力也。行

[一]「璧」，原作「壁」，據閩本改。

不舉足，拖曳其踵，如車輪之運不離地也。磬，形倨句，人身立而俛似之。身俛則佩玉從傍懸出而垂也。倚，謂身直立。佩倚，身不垂也。委，謂身大俯，佩委于地也。蓋言主臣授受之容，主立臣俛，主俛臣俯也。玉，謂圭、璧。古者以圭、璧爲禮。執，謂賓主執以相授受。藉，謂以采繒包裹之，所謂繅也。單曰裼，重曰襲。玉有藉，則赤手併其繅執之，所謂裼也。玉無藉，則以衣重掩其手執之，所謂襲也。有藉而又襲，則握不固；無藉而裼，則手澤汙之也。鄭作襲裘、裼裘解，非也。凡言裼者，袒露之稱；襲者，掩護之名。非但衣有裼、襲，執器皆然。

國君不名卿老、世婦，大夫不名世臣、姪迭、娣，士不名家相、長妾。君大夫之子，不敢自稱曰余小子。大夫、士之子，不敢自稱曰嗣子某，不敢與世子同名。君使士射，不能則辭以疾，言曰：某有負薪之憂。侍於君子，不顧望而對，非禮也。

此稱謂應對之禮。國君，諸侯也。卿老，上卿。世婦，下夫人一等，貴妾也。大夫之世臣，先世之家老也。姪、娣，亞嫡之稱，皆妾也。舊謂姪即妻之兄女，娣即妻之妹，恐不盡然。從嫡來嫁，即爲姪、娣，未必一室三女，定嫁一國也。家相，家臣之長。長妾，妾之有子者。皆不呼其名，優禮之也。君子不恃尊貴而忽其所親任，以養恭敬，重顧託，勸忠義也。君大夫之子，諸侯之大夫子也。天子、諸侯對諸父及在喪，自稱余小子，大夫之子不得稱也。天子、諸侯新立稱嗣君，喪未除稱子，大夫與士之子皆不得稱也。世子，諸侯子，大夫、士名子，不得與君世子同，避尊也。《大射禮》君與賓耦，臣以貴賤各自爲耦，大夫不足則使士備耦，士如不能射，則以疾辭。其以疾辭也，則託賤事，曰有負薪之憂，言負薪勞致疾也。凡疾，天子曰不豫，諸侯曰不兹，亦曰負子，大夫曰犬馬，士曰負薪，皆義起之名。侍於君子，顧望而對，非獨侍也。如子路、曾皙、冉有、公西華侍坐，子路率爾而對，是不顧望也。夫子哂之曰「其言不讓」，以此。

君子行禮，不求變俗。祭祀之禮，居喪之服，哭泣之位，皆如其國之故，謹脩其法而審行之。去國三世，爵禄有列於朝，出入有詔於國，若兄弟宗族猶存，則反告于宗後；去國三世，爵禄無列於朝，出入無詔於國，唯興之日，從新國之法。君子已孤不更平聲名，已孤暴貴，不爲父作謚。居喪，未葬讀喪禮，既葬讀祭禮，喪復常，讀樂章。居喪不言樂，祭祀不言凶，公庭不言婦女。

君子守禮，不苟同于俗，然亦當諧人情，合時宜，不必以己意輕變俗。凡祭祀之禮，居喪之服，哭泣之位，國有舊典，惟謹脩成法，審慎行之，使適時宜、當人情而已。去國，謂當世卿大夫以事出奔，或被放逐。自祖至孫，去國三世，猶有宗人仕於故國之朝，則猶故臣也。吉凶之事，往來出入，皆當告於故國之君。若無列於朝者，可以不告，但兄弟宗族有存者，亦當反告於大宗之後，示不背本也。

若三世去國，無列，亦無兄弟宗族，則其家猶當守故國之禮，子孫有興起仕于新國者，然後乃可從新國之法耳。子生三月，父名之。名有不便，父更之。父没子孤，名不便，亦不更也。故《春秋傳》曰「君子不奪人親之所名」，爲其不可更也。凡貴人死，累其生平爲之謚，君命也。亦有處士没，鄉國人私謚者，公論也。如父初死無謚，死後其子驟貴，追作父謚，是彰死者無述而以子貴要名，非所以敬親也。禮不豫凶事，人子於親喪，尤弗忍豫，然居喪不知禮，無以自盡，故即居喪讀禮，如含、襲、斂、殯、成服、啓殯、遷柩之類，未葬之禮也；虞、卒哭、祔、祥、禫之類，既葬之禮也，皆於未葬時讀之。既葬而祔，則人事終而神事始。廟祭各有禮，當於既葬讀之。喪畢復吉，祥禫已終，思慕未平，當讀樂章，如《雅》《頌》之類，借弦歌以漸釋其憂痛也。居喪哀，故不言樂；祭事吉，故不言凶。公庭，闔外，故不言婦女。禮者，因時稱情而已。

振書、端書於君前，有誅；倒筴、側龜於君前，有誅。龜筴、几杖、席蓋、重(平聲)素、袗絺綌不入公門。苞(薦)屨、扱(插)衽、厭(葉)冠不入公門。書方、衰(催)、凶器，不以告不入公門。公事不私議。君子將營宮室，宗廟爲先，廄庫爲次，居室爲後。凡家造，祭器爲先，犧賦爲次，養器爲後。無田禄者不設祭器，有田禄者先爲祭服。君子雖貧，不粥(育)祭器；雖寒，不衣祭服；爲宮室，不斬於丘木。大夫士去國，祭器不踰竟(境)，大夫寓祭器於大夫，士寓祭器於士。大夫士去國，踰竟，爲壇善位，鄉向國而哭，素衣，素裳，素冠，徹緣去聲，鞮低屨，素簚覓，乘髦馬，不蚤爪鬋，不祭食，不説人以無罪，婦人不當御。三月而復服。

文書、龜筴之類，各有典司。不先事夙戒，臨期君前振理，顛倒反側，是玩上廢職也。誅，責罰也。龜筴，所以豫謀。几杖，所以優老。席，所以安息。蓋，所以蔽雨暘。衣裳重素則不吉。袗，單也。絺綌，葛類。單則見體，近媟慢也。公門，君朝門。苞作「藨」，蒯草所爲，齊衰之屨也。扱衽，親初死，孝子以衣前衽扱帶間，匆遽之容。厭冠，冠伏帖不起也。吉冠峨起，喪冠厭伏。書方，小木版。《既夕禮》「書賵于方」，謂以方板書贈死之物，告于柩者也。凶服，衰也。凶器，棺椁、明器之屬。不以告不入，謂用必告而後入也。公事，謂朝政，而以私議，非姦則專也。凡營室，安神爲急，畜藏次之，安身爲後。凡造家具，祭器爲急，牲牢之具次之，自養爲後。祭牲曰犧。賦，取諸民也。無田禄，謂無采地之入，無以供祭祀，則不設祭器。有田禄可祭，則先爲祭服，以祭器可暫假而徐備也。貧粥祭器，寒衣祭服，斬墓木爲宮室，皆蔑視祖考而褻瀆鬼神，背禮殉私，不敬之大者。士大夫祭器，因田禄設，失位去國，無禄廢祭，則不宜挈祭器行，以寄於故國之同爵者，令可用也。既出境，乃除地爲墠位，回向本國哭。捐親戚，去墳墓，無田不祭，故用喪禮，冠衣裳皆素，有采緣者徹之，著革屨；覆軾之簚用素皮，駕不剪剔之髦馬。蚤，謂治手足爪；鬋，謂剔治鬚鬢，皆容飾之事，故不爲也。食盛饌，故有豆間之祭。去國食無盛饌，故不祭。不説人以無罪，不以己出爲無罪，向人解説也。婦人不當御，謂不侍寢也。侍三月後，諸事乃復如平時。皆用喪禮也。愚按：此臣子遭放逐之變，而大去其國者，如魯逐公孫歸父之類。若孔子去魯，焉用此爲？惟春秋大夫去國者多，衰世之禮也。

大夫士見於國君，君若勞之，則還旋辟闢，再拜稽首。君若迎拜，則還辟，不敢答拜。大夫士相見，雖貴賤不敵，主人敬客，則先拜客；客敬主人，則先拜主人。凡非弔喪，非見國君，無不答拜者。大夫見於國君，國君拜其辱；士見於大夫，大夫拜其辱；同國始相見，主人拜其辱。君於士，不答拜也；非其臣，則答拜之。大夫於其臣，雖賤，必答拜之。男女相答拜也。

此言相拜之禮。大夫出使他國，既相見而其國君若慰勞之，則逡巡還辟，再拜稽首。其反本國，君勞之，亦可知已。他國君若出迎，先拜使臣，則使臣還辟，不敢答拜，嫌抗賓主，避先施也。自大夫以下，相見不論貴賤，如見賓之禮。主人敬客，則主人先拜；客敬主人，則客先拜。拜則必答，唯弔喪主人拜與臣見國君拜不答。蓋喪禮主人哀痛拜稽顙，非專爲敬賓也，凶事尚質，故賓無答。臣見君拜，非爲賓主也，故君不答。非此二者，拜無不答。大夫見他國君拜，他國君答之；士見他國大夫拜，他國大夫亦答之，皆賓主也。同國之士大夫，始受命相見，亦賓主也。賓拜見，則主拜辱。唯本國君於士，雖始相見，士拜不答，亦不拜辱，以士卑也。如非本國士拜，君亦答而拜之，以爲客也。大夫於家臣，雖非家老拜，亦答而拜之，避君也。之，皆指拜者。男女有別，他事不妄答，惟拜亦相答也。

國君春田不圍澤，大夫不掩羣，士不取麛迷卵。歲凶，年穀不登，君膳不祭肺，馬不食穀，馳道不除，祭事不縣玄，大夫不食粱，士飲酒不樂。君無故玉不去身，大夫無故不徹縣，士無故不徹琴瑟。

春田曰蒐搜。鳥獸春生，故戒多殺。澤廣則禽多，故不圍。羣取則絶類，故不掩。獸子曰麛，鳥子曰卵，方生故不取。五臟肺爲金，周以火德王，祭用所克，殺牲爲膳則祭肺。凶年無盛饌，不殺牲，故不祭肺也。馳道不除，不行幸也。祭事不縣，不懸鐘磬作樂也。粱，良也，米之精者，不食，食粗糲也。飲酒不樂，不作樂也。貴賤不同，吉凶之禮，各以等變。玉爲貴，金石次之，絲又次之。尊者舉貴，卑者舉賤，非謂君不圍澤而猶掩羣，不祭肺而猶食粱，玉不去身而但徹縣也。餘可類推。

士有獻於國君，他日，君問之曰：「安取彼？」再拜稽首而后對。大夫私行出疆，必請，反必有獻。士私行出疆，必請，反必告。君勞之，則拜；問其行，拜而后對。國君去其國，止之曰：「奈何去社稷也！」大夫，曰：「奈何去宗廟也！」士，曰：「奈何去墳墓也！」

國君死社稷，大夫死衆，士死制。

大夫見於國君，君拜其辱，故《郊特牲》云：「大夫有獻弗親，爲君之答己也。」君於士不答拜，士有獻則當親，親獻則當拜。此爲未得親拜獻，因左右以致者，他日君不問則已，如問前物所從來，必再拜稽首而后對，如親獻之禮也。人臣以私事出疆，皆請於君，反則必告。大夫言「獻」，士言「告」「勞」，互備也。國君去國，如《春秋》衛成公、魯昭公之類。止之，謂國人留之。社，土神。稷，穀神。土穀養民，國之本也。宗廟以祀先祖，家之本也。墳墓以葬祖考，身之本也。國亡與亡，君之道也，無去之禮。大夫撫君之衆，喪師辱國則死之。士守君之制，臨難執節則死之。宗廟、墳墓，又其私情耳。去者，處變之權；死者，守常之經。

君天下，曰「天子」。朝諸侯，分職授政任功，曰「予一人」。踐阼，臨祭祀，内事曰「孝王某」，外事曰「嗣王某」。臨諸侯，畛於鬼神，曰「有天王某甫」。崩，曰「天王崩」。復，曰「天子復矣」。告喪，曰「天王登假」。措之廟，立之主，曰「帝」。天子未除喪，曰「予小子」。生名之，死亦名之。

天無上。子，丈夫之稱。授政，授諸侯以法度。任功，任天下事也。予一人，自任之稱。宗廟之事爲内，郊社之事爲外。臨諸侯，謂天子巡狩，適諸侯之國也。畛，猶介也。畛於鬼神，謂因工祝致告於鬼神也。《爾雅》云：畛，致也。甫、父通。某甫，其字也。崩者，自上墜下之名。復，初死招魂，古之俗禮。告喪，天子崩，使人告諸侯也。登，升也。假，大也，空虛之名。神降亦謂之假，魂升亦謂之假。死言假者，不敢信以爲真也。措之廟，祔于祖也。主，以木爲神主。帝，廟號。三年喪未畢，不自稱「予一人」，稱「予小子」。名，猶稱也。若在喪而死，即稱「小子王」，如「晉小子侯」之類。

按：此節多因《詩》《書》《春秋》所有之名，薈蕞爲禮。天王之稱，自春秋始，非盡古也。

天子有后，有夫人，有世婦，有嬪，有妻，有妾。天子建天官，先六大，曰大宰、大宗、大史、大祝、大士、大卜，典司六典。天子之五官，曰司徒、司馬、司空、司士、司寇，典司五衆。天子之六府，曰司土、司木、司水、司草、司器、司貨，典司六職。天子之六工，曰土工、金工、石工、木工、獸工、草工，典制六材。五官致貢曰享。

天子之妻曰后。后者，後也。夫人者，扶人也。婦者，服也。世婦者，廣世胤也。嬪者，婦賢德可賓也。妻，齊也，棲也。妾，接也。天子奉天，設官分職，故曰天官，即大宰也。六大，即六卿。大宰，即冢宰，天官也。大宗掌禮樂，大史掌文籍，大祝掌祭祀，大士掌刑罰，大卜掌卜筮。典，常也。典以法言，官以人言。典由官行，官爲典設。首言天官而承以六典，即《周禮》冢宰掌六典佐王之意。司徒，人民之官。司馬，征伐之官。司空，國邑之官。司士，教化之官。司寇，刑罰之官。五衆，五官之屬。皆佐天官脩六典者也。天有六氣，以運四時，象以六典。地有五方，以司五行，象以五官。六大不偏舉，故大宰首六典以統其大。五官不雜越，故天官無專職以别于衆。人民象春，征伐象夏，國邑象中央，教化象秋，刑殺象冬。府、工之名，亦取五氣，皆天子所以官天地、法四時者也。《周禮》之義，蓋原於此。藏貨財曰府，造器用曰工。司土，山虞之類。司水，川衡之類。司草，稻人、草人之類。司器，角人之類。司貨，丱人之類。六職，六府之職。土工，陶人之類。金工，冶人之類。石工，玉人之類。木工，梓人之類。獸工，鮑人之類。草工，筐人之類。各詳《周禮》。六材，制器之材。五官致六材之用，以納於六府，曰享。享者，下貢上之名。

按：《論語》云：「邦君之妻，君稱之曰夫人。」故妻者，判合齊體之名，其於天子則后也。以次婦、嬪下，頗不倫。記者欲以夫人配諸侯，世婦、嬪配卿、大夫，妻、妾配士、庶人，而天子兼統，亦《周禮》名法之例也。《詩》曰：「刑于寡妻。」敵體無二曰寡。鄭據《昏義》天子八十一妻，謂天子六寢，后夫人以下百二十人，以次當夕，半月一周，一月再周，以法朔望，則是天子無夕不内，否則朔望之序闕矣，豈先王慎起居、寡嗜慾、遠女色、希幸御之道乎？開後世人主好内之端，非所以爲訓。大、官、府、工之説，寔《周禮》之濫觴。天官即冢宰，大宗即春官，大史、大祝、大卜皆春官之屬，而無大士，或云即士師，司寇之屬也。司士别屬司馬，記以配五官。此其所異耳。蓋記之意，以五官同出于天，而其事通名爲大，故典有宰以一其統，而官不立宰以分其職。後世謂諸侯司徒即宰，不知《曲禮》王司徒上本無大宰也。《周禮》增冢宰而虚司空，其義則一。大抵禮非一家之書，薈蕞錯雜，難可强齊。鄭氏穿鑿，比儗參差，輒推殷夏。今按記以大宰首六大，《周禮》以天官統六典；記不設冢宰，《周禮》

不備冬官，亦五官耳，財貨器用，考工之法，與六府六工，大旨不殊，安在記之獨爲殷禮乎？鄭又謂《周禮》殘闕，以《考工記》補。今以記徵之，《周禮》未嘗缺，而《考工記》亦非補，要之非古。使《周禮》果周公之舊，《曲禮》焉得而驟更之？

五官之長曰伯，是職方。其擯於天子也，曰「天子之吏」。天子同姓，謂之「伯父」。異姓，謂之「伯舅」。自稱於諸侯，曰「天子之老」，於外曰「公」，於其國曰「君」。九州之長，入天子之國，曰「牧」。天子同姓，謂之「叔父」；異姓，謂之「叔舅」。於外曰「侯」，於其國曰「君」。其在東夷、北狄、西戎、南蠻，雖大曰「子」，於内自稱曰「不穀」，於外自稱曰「王老」。庶方小侯，入天子之國，曰「某人」，於外曰「子」，自稱曰「孤」。

五官之長，蓋三公，爵在司徒等五官上者。伯，長也，職長四方，如虞四嶽、周二伯、後世左右丞相之類。擯，天子所使接賓者。擯於天子，謂入見而擯致辭，則曰天子之吏職事者也。天子稱伯之同姓者曰「伯父」，異姓曰「伯舅」。伯自稱於諸侯，曰「天子之老」。老，久於事者也。諸侯之人稱之曰「公」，爵本公也。國人稱之曰「君」。或謂公、君皆自稱，非也。九州非一國，於内推一賢侯長之，曰「牧」。牧，養也。興利除害曰養。叔父、叔舅，伯之亞也。諸侯之人稱之曰「侯」，本國人稱之亦曰「君」。夷、狄、戎、蠻，五服所謂綏、要、荒也。《臯陶謨》曰：「州十有二〔一〕師，外薄四海，咸建五長。」古者内有伯，中州有牧，邊圉有子，皆大國也。故《春秋》楚稱子，蓋南州要荒之長。不穀，猶言不善。庶方，猶四方。孤，猶寡也，謙辭。

按：此節多襲《春秋》傳〔二〕例，故云夷狄戎蠻雖大曰子。《春秋》惟楚稱子，説者謂爲夷之。夫九州之地，在春秋莫大于楚。西戎爲秦地，雖遠而世爲周京。東夷則外濱海，而地迫促。北盡冀州，唐虞以來世爲帝鄉，而外逼沙漠，亦迫促。惟南方荆衡之陽，閩粵蜀滇，延袤萬里，楚據江介，外連諸蠻，最大稱長，而僭用王號。故《春秋》正其班爵，稱「楚子」，非謂其爲夷狄也。不穀、孤、寡，人君謙讓之通稱。今謂大稱「不穀」，小稱「孤」，亦拘也。稱「某人」者，《春秋》書人之例。書人亦本非例也。諸侯見於天子，天子迎勞問餽，擯介傳命，如《周禮》《儀禮》，近瑣。擯以諸侯見天子，但稱吏不名，近倨。天子與諸侯燕飲，言笑勸酬，或宗親耆老，策勳崇德，時稱伯叔父舅，所以敦倫而親親也。至於朝廷之禮，名不正則言不順。平王之命文侯，稱伯父字而不名，豈可爲訓？記者據春秋以來諸侯辭命，相沿爲古禮，非必盡古也。

〔一〕「十有二」，原作「有十二」，今據《臯陶謨》本文改。

〔二〕「傳」，《續修》本作「之」。

天子當依而立，諸侯北面而見天子，曰覲。天子當宁而立，諸公東面，諸侯西面，曰朝。諸侯未及期相見，曰遇；相見於郤隙地，曰會。諸侯使大夫問於諸侯，曰聘。約信曰誓，涖牲曰盟。諸侯見天子，曰「臣某侯某」。其與民言，自稱曰「寡人」。其在凶服，曰「適子孤」。臨祭祀，内事曰「孝子某侯某」，外事曰「曾孫某侯某」。死曰「薨」，復曰「某甫復矣」。既葬見天子，曰「類見」，言謚曰「類」。諸侯使人使於諸侯，使者自稱曰「寡君之老」。天子穆穆，諸侯皇皇，大夫濟濟，士蹌蹌，庶人僬僬醮。天子之妃曰「后」，諸侯曰「夫人」，大夫曰「孺人」，士曰「婦人」，庶人曰「妻」。公侯有夫人，有世婦，有妻，有妾。夫人自稱於天子，曰「老婦」；自稱於諸侯，曰「寡小君」；自稱於其君，曰「小童」。自世婦以下，自稱曰「婢子」。子於父母則自名也。列國之大夫，入天子之國，曰某士；自稱曰陪臣某。於外曰「子」，於其國曰「寡君之老」。使者自稱曰某。天子不言出，諸侯不生名，君子不親惡，諸侯失地名；滅同姓名。

依作「扆」，狀如屏風，高八尺，以絳爲質，繡斧文于上，天子見諸侯則負此立。覲，近也，親近天子見之也。宁，門屏之間，人君宁立以接羣臣也。朝，言早也。覲則天子堂上，諸侯拜下，相臨之禮也。朝則有事相適，天子在門，公西侯東，公尊故在賓位，此相接之禮也。鄭氏云：天子五門，外曰皐門，内曰庫門，又内曰應門，又内曰雉門，又内曰路門，即畢門也。天子有三朝：一在皐門内、庫門外，謂之外朝；一在路門外，謂之治朝；一在路門内，謂之燕朝。諸侯三門，亦三朝也。未及期，謂卒然有事，不及擇期也。郤、隙同。隙地，謂不在國中也。聘，無事以禮相存問也。誓，謂有事以言相結約也。盟，以鬼神相詛盟也。涖，臨也。殺牲取血塗口傍，加誓書牲上，爲坎埋之，渝此盟如此牲也。諸侯見天子，擯者之辭曰「臣某侯」，稱其國也，「某」，稱其名也。寡人，寡德之人，謙也。適子孤，别於庶子也。無父曰孤。内事，宗廟之事。外事，百神之事。曾孫，祖始封之君而稱，明不敢專也。死曰薨，赴告之辭。薨，昬也，幽晦之義。復，始死升屋招魂也。諸侯薨，將葬，則類舉其生平行事，請於天子，爲謚以易其名曰類。既葬，嗣君入見天子，即稱先君之謚，明以類繼也。言謚曰類，釋類之義也。天子穆穆，朝見之容也。穆穆，深遠貌。皇皇，顯明貌。濟濟〔一〕，整齊貌。蹌蹌，步趨貌。僬僬，局謹貌。妃，配也。孺，柔順也。婦，服也。老婦，老而服事人也。小童，幼昬無知也。婢，卑賤也。子於父母自稱名，貴賤同也。列國之大夫入天子之國，擯辭曰某士，天子上士三命，諸侯之大夫亦三命也。陪，重也，天子臣之臣也。於外曰子，他國人稱子也。子，有德之稱。於其國，謂在本國，對他國使者，自稱「寡君之老」。若奉使在他國，對他國君，自稱某，名也。天子不言出奔，王者無外也。諸侯生不名，卒則以名赴也。君子不親惡，叛臣亡子，不納其款也。諸侯失國則名，

〔一〕「濟濟」，原作「躋躋」，據經文改。

不成其君也；滅同姓則名，無親也。五者，《春秋》之義也。

按：朝覲聘問之禮，記言近之。人臣于天子有朝、覲而已。會、遇者，諸侯相見之事。故《儀禮》獨有覲而無朝，朝即覲也。世儒謂朝、宗、遇禮今亡。《周禮》云：春朝，夏宗，秋覲，冬遇。若是，則終歲奔走無寧日，故鄭玄分六服爲六歲，侯服一歲至，甸服二歲至，男服三歲至，采服四歲至，衛服五歲至，要服六歲至。至之年，各按四時分四方，春東，夏南，秋西，冬北，一分春朝，一分夏宗，一分秋覲，一分冬遇。六歲而六服偏，是謂時見曰會也。十二年天子有事不巡狩，六服皆至，是謂殷見曰同也。四時諸侯遣大夫來聘天子，是謂時聘曰問也。每元年、七年、十二年，惟侯服來。其不來者，皆使大夫聘，是謂殷見曰視也。《周禮》近瑣，而鄭極意附會，尤瑣。謂覲行於廟，朝行於朝，則是朝廷之上，諸侯終無北面之禮矣。人臣見天子，自古北面，今謂公西侯東爲班次則可，未聞人臣朝君不北面稽首，但門屏間東西相向一立謂之朝者也。《郊特牲》云：「下堂而見諸侯，天子之失禮，由夷王以下。」豈可爲古禮乎？大抵周衰禮廢，諸侯惡害己而去其籍，孟子已謂其詳不可得聞。春秋戰國以來，諸侯自王，古禮墜地，後儒各以臆見補撰，非先王之制。此節多後人解《春秋》例，亦非《春秋》本義也。會遇誓盟，五霸爲之，誓則三代有焉，《甘誓》《湯誓》《牧誓》，聖王以遏亂，非太平盛事也。若夫歃血詛盟，市井駔儈之約，非王公雅道。《詩》曰：「君子屢盟，亂是用長。」《春秋》所賤也。人死升屋嘷復，亦委巷之禮。諸侯夫人見天子，自稱老婦，則是諸侯見天子，可自稱老夫，如尉佗對漢文帝，不儼然敵國乎！《論語》云：邦君之妻，邦人稱之曰「君夫人」，稱諸異邦曰「寡小君」。皆邦人稱，非夫人自稱也。今誤襲爲夫人自稱寡小君，然則諸侯適異邦，可自稱寡君乎？「天子不言」以下，皆《春秋》傳例。天子不言出，是「天王出居」之例也。諸侯不生名，是「穀伯綏來朝」之例也。君子不親惡，是「邾庶其以漆閭丘來奔」之例也。諸侯失地名，是「楚以蔡侯獻舞歸」之例也。滅同姓名，是「衛侯燬滅邢」之例也。例于《春秋》本不盡合，而以言禮，則禮豈後《春秋》作邪！亦足以明記之非古矣。

爲人臣之禮，不顯諫，三諫而不聽，則逃之。子之事親也，三諫而不聽，則號泣而隨之。君有疾，飲藥，臣先嘗之。親有疾，飲藥，子先嘗之。醫不三世，不服其藥。

三諫猶屢諫，非定三次也。醫三世，亦言屢世精業，非定祖、考、身三也。

儗人必於其倫。問天子之年，對曰：「聞之，始服衣若干尺矣。」問國君之年，長，曰「能從宗廟社稷之事矣」；幼，曰「未能從宗廟社稷之事也」。問大夫之子，長，曰「能御矣」；幼，曰「未能御也」。問士之子，長，曰「能典謁矣」；幼，曰「未能典謁也」。問庶人之子，長，曰「能負薪矣」；幼，曰「未能負薪也」。問國君之富，數地以對，山澤之所出。問大夫之富，曰「有宰，食力，祭器、衣服不假」。問士之富，以車數對。

問庶人之富，數畜以對。

擬，比也。倫，類也。貴賤賢愚，各以類相比，非是則瀆也。下五對，皆「於其倫」之意；五問，皆問其自幼而長也。問天子之年，臣民自相問，非問天子也。至尊不敢徑斥，但云聞其形體之長短，能服衣若個尺。干，猶個也。若干者，不定之辭，隨短長爲數也。國君有宗廟社稷。從事，謂從祭祀。古者五十爲大夫，故不問其年而問其子之長幼。御，謂御車，大夫有車馬也。典謁猶典客，應門之役，將命之事也。負薪，勞賤之事也。君有國。山澤所出，金石魚鹽之類。大夫有邑。宰，邑宰。食力，食民之力。祭器、衣服不假，言有田禄奉祭，器服皆備也。士三命，則賜車馬。庶人則養六畜。惟天子不問富，天下莫非其有也。

天子祭天地，祭四方，祭山川，祭五祀，歲偏。諸侯方祀，祭山川，祭五祀，歲偏。大夫祭五祀，歲偏。士祭其先。凡祭，有其廢之，莫敢舉也；有其舉之，莫敢廢也。非其所祭而祭之，名曰淫祀。淫祀無福。天子以犧牛，諸侯以肥牛，大夫以索牛，士以羊、豕。

凡祭之義，皆主者精神所通。德有隆殺，則對越有大小；業有廣狹，則感格有遠近。天子總理乾坤，故上祭天，下祭地，環祭四方，及天下名山大川，祀水火金木土五氣之神，每歲祭必一周。諸侯分封一方，則隨其所居一方祀之，不得祀天地兼四方也。祭其方内山川及五祀之神，每歲亦祭一周。大夫但祭五祀，歲周，山川亦不得祭也。士惟祭其先祖，五祀亦不得祭也。凡祭有常典，并其已廢者舉之，則數而謟；并其當舉者廢之，則慢而疏。諸不在祀典内者祭之，則爲淫濫之祀。淫祀違禮，違禮則菑。凡牲色純曰犧。肥，謂養之於滌，三月而後用之，《詩》所謂「秋而載嘗，夏而楅衡」。天子諸侯同，但諸侯不必色之純也。索，臨期求索，肥者用之，不必在滌也。士羊、豕，則牛不得用也。

按：祭祀之禮，此節爲典要。學者酌其義，裁其當，崇雅黜俗，明白正大，萬世可因矣。若執文强同，鮮有合者。羊、豕曰少牢，而解《儀禮》者分少牢爲大夫，特牲爲士，則記言爲僭矣。則又解曰：《記》言天子大夫士，而《儀禮》諸侯之大夫士也。凡《記》言大夫，多屬諸侯，何獨此爲天子？天子之大夫，猶諸侯也。《雜記》云「上大夫之虞也少牢，卒哭成事、祔皆大牢」，亦未明言天子大夫，何知《儀禮》之是而《記》言之非乎！鄭康成言鬼神甚沓雜，祭亦煩瑣：天神有昊天上帝，又有五天帝——蒼帝、赤帝、黄帝、白帝、黑帝，各有名字，配以五人帝，春大皞，夏炎帝，季夏黄帝，秋少皞，冬顓頊；佐以五官，春句芒，夏祝融，中后土，秋蓐收，冬玄冥。又有四時寒暑日月星辰水旱，風師雨師司中司命等，皆天神也。地中央曰崑崙。崑崙東南五千里曰神州，皆地祇也。五嶽四瀆，九州名山大川，丘陵墳衍川澤，皆山川也。春祀户，夏祀竈，季夏祀中霤，秋祀門，冬祀行，五祀也。又加泰厲、司命，七祀也。祖廟天子七，諸侯五，大夫三，士二，庶人祭于寢，皆先祖也。每歲四時迎五氣，祭五帝、五官于郊。孟冬祈年于天宗，冬至郊祀昊天上帝，春分郊祀高禖，孟夏龍見而雩；又郊，季秋享上帝于明堂，有大事出，類于上帝，宜于社。或謂一歲祭天者九，祭地者二。又有望，有禝，有社，有報賽，有祈禱，有禳禬，歲終有蜡，畢祀山川與帝之大臣、天之神祇。其他祭名，不可詳考，猶外事也。宗廟内事，則有春祀，夏禴，秋嘗，冬烝，四時薦新，每月告朔。吉事告，凶事告，出告，反告，皆有奠饋。三年而祫，五年而禘。《祭法》云：七廟、五廟，皆月祭。《周語》云：日祭，月祀，時享。又云：日祭，月享，時類。《家語》云：親廟月祭。皆内事也。總之事鬼之禮，歲無虚月，月無虚日。果若斯，先王之治國家，鬼爲政耳。大抵傳記襍據舊聞，彙緝成禮，而鄭康成援引緯書附會，雅俗混陳，所以紛挐多端，莫適所從。獨此節之言馴雅簡要爲可信耳。

支子不祭，祭必告于宗子。

支子，庶子也。宗子，適子也。古者五宗之法，所以崇正適，一統系，而杜侵越也。自始祖而下，以適繼適，百世不易者，所謂大宗也，合族人宗之。大宗之外，爲小宗者四，身以上，父之適子，同父兄弟共宗之；同祖之適子，從兄弟皆宗之；同曾祖之適子，再從兄弟皆宗之；同高祖之適子，三從兄弟皆宗之，至高祖五世服絶而宗易，此所謂小宗也。繼始祖之大宗，則始祖以下之廟皆在焉。繼高曾祖父之小宗，則高曾以下祖父之廟皆在焉。凡各支子欲祭其先，皆于各宗子之家，告宗子而後祭，不敢專也。

按：先王之世，教化行而習俗美，國有仁讓之風，家有孝弟之行，人皆親上敬長，故宗法可久。三代而下，世衰教微，人懷忮懻，父子兄弟之間，一人貪戾，輒衡行恣睢，而欲以宗法齊九族，難矣。

故行禮有本，非虚文可羈縻也。後世宗法，惟天子諸侯與勳舊世官爲要。本支明，世系正，然後可杜争奪之患。權重故法易行，百世不易可也，五世後遷可也。若士庶分齊禮卑，嫡寡而庶繁，爲宗子者苟未象賢，雖以天子諸侯之適，族人叛之，而况士庶乎！宗子不克家，徒恃宗法，以繩宗人。宗人不服，倚衆强以拒宗子，則宗法往往禍宗。故宗天下、國易，宗家人難也。今云庶子不得奉祭，五世之廟，皆在宗子家，則宗子家廟不勝其多。六世宗易，廟又當毁。世有遷易，歲有增改，則不勝紛更。族遠支大，貴者賢者，多自支出，必欲詘其賢達，以從愚賤之適，奪其祭祀，削其禮數，勢有難行，亦人情理數之自然耳。然則宗法不行，而支子遂終不得祭乎？存禮而反廢禮，故必緣人情，而後禮可行也。

凡祭宗廟之禮，牛曰一元大武，豕曰剛鬣，豚曰腯（突）肥，羊曰柔毛，鷄曰翰音，犬曰羹獻，雉曰疏趾，兔曰明視；脯曰尹祭，槀（考）魚曰商祭，鮮（先）魚曰脡（挺）祭；水曰清滌，酒曰清酌，黍曰薌（香）合，粱曰薌萁，稷曰明粢，稻曰嘉蔬，韭曰豐本，鹽曰鹹鹾（挫，平聲）；玉曰嘉玉，幣曰量幣。

一元，一頭也。武，足跡也。豕，彘也。小豕曰豚。腯，肥貌。翰音，高聲也。羹獻，可爲羹以獻也。疏趾，足趾開張也。明視，兔目開而視明也。尹，割正也。割肉方正，乾以爲脯也。槀魚，乾魚也。商，度也，商度燥濕之宜也。脡，直也。魚敗則餒，鮮則挺直。薌，香也。合，黏也。粱，似黍稷而高。萁，莖葉也。粱其高，故稱粱。稷，粟也。粢，細米也。粟米細，故稱粢。明，潔也。稻，稌也。分苗而樹之，如蔬菜然，故曰嘉蔬。豐本，根叢生也。大鹹曰鹺。玉無瑕曰嘉。幣中度曰量。

按：諸名取義未甚允。羹獻何獨犬？疏趾何獨雉？乾魚何以商？一元大武近迂避。或古祝辭有是語，後人因襲杜撰，於禮未爲典要也。

天子死曰崩，諸侯曰薨，大夫曰卒，士曰不禄，庶人曰死。在牀曰尸，在棺曰柩。羽鳥曰降，四足曰漬自**。死寇曰兵。祭王父曰皇祖考，王母曰皇祖妣，父曰皇考，母曰皇妣，夫曰皇辟。生曰父，曰母，曰妻；死曰考，曰妣，曰嬪。壽考曰卒，短折曰不禄。**

崩，下頹也。薨，崩頹聲，又薨夢也。卒，終也。不禄，士代耕有禄，死則不禄。死言澌也，消盡之義。尸，陳也。《白虎通》曰：「失氣亡神，形體獨陳也。」柩，究也，久也。降，落也。羽鳥飛翔，死則降落。四足，謂走獸。漬，腐敗也，或曰病相染漬。《左傳》云大災大漬也，《公羊》云「大瘠」也。瘠、漬通。皇，大也，君也。曰皇曰王曰辟，蓋以神事之，而尊其號，猶今稱府君之類。考，成也，德行成也。妣言媲也，與考相媲也。辟，君也，法也。夫爲婦君〔一〕效法也。嬪，婦人有儀範可賓禮也。

〔一〕「君」字疑涉上而訛。

天子，視不上於袷夾，不下於帶；國君，綏妥視；大夫，衡視；士，視五步。凡視，上於面則敖，下於帶則憂，傾則姦。

袷，衣領間。帶，腰間。綏，垂也。衡，平也。六尺爲步，五步爲三丈。凡人精爽浮于目，瞻視可以占敬肆。分有尊卑，德有大小，則敬有深淺。此節即「天子穆穆，諸侯皇皇，大夫濟濟，士蹌蹌」之意。天子收視蔽明，目不離身，上不過領，下不過帶，敬之至也。國君視稍開，而常綏垂其目，不揚視也。大夫平視，則稍遠矣。士視三丈，又遠矣。蓋尊者安静養重，卑者承奉應接，静躁不同也。視上於面，謂昂首仰視，傍若無人，則其氣傲。下於帶，謂俛首俯視，中有所思，則其心憂。傾，謂側目邪視，志行不端，則其人姦。

君命，大夫與士肄異。在官言官，在府言府，在庫言庫，在朝言朝。朝言不及犬馬。輟朝而顧，不有異事，必有異慮。故輟朝而顧，君子謂之固。在朝言禮，問禮，對以禮。

凡君所命令之事，大夫與士皆相與肄習之，以求其審，恐臨事生疏失措也。官，職守也。府，圖籍之府。庫，兵甲之庫。朝，朝堂。在，居其職也。言者，講求肄習也。公朝之上，言犬馬畜牧之事，則鄙矣。方行禮于朝廷之上，輟朝而左右顧盼，心不在朝，不有怪異之事，必有怪異之憂。不然，則草野固陋，不達朝廷之禮者也。朝廷莊敬儼恪之地，禮之所出也。故在朝則言禮，凡所問所對，皆以禮也。

大饗不問卜，不饒富。

大饗，謂郊天大、祫禘之類，日月素定，故不問卜。不饒富，謂物有常品常數，不得過爲贏餘，致暴殄也。《書·肜日》曰「典祀無豐于昵」，以此。

凡摯至，天子鬯，諸侯圭，卿羔，大夫鴈，士雉，庶人之摯匹鴨，童子委摯而退。野外軍中無摯，以纓、拾、矢可也。婦人之摯，椇矩、榛、脯、脩、棗、栗。納女於天子，曰「備百姓」；於國君，曰「備酒漿」；於大夫，曰「備埽灑晒」。

摯與贄同，至也。執物而至，爲相見之資也。禮無辭不相接，無禮不相見，貴其不相瀆也。故國君相見必以擯介，士相見必有以先之，主客相接必有以爲贄。君子于所尊，不敢質也。天子無客，以贄交神明，則用鬱鬯之酒。諸侯上交于天子以圭，卿以羔，取其難進也；大夫鴈，取其就列也；士雉，取其文而介也。匹，一作「疋」，古雅字通作「鴨」。鴨〔一〕不能遠飛，象庶人不離畎畝也。委摯，奠所贄物地上，不敢與長者親授受也。童子之贄，束脩而已。野外軍中，非行禮之處。野外以纓，馬

〔一〕「鴨」下一字格原爲墨釘，今删。

鞶纓也。軍中以拾、矢，拾，射鞲也。婦人之摯，見舅姑之類。棋，果名，形似珊瑚，味甜，一名石李。榛，似栗而小。乾肉方爲脯，長爲脩。脯者始成，脩者和治也。納女，謂六禮之答辭。備，備數待擇也。天子娶百二十人，故曰百姓。姓之言生也。《詩》云：「振振公姓。」百姓，廣生育也。

禮記通解卷二終

禮記通解卷三

郝敬　解

檀弓上第三

檀弓，人姓名。記者以篇首有檀弓語，因以命篇。篇中所記，多春秋以來事，未必盡實，於禮亦未盡合。蓋先秦戰國閒人之筆，非古聖舊典也。

公儀仲子之喪，檀弓免焉。仲子舍其孫而立其子，檀弓曰：「何居？我未之前聞也。」趨而就子服伯子於門右，曰：「仲子舍其孫而立其子，何也？」伯子曰：「仲子亦猶行古之道也。昔者文王舍伯邑考而立武王，微子舍其孫腯屯，上聲而立衍也。夫仲子亦猶行古之道也。」子游問諸孔子，孔子曰：「否！立孫。」

此節明繼世以適之禮。公儀，氏；仲子，字，魯同姓大夫。免、絻通。免冠而加布曰絻，蓋初喪未成服之服。今人初喪，以白布纏頭，其遺制也。凡五服以至朋友皆然。公儀仲子初死，檀弓爲之免，亦親在五服内者。鄭康成謂故爲非禮，以譏其廢適之失，鑿也。仲子適子死，而有適孫，舍適孫立庶子，檀弓疑之。何居，言于禮何在也。猶，尚也。亦者，擬議之辭。伯邑考，文王適子。腯，微子適孫。衍，微子弟。微子適子死，有適孫不立，立弟，所謂古之道也。孔子言當立孫，以適繼適，則統系正而人心一，有天下國家者之定禮也。雖然，紂之亡商也以適，而衛輒之拒父也以立孫，禮非聖人不能權也。

○按：免與絻異。脱帽露頂曰免，免冠戴布曰絻。故《史記·禮書》引《荀子》云「郊之麻絻」，與冕同。《喪服小記》云爲母免而以布，然則爲父免而不以布可知。不以布免也，以布則絻也。《喪服記》云「朋友在他邦，袒免」，亦免以布也。五服初喪未成服，皆免，何爲非禮？《大傳》云「五世袒免」，謂五世外服盡者，止於袒免，猶今人弔死送葬，皆著麻布頭巾之類，以易玄冠，非别有袒免一服輕於緦麻，在五服之外者也。音宜如字。

事親有隱而無犯，左右就養無方，服勤至死，致喪三年。事君有犯而無隱，左右就養有方，服勤至死，方喪三年。事師無犯無隱，左右就養無方，服勤至死，心喪三年。

親生、君治、師成，古今之通誼也。子事親，臣事君，弟子事先師，民生之大分也。父母天親恩勝，故情有回護而無違拂。左右親就，奉養竭力，無有定方。服任勤勞，以至於死。極哀盡禮，致喪三年。此事親之禮也。君臣義合，以父母之無犯事之則爲諂，以父母之有隱事之則爲欺。雖將順同心，而勢遠分暌，不得上達，較之家庭父子，有不容不直者矣。庶民之養有限，故無方。君以天下養，而無方則侈，故養與親異。子之身，親之身也；臣之身，亦君之身也，故服勤至死與親同。腹心手足相得之君臣，亦無異家庭父子，故君死雖非父母之喪，亦當比于三年之服也。方，比也。後世以日易月，亦方喪意。師，謂學問道德終身所宗仰者。其成我也，有生我之恩，故事無犯，養無方，服勞，與事父母同。其長我也，有臣我之義，故無隱服勞，與事君同。心喪，謂無三年之服，而有三年之哀也。

季武子成寢，杜氏之葬在西階之下，請合葬焉，許之。入宫而不敢哭。武子曰：「合葬，非古也。自周公以來未之有改也。吾許其大而不許其細，何居！」命之哭。

愚按：爲宫室而夷人之墓于階下，季武子或忍爲之。然杜氏何不以情請，不得則當改葬，不改葬，未有更往合葬者。《檀弓》之言，大抵脩文而託之乎禮，如《左傳》於《春秋》，未足深據耳。

子上之母死而不喪。門人問諸子思曰：「昔者子之先君子喪出母乎？」曰：「然。」「子之不使白也喪之，何也？」子思曰：「昔者吾先君子無所失道，道隆則從而隆，道污則從而污，伋則安能！爲伋也妻者，是爲白也母；不爲伋也妻者，是不爲白也母。」故孔氏之不喪出母，自子思始也。

按《儀禮》爲出母齊衰杖期，冢嗣爲父後者，於出母無服。子上、伯魚，皆爲父後者也。子上，子思之子，名白。子思之妻生白，見出，死，而子思不使白爲其母喪，門人疑，故問也。先君子，謂祖仲尼、父伯魚也。伯魚之母亦見出，而孔子使伯魚喪，期而猶哭，故門人引以爲比。無所失道，謂惟聖人能盡道，乃能以道行權，而自爲隆殺。中人惟守常執經，不敢違禮也。污，猶殺也。隆，指先君子。污，子思自謂。

按：出妻，人倫之變，非士君子之高誼。《大戴記》有婦人七出之説，於人情未宜。今謂孔氏三世出妻，無稽甚矣。《詩》云「刑于寡妻」，豈聖人之配，名賢之母，皆不克其家？好事之説，本無足信，但喪服於父母，何其低昂也！物有天地、人有父母同。天不獨施，父不獨生，故曰：「父母之喪，無貴賤一。」母死無喪，是路人耳。此禮不宜自孔氏始。然則禮重父而殺母，何也？天地之分也。人生先有氣，後有形，故父稱至尊。知親不知尊者，禽獸也。禮所以别人于禽獸，故以尊爲本，非謂母獨可薄也。

孔子曰：「拜而后稽顙，頹乎其順也；稽顙而后拜，頎（懇）乎其至也。三年之喪，吾從其至者。」

此言凶拜之禮。凡俯躬皆謂之拜，故《周禮》有九拜。此所謂拜，屈身以兩膝著地，以首加于手也。稽顙，以額叩地也。不言首言顙者，稽首首不及地，稽顙顙親土也。吉禮與輕喪亦稽首，非父母之喪不稽顙。蓋稽顙重于稽首，稽首重于頓首。當世大喪亦稽顙，但先後失次，拜而後稽顙，如尋常跪俯，而後以首叩地。先致敬于賓，而後盡哀于己，有從容順序之意。頹，順也，是當世之禮也。先稽顙而後拜者，開兩手跪伏，以顙叩地，然後交手，哀懇迫切之至也。頎，懇也。如是，乃合凶拜之禮。

按：拜者，俯躬之名，未有不先拜而顙能著地者。故《士喪禮》客弔、襚，主人皆「拜稽顙」，則是拜而後稽顙，常耳。此章之言，恐亦後人脩飾。拜稽顙與稽顙拜，其實一也。或云：拜，再拜也〔一〕。

孔子既得合葬于防，曰：「吾聞之，古也墓而不墳。今丘也，東西南北之人也，不可以弗識志也。」於是封之，崇四尺。孔子先反，門人後，雨甚句，至句，孔子問焉，曰：「爾來何遲也？」曰：「防墓崩。」孔子不應句。三句，孔子泫玄，上聲然流涕曰：「吾聞之，古不脩墓。」

孔子父墓在防，奉母合葬也。葬地曰墓，土高曰墳。東西南北，言己周流四方，無定居也。識，記也。聚土曰封。先反，脩虞事也。門人後，待封也。防墓崩，脩之，故來遲也。不應，以非禮也。重治曰脩。

按：東西南北之人，非夫子之言也。夫子豈逆知己之老於行乎？古者墓必墳，使子孫知先域，時展謁也。今爲宦遊無定而識之，則是士大夫家居者葬，皆可不墳乎？古不脩墓，爲始封必慎，非謂崩壞者皆不可脩也。以此行禮，固執不通，非聖人之言。

〔一〕「或云拜再拜也」六字，《續修》本無。

孔子哭子路於中庭，有人弔者，而夫子拜之。既哭，進使者而問故。使者曰：「醢之矣。」遂命覆醢。

子路仕衛，爲孔悝家臣。蒯聵謀入刼悝，子路救之。聵使人殺子路，遂醢之。弔者，弔孔子也。拜之，爲主也。肉醬曰醢。覆，傾棄也。聞醢覆醢，不忍其似也。

曾子曰：「朋友之墓有宿草，而不哭焉。」

宿草，陳根也。既葬而墓有隔年之草，則喪已期矣。爲師心喪三年，爲朋友期可矣。

子思曰：「喪三日而殯，凡附於身者，必誠必信，勿之有悔焉耳矣。三月而葬，凡附於棺者，必誠必信，勿之有悔焉耳矣。喪三年以爲極，亡則弗之忘矣。故君子有終身之憂，而無一朝之患，故忌日不樂。

送死者，末訣之道，不可復補矣。心有不盡，徒貽後悔，惟誠惟信，乃可以免。殯，停柩也。始死三日，斂而殯之。附身，謂衣衾之類。三日期迫，勿以匆遽忽之也。誠，慮周悉也。信，無虚飾也。三月期緩，可以從容整備也。附棺，謂明器與凡送葬之具。三年，喪服之期，有盡者也。不以親亡而遂忘，孝子之心，無窮者也。不忘亡，故有終身之憂；必誠信，故無一朝之患。如墓崩而脩，則一朝之患也。忌日，親死之月日。不樂，即終身之憂也。

孔子少孤，不知其墓，殯於五父之衢。人之見之者皆以爲葬也。其慎也蓋殯也。問於郰(鄒)曼父之母，然後得合葬於防。

史稱孔子父叔梁紇，母顔氏，與叔梁紇野合，生孔子。孔子生三歲，叔梁紇死，顔氏終身諱不言其葬處。孔子乃以母柩殯於五父之路，人以爲葬也。孔子其審慎之，而訪諸行人耳。蓋殯也，非葬也。惟郰曼父之母識其處，乃以防告，始得合葬焉。

按：此侮聖滅禮之言，何但「齊東野人之語」耳！父早死，終母之世，不識父墓，何以爲子？五父之衢，是道旁也，豈殯柩之所？子不識父墓，而問諸行道人，不已悖乎！自《六經》道喪，百家横議，惑世誣民，不可勝數。鄭玄之徒，一切以爲聖經，附會其説，而不折諸理，可怪也。「其慎」改「其引」，謂「殯引，飾棺以輤(茜)；葬引，飾棺以柳翣」。按《周禮·大司徒》「六引」，以挽柩行則有之，殯則焉用引？「殯引，飾棺以輤」，據《雜記》諸侯、大夫、士行死于道者■■[一]，即今棺罩，所謂柳也。葬行有柳，殯將焉用？古者殯塗其棺，似今人淺埋之類，焉得有引與輤使人見？見則暴棺，豈五父之衢而暴親之柩乎？

鄰有喪，舂不相(去聲)；里有殯，不巷歌。喪冠不緌(芮，平聲)。有虞氏瓦棺，夏后氏堲(即)周，

〔一〕「■■」，今未敢必言其當作某某字，故仍之。

殷人棺椁，周人牆置翣。周人以殷人之棺椁葬長殤，以夏后氏之堲周葬中殤、下殤，以有虞氏之瓦棺葬無服之殤。夏后氏尚黑，大事斂用昏，戎事乘驪，牲用玄。殷人尚白，大事斂用日中，戎事乘翰，牲用白。周人尚赤，大事斂用日出，戎事乘騵，牲用騂。

舂相、巷歌，解見《曲禮》。緌，冠纓之餘而垂者。喪冠無之，去飾也。瓦棺，燒土爲棺，始易衣薪也。堲，燒土爲磚也。周，謂以瓴環砌其棺也。殷人始用木爲棺椁。椁，外棺也。椁之言廓，大也。周人加飾棺之具，棺四週曰牆，如居之有牆也。或曰：牆，即柳也。翣，形如扇，畫雜文，列置牆外，多寡隨貴賤爲等。殷人之棺椁，無翣者也。殀死曰殤。凡二十以上爲成人，自十九以下死者皆爲殤。八歲至十一歲爲下殤，十二至十五歲爲中殤，十六至十九歲爲長殤，七歲以下爲無服之殤。未三月者，不爲殤。禹以治水興，故夏后氏尚黑，水色也。《書》云「錫禹玄圭」是也。大事，喪事。昏，日暮，色亦黑也。驪，黑馬。殷人以兵興，故色尚金。白，金色。日中，色亦白也。翰，亦白也。《易》曰：「白馬翰如。」周克商，故色尚火，火克金。赤，火色。日出，色亦赤也。騵，赤馬。騂，赤牲。

穆公之母卒，使人問於曾子曰：「如之何？」對曰：「申也聞諸申之父曰：哭泣之哀，齊（咨）斬之情，饘粥之食，自天子達。布幕，衞也；縿（三）幕，魯也。」

穆公，魯君，名不衍，哀公之曾孫也。曾子，名申，曾參子也。成聲曰哭，無聲曰泣。喪服緝之曰齊，不緝曰斬。母齊父斬也。厚曰饘，稀曰粥。自天子達，舉貴該賤也。當世三年之喪不行，故曾子以此告之。幕以覆柩。布，麻布。縿，以縑帛爲幕，而上有綴旒，蓋天子綴衣之制。鄭作「綃」，非也。魯、衛皆諸侯同姓，禮宜無殊。今衛布而魯縿，是衛質而魯奢也。凡魯禮多僭，故曾申舉幕以諷其失。

晉獻公將殺其世子申生，公子重耳謂之曰：「子蓋盍言子之志於公乎？」世子曰：「不可。君安驪姬，是我傷公之心也。」曰：「然則蓋行乎？」世子曰：「不可。君謂我欲弒君也。天下豈有無父之國哉，吾何行如之？」使人辭於狐突曰：「申生有罪，不念伯氏之言也，以至于死。申生不敢愛其死。雖然，吾君老矣，子少，國家多難，伯氏不出而圖吾君？伯氏苟出而圖吾君，申生受賜而死。」再拜稽首，乃卒。是以爲恭世子也。

晉獻公殺申生，事詳《春秋傳》。安驪姬，言君以驪姬爲安樂也。何行如之，行無所往也。狐突，申生傅，嘗教申生避去。不聽，突乃稱疾不出。今將死，故使人辭之也。子少，指驪姬子奚齊，獻公所欲立者也。圖，謀也。《謚法》：「敬順事上曰恭。」

按：申生守父之亂命以死，則恭矣，不可爲孝。大舜盡事親之道，而瞽瞍底豫，爲人子者不當如是邪。故忠如屈原，恭如申生，有硜硜之節，而無烝烝之權，夫子所謂「可以爲難矣，仁則吾不知」者。記稱之，以見衛輒、楚商臣輩之不恭。賢知愚不肖，相去遠爾。

魯人有朝祥而莫暮歌者，子路笑之。夫子曰：「由！爾責於人，終無已夫！三年之喪，亦已久矣夫！」子路出，夫子曰：「又多乎哉！踰月則其善也。」

祥，祥祭也。親喪二十五月而祥。祥者，吉也。自凶趨吉有漸，朝祥暮即歌，故子路笑其太速。然當時三年之喪不行，而行者苛責之，是無已也。又恐其人以爲當歌，於子路出，教其人曰：此去當歌之日不多，但更閒一月，至二十七月禫後，歌則善矣。

按：聖人制禮，本乎人情。喪雖三年，實止二十五月，兩期多一月耳。計親死日，又歷二忌日，哀事已三度，故爲三年，所以二十五月而祥也。今去踰月，是二十六月禫即用樂矣。然《士虞禮》云「中月禫」，中月者閒一月，是二十七月也。故解者謂二十八月始樂。然則所謂踰月善者，猶爲未邪。記又云「祥日鼓素琴」，又云「孔子既祥，十日而成笙歌」。說相矛盾，難盡合也。

魯莊公及宋人戰于乘丘。縣玄賁奔父御，卜國爲右。馬驚，敗績，公隊墜，佐車授綏，公曰：「末之卜也。」縣賁父曰：「他日不敗績，而今敗績，是無勇也。」遂死之。圉人浴馬，有流矢在白肉。公曰：「非其罪也。」遂誄累之。士之有誄，自此始也。

縣賁父，魯士名。卜，龜卜也。國，人名。右，勇士爲車右者。佐車，副車也。馬驚車敗，公墜地，而副車授綏以載公也。末、莫通。言但卜車右，未卜御士，所以致敗。蓋怨賁父之辭。故賁父自言己御君久矣，君未嘗卜人，今日臨敵敗績，是己無勇也，遂赴敵死。圉人，養馬者也，戰退，浴馬，見流矢在白肉，公乃知馬驚車敗，非縣賁父之罪，遂爲辭誄之。誄者，類也，類其行事以哀之。

按：誄如今挽辭、祭文之類，魯哀公誄夫子是也。鄭引《士冠禮》「生無爵，死無謚」解之，縣賁父爲公御，非無爵之士，而謚與誄異，公誄之，非謚之也。又謂二人同死，記言死者惟御耳。鄭之紕繆如此。

曾子寢疾，病，樂正子春坐於牀下，曾元、曾申坐於足，童子隅坐而執燭。童子曰：「華而晥莞，大夫之簀責與？」子春曰：「止！」曾子聞之，瞿然曰：「呼？」曰：「華而晥，大夫之簀與？」曾子曰：「然。斯季孫之賜也，我未之能易也。元起易簀。」曾元曰：「夫子之病革亟矣，不可以變。幸而至於旦，請敬易之。」曾子曰：「爾之愛我也不如彼。君子之愛人也以德，細人之愛人也以姑息。吾何求哉？吾得正而斃焉，斯已矣。」舉扶而易之，反席未安而没。

樂正子春，曾子弟子。曾元、曾申，曾子子也。華，文貌。晥，鮮明貌。《詩》云：「晥彼牽牛。」簀，卧簟也。瞿然，驚顧貌。呼，嘆聲。季孫，魯卿。革，急也。《詩》云：「如鳥斯革。」變，遷也。彼，指童子。姑息，苟安也。

按：童子之言，非有心也。簀之華睆，亦非傷禮也。曾子雖不易而終，未遂失正也。使士與大夫異簀，則曾子必不以寢。使季孫之賜不義，則曾子必不受。使其當易，則曾元亦必不止。然而曾子易之者，何也？所謂充義之類之盡也。季孫之賜，非伯夷之樹也。華睆之物，非儉德之素也。衽席之安，非惕厲之志也。死之日，非生事之寬也。生不可以絶人遺世而爲已甚，死則期無毫髮之憾，則纖垢之必浄也。故不以華靡之物損吾儉，不以季孫之賜傷吾廉，不以孺子之言蔽吾聰，不以衽席之安惰吾志，不以病革之危荒吾死。所謂「仁以爲己任，死而後已」者，曾子於是乎爲不可及矣！人誰無死，若曾子者，死可矣，何以得此哉！子云：「未知生，焉知死？」平日三省克勤，動容貌，斯遠暴慢；出辭氣，斯遠鄙倍；正顔色，斯近信。生而忠信不欺，故死而安定不亂也。

始死，充充如有窮；既殯，瞿瞿如有求而弗得；既葬，皇皇如有望而弗至。練而慨然，祥而廓然。

充充，憤懣之狀。窮，阻礙不得通也。瞿瞿，視不定貌。求，尋索也。皇皇猶栖栖，悵望貌。親歸草土，望其來而弗至也。練，期年小祥，以練布易冠衰，故曰練。慨，嘆也，嘆去日漸遠也。兩期漸吉，故曰祥。廓，開也。窮塞之情，至是稍開也。

邾婁（閭）復之以矢，蓋自戰於升陘（刑）始也。魯婦人之髽（撾）而弔也，自敗於臺（壺）鮐（駝）始也。

郳婁，近魯小國，即鄒也。郳人呼郳聲曰婁，猶越之云於越也。復，人初死招魂也。升陘，魯地。魯僖公二十二年[一]，與郳人戰于升陘，郳人勝，有戰死者，其招魂以矢，彰死者志在勝敵，用其所好也。髽猶男子之免。吉則有纚以韜髪，凶則去纚而露髻，謂之髽。臺，當作「壺」。壺鮐，即狐鮐，地名。魯襄公四年，與郳人戰于狐鮐，魯師大敗，男子陣亡者多。婦人相弔無衰，故髽。皆一時之變禮，而後遂以爲常也。

按：人死取衣裳升屋以復，古之遺俗。戰死則尸膏草野，猶以其矢復，容非誕與?戰士死而弔者盡婦人，不可解。其夫死邪，不暇弔人死。非其夫邪，則魯豈盡無男子，而何婦人弔者之多與?記言難盡信也。

南宮縚叨之妻之姑之喪，夫子誨之髽，曰：「爾毋從從竦爾，爾毋扈扈爾。蓋榛以爲笄，長尺，而總八寸。」

縚之妻，夫子之兄之女也。夫之母曰姑。從從，太高也。扈扈，太廣也。《儀禮》婦爲舅姑期。期之髽稍輕，然毋得太高廣。「蓋」以下記者之辭。笄，簪也。吉笄尺二寸，喪笄一尺，用竹木爲之，茲蓋用榛木也。總，用布加于髽上，猶男子之喪冠也。

〔一〕「二十二年」，原作「二十一年」，乃誤，所述之事實在魯僖公二十二年，今改。

孟獻子禫（毯）**，縣**（玄）**而不樂，比御而不入。夫子曰：「獻子加於人一等矣。」孔子既祥，五日彈琴而不成聲，十日而成笙歌。有子蓋既祥而絲屨、組纓。**

此言除喪之禮。孟獻子，魯大夫，仲孫蔑也。禫，祭名，言澹也。大祥後閒一月而禫。初喪至禫，蓋二十七月。《記》曰：「禫而内無哭者，樂作矣。」獻子樂雖懸而不作。又曰：「禫而從御，吉祭而復寢。」比，及也。雖及當御之期，而獻子猶宿于外。故夫子稱其加常情一等，此微過於禮者也。孔子既祥，謂禫後既從吉也。五日彈琴不成聲，哀未忘也。十日成笙歌之聲，意漸平也。此言聖人適禮之中也。有子既祥，即以絲緣屨，以雜組爲冠纓，此又微不及於禮也。《曲禮》曰「生與來日」，欲其遲也；「死與往日」，悲其速也。故喪雖云二十四月祥，而祥祭乃在來月，實二十五月也。雖云祥後禫，而禫祭又閒一月，實二十七月也。蓋傷死者之易遠，不忍遽除，此制禮之意也。不及者不仁，而太過者難繼，故禮者酌人情而制之中，記者之意也。

按：記者並舉三事，意以孔子爲法。然所記孔子事，亦誣也。十日而成笙歌，與朝祥莫歌相去幾何？是子路所笑者。踰月則善，豈謂十日遂可歌乎？前後意相背。獻子禫猶不樂，不居内，誠知禮者。恒情所難，故曰加人一等，蓋美之。

死而不弔者三：畏、厭（壓）**、溺。**

畏，恐懼無聊自盡者也。厭，與壓同，行止危險之下，崩壓死者也。溺，謂馮河溺死者也。士君子行法俟命，三者皆非正命，所以不足弔。

子路有姊之喪，可以除之矣，而弗除也。孔子曰：「何弗除也？」子路曰：「吾寡兄弟而弗忍也。」孔子曰：「先王制禮，行道之人皆弗忍也。」子路聞之，遂除之。

子路蓋過于厚者，故夫子裁之。

太公封於營丘，比及五世，皆反葬於周。君子曰：「樂，樂其所自生。禮，不忘其本。古之人有言曰：『狐死正丘首。』仁也。」

太公封齊營丘，身留周爲太師，死即葬於周。其嗣君居齊死者，亦反葬於周。比及五世，親盡而後已。樂由中出，懽欣愛樂，以進爲生。禮由外作，撙節退讓，以反爲本。生而樂此，死而可去此乎？狐穴于高丘，樂其所生也。死則正對其丘，以首向之，不忘本也。樂生反本者，仁之道也。

伯魚之母死，期而猶哭。夫子聞之，曰：「誰與平聲哭者？」門人曰：「鯉也。」夫子曰：「嘻希！其甚也。」伯魚聞之，遂除之。

按父在爲母齊衰期，亦十三月而祥，十五月而禫。若出母，則適子無服。伯魚之母，舊謂爲見出。

伯魚不聞有弟，是適子也。而此云期，則出母無服之禮，不足信也。或者夫子特許鯉邪？不然，則鯉母見出之説不足信也。且母死而期年哭，豈得爲甚？尤不足信也。

舜葬於蒼梧之野，蓋三妃未之從也。季武子曰：「周公蓋祔。」

此言合葬之禮，古人無之，自周公始，即前章譏杜氏合葬之語。祔，合葬也。

按：《尚書》《孟子》皆謂舜妻堯二女，未聞三妃也。鄭康成極力附會，推廣其説，以三爲準。蓋據《昏義》天子三夫人之説，然恐未足信也。

曾子之喪，浴於爨室。

爨室，廚也。愚按：親死於寢，移屍浴竈下，有是禮乎？記言本謬，而鄭康成謂曾子以曾元辭易簀，故矯之以謙，與解檀弓免公儀仲子之喪同迂。《儀禮》謂掘坎爲埊，以新器浴於適室，近之。

大功廢業。或曰：大功，誦可也。

此亦「喪不貳事」之義。業者專攻，志移則廢。誦者口習，暫試爲之可也。大功廢業而可誦，則大功以上不但廢業，誦亦不可矣。大功以下不但誦可，業亦不廢矣。

子張病，召申祥而語之曰：「君子曰終，小人曰死。吾今日其庶幾乎！」

終者，成就之義。死者，澌滅之名。子張，姓顓孫。鄭謂申祥，子張之子，顓孫、申祥周秦聲近，譸張附會難信。

曾子曰：「始死之奠，其餘閣也與？」

人老疾，飲食不離寢，故有閣以自便。始死，即以其閣之餘饌奠之，望其復食也。《儀禮》始死，以脯醢、醴酒奠于尸東，當肩，即此。

曾子曰：「小功不爲位也者，是委巷之禮也。子思之哭嫂也爲位，婦人倡踊。申祥之哭言思也亦然。」

哭之有位，所以敘親疏、辨恩紀也。委巷，曲巷也，小巷多曲。或曰：委，窮也，水下流之聚曰委，言至此窮盡也。窮巷之人，無所見聞，故曰「委巷之禮」。嫂叔無服，兄弟之妻相爲小功，故子思之哭嫂，其妻倡踊，己隨之。言思，子游之子。或云：申祥妻之昆弟也。於禮亦無服，而申祥哭之亦爲位，亦妻倡踊。記舉二子無服之喪爲位，以明小功無位之非也。

按：哭妻昆弟之爲父後者于適室，子爲主，袒免哭踊，夫入，則是申祥之哭，婦人倡踊，又非矣。大喪之禮，門内期功之服，衆人咸集，爲位爲主可也。至于異姓之親，無服之喪，平居有父母在，聞門外緦功而輒爲位爲主，免冠袒踊以哭，無乃駭觀聽與？故曰：禮者，人情而已。

古者冠縮縫，今也衡横縫。故喪冠之反吉，非古也。

布帛經爲直，緯爲横。直曰縮，横曰衡。横廣而直狹。縮縫，謂以直幅豎縫之，從省也。古者冠辟積少，故可豎縫，無吉凶，一也。後世冠辟積多，豎裁不足，必横廣而後可。習尚使然，實非爲凶縮，爲吉横也。後世遂謂喪冠質，反吉，宜縮縫，非古也。

按：冠莫重于冕，而以絲易麻，孔子猶從之。横與縮，非甚害禮。且吉與喪無微不辨，安得喪冠不反吉？亦非至論。

曾子謂子思曰：「伋！吾執親之喪也，水漿不入於口者七日。」子思曰：「先王之制禮也，過之者俯而就之，不至焉者跂棄而及之。故君子之執親之喪也，水漿不入於口者三日，杖而后能起。」

親喪之禮，服衰止三年，哭泣止三月，不食止三日。蓋三日可以㤖而食，三月可以解而沐，三年可以祥而除矣。使過者俯而就，不至者可跂而及焉。若以親恩爲罔極，吾情爲無已，狥無已之情，而不節以禮，在己者不可傳，而在人者不可繼，曾子所以不爲子思取也。樂正子春之母死，五日不食，既而悔之，況七日乎？

曾子曰：「小功不稅退，則是遠兄弟終無服也，而可乎？」

稅者，追償之名。日月已過，聞喪而追服之曰稅。小功五月，多衆兄弟之服，如相去遠，則聞喪有後時者。當世以爲服輕，過期則不稅，故曾子非之。

按：《喪服小記》云「降而在緦小功者則稅」，然則正小功不稅，禮耳。曾子之疑，蓋用情之過。小功皆稅，何以別于上焉者乎？情無窮而文有節，所謂「行道之人皆弗忍也」。然則已諸曰：易吉以承之，哭踊以哀之，逾月而已可也。

伯高之喪，孔氏之使者未至，冉子攝束帛乘馬而將之。孔子曰：「異哉！徒使我不誠於伯高。」

伯高與孔子善而死于衞，孔子弔使未至，冉有代致束帛爲賻，四馬爲賵，而以夫子意將之。蓋輕於施而未深於禮也。禮以副情，物既不出于夫子，而夫子又終難自白，故曰空使我不誠於伯高。徒，猶空也。凡帛五匹爲束，四丈爲匹。

伯高死於衞，赴於孔子。孔子曰：「吾惡乎哭諸？兄弟，吾哭諸廟；父之友，吾哭諸廟門之外；師，吾哭諸寢；朋友，吾哭諸寢門之外；所知，吾哭諸野。於野則已疏，於寢則已重。夫由賜也見我，吾哭諸賜氏。」遂命子貢爲之主，曰：「爲爾哭也來者，拜之；知伯高而來者，勿拜也。」

赴與訃同，告喪也。兄弟，先祖之子孫，故哭於廟。父之友，父之外交也，故哭於廟門外。寢，己之正寢。師，己之所事也。故哭師於寢。朋友因師及，故哭於寢門外。所知，謂泛相知者，故哭於野。伯高于夫子，視同道之友則稍輕，視泛然之知則稍重，故使其所因者爲主，而哭於子貢之家。如人聞其哭，謂爲子貢而來者，則弔生之禮在子貢；爲伯高而來者，則傷死之禮在伯高，拜與不拜，各裁其宜。

按：此章之言，明禮之義，非必拘拘爾。說見前曾子小功不爲位章。兄弟哭諸廟，師哭諸寢，可也。若夫廟門外哭，則近迂，況又哭諸野乎！君子登城不呼，車中不疾言，爲其驚衆也。爲位哭於野，人將以爲狂，是何禮與？生因其人見，死因其人哭，感觸動情則有之，必使爲喪主爲位受弔，而往哭於無喪者之家，謂非迂乎！《雜記》謂遠兄弟之喪哭諸寢，是不于廟也。《奔喪》謂師哭諸廟門外，是不于寢也。宮室之次有限，而内外三黨之喪無常，安得一一别其所哭之位，至于門外，至于野，至于借他人家哭？不情甚矣。凡記言拘瑣類此。

曾子曰：「喪有疾，食肉飲酒，必有草木之滋焉。」以爲薑桂之謂也。

孝子居喪，食旨不甘，如有疾，則宜變通。滅性者不孝，苟食者廢禮，故爲疾飲酒食肉，亦必有藥物之和而後可。不然，爲酒肉而已。「以爲」者，釋曾子「草木」之意。薑，草屬。桂，木屬。皆藥物，亦可和飲食。《内則》云「屑薑與桂」是也。有藥物之和，乃爲有疾者。曾子居喪，水漿不入口者七日，正此意。言居喪不可妄飲酒食肉，非爲飲酒食肉者謀也。

子夏喪其子而喪其明。曾子弔之，曰：「吾聞之也，朋友喪明則哭之。」曾子哭。子夏亦哭，曰：「天乎！予之無罪也！」曾子怒曰：「商！女何無罪也？吾與女事夫子於洙泗之間，退而老於西河之上，使西河之民疑女於夫子，爾罪一也。喪爾親，使民未有聞焉，爾罪二也。喪爾子，喪爾明，爾罪三也。而曰女何無罪與？」子夏投其杖而拜，曰：「吾過矣！吾過矣！吾離羣而索居亦已久矣。」

喪子喪明，謂其子死，哭而瞽其目也。洙泗，二水名。西河，龍門至華陰之地，冀州之西河也。疑，擬也。子夏使人尊己甚于尊師，哭親不如哭子，故曾子呼其名而數之。久離師友，蕭索獨居，無由聞過，蓋自悔而受教之辭。

按：弔友喪目，亦可無哭。既弔，又數其罪，則如無弔。西河尊事，是亦夫子之道行也。人之尊賢，豈賢者之罪？孔門曾子最少，子夏以曾子父執，無呼名數之之禮。曾子平日言辭慤謹，此辭甚倨，不足信也。

夫晝居於内，問其疾可也；夜居於外，弔之可也。是故君子非有大故，不宿於外；非致齊齋也，非疾也，不晝夜居於内。

此言平居出入寢興之節。早起夜卧，出作入息，自有常度。晝常在外，夜常居内。惟居喪則廬於中門外，雖夜亦不入；惟致齊、寢疾，雖晝亦不出。不然，則失其常度，而人必異之，所以可弔而問也。由此以推，士君子衣服、飲食、舉動、言語，一準諸理，合于人情，安常處順，則無往不宜，何但晝夜寢興之節而已！

高子臯之執親之喪也，泣血三年，未嘗見現齒，君子以爲難。

高子臯名柴，孔子弟子。哭不成聲曰泣。血，即淚也。由痛出，故曰血。不見齒，謂不微笑。微笑則見齒，大笑則見矧。君子以爲難，蓋甚之之辭。子云：「可以爲難矣，仁則吾不知也。」禮使人難，未可繼也，故曰：「和爲貴。」中節之謂和，記所以微其辭也。

衰，與其不當物也，寧無衰。齊衰不以邊坐，大功不以服勤。

衰，喪服也，取摧折之義。當，猶合也。物，謂升縷精麤、裁製廣狹皆合制也。不當物，與無衰同。曰寧者，甚言不當物之不可，非謂衰可廢也。邊，猶偏也。凡居喪，坐則専席，不與人共，吉凶不相瀆也。共席則偏坐，偏坐非哀敬之容也。「大功廢業」，服大功之衰而親勤勞之事，則志不在哀，而期以上可知也。

按：不以邊坐，不以服勤，亦「當物」之意。《春秋傳》晉平公有卿佐之喪，而奏樂飲宴，屠蒯諫曰：「服以將禮，禮以行事，事有其物，物有其容。今君之容，非其物也。」即哀不當物之義，非獨精麤廣狹之應制而已。

孔子之衛，遇舊館人之喪，入而哭之哀。出，使子貢説脱驂而賻之。子貢曰：「於門人之喪，未有所説驂，説驂於舊館，無乃已重乎？」夫子曰：「予鄉者入而哭之，遇於一哀而出涕。予惡夫涕之無從也，小子行之。」

此因上章當物之意類記之，又以見物當稱志也。舊館人，舊時在衛之主人。説，解也。驂，車轅外馬。助葬以財貨曰賻，以車馬曰賵。馬言賻者，客中無財，以馬爲財也。門人之葬未脱驂，如顔路請車不與，是也。一哀而出涕，夫子自言也。於禮不必致哀，聖人至情無僞，故情至而物亦宜至也。不然，何以副此涕乎！從，猶副也。志先則物從。行，行脱驂也。

按：聖人豈有無哀之弔，無涕之哭乎，何以云「遇於一哀而出涕」也？無涕而哭，是强哀也；無哀而弔，是虚文也。用財用情，禮自素定。本無盡哀之心，偶遇一哀；本無賻喪之禮，聊以從涕，豈聖人之用禮與？且載途解驂，是廢行也。後世任俠之爲，非聖人從容中道氣象。聖人用禮，人情而已矣。

孔子在衛，有送葬者，而夫子觀之，曰：「善哉爲喪乎！足以爲法矣，小子識志之。」子貢曰：「夫子何善爾也。」曰：「其往也如慕，其反也如疑。」子貢曰：「豈若速反而虞乎？」子曰：「小子識之，我未之能行也。」

此記孝子送葬之容。往如慕者，親柩在前，孝子在後，如嬰兒之慕，追隨迫切也。反如疑者，既葬，奉神而還，親體在外，未知神之來否，彷徨不進也。虞，既葬之日，反而安神之祭名。子貢言反如疑不若速反而安神爲合禮。夫安神者，猶祭祀之虚文；哀痛者，尤仁孝之真心，故夫子終不然之。

顔淵之喪，饋祥肉，孔子出受之，入，彈琴而后食之。

顔子之喪，祥祭，饋夫子以肉。時孝子之情，且將禫矣，況師於弟子，禮無復哀，而於回痛惜未已，故感觸興悲，入而彈琴自釋，非爲樂之而彈，亦非前此不彈而至是始彈也。聖人於哀死之情，能節之以禮如此。

孔子與門人立，拱而尚右，二三子亦皆尚右。孔子曰：「二三子之嗜學也，我則有姊之喪故也。」二三子皆尚左。

拱而尚右，謂兩手相叉，右手在上也。左爲陽，右爲陰。吉事尚陽，凶事尚陰也。

按：此事甚淺近，二三子學禮，未有不知者。以一叉手左右訓禮，何異學究訓蒙子乎？未足信也。

孔子蚤作，負手曳杖，消摇於門，歌曰：「泰山其頽乎！梁木其壞乎！哲人其萎位乎！」既歌而入，當户而坐。子貢聞之，曰：「泰山其頽，則吾將安仰？梁木其壞，哲人其萎，則吾將安放上聲？夫子殆將病也。」遂趨而入。夫子曰：「賜！爾來何遲也？夏后氏殯於東階之上，則猶在阼也。殷人殯於兩楹之閒，則與賓主夾之也。周人殯於西階之上，則猶賓之也。而丘也，殷人也。予疇昔之夜，夢坐奠於兩楹之閒。夫明王不興，而天下其孰能〔一〕宗予？予殆將死也。」蓋寢疾七日而没。

負手，謂背手向後也。消摇，消散揺蕩舒放之貌。泰山，羣山之宗。梁木，衆木之領。哲人，衆人之師。木病曰萎。殯，停柩也。猶在阼，釋所以殯於東階之義。孝子不忍死其親，猶若在東階爲主也。兩楹之閒，堂中南面。東階爲主，西階爲賓，故曰「與賓主夾之也」。猶賓，釋所以殯於西階之義。西，賓位，待死者如賓客也。殷人者，孔子其先宋人，成湯之後也。疇、孰通。疇昔，即誰昔，猶平昔也。夢坐於兩楹之閒，奠饌品於前，蓋殯奠之象也。「明王」以下，夫子自占其夢，言今天下無明王，誰

〔一〕「能」字原無，今據閩本補。按：郝注云「誰肯」，似其所據經文有「能」字也。

肯以南面之禮尊我者，殆將死之兆而已。

按：此章記者欲神聖人先見而其識轉卑。聖人清明如神，其知死豈待夢？曳杖消摇，此原壤、莊周任放之態。泰山、梁木，他人贊聖則可，夫子豈以自稱？夜夢不祥，蚤起悲歌，倚户無聊，見門人訴語，非樂天知命、通晝夜、齊生死氣象。其誣不辨可知。

孔子之喪，門人疑所服。子貢曰：「昔者夫子之喪顔淵，若喪子而無服，喪子路亦然。請喪夫子若喪父而無服。」

若喪父無服，所謂心喪也。然亦無衣錦純采之理，但不定期功大小之制。或曰：五服無師，何也？蓋五服本於情，師弟之情本於道，所謂道隆則隆，道污則污，未可一切也。雖七十子心喪，亦自有等。獨居三年，惟子貢爲然。篤於恩者，疏齊不爲厚；殺於誼者，功緦不爲薄。苟相與未深，盡一哭之哀，而食稻衣錦，亦由其所自得耳。是故師服難豫定也。

孔子之喪，公西赤爲志焉。飾棺牆，置翣，設披，周也；設崇，殷也；綢（叨）練設旐，夏也。子張之喪，公明儀爲志焉。褚幕丹質，蟻（蛾）結于四隅，殷士也。

志與誌通，謂誌定其禮節也。牆置翣，解見前「鄰有喪」章。披，謂以繩繫棺，使人夾引之。此周禮也。崇，畫文如牙於旌旗上，《詩》謂「崇牙」，此殷禮也。綢，韜也。練，熟帛，以韜旌竿，而垂爲旐，載之車上，此夏禮也。夫子道兼三王，故禮用三代，所以榮之。公明儀，蓋子張門人。褚，幄也，以覆柩，亦謂之幕。丹質，以丹色布爲褚幕之質。蟻，謂蟲蛾。褚四角結布爲飛蛾之形，垂以爲飾，不置牆翣，不披，殷士之喪禮也。聖人之禮隆，賢人之禮殺，所以異也。

按：夫子生「從周」，而葬反古，非也。顏淵厚葬，責門人之違禮；子路爲臣，惡行詐以欺天，豈亦也未之聞乎？且周公之禮，已兼二代。士大夫死而薄王制，私意反古，豈其然乎！

子夏問於孔子曰：「居父母之仇如之何？」夫子曰：「寢苫閃，平聲枕干，不仕，弗與共天下也。遇諸市朝，不反兵而鬬。」曰：「請問居昆弟之仇如之何？」曰：「仕弗與共國，銜君命而使，雖遇之不鬬。」曰：「請問居從[一]去聲昆弟之仇如之何？」曰：「不爲魁，主人能，則執兵而陪其後。」

處父母之仇，常若居喪，寢苫臥草也。干，盾也。不仕，不暇事人之事，而專事報復也。不反兵，謂常操兵器自隨，不待歸取也。市朝非戰鬬之所，猶不反兵鬬，則無時無處不操兵矣，即枕戈之意。魁，首也。北斗七星杓爲末，魁爲首。主人，即從昆弟之子弟。

〔一〕「從」下，閩本有「父」字，此無。按：郝氏注內兩言「從昆弟」，「從」下亦皆無「父」字。蓋其所據經文底本如此，今亦不敢增。

按：報仇之説，已詳《曲禮》。《曲禮》多交游之仇，此章又加「從昆弟之仇」，果若斯，天下其何人無怨？往來報復，世路成網羅，無復清寧之日矣。此戰國以來游士横議，豈聖人崇禮之訓？而腐儒好信，爲世滋亂，斷乎不可以訓也。

孔子之喪，二三子皆絰而出句。**羣居則絰，出則否。**

凡弔服與臨朋友之喪，皆加絰，出則變之。門人爲夫子心喪無服，然初喪首腰閒亦必加絰，至葬不易，雖出不變也。所謂出不變者，惟出與同門羣居，猶生事夫子，故皆絰。若非同門羣居，及有他事别往，則亦變矣。

易墓，非古也。

易，芟治也，亦「不脩墓」之義。

按：禮無墓祭。不墳，不脩，不易，謂骨肉歸于土無知，魂氣有靈，栖于廟，廟重墓輕也。然事死如生，亡則弗忘之。豈親骸所歸，一葬之後，遂棄爲荒隴邪？三代而下，園陵之禮與宗廟等，安見古之是、今之非也？

子路曰：「吾聞諸夫子：喪禮，與其哀不足而禮有餘也，不若禮不足而哀有餘也。祭禮，

與其敬不足而禮有餘也，不若禮不足而敬有餘也。」

喪主哀，祭主敬，此聖人制禮本義。但據此言，似禮又在哀敬外。哀敬不足，尚可云禮乎？

曾子弔於負夏，主人既祖，填池，推柩而反之，降婦人而后行禮。從者曰：「禮與？」曾子曰：「夫祖者且也。且，胡爲其不可以反宿也？」從者又問諸子游曰：「禮與？」子游曰：「飯於牖下，小斂於户内，大斂於阼，殯於客位，祖於庭，葬於墓，所以即遠也。故喪事有進而無退。」曾子聞之曰：「多矣乎予出祖者。」

負夏，衞地。祖，謂柩將出，設祖奠也。祖者，始也，出行之始也。填，猶起也。池，謂柳車前懸池，象宫室之承霤也。士一池，當柩前。柩朝祖廟北首，先夕設祖奠，旋柩池外向。主人踊襲少南，婦人降立於階閒，禮也。今以賓至填起其池，使見柩，推柩反郤，以示少留。主人既奠，踊襲畢，婦人降，即位於階閒，而后弔者行禮也。曾子之從者疑反柩受弔爲非禮，故問之。曾子言凡祖祭者皆越宿而后行，如《聘禮》使者「遂行，舍於郊」，《詩》云「出宿于泲，飲餞于禰」「韓侯出祖，出宿于屠」之類。且者，未成行之辭。曾子援出祖之義以見反柩之無害也。飯，謂始死飯含也。牖下，室中窻下也。斂有小大，以衣裳多寡爲名，先小斂而後大斂也。户内，房户内也。阼，東階，房户外之南，堂之東也。客位，西階上也。庭，堂下也。墓則適野矣。自飯至葬，自牖下至墓，以漸遠，死者有往而無反也。多，謂多言，言過則覺多。曾子自悔出祖之説爲多言也。蓋所言「反宿」者，生人出祖之事，生者可還，死者無反，所以悔之。

曾子襲裘而弔，子游裼ㄆ裘而弔。曾子指子游而示人曰：「夫夫也，爲習於禮者，如之何其裼裘而弔也。」主人既小斂，袒，括髮，子游趨而出，襲裘、帶、絰而入。曾子曰：「我過矣！我過矣！夫夫是也。」

凡弔喪之禮，主人未變服以前，弔者皆常服，既變服以後，則客亦變服。襲，掩也。裘，吉服。襲裘，謂以衣掩蓋其裘。裼裘，露裘也。凡衣重曰襲，單曰裼。小斂於户内，斂畢，主人乃肉袒，用麻結髮，奉尸出堂，拜賓，襲腰帶、首絰也。是時主人服變，客亦變，乃出，襲裘、帶、絰〔一〕而入。曾子以喪凶事，初往即變服，故始譏子游而後自悟其非也。夫夫，上語辭，下指子游。

按：主人小斂前不變服者，昏迷不暇變也。弔者聞人喪而以羔裘玄冠往，於情未稱。故曾子襲裘，而不帶絰，亦未爲失禮。必如子游不帶絰而又裼裘，是以羔裘玄冠弔也，則失禮乃在子游。且二子同弔，曾子失禮，子游何不救正於未入。如子游失禮，曾子何不忠告，乃私指示人。記未足信也。襲裼，詳見《曲禮》下篇首章及《玉藻》「唯君有黼裘」章，舊註失之。

〔一〕「帶絰」之間一字格原爲墨釘，今删。

子夏既除喪而見，予之琴，和之而不和，彈之而不成聲，作而曰：「哀未忘也，先王制禮而弗敢過也。」子張既除喪而見，予之琴，和之而和，彈之而成聲，作而曰：「先王制禮，不敢不至焉。」

此記二賢除喪之事，以明禮之中。子夏謹守，用哀常過，故强裁之。子張高明，哀情易忘，故跂而至焉。其有和與不和、成與不成者，各本其資之所近，而不敢過、不敢不至者，則禮之所約而同也。故禮者中也，先王緣人情而爲制。不然，雖賢者不能，況凡民乎？和，調也。

司寇惠子之喪，子游爲之麻衰，牡麻絰。文子辭曰：「子辱與彌牟之弟游，又辱爲之服，敢辭。」子游曰：「禮也。」文子退，反哭。子游趨而就諸臣之位。文子又辭曰：「子辱與彌牟之弟游，又辱爲之服，又辱臨其喪，敢辭。」子游曰：「固以請。」文子退，扶適子南面而立，曰：「子辱與彌牟之弟游，又辱爲之服，又辱臨其喪，虎也敢不復位。」子游趨而就客位。

此節亦明繼世以適之禮。司寇惠子，衛大夫，名蘭。文子，惠子之弟，名木，即彌牟也。彌牟之反爲木，古語聲近，猶不來爲貍、而已爲耳、之乎爲諸之類。二子皆衛靈公孫。惠子生虎爲適子，惠子死，虎不在主人位，是廢適也。子游與惠子善，欲正之，以文子知禮，重其服往弔。朋友弔，錫衰環絰而已。

今爲麻衰，加牡麻絰，是與齊衰絞絰同，若爲死者無嗣而代之服者。文子驚辭，猶未悟也。子游復趨就其家臣之位，又若爲有臣而無嗣君者。文子大驚，辭。至於子游固請，文子始悟，扶適子出，南面立，示諸臣有主也。北面復位，使之主喪也。子游乃就賓客之位焉。

按：此與檀弓問公儀仲子立孫之事同，故鄭謂檀弓之免亦爲非禮以譏仲子。夫身爲非禮以正人之非禮，豈教人常法？子游、檀弓何相襲而行之也？子游文學宿望，當時所以感悟文子，不在麻衰牡絰。今人效之，祇益其迂，無救於事而反以害禮，未可訓也。

將軍文子之喪，既除喪而后越人來弔，主人深衣練冠，待于廟，垂涕洟。子游觀之，曰：「將軍文氏之子其庶幾乎！亡（無）於禮者之禮也，其動也中。」

將軍文子，即衛文子彌牟也。禮無弔人於除喪之後者，亦無除喪後受人之弔者。越人遠，後至，文子以義起禮。深衣，白麻布爲衣，古人吉凶通用之服。練冠，練麻布爲冠，期年以外之服。小祥練冠，大祥縞冠也。待于廟，神主已入廟，故待賓于廟也。涕自鼻出曰洟。亡於禮，言無此禮而爲之禮也。中，合宜也。

幼名，冠（去聲）字，五十以伯仲，死謚，周道也。絰也者，實也。掘中霤而浴，毀竈以綴（拙）足，及葬，毀宗躐行，出于大門，殷道也。學者行之。

幼則稱名，既冠則稱字，五十而艾則稱伯仲，既死則稱謚，此周制也。麻在首在腰皆曰絰。實者，結塞之意。絰之絞急堅固象之。中霤，屋下也，與五祀中霤異。五祀則庭中也。掘地爲坎，以埋浴水。周人掘坎，階閒少西也。毁竈，明不復食也。竈甓熱，故以綴足使不僵，便著屨也。周人綴足用燕几。遷柩朝宗廟，設祖奠畢，即毁其廟之垣，躐牆出於大門之外。古者廟在大門内左，不由門。踰垣出曰躐。《玉藻》云：「登席不由前爲躐。」生人遠行，祖祭于大門外，封土象山爲神主，祭畢，以車躐而過，謂之軷。今祖奠于廟，毁其廟牆，徑出大門外，亦由〔一〕生時之軷然也。必毁宗者，明不復入也。此以上皆殷禮。殷禮質而直，周禮文而曲。小子行之〔二〕，夫子教門人語也。

子柳之母死，子碩請具。子柳曰：「何以哉？」子碩曰：「請粥育庶弟之母。」子柳曰：「如之何其粥人之母以葬其母也？不可。」既葬，子碩欲以賻布之餘具祭器。子柳曰：「不可。吾聞之也，君子不家於喪。請班諸兄弟之貧者。」

子柳、子碩，未詳何國人，蓋兄弟也。具，送葬之具。何以，言無財也。粥，賣也。布，錢也。

〔一〕「由」，疑當作「猶」。

〔二〕「小子行之」，據經文當作「學者行之」。按：上「孔子之衛」章末有「小子行之」四字，豈郝氏誤混耶？

家於喪，不以死者爲利也。家貧不能具葬，而又不以喪餘之財爲家，可謂安貧而守禮者矣。

君子曰：「謀人之軍師，敗則死之；謀人之邦邑，危則亡之。」

爲人臣者勿嘗試人之軍師，勿屑越人之邦邑，然後可免於死亡。亡，猶死也。國亡與亡，人臣之分。

公叔文子升於瑕丘，蘧伯玉從。文子曰：「樂哉斯丘也。死則我欲葬焉。」蘧伯玉曰：「吾子樂之，則瑗院請前。」

士君子生不懷居，死擇樂地而葬，非安土能愛之意。公叔文子貪瑕丘，故蘧伯玉微言諷之。文子名拔，伯玉名瑗，皆衛大夫。

按：公叔文子，當時〔一〕稱「不言、不笑、不取」，死不忘樂而有貪心，是未嘗聞道者。伯玉之旨，超然過之。鄭康成謂刺其欲害人良田。何地無良田，而獨瑕丘？傳會成子高語耳。

弁人有其母死而孺子泣者，孔子曰：「哀則哀矣，而難爲繼也。夫禮，爲可傳也，爲可繼也，故哭踊有節。」

〔一〕「時」下一字格原爲墨釘，今刪。

弁，地名。孺子泣，謂哀痛迫切之至。此哭之能滅性者也，故聖人欲其以禮節之。《雜記》曾子告曾申曰：哭父母如中路嬰兒失母，無常聲。又以孝子至情言也。意不相妨。

叔孫武叔之母死，既小斂，舉者出句**，尸出户**句**，袒**句**，且投其冠，括髮。子游曰：「知禮？」**

此明初喪袒括髮之節。叔孫武叔，名州仇。其人毀仲尼，未嘗學禮可知。《喪服小記》云：「斬衰括髮以麻，爲母括髮以麻，免而以布」，則是母喪括髮加布，與父喪括髮無布異也。又《喪大記》云：小斂卒，主人于户内袒，脱髦，括髮以麻，乃徹帷，奉尸于堂，主人降拜賓，即位，襲、帶、絰，母之喪，即位而免。則是小斂既括髮，而後尸出户。出户即位，更加絻也。又主人脱髦括髮，而不言投冠者，蓋投冠已在昨日始死，而笄纚猶在首。《問喪》云「親始死，笄纚徒跣」，是也。至小斂畢，乃就户内并去笄纚，解髮爲髦頭，束以麻，是曰「袒，脱髦，括髮以麻」也。今武叔尸出户矣，袒矣，然且投其冠，則是親死越宿，而冠尚在首，不知禮一也；出户而後袒括髮，不知禮二也；括髮而免不以布，與父喪括髮同，不知禮三也。故子游不暇數責，而但反言譏之，蓋不屑教之之〔一〕意。鄭康成、賈公彦解禮，以髦爲事親之飾，始死素冠視小斂，其謬戾又何遜於武叔也。

〔一〕「之之」，原止一「之」字，今據文義增。

扶君，卜人師扶右，射人師扶左。君薨以是舉。

卜作「僕」。古者君薨必于正寢，有疾則外臣入侍，以時起居，防姦慝也。死者，人道之終，不可不正。君疾則僕人之長與射人之長共扶持，不死於閹豎宮嬪之手，其慮深矣。《周禮》大僕〔一〕掌正王之服位，射人掌公卿大夫之位，大喪，與僕人遷尸，師，其長也。二官常侍君左右，疾則扶之，死則二臣奉尸遷之也。

按：後世僕射官名本此。

從母之夫，舅之妻，二夫人相爲服，君子未之言也。或曰同爨緦。

母之姊妹曰從母，其夫則今謂之母姨夫也。母之兄弟曰舅，其妻則今謂之舅母也。禮，爲從母小功，從母之夫無服；爲舅緦麻，舅之妻無服。二夫人，猶言此二人。一人則妻姊妹之子也，幼依母姨夫家；一人則夫之外甥也，幼依舅母家。同居恩養如父母，故一人爲其母姨夫服，一人爲其舅母服，故曰：「相爲服」。此《禮經》所不載，故曰：「君子未之言」。因引或人語明之。

喪事欲其縱縱爾，吉事欲其折折爾。故喪事雖遽不陵節，吉事雖止不怠。故騷騷爾則野，

〔一〕「大僕」下原有「正」字，似涉下而衍，今據《周禮》删。

鼎鼎爾則小人，君子蓋猶猶爾。

喪主哀，不欲脩飾，欲其急而趨事。吉主敬，不欲怠慢，欲其緩而合禮。縱縱，急貌，綜理意。折折，止貌，整齊意。遽，急也。陵節，越次也。止，安定也。怠，慢也。于其所急，急而無序，則騷騷。如是者，躁率而爲野。于其所止，止而不動，則鼎鼎。如是者，拘執而爲小人。猶猶，曉暢閑習意，從容中道也。

喪具，君子恥具。一日二日而可爲也者，君子弗爲也。

喪具，衣棺之屬。具，豫備也。恥，猶惡也。不以久生期其親，故惡之。其或非倉卒可爲者，不得已而具之。若一日二日可辦之物，不必具矣。

喪服，兄弟之子猶子也，蓋引而進之也；嫂叔之無服也，蓋推而遠之也；姑、姊、妹之薄也，蓋有受我而厚之者也。

此釋古喪服之義。子死服期，兄弟之子亦期，宜降等而不降，故曰「引而進之」，以厚一本也。嫂叔同居，至親也，死宜服而不相爲服，故曰「推而遠之」，以厚别也。父之姊妹曰姑，與己之姊妹適人者，死皆爲大功，似乎薄也。蓋姑、姊、妹我所宜厚，而彼各有所從，是有受我之厚而厚之者，故我從其薄，使彼一心事其所厚也。

〇何平叔曰：凡男女相爲服，非有骨肉之親，則有尊卑之異，嫂叔親非骨肉，尊卑不異，服則有混淆之失。愚按：此言似而非也。兄弟伯仲，亦非異尊卑也。倫有義合，禮有從服，非必盡骨肉也。豈有同居之親，而死無服者乎？《儀禮·喪服》未必盡出古制，即古制未必盡可因。今禮叔嫂小功，姑、姊、妹在室者期，已嫁者大功，可謂今禮盡不如古乎？

食於有喪者之側，未嘗飽也。

此孔子之事。聖人哀死之心，自然如此。

曾子與客立於門側，其徒趨而出。曾子曰：「爾將何之？」曰：「吾父死，將出哭於巷。」曰：「反哭於爾次。」曾子北面而弔焉。

此旅次聞喪之禮。曾子爲舍主人，而其客有聞父喪者，不敢哭於主人家，欲出而哭於巷。曾子止之，因弔之。其徒，客之從者也。曰吾父死，客對曾子之言也。

按：聞父死而從容議位，然後哭，豈人情乎？不足信也。

孔子曰：「之死而致死之，不仁而不可爲也；之死而致生之，不知而不可爲也。是故竹不成用，瓦不成味沫**，木不成斲，琴瑟張而不平，竽笙備而不和，有鐘磬而無簨**筍**虡**巨**。**

其曰明器，神明之也。」

此明事死之禮。死生不異者，人子不忍忘之情，而幽明有無不可强同，必以事生爲送死，則近于誕。故知生死之説，然後可用禮也。之，偏向也。致，極至也。以爲死者不復生，而極以死者之禮待之，是忍於亡親而不仁也。以爲死者未嘗死，而極以生者之禮待之，是暗於察理而不知也。二者皆失中，故古人送死，凡器用之屬，亦如生者之具，而不必適死者之用。竹，竹器也。味作「沬」，燒土成沬乃熟，不沬不成器也。平，猶和也。不平，不可彈也。不和，不可吹也。簨虡，所以懸鐘磬。横者曰簨，直者曰虡。無簨虡，不可擊也。凡此皆不致生，亦不致死。蓋死者本幽，而有生人之用，有作樂之具，所以明之也。然用非其所用，樂非其所樂，所以神之也。故曰：明器者，神明之也。神明之者，心也。孝子自盡其心而已。

有子問於曾子曰：「問喪於夫子乎？」曰：「聞之矣，喪欲速貧，死欲速朽。」有子曰：「是非君子之言也。」曾子曰：「參也聞諸夫子也。」有子又曰：「是非君子之言也。」曾子曰：「參也與子游聞之。」有子曰：「然。然則夫子有爲言之也。」曾子以斯言告於子游。子游曰：「甚哉有子之言似夫子也。昔者夫子居於宋，見桓司馬自爲石槨，三年而不成。夫子曰：『若是其靡[米]也，死不如速朽之愈也。』死之欲速朽，爲桓司馬言之也。

南宮敬叔反，必載寶而朝。夫子曰：『若是其貨也，喪不如速貧之愈也。』喪之欲速貧，爲敬叔言之也。」曾子以子游之言告於有子。有子曰：「然。吾固曰非夫子之言也。」曾子曰：「子何以知之？」有子曰：「夫子制於中都，四寸之棺，五寸之椁，以斯知不欲速朽也。昔者夫子失魯司寇，將之荆，蓋先之以子夏，又申之以冉有，以斯知不欲速貧也。」

此明禮本人情，當人情之謂禮。君子之仕爲道也，不爲憂貧。顧道以不貧而後行，不貧亦非君子所惡也。君子之厚葬其親，爲廣孝也，不爲畏朽。顧葬以不朽而安，不朽亦非君子所惡也。喪，失也。人死曰喪，失位亦曰喪。有子欲聞聖人處喪之禮，曾子舉速貧、速朽以對，皆聖人矯時救弊之言，有爲而發也。桓司馬，宋向魋也，向戌之孫。南宮敬叔，魯大夫，仲孫閱也，孟僖子之子。向魋爲石椁而葬，三年不成，無益之費，故曰靡。敬叔失位去魯，還載其寶而朝，以財自隨，故曰貨。中都，魯邑名，夫子爲宰，立法制教民也。四寸、五寸，皆言厚也。之荆，將適楚也。先之以子夏，申之以冉有，蓋陳蔡之厄，楚昭王將迎夫子，二子以使事往也。

陳莊子死，赴於魯，魯人欲勿哭，繆公召縣玄子而問焉。縣子曰：「古之大夫，束脩之問不出竟，雖欲哭之，安得而哭之？今之大夫，交政於中國，雖欲勿哭，焉得而弗哭？

且臣聞之，哭有二道：有愛而哭之，有畏而哭之。」公曰：「然。然則如之何而可？」縣子曰：「請哭諸異姓之廟。」於是與哭諸縣氏。

陳莊子，齊大夫，陳恒之孫，名伯。赴，告喪也。齊强，魯畏之，故繆公欲爲哭以重其赴也。脩，脯也。十脡爲束。天下有道，政出於一，大夫無私交，死不相赴，故曰「安得而哭」。天下無道，政自大夫出，故曰安得弗哭。此所謂畏之而哭，非愛之而哭也。陳莊子異姓，故哭諸異姓之廟。

按：此章之言，則是哭泣之哀，虚文無實，豈行禮之意？《孟子》曰：「哭死而哀，非爲生者。」畏生者而哭泣以市交，則所謂「忠信之薄」矣。「今之大夫，交政於中國」，此春秋以來大夫主盟之事，豈先王之舊典與？

仲憲言於曾子曰：「夏后氏用明器，示民無知也。殷人用祭器，示民有知也。周人兼用之，示民疑也。」曾子曰：「其不然乎！其不然乎！夫明器，鬼器也；祭器，人器也。夫古之人胡爲而死其親乎？」

此明孝子不忍死親之心。仲憲，即原憲，孔子弟子也。示民無知，謂使民知死者之無知也。爲其無知，故以不堪用之器送之。爲其有知，故以祭祀可用之器送之。疑者，不以爲有知，亦不以爲無知也。用，用以從葬也。周禮大夫以上兼用祭器，曾子以「示民無知」之説爲非，故重言「其不然」。蓋死者雖不必有知，而孝子終不忍以無知死其親。人器，謂人有知。鬼器，謂鬼亦有知也。用明器之心，亦猶用祭器之心。古之人皆不忍死其親而已矣。

公叔朮戍有同母異父之昆弟死，問於子游。子游曰：「其大功乎！」狄儀有同母異父之昆弟死，問於子夏。子夏曰：「我未之前聞也。魯人則爲之齊衰。」狄儀行齊衰。今之齊衰，狄儀之問也。

此明服制以義裁也。公叔朮，衛公叔文子之子公叔戍也。《春秋》魯定公十四年「衛公叔戍來奔」，是也。禮同父母兄弟死爲之服期，則異父同母者當降一等，爲之大功。此子游意也。魯人服齊衰者，從繼父而降也。禮異父恩如父者，謂之同居繼父，服齊衰期。其父期，則其子齊衰三月可也。此子夏述魯人意也。曰「狄儀之問」，不曰自狄儀始者，魯人先已爲之，引此問爲證耳。

按：禮繼父始同居後異居者，齊衰三月，未嘗同居者無服，則其子又安得概從齊衰？故鄭康成以子游之言爲是。愚謂：大功九月與齊衰三月，無以甚異。既不可以齊衰，又可以大功乎？近代禮同居繼父兄弟姊妹，相爲小功，此爲得之。

子思之母死於衛，柳若謂子思曰：「子，聖人之後也。四方於子乎觀禮，子蓋慎諸。」子思曰：「吾何慎哉！吾聞之，有其禮，無其財，君子弗行也；有其禮，有其財，無其時，

君子弗行也。吾何慎哉！」

此言出母無服之禮。子思母，伯魚妻也。死於衛，或生而見出，或死而再嫁也。柳若，衛人。子思之言，蓋微示以不當爲服之意。

按：孔氏三世出妻，此好事者之言，説見「子上之母死」章。子思之母，伯魚之妻，上事夫子，下撫子思，夫死再嫁，有是事乎？親喪人所自致，縱禮不得行，情亦當自盡，焉得不慎，而曰「吾何慎」。吾何慎，是視親喪若無有也。豈仁人之言乎？《曲禮》曰：貧者不以財貨爲禮。禮不可斯須去身，豈以貧富爲行止？意謂絶母不當服，妻雖有絶，而子自不易。生我而視同路人，豈得爲子乎？或曰：先王制禮，重父降母，以别于禽獸。夫降斬而爲齊，降三年而爲期，已甚矣。父絶其妻，而子即絶其母，是無父者爲禽獸，而無母者得爲人。不有其母與不有其父相去幾何？子思爲是禮乎？吾弗信也。

縣子瑣曰：「吾聞之，古者不降，上下各以其親。滕伯文爲孟虎齊衰，其叔父也；爲孟皮齊衰，其叔父也。」

此記降服之非古也。瑣，縣子名。古，謂殷夏以前。降，謂旁尊旁服。以貴殺賤，以適殺庶，自後世始也。上下，猶尊卑。上，如從祖、伯叔父之類。下，如從子、從孫之類。隆古道厚，死者雖賤，不以己貴爲降，各隨其本屬之親輕重爲服。滕伯文，滕國大夫，伯文其字也。孟虎、孟皮，皆伯文之叔父爲士庶人者也。《禮》昆弟之子爲叔父齊衰期，如昆弟子爲大夫，叔父爲士，則降爲大功。伯文於二子爲齊衰，是不降也，行古之道也。記者蓋即所見以證所聞。獨舉叔父者，降服惟旁屬多也。伯文本今人而用古禮，故記舉之以明厚。鄭康成拘泥古者之語，以滕伯爲殷諸侯，其揣摩附會類此。

按：愛親敬長，天性也。哀戚之情，緣親愛而生，故喪本哀戚，非以貴賤論厚薄也。禮，期之喪達乎大夫，絶于諸侯，適則降庶，尊則壓卑，雖品節彬彬，而隆古之風遠矣。故親親之殺，尊賢之等，世教所趨，不得不然。苟識其本，則敦厚可以崇禮；忘本逐末，則忠信之薄，豈制禮之意？故曰：禮不忘其本。記者此節於是爲有功矣。

后木曰：「喪，吾聞諸縣子曰：『夫喪不可不深長思〔一〕也。買棺外内易。』我死則亦然。」

后木，魯孝公子，惠伯鞏之後。深長思，謂送死大事，必誠必信也。獨舉買棺者，親體所藏，莫先於此。故《王制》「六十歲制，七十時制，八十月制，九十日脩」，亦即所謂深長之思也。苟未制於平日，而買之倉卒，尤不可不慎。外内易，言外内辨治精好，勿鹵莽粗率，貽後悔也。此二句，引縣子之言。我死亦然，后木自戒其子也。

〔一〕「思」，原訛作「忌」，據閩本改。

曾子曰：「尸未設飾，故帷堂，小斂而徹帷。」仲梁子曰：「夫婦方亂，故帷堂，小斂而徹帷。」小斂之奠，子游曰：「於東方。」曾子曰：「於西方。斂斯席矣。」小斂之奠在西方，魯禮之末失也。

此言始死之禮。始死尸在室，去褻衣沐浴，是未設飾也。故帷其堂，不使人見室中也。沐浴畢，含、襲、小斂於户内，奉尸出堂，乃徹帷。此曾子釋小斂帷堂之義，爲死者也。仲梁子，魯人。言始死沐浴，男女在户外，哭泣之位未定，故帷堂。小斂畢，尸出户，主人即位拜賓，乃徹帷。此仲梁子釋帷堂之義，爲生者也。二説皆近。小斂之奠，設於堂，當尸東，就地不設席，初死不忍以鬼道事親也。鬼事尚右，生事尚左。於東方，生事之也。設席而奠於室西，事神之祭也。曾子謂小斂已有席，與事神同奠於西方，不知小斂之席斂席也，非爲奠也。大斂殯奠於室西，乃設席。子游得之，曾子誤也。記者因正之曰：小〔一〕奠於西方，魯禮之末失。曾子蓋因魯禮而誤耳。

縣子曰：「綌（隙）衰、繐（歲）裳，非古也。」

葛布粗者曰綌。麻布細而疏者曰繐。喪服上曰衰，下曰裳。禮有繐衰，而無葛衰。後世有用葛爲衰、繐爲裳者，故縣子非之。

〔一〕「小」字下似脱一「斂」字。

子蒲卒，哭者呼滅。子皐曰：「若是野哉哭者句！」改之。

子蒲，名滅。哭者呼滅，舉其名而哭也。子皐，高柴字。野，謂不知禮。改之，謂改勿呼名，不止其哭也。

杜橋之母之喪，宮中無相去聲，以爲沽古也。

此言治喪必用相。相，謂贊禮者。孝子昏迷，須人相導，庶免疏畧失禮。沽，疏畧也，與「良苦」之「苦」同。以爲沽，識禮者以爲沽也。

夫子曰：「始死，羔裘、玄冠者，易之而已。」羔裘、玄冠，夫子不以弔。

此言始死弔喪之禮。未小斂謂之始死。羔裘、玄冠，吉服也。易，變也。而已者，主人未變服，賓不麻絰，但少改變其所著之吉服。如曾子襲裘而弔，正合此意。既小斂，則弔者皆帶絰；既成服，則弔者皆弁絰錫衰，自有常服矣。何獨夫子不羔裘、玄冠而已？當時有謂始死無衰絰，以羔裘、玄冠弔者，故記者明之。據此章之義，子游始死裼裘，亦未爲盡禮，鄭註未達。

子游問喪具，夫子曰：「稱家之有亡無。」子游曰：「有亡惡乎齊？」夫子曰：「有，毋過禮。苟亡矣，斂首足形，還旋葬，縣玄棺而封，人豈有非之者哉！」

喪具，送死財用之具。有亡，謂貧富也。行禮以財，子游之問，傷貧者無以爲禮也。夫貧富雖不同，各稱其力自盡，則不同之力，以同盡之心而齊，故「稱」之一字，爲孝子之準，乃所以爲齊也。子游不達，疑稱家有亡，則有者恃其財，至於無以加；無者暴其親，至不能葬。同爲人子，而厚薄相懸，惡乎齊，而有無焉可稱也？不知所謂稱有無者，非謂有者遂恣情過度，無者遂郤尸廢禮也。有者備禮而止，豈得太奢？無者隨分自盡，不謂不及，但不至露形躶葬，則不必更待日月，還即葬埋，不用碑綍，懸棺而下，封之以土，亦力所能也。無財不可爲悦，人豈有議其薄者哉？如此，則有者盡禮盡心，無者力雖不足而心亦盡，其爲孝等，所以謂之稱、謂之齊也。還、旋同，便也。封，以土封其坎也，鄭改爲「窆」字，無謂。

司士賁奔**告於子游曰：「請襲於牀。」子游曰：「諾。」縣子聞之，曰：「汰哉叔氏**句**！專**句**，以禮許人。」**

司士，官名。賁，人名。以衣斂尸曰襲。禮，始死，廢牀，置尸於地，望其如初生下地時也。旋反於牀，沐浴、含飯、襲，皆于牀也。當時有就地而襲者，司士賁請如古禮。子游不據禮以告，第應曰：「諾。」諾者，以物許人之辭，非所以議禮也。汰，驕恣也。《曲禮》曰：「問禮，對以禮。」又曰：「必則古昔，稱先王。」子游對不以禮，不則古昔，不稱先王，若禮由己出而許以予人者，故曰汰。

宋襄公葬其夫人，醯醢百甕。曾子曰：「既曰明器矣，而又實之。」

此言送死致生之非禮也。醯醢百甕，皆納之壙中者。明器，從葬之器，神明之而已。今皆實之以醯醢，所謂「之死而致生」，不智也，故曾子譏之。

按：《士喪禮》：陳明器，甕三，醯、醢、屑。諸侯雖多，何至于百？鄭兼祭器解，以周人殉葬兼用祭器也。祭器可實，明器不必實。然《儀禮》明器如苞、筲、甕、甒之屬，皆實以牲體、黍稷、醯醢、醴酒之屬，豈曾子於禮未甚悉與？疏義半虛半實之説，强鑿附合耳。

孟獻子之喪，司徒旅歸四布。夫子曰：「可也。」讀賵，曾子曰：「非古也，是再告也。」

孟獻子，魯大夫，仲孫蔑也。司徒，大夫家臣司徒也。旅，下士，即司徒。歸四布，謂既葬，各以四方之賻布還之。蓋獻子廉而家臣繼其志，視「家於喪」者爲賢，而違弔者之情，不如子柳以班兄弟之貧者之爲善也。故夫子僅可之。車馬助葬曰賵。主人既受，而以方版書其數，遣奠之晨，以讀于柩。此後世之禮。蓋賓來賵時，既以告遺奠，又讀，是再告也。古者但有賵時致命之禮，無柩行再告之禮，故曾子非之。

成子高寢疾，慶遺入，請曰：「子之病革亟矣，如至乎大病，則如之何？」子高曰：「吾聞之也，生有益於人，死不害於人。吾縱生無益於人，吾可以死害於人乎哉！我死，則擇不食之地而葬我焉。」

成子高，齊大夫，姓國，字伯高，謚曰成。慶遺，慶封之族。不食之地，謂不可耕之地。死而不忘儉，賢於公叔文子遠矣。

子夏問諸夫子曰：「居君之母與妻之喪，居處、言語、飲食衎爾。」

衎，樂也。君母、君妻，禮皆齊衰不杖期。恩義雖淺，未有居喪而爲樂者。子夏失問，故夫子不答。或云：「居處」以下，夫子之答辭。若是，則衰不當物、畏而哭之者耳。豈聖人所以教人乎？記言爲不足信矣。

賓客至，無所館。夫子曰：「生於我乎館去聲，死於我乎殯。」

賓客，謂朋友自遠方來寄寓者。非爲我來，故曰「無所館」。如爲我來者，我自當館之矣。死於我殯，因館生者併及之。言禮當如是爾，非謂我館者皆擬其死也。

國子高曰：「葬也者，藏也。藏也者，欲人之弗得見也。是故衣足以飾身，棺周於衣，椁周於棺，土周於椁，反壤樹之哉！」

國子高，即成子高也。子高之意，以爲人生則見，死則藏，藏則宜不見，故衣以包形，棺以包衣，椁以包棺，土以包椁，惟恐其藏之不密，人之發見也，反封之壤樹之木而使人識之哉！

按：此所謂「之死而致死之，不仁而不可爲也」。在死者自爲計則可，子孫於祖考封之惟恐不高，樹之惟恐不茂，豈忍泯然不識而已。故凡送死之禮，皆生者之事，非死者之任。聖人制禮，使生者自盡焉耳。

孔子之喪，有自燕平聲來觀者，舍於子夏氏。子夏曰：「聖人之葬人與平聲？人之葬聖人也，子何觀焉？昔者夫子言之曰：『吾見封之若堂者矣，見若坊者矣，見若覆夏屋者矣，見若斧者矣，從若斧者焉。』馬鬣封之謂也。今一日而三斬板，而已封，尚行夫子之志乎哉！」

燕，國名。聖人葬人，則禮自聖人出，故可觀。人葬聖人，則禮自衆人出，其何觀焉？「昔者」以下，述夫子之言，見今之葬無可觀者。封，謂築墳。若堂，形方而其上平也。若坊，形如隄防，旁殺而長也。若覆夏屋，東西壁立，南北陵遲，形如夏世之屋。周屋始有四注，夏屋惟前後霤耳。若斧，上狹如刃也，功省易就，故從之。此以上皆引夫子之言。馬鬣封，子夏即所見以明若斧之制。馬領肉薄，墳狀似之。今將以此葬夫子，功不過一日三次斬繩移版，其封已成，事簡禮儉，尚行夫子之志而已，何觀焉？

按：前章記夫子之葬，公西華爲志，備三代之禮。披崇練旐，何其豐也！今云以若斧封，又何儉也！版可築垣牆，不可爲丘隴。馬鬣而上，則朝築而莫陁矣。三板之高，不過六尺，何以垂之奕世如山陵乎？

燕人觀禮，以此告之，甚無謂。

婦人不葛帶。

禮，大喪，婦人與男子首絰、要帶皆用麻。男子重首，婦人重要。既葬卒哭，男子以葛易麻帶，婦人以葛易麻絰。及期而練，則男子去首絰而存葛帶，婦人去要帶而存葛絰。故婦人無葛帶，此以齊斬言也。若大功以下服輕，卒哭，婦人亦并變爲葛帶，與男子同矣。

有薦新，如朔奠。

柩在殯未葬，遇月朔，則殷奠。殷，盛也，視常奠爲盛。男女各即位，内外各從事，故謂盛奠。薦新，亦謂在殯遇新穀既升，薦于柩也。其禮亦如朔奠。蓋薦新于葬後，死者已遠，而感傷淺；薦新于初喪，其痛方新，而感傷重，故禮如朔奠也。

既葬，各以其服除。

三月而葬，葬而虞，虞而卒哭。親重者各隨所受而變服，輕者應除各自除之，不俟主人也。

池視重霤。

池，謂柳車之池。柳車，即今棺罩，形如屋。池，謂棺罩四簷，織竹衣布爲池狀，如重霤也。霤、溜同。重霤，即今屋檐上木溝，檐水入此，復溜于地，故曰重霤。天子屋四注，四面設重霤，諸侯缺後，大夫惟前後，士惟前。其送死池數，各視生時所居屋重霤爲等，故曰視。

君即位而爲椑僻**，歲一漆之，藏焉。**

椑，櫬也，即後章所謂杝棺，在内親尸之棺也。天子椑内有水兕革棺，諸侯惟椑。名椑者，漆之堅强，甓甓然也。人君體尊備物，無少長，即位則造椑，每歲一漆，示不即成也。藏焉者，未即用也。

復、楔屑**齒、綴**拙**足、飯、設飾、帷堂並作。父兄命赴者。**

復，始死升屋招魂也。楔齒，用角匙楔尸齒，令口開得含也。綴足，以物綴尸兩足使直也。飯，以米與貝實尸口也。設飾，陳衣衾襲尸小斂也。帷堂，堂上設帷帳也。並作，六事一時並行也。父兄命人以喪告于所親識者。孝子昏迷，故父兄命之。鄭據《士喪禮》主人命赴之文，謂大夫以上則父兄命，拘也。

君復於小寢、大寢、小祖、大祖、庫門、四郊。

復，招魂也。君，謂諸侯。禮多言諸侯而畧於天子者，禮書後成，非先王之舊也。凡宫室在後曰寢。小寢，燕寢也。大寢，正寢也。小祖，羣祖廟。大祖，始祖廟。庫門，諸侯之外門。寢爲生時所居，祖廟生時所有事，門所嘗出入，郊所嘗經歷，魂氣所往，不離生時熟習之地，故于此等處復。

按：人死，持其衣升屋呼其名字招之使還，事近誕。鄭據《周禮》謂各如其命數，上公復九處，侯伯七處，其迂尤甚。

喪不剥奠也與平聲？**祭肉也與？**

饋食曰奠。饗鬼神曰祭。始死未葬以前，皆謂之奠。朝夕設脯醢如常食，故不用巾冪，謂之剥奠。剥，倮也。《曲禮》爲大夫削瓜倮之，亦謂不巾也。《易》有《剥》卦，謂陽蜕如剥也。惟殷奠殺牲。有祭肉用巾，非是皆無巾。與者，不定之辭。

既殯旬而布材與明器。

旬，謂殯後十日。布，陳列也。材，爲椁之木。布者，暴之使乾也。明器，送葬之器。既殯旬日後，即治此事也。

朝奠日出，夕奠逮日。父母之喪，哭無時句，**使**句，**必知其反也。**

始死至未葬以前，皆朝夕奠。逮日，謂及日未入，事死如生也。未殯以前，不絶聲哭。殯後至小祥，朝夕哭，廬中思憶哭。小祥後無朝夕哭，或一日二日思憶哭。皆所謂「哭無時」也。在喪或祥後，有君命出使，不得不往，反必祭告于廟，如親存也。

練，練衣黄裏、縓茜**緣，葛要絰，繩屨無絇**渠**，角瑱**天，去聲**，鹿裘衡**横**、長、袪**區**。袪，裼之可也。**

練，小祥祭名。三年之喪，期年而著練冠、練衣，故曰練。練衣，以練熟麻布爲中衣，斬衰衰裳如故也。正服不可變，中衣所以承衰者，即深衣也。裏，練衣之裏。縓，淺絳色。緣，緣飾領袖。葛要絰，謂小祥男子去麻首絰，惟餘葛要絰也。繩屨，父母初喪菅屨，既葬卒哭受齊衰，蒯藨屨，小祥受大功，麻繩屨也。絇，屨頭飾也。麻繩屨不用飾。瑱，冠兩旁充耳，吉用玉與石，小祥後微飾，用角也。平居冬寒皆衣皮裘，貴賤各以等，喪裘同用鹿皮。小祥前裘狹而短，不見袖。袪，袖口也。小祥後裘横廣而袖長。見裘曰裼。裘在練衣内，而微露其袖口，不全裼也。裼，以單布帛加皮上爲表，故裘在外謂之裼，重以衣掩其上曰襲。外有練衣，是猶襲之也，但見其袪可耳。鄭註未達。

有殯，聞遠兄弟之喪，雖緦必往；非兄弟，雖鄰不往。所識，其兄弟不同居者，皆弔。

親喪在殯，聞遠兄弟之喪，雖緦麻，如同曾祖昆弟之類，亦必往弔。親同宗，所以重父母也，則近而服重者可知。非兄弟，雖鄰里之喪亦不往，則遠者可知。鄰雖不往，如死者爲相知，己既不往，兄弟同居者亦不可往，則使不同居兄弟皆往弔，若代己之往可也。

按：曾子問夫子曰：「三年之喪，弔乎？」子曰：「禮以飾情。三年而弔哭，不亦虛乎？」此言最爲近情。此章之言未可據也。

天子之棺四重，水兕似革棺被之，其厚三寸，杝移棺一，梓棺二。四者皆周。棺束，縮二，衡橫三。衽，每束一。柏椁以端，長六尺。

水牛、兕牛，其革堅厚。《考工記·函人》：「兕甲壽二百年。」合之以爲棺，其厚三寸。被，謂近尸内一重也。杝，椵也，樹似白楊，即椑棺也，爲第二重。又以梓木作屬棺，爲第三重。外又以梓作大棺，爲第四重。四棺上下四旁皆周帀。惟椁不周，有四圍而無上下，以上有抗席、下有茵也。束，以皮條束棺也。縮，直也。衡，橫也。直束二道，橫束三道。衽，以木爲小腰，中狹，兩端濶，如裂裳衽，一殺上，一殺下，又謂之燕尾，其形如腰，鑿棺與蓋際爲坎，納腰子於坎，以聯其際，如衣之有衽，故名衽。每束一，謂棺蓋縫每當束處，用一衽也。外以柏木爲椁。木本曰端。本堅而大，椁大，故積材頭爲之。其長六尺。

天子之哭諸侯也，爵弁絰，紂緇衣。或曰：使有司哭之，爲之不以樂食。

遠諸侯死而赴于天子，天子哭之。爵弁，弁色青黑如爵頭也。絰，麻絰也。紂衣，即緇衣。天子服爵弁、緇衣，以哀降服也。絰〔一〕，加環絰於弁上，即「羔裘、玄冠者，易之而已」之意，示小變也。鄭氏以「絰」爲衍字，云「麻不加于采」。夫爵弁、緇衣，既可以哭，不可以加絰乎？「或曰」以下，並記所聞。

天子之殯也，菆攢**塗龍輴**春**以椁，加斧于椁上，畢塗屋，天子之禮也。唯天子之喪，有別姓而哭。**

菆，叢也，用木叢柩，四面塗之也。輴，載柩之車，如牀，四周有欄楯，而畫龍于上，故曰「龍輴」。以椁者，輴外叢木象椁，四面圍之也。斧，黼也。白黑曰黼。繡黼爲覆棺之衣也。周叢爲椁，而開其上，加黼衣内覆棺上，又爲屋四注以覆之，而下四面塗之也。別姓者，宗族爲同姓，婚姻爲異姓，無親者爲庶姓，分類爲位而哭也。

魯哀公誄孔丘曰：「天不遺耆老，莫相予位焉。嗚呼哀哉！尼父！」

誄，類也，類死者生平而哀之，猶今之行狀、挽辭云爾。鄭康成謂因其字爲謚。夫「尼」，烏足以謚聖人乎？

〔一〕「絰」上一字格原爲墨釘，今刪。

按：謚尼父而知哀公之愚矣。誄以成謚。誄其生不得行道，而謚之曰尼。尼，泥也，止不行也。《孟子》云：「止或尼之。」抑不思孔子不得位誰尼之，而遂用爲謚，何異於里人之「東家丘」者？解者曰：聖人之行難盡列。然則堯舜禹文何獨不字乎？不然，則鄭氏之説誤也。誄耳，非謚也。

國亡大縣邑，公、卿、大夫、士皆厭（葉）**冠，哭於大廟三日，君不舉。或曰：君舉，而哭於后土。**

厭冠，喪冠厭帖不起也。哭於大廟，傷先業之虧也。盛饌作樂曰舉。君不舉，自貶也。后土，社也。哭於后土，傷土地之削也。

孔子惡野哭者。

夫子嘗自言「所知，吾哭諸野」，謂設位爲帷成禮也。此謂哭諸道路郊野，無喪紀之位、擗踊之節者也。《周禮》銜枚氏禁野叫呼、行歌哭于國中之道者，惡其驚衆也。或云：如成子皋所譏「野哉哭者」。然則所知哭諸野，亦非夫子之言矣。

未仕者不敢税（襚）**人，如税人，則以父兄之命。**

税、裞同，通作「襚」。以衣服贈死曰裞。古者斂尸用盛服。未仕，則衣服不備，故不敢以襚人。

如禒人，有父兄在，必以父兄之命。蓋衣服財幣，不敢自專也。《玉藻》云「親在，行禮於人稱父」，是也。

士備入而後朝夕踊。

臣於君喪，朝夕哭踊，各依位次，踊必相視爲節。嗣君孝子雖先入即位哭，待衆集而後齊踊。士卑最後入。士皆入，則衆無不至者矣。

祥而縞，是月禫，徙月樂。

祥，大祥。縞，生絹，蒼白色，以爲冠也。三年之喪，二十五月而祥，又間一月而禫。期之喪，十一月而練，十三月而祥，十五月而禫。是月，對「徙月」而言，非即祥之月也。徙月，又越月也。

按：前章云孔子既祥，五日彈琴，十日笙歌。記言自矛盾如此。

君於士，有賜帟亦。

帟，幕也，所以覆柩。士必君賜而後有帟，然則大夫以上，有司自供之矣。

禮記通解卷三終

禮記通解卷四

郝敬　解

檀弓下第四

君之適長殤，車三乘；公之庶長殤，車一乘；大夫之適長殤，車一乘。

此記葬殤之禮。君，諸侯也。適，適子。公，即君也。適爲君嗣，庶爲公子。變君言公者，適庶之分也。公，共也。鄭玄云：「庶子言公，卑遠之也。」庶，衆也。殤，未成人死者。十六至十九謂之長殤。車，謂送葬之車。《曾子問》云：「下殤土周，葬于園，輿機而往，途邇故也。」古者葬殤無棺，以牀機之屬輿尸，葬之家園而已。惟君之適子，十九歲死者，乃用棺斂，載送以車，其車三乘，則適中殤二乘，適下殤一乘，可知也。公子爲庶者，長殤車一乘，則庶中、下殤無車，輿機而往，可知也。大夫惟適長殤車一乘，適中殤無車，而庶殤益可知也。

按：鄭註以此車爲殉葬之偶車，載牲體藏之壙中者，即所謂遣車，非也。遣車之名，見于《周禮·巾車》云「大喪飾遣車」，又《雜記》云「遣車視牢具，置于四隅」。故鄭以四隅爲壙中，而以遣車爲明器。

又後章：「晏子遣車一乘，及墓而反。國君七个，遣車七乘；大夫五个，遣車五乘。」送行曰遣，謂送死者行之車。云及墓反，則是人所乘車明矣。若明器土木偶車，豈堪載牲體？既納之壙，又豈有反者？

公之喪，諸達官之長杖。

公，諸侯也。達官，謂姓名得通於君者。若府史以下自辟用者，不稱達官。長，官正也。惟達官之長杖，貳佐以下則否。君喪，羣臣皆斬衰。不杖者，斬衰而已矣。

君於大夫，將葬，弔於宮，及出，命引之，三步則止。如是者三，君退句。朝亦如之，哀次亦如之。

宮，殯宮。出，謂柩將行出宮。孝子攀號，君命引柩前，奪其情也。引者三步輒止，君又命引之，如是者三，柩乃行，君遂去。或當遷柩朝廟時，君至，或柩出門外倚廬之次，君至，其三命三引皆如之。柩出宮門，經倚廬，孝子攀號，于此尤切。鄭以大門外賓客次舍之處爲哀次，恐非。

五十無車者，不越疆而弔人。

五十始衰，所謂不以筋骨爲禮也。弔遠喪，使人代可也。

季武子寢疾，蟜矯固不説脱齊衰而入見，曰：「斯道也，將亡矣：士唯公門説齊衰。」武子曰：「不亦善乎！君子表微。」及其喪也，曾點倚其門而歌。

此記行禮絶俗之事。季武子，季孫夙，魯大夫專政，國人事之如君者也。蟜固，人名，猶《論語》長沮、桀溺、楚狂之類，蓋因事立名。蟜、矯通，言能矯强固執也。武子國人所畏，蟜固不脱凶服入見，自言惟入國君門，有凶服者脱之，入大夫門不脱也，此禮將亡，我欲行此禮耳。武子佯善之，許其爲「表微」。表，明也。微，細也。倚其門而歌者，不哀其死；不脱齊衰而入者，不幸其生。然則武子之見棄於君子可知。雖然，凶服問疾，臨喪而歌，非禮也。記者始託名蟜固，末舉曾點，亦以微致其譏焉。蓋曾點，孔子之所謂狂也。

大夫弔，當事而至，則辭焉。弔於人，是日不樂。婦人不越疆而弔人。行弔之日，不飲酒食肉焉。弔於葬者，必執引；若從柩，及壙況，上聲，皆執紼拂。喪，公弔之，必有拜者，雖朋友、州里、舍人可也。弔曰「寡君承事」。主人曰「臨」。君遇柩於路，必使人弔之。大夫之喪，庶子不受弔。

當事，謂當斂殯有事之時。辭，謂擯者以主人有事告也。哀樂不同日，故弔日不樂。婦人無外事，故弔不出疆。在路牽柩之索曰引，下壙懸柩之索曰紼。公弔，謂公家使人來弔，即當往拜謝。初喪主人不能往，則使朋友與州里及喪家典舍之人代可也。公使來弔，其辭曰：「寡君承事。」主人往謝，其辭曰：「辱臨。」君遇民之柩于路，必使人弔之，君於民有父母之恩也。大夫之喪，必適子爲主，適子不在，庶子不敢受弔。蓋賤者不敢爲有爵者主。若士庶無爵，庶子受之可矣。

妻之昆弟爲父後者句，**死，哭之適室，子爲主，袒、免、哭、踊。夫入門右，使人立于門外，告來者，狎則入哭。父在，哭於妻之室；非爲父後者，哭諸異室。**

妻昆弟爲父後者，是妻父之冢嗣也。適室，己之正寢也。己無服，己子爲舅緦，故子爲喪主。袒、免、哭、踊，皆子也。稱夫者，對妻而言。入門右，入寢門西，就客位，避主也。告來者，謂來弔者至則以告也。狎，内戚也。父在，謂己有父在，不敢哭于正寢，而哭于妻之室，妻黨也。非爲父後，則妻之庶昆弟之喪也，哭諸異室，不于妻室也。

有殯，聞遠兄弟之喪，哭于側室。無側室，哭于門内之右。同國則往哭之。

有殯，親喪在殯也。側室，傍室，遠于殯宫也。門内，大門内。于右，不爲主也。同國往哭，他國則否。

按：前章言「有殯，聞遠兄弟之喪，雖緦必往」，此言「同國則往」，意相矛盾。父母新喪而弔人之喪，情亦未允。

子張死，曾子有母之喪，齊衰而往哭之。或曰：「齊衰不以弔。」曾子曰：「我弔也與哉！」

有三年之喪，不當弔人。然同志之友死，而哀痛情深，即不脱齊衰，往哭亦可。弔也與哉，言非弔也。弔則麻絰而已。按《雜記》「三年之喪不弔。如有服，將往哭之，則服其服而往」，正與此合。蓋哭死與弔生異，弔生禮輕，而哭死情重。鄭註未達。

有若之喪，悼公弔焉，子游擯由左。

悼公，魯君，哀公子。擯，主人相禮者。凶事尚右，讓尊者居右，故由左。凡吉事，擯者出迎賓，由右。

齊穀(告)王姬之喪，魯莊公爲之大功。或曰：由魯嫁，故爲之服姊妹之服。或曰：外祖母也，故爲之服。

穀作「告」，聲之轉也。魯莊公，桓公子，齊襄公甥。襄公淫女弟文姜而殺魯桓公，則莊公之父讎也。及襄公娶王姬，莊公爲主婚。王姬死，告魯，而莊公又爲服，悖謬甚矣。《穀梁》之例曰：由嫁者，死爲大功。于禮無徵，即有之，忘殺父之讎，行由嫁之禮，義所不出，廢可也。母之母曰外祖母，服小功。齊襄公夫人，魯莊公舅之妻，無服。記誤矣。

晉獻公之喪，秦穆公使人弔公子重耳，且曰：「寡人聞之，亡國恒於斯，得國恒於斯。雖吾子儼然在憂服之中，喪亦不可久也，時亦不可失也。孺子其圖之。」以告舅犯。舅犯曰：「孺子其辭焉。喪人無寶，仁親以爲寶。父死之謂何？又因以爲利，而天下其孰能説之？孺子其辭焉。」公子重耳對客曰：「君惠弔亡臣重耳，身喪父死，不得與於哭泣之哀，以爲君憂。父死之謂何？或敢有他志，以辱君義。」稽顙而不拜，哭而起，起而不私。子顯以致命於穆公。穆公曰：「仁夫公子重耳！夫稽顙而不拜，則未爲後也，故不成拜。哭而起，則愛父也；起而不私，則遠利也。」

晉獻公嬖驪姬，殺世子申生，公子重耳避奔狄。秦穆公之夫人於重耳，兄弟也。獻公死，穆公使子顯弔重耳，勸之反國。恒於斯，謂得失在此時也。喪，出亡也。孺子，謂重耳。嗣君在喪稱子。舅，重耳舅狐偃，字子犯。以告，重耳告也。辭，勿受也。喪人，猶亡人。仁親，念父也。寶，重也。父死是何等事，而乘此謀國也？説，猶解也。客，即子顯。稽顙，以頭擊地盡哀也。不拜，不謝也。不私，不與使者私言也。未爲後，未爲嗣君主喪，則不受弔拜謝也。哭則哀父，不私則無謀國之意而遠利，所以爲仁也。

按：舅犯之訓，重耳之對，皆矯詐無實。記者摭其事，不察其心，豈可爲行禮之法？《春秋》于重耳蓋甚惡之。

帷殯，非古也，自敬姜之哭穆伯始也。

柩在殯，朝夕哭，必揭其帷。敬姜，魯大夫穆伯妻。夫死哭必以晝，帷殯，遠嫌也。魯人效之，後遂皆帷殯。

喪禮，哀戚之至也。節哀，順變也，君子念始之者也。

孝子哀戚不可忍，故先王制爲禮以達其情，而又爲之節以防其過，所以順其哀而變之，非逆其情而遏之也。君子于哀戚之至，無可若何，惟思親始生我待以終，今當送終之日，重自毀傷，是負吾親也。念此節哀，先王所以順變也。

復，盡愛之道也，有禱祠之心焉。望反諸幽，求諸鬼神之道也。北面，求諸幽之義也。

復，謂始死升屋招魂也。不忍舍其親，而望其復生，極盡仁愛之道也。求諸人不得，而求諸鬼，故曰「有禱祠之心」。禱祠之心，窮迫無可奈何也。「望反諸幽」以下，皆釋所以禱祠之義。禮，復者北面，北當幽州鬼方，故曰「求諸鬼神之道」「求諸幽之義」，所以爲禱祠也。鄭康成以「禱五祀」

可奈何也。

拜稽顙，哀戚之至隱也。稽顙，隱之甚也。

稽顙，以顙擊地也。隱，痛也。拜則五體投地，而首爲五體之尊，以顙擊地，中情隱痛之甚，無解，蹙矣。

飯用米、貝，弗忍虚也。不以食道，用美焉耳。銘，明旌也。以死者爲不可別已，故以其旗識之。愛之，斯録之矣；敬之，斯盡其道焉耳。重平聲，主道也。殷主綴重焉，周主重徹焉。奠以素器，以生者有哀素之心也。唯祭祀之禮，主人自盡焉爾，豈知神之所饗，亦以主人有齊敬之心也。

飯，謂初死飯含。不用飲食，而用米與貝，爲不忍死者口虚，以美物實之，非爲食也。銘，以帛書某氏柩，所以明死者而旌別之也。旗，即銘旌。愛親而不忍忘，故録其既死之名；敬其親而不敢遺，故盡其送死之道耳。重，以木爲之，高三尺，形如人，北面左衽，束帶擁食，取《易·象·大過》「不養不可動」之義，故曰重。蓋死者魂魄所依也。重設于始死之時，主立于既虞之後。始死未作主，以重爲主也。在廟曰主。殷人既作主，并重亦綴而懸于廟。周人既作主，則徹重而埋于廟門外。始死至葬，猶以人道事之，有奠無祭，器用素，哀主質也。既葬反虞，則以神道事之。卒祔練祥，皆用祭器。祭主敬，盡禮也。豈知死者真能來饗，惟自盡其齊敬之心而已。哀敬兼至，孝之至也。

辟踊，哀之至也。有算，爲之節文也。袒、括髮，變也。愠，哀之變也。去飾，去美也。袒、括髮，去飾之甚也。有所袒，有所襲，哀之節也。

辟，撫心也。踊，頓足也。女辟，男踊，過毁傷生，故爲之算。一踊三跳，三踊九跳，是爲一節。《雜記》云：「公七踊，大夫五踊，士三踊。」以殯日久近，爲踊之疏數，皆所謂「節文」也。肉袒、括髮，變其常也。愠悶無聊，至于戚嘆辟踊，又哀之變也。服御去飾，情惡而去其美也。去飾而至于袒、括髮，去飾之甚也。袒而復襲其衣，以節哀也。

弁絰葛而葬，與神交之道也，有敬心焉。周人弁而葬，殷人冔許而葬。

厭冠麻絰，居喪之服也。至葬，則以弁易厭冠，以葛易麻絰也。蓋喪主哀，親之也，至葬即于遠而時漸久，以神明待之，故有敬心焉。致敬生文，不純用凶也。周之弁，殷之冔，皆祭冠。《王制》云：「夏后氏收而祭，殷人冔而祭，周人弁而祭。」故曰：「弁葛而葬者，與神交之道也。」按葬用吉冠，非禮也。蓋制相似，而疏麻布爲之，即喪冠也。説者遂以祭山川解，鑿也。

歠主人、主婦、室老，爲其病也，君命食之也。

歠，食粥也。初喪三日，主人、主婦及家之長相皆不飲、不食三日，爲其病困，以君命命食，乃歠粥。

反哭升堂，反諸其所作也。主婦入于室，反諸其所養去聲也。反哭之弔也，哀之至也。反而亡焉，失之矣，於是爲甚。殷既封而弔，周反哭而弔。孔子曰：「殷已慤，吾從周。」

此言既葬反哭之義。主人升堂，求諸其親存日行禮之處；主婦入室，求諸其舊所饋食之處，而皆不復見其親，哀痛於是爲甚，故其時賓有弔者。殷禮甫葬即弔于墓，周禮待其反哭弔于家。臨穴盡哀，殷禮大質，草土之間，猶見其墓，不若反而亡焉之爲甚，故周人得之，夫子所欲從也。

葬於北方北首，三代之達禮也，之幽之故也。既封，主人贈，而祝宿虞尸。既反哭，主人與有司視虞牲。有司以几筵舍釋奠於墓左，反，日中而虞。葬日虞，弗忍一日離也。是日也，以虞易奠。卒哭曰成事。是日也，以吉祭易喪祭，明日祔于祖父。其變而之吉祭也，比至於祔，必於是日也接句，不忍一日末有所歸也。殷練而祔，周卒哭而祔。孔子善殷。

北方，國之北也。殯則南其首，從陽也；葬則北其首，從陰也，三代通用之。生則來而向明，死則往而歸幽也。贈，以幣贈死者于墓，時則祝先歸而戒虞祭之尸。宿、夙通，戒也。既反哭，即與有司省視虞祭之牲，別令有司以几筵釋奠山陵之神于墓左，爲親託體于此也。使有司者，主人反虞也。是日葬，即是日虞。甫失其柩，即安其神，弗忍一日離親也。未虞以前，人道饋食，奠而已。至虞，以神道奉祭，易奠也。虞，安也，安神也。禮：士三虞，大夫五虞，諸侯七虞。虞而後卒哭，卒哭而始祔。虞用柔日，静以安也；祔用剛日，動以遷也。故虞間日一舉，而祔即卒哭之明日。卒哭者，卒不絶聲之哭，惟朝夕哭、思至哭耳。曰成事，謂祭事以吉爲成，故卒哭之祭，祝曰「哀告成事」也。吉祭，即卒哭。祔于祖父廟，孫與祖同昭穆也。虞有常數，而自葬至卒哭日尚遠，如士期月葬，三月卒哭；大夫三月葬，五月卒哭；諸侯五月葬，七月卒哭。未卒哭，主未祔，其間祭不可缺，故自虞漸變而之卒哭之吉祭也。比及祔日，祭相接續，不忍使親之神一日無所歸。如殷人期年練而後祔，則期年之内祭必相接，周人但卒哭即祔，猶其近者。夫子善殷，善其不忍死親也。

君臨臣喪，以巫祝桃茢執戈，惡之也，所以異於生也。喪有死之道焉，先王之所難言也。

桃性辟惡。茢，苕帚，以除不潔。戈以刺。皆爲死者有凶邪之氣，故君弔則令巫祝以此三物辟除之。人生則愛之，死則惡之。喪禮有惡死之道焉，先王所不忍言也。

按：君臨臣喪，親愛之情，哀敬之道，乃惡而辟之，是後世人主貴倨之習，先王必無是也。

喪之朝潮**也，順死者之孝心也。其哀離其室也，故至於祖考之廟而后行。殷朝而殯於**

祖，周朝而遂葬。

朝，謂將葬以柩朝于祖而後行，所以順死者之孝心也。死者之心，其必悲哀永離其室，故辭于祖考也。

殷人尚質，人死即以神事，敬而遠之，始死即朝祖，殯于廟。周人尚文，親雖亡，不忍亡之，猶殯于寢，

比朝于廟而遂葬矣。

孔子謂爲明器者知喪道矣，備物而不可用也。哀哉！死者而用生者之器也，不殆於用殉乎哉！其曰明器，神明之也。塗車、芻靈，自古有之，明器之道也。孔子謂爲芻靈者善，謂爲俑者不仁，不殆於用人乎哉！

殆，近也。殺人從葬曰殉。塗車，以泥爲車也。芻靈，以草爲人也。俑，以木爲人。有機能踊，故曰俑。近于用人，故夫子惡之。

穆公問於子思曰：「爲去聲舊君反服，古與？」子思曰：「古之君子進人以禮，退人以禮，故有舊君反服之禮也。今之君子，進人若將加諸膝，退人若將隊墜諸淵，毋爲戎首，不亦善乎！又何反服之禮之有？」

穆公，魯君，哀公之曾孫。戎首，倡亂者。

按：此亦報怨復讐之意，豈可概施於君父？孟子嘗爲齊王陳此意，蓋有爲而發。世主驕亢，犬馬畜臣，以此矯其過耳，豈謂是爲禮與？《檀弓》蹈襲孟子語，以孟子受業子思，託爲子思言，未足信也。

悼公之喪，季昭子問於孟敬子曰：「爲君何食？」敬子曰：「食粥，天下之達禮也。吾三臣者之不能居公室也，四方莫不聞矣。勉而爲瘠，則吾能，毋乃使人疑夫不以情居瘠者乎哉！我則食食。」

悼公，魯哀公子。季昭子，季康子之曾孫，名強。孟敬子，孟武伯之子，名捷。不以情居瘠，謂僞爲瘠也。昭子之問，有補過之心。孟孫之對，小人而無忌憚矣。

衞司徒敬子死，子夏弔焉，主人未小斂，絰而往。子游弔焉，主人既小斂，子游出絰，反哭。子夏曰：「聞之也與？」曰：「聞諸夫子：主人未改服則不絰。」

司徒，以官氏也。此章之義與前「曾子襲裘而弔」章同。

曾子曰：「晏子可謂知禮也已，恭敬之有焉。」有若曰：「晏子一狐裘三十年，遣車一乘，及墓而反。國君七个介，遣車七乘；大夫五个，遣車五乘。晏子焉知禮。」曾子曰：「國無道，君子恥盈禮焉。國奢則示之以儉，國儉則示之以禮。」

晏子，齊大夫晏嬰。曾子稱其恭儉爲知禮，有若譏其一裘三十年不易，儉於己也；親死送葬止一車，不待窆而反，儉於親也。遣車，送葬之乘車，各以爵命貴賤爲等，引禮以證其失。个、介同。《禮器》云：「諸侯七介七牢，大夫五介五牢。」《周禮·大行人職》：諸侯之禮，貳車七乘，介七人，禮七牢。諸侯之卿其禮各下其君二等，故葬車視貳車與介之數。晏子之父亦大夫也，而送葬止車一乘，是辭費而廢禮也。儉於己則是，儉於親則非。以儉廢禮不可，然以儉矯俗亦可。二子之説，意各有主也。

按：《雜記》云：「遣車視牢具。」又云：「既遣而包其餘。」《儀禮·既夕》亦云：「包牲，取下體。」謂取遣奠牲體，包裹以送死者。世俗用遣車載而之墓，故《雜記》有子譏其非禮。鄭康成讀「个」作「箇」，爲包肉之數，以遣車爲塗車，載其包，埋之壙中，附會之謬也。

國昭子之母死，問於子張曰：「葬及墓，男子、婦人安位？」子張曰：「司徒敬子之喪，夫子相，男子西鄉，婦人東鄉。」曰：「噫句！毋曰我喪也，斯沾爾專之句。賓爲賓焉，主爲主焉，婦人從男子皆西鄉。」

國昭子，齊大夫。男子、婦人，謂主人家衆男、婦也。子張引夫子已行之禮告之，主家男子西向，男賓在衆主之南；主家婦人東向，女賓在衆婦之南。昭子不從，以意自定爲主人西鄉之禮。噫，疑嘆聲。毋，禁止辭。斯，遂也。沾爾，猶言沾沾爾，自用貌。昭子欲行己説，故戒子張曰：「爾毋謂我喪，我遂沾然自主之。賓主異位，婦人從男子皆當西向。」

按：禮莫辨于男女，雖凶遽之中，亦必有别。婦人、男子同位，非禮也。雖賓主有東西，而野外無堂階，不幾于瀆亂乎？鄭以「我喪也斯沾」爲句，欠通。

穆伯之喪，敬姜晝哭；文伯之喪，晝夜哭。孔子曰：「知禮矣。」

穆伯，其夫也，故喪止于晝哭。文伯，其子也，故喪晝夜哭。禮制原不及此，而聖人以「知禮」稱，學者可通于禮義矣。

文伯之喪，敬姜據其牀而不哭，曰：「昔者吾有斯子也，吾以將爲賢人也，吾未嘗以就公室。今及其死也，朋友、諸臣未有出涕者，而内人皆行哭失聲。斯子也，必多曠於禮矣夫！」

文伯，名歜，敬姜子。敬姜以宗婦得出入公室，向以其子爲賢，未與俱入觀其所行。而今死，僚友無哀者，唯妻妾有哭聲，始知生平缺於禮，故恨之。

季康子之母死，陳褻衣。敬姜曰：「婦人不飾不敢見舅姑。將有四方之賓來，褻衣

何爲陳於斯？」命徹之。

敬姜，康子之從祖母。

有子與子游立，見孺子慕者。有子謂子游曰：「予壹不知夫喪之踊也，予欲去上聲之久矣。情在於斯，其是也夫！」子游曰：「禮有微情者，有以故興物者。有直情而徑行者，戎狄之道也。禮道則不然。人喜則斯陶，陶斯咏，咏斯猶如字，猶斯舞，舞斯愠，愠斯戚，戚斯歎，歎斯辟，辟斯踊矣。品節斯，斯之謂禮。人死，斯惡之矣；無能也，斯倍之矣。是故制絞、衾，設蔞柳、翣，爲使人勿惡也。始死，脯醢之奠，將行，遣而行之，既葬而食之，未有見其饗之也。自上世以來，未之有舍也，爲使人勿倍也。故子之所刺於禮者，亦非禮之訾疵也。」

此章言聖人制禮之意，最爲明切。孺子慕，言哀素無節文也。壹，果確之辭。有若以孺子之號踊爲真切，而疑踊有算之非情。故子游謂禮本飾情也，情太盛，則以禮微而殺之；情不達，則因其故而興物焉。微情者，節也；興物者，文也。節文者，禮也。無節文而直情徑行者，戎狄之道也。禮之爲道不然。人情喜則充然陶，陶則歌咏，咏則拊手應節而猶，猶極則舞，舞極則僨而生愠，愠則憂戚，戚則慨歎，歎則撫心，撫心則跳踊。此人情自然流溢至此，如孺子之慕，莫知其然。苟任情直行，何有窮極？是以先王微情興物，列之以品級，限之以節制，斯之謂禮。是故人死則厭惡之，絞衾柳翣之飾，使人勿厭也。死者無能，則倍棄之。奠送食饗之設，使人勿棄也。此皆微情興物，品節之道，踊之有節，正以此耳。豈足爲禮之訾議乎？

按：猶之言如也，與「由」通，自然嚮赴之意。人歌則抵掌頓足，按節而應，謂之猶。莫知其所以然而然，是起舞之漸也。鄭康成作「搖」，未聞歌有搖者。

吴侵陳，斬祀殺厲。師還出竟，陳大宰嚭丕使於師，夫差謂行人儀曰：「是夫也多言，盍嘗問焉。師必有名，人之稱斯師也者，則謂之何？」大宰嚭曰：「古之侵伐者，不斬祀，不殺厲，不獲二毛。今斯師也，殺厲與平聲？其不謂之殺厲之師與？」曰：「反爾地，歸爾子，則謂之何？」曰：「君王討敝邑之罪，又矜而赦之，師與有無名乎？」

吴侵陳，事在魯哀公元年。斬祀，伐神壇之木也。殺厲，殺疫病之人也。大宰嚭，吴大宰，名嚭；行人儀，陳行人名儀，記誤也。夫差，吴王名。是夫，指行人。多言，謂善應對。二毛，老人髮斑白也。引三事而獨言殺厲者，重民也。爾子，所獲人民也。師與有無名乎者，言如此則此師又豈可以無名議之。蓋疑辭，不直許之也。

顔丁善居喪：始死，皇皇焉如有求而弗得；及殯，望望焉如有從而弗及；既葬，慨焉如不及其反而息。

顔丁，魯人。始死在殯，猶見其柩。既葬而反，迎神以歸，而不見其親，未知親之與我同反否也，故且行且息以待之。

子張問曰：「《書》云：『高宗三年不言，言乃讙。』有諸？」仲尼曰：「胡爲其不然也！古者天子崩，王世子聽於冢宰三年。」

言，號令也。讙，猶歡也。令出而人心悦，謂三年喪畢之後也。王世子，嗣王也，在喪稱子。當時三年之喪不行，子張所疑在「不言」，夫子所然在喪，解者以黔默附會，非也。儻冢宰匪人，三月聽不可，況三年乎？必若斯禮，伊周爲宰而後可。

知悼子卒，未葬。平公飲酒，師曠、李調侍，鼓鐘。杜蕢快自外來，聞鐘聲，曰：「安在？」曰：「在寢。」杜蕢入寢，歷階而升，酌，曰：「曠飲斯。」又酌，曰：「調飲斯。」又酌，堂上北面坐飲之，降，趨而出。平公呼而進之，曰：「蕢！曩者爾心或開予句，是以不與爾言。爾飲曠何也？」曰：「子卯不樂。知悼子在堂，斯其爲子卯也大矣。曠也，太師也，不以詔，是以飲之也。」「爾飲調何也？」曰：「調也，君之褻臣也，爲一飲一食忘君之疾，是以飲之也。」「爾飲何也？」曰：「蕢也，宰夫也，非刀匕是共，又敢與知防，是以飲之也。」平公曰：「寡人亦有過焉，酌而飲寡人。」杜蕢洗而揚觶志。公謂侍者曰：「如我死，則必毋廢斯爵也。」至于今，既畢獻，斯揚觶，謂之杜舉。

知悼子，晉大夫荀罃也。平公，晉侯彪也。開予，猶言「起予」，謂爾酌不言，心或欲開示我也。桀以乙卯日亡，紂以甲子日死，此二日君不舉樂，致戒也。在堂，殯未葬也。《雜記》曰：「君於卿大夫，比葬不食肉，比卒哭不舉樂。」太師，樂官。不詔，不告也。褻臣，近臣。君疾，猶君過也。宰夫職在刀匕，不專供己職，而敢與知諫諍防閑之事，是侵官也。觶，飲酒之器。揚，舉也。洗，致潔也。爵，即觶也。

公叔文子卒，其子戍庶請謚於君曰：「日月有時，將葬矣，請所以易其名者。」君曰：「昔者衛國凶饑，夫子爲粥與國之餓者，是不亦惠乎！昔者衛國有難，夫子以其死衛寡人，不亦貞乎！夫子聽衛國之政，脩其班制，以與四鄰交，衛國之社稷不辱，不亦文乎！故謂夫子貞惠文子。」

公叔文子，衛獻公之孫，名拔。大夫、士三月而葬。君按其生平而賜之謚，以代名也。君，衛靈公也。

魯昭公二十年，衛有齊豹之難，靈公避于死鳥。班謂尊卑之次，制謂多寡之節，皆所以交鄰之禮也。

按：公叔文子之爲文，孔子不滿之，僅取其薦家臣僎一事，與論孔文子之「文」正同，則其生平碌碌可知。靈公雖極標榜，而大臣不能佐君賑民，爲粥與餓者，市私恩耳。齊豹之亂，以死衛君，事亦無聞。春秋諸侯卑禮事盟主，其何國不然，孟子所謂「人役」也。何「不辱」之有？皆不可爲訓。

石駘（苔）仲卒，無適子，有庶子六人。卜所以爲後者，曰：「沐浴佩玉則兆。」五人者皆沐浴佩玉。石祁子曰：「孰有執親之喪而沐浴佩玉者乎？」不沐浴佩玉。石祁子兆，衛人以龜爲有知也。

駘仲，衛大夫。沐浴佩玉，穆卜之禮如是，龜乃肯兆。兆，謂吉凶之象。此卜人之言也。親喪不容飾，沐浴佩玉非禮，故石祁子不肯違禮求福，而鬼神從之，此所謂龜有知也。石祁子兆，謂兆與石祁子也。

陳子車死於衛，其妻與其家大夫謀以殉葬，定而后陳子亢至。以告曰：「夫子疾，莫養（去聲）於下，請以殉葬。」子亢曰：「以殉葬，非禮也。雖然，則彼疾當養者孰若妻與宰？得已，則吾欲已；不得已，則吾欲以二子者之爲之也。」於是弗果用。

陳子車，齊大夫。子亢，即子禽，孔子弟子，子車昆弟也。家大夫，即宰也。殺人送死曰殉。定，謂已定所殺之人。下，謂臣僕之屬。生不得受下人之養，故死欲以下人從葬。妻與宰，主殉葬之謀者也，故子亢危言以懼之。士君子能以人之痛癢譬諸身，則害人之事息矣。若子亢者，殆遊于聖人之門而聞禮者與。

子路曰：「傷哉貧也！生無以爲養去聲，死無以爲禮也。」孔子曰：「啜菽飲水盡其歡，斯之謂孝。斂手足形，還旋葬而無椁，稱去聲其財，斯之謂禮。」

還、旋通，便也。言死便葬，不待三月之期也。無以爲禮，無財以爲衣衾棺椁、明器薦送之禮也。此子路食藜藿、百里負米之時。觀夫子所謂禮，則禮之義亦可知也。

衛獻公出奔，反於衛，及郊，將班邑於從者而后入。柳莊曰：「如皆守社稷，則孰執羈靮的而從？如皆從，則孰守社稷？君反其國而有私也，毋乃不可乎？」弗果班。

魯襄公十四年，衛獻公以孫林父、甯殖之亂出奔，至二十六年始反國。絡馬曰羈，鞚馬曰靮。言居者從者，均之爲國，不宜私賞也。

衛有大史曰柳莊，寢疾。公曰：「若疾革亟，雖當祭必告。」公再拜稽首請於尸曰：「有臣柳莊也者，非寡人之臣，社稷之臣也。聞之死，請往。」不釋服而往，遂以襚之，

與之邑裘氏與縣潘氏，書而納諸棺曰：「世世萬子孫毋變也」。

以衣服贈死曰襚。裘氏、潘氏，二邑名。屬邑曰縣。

按：柳莊於衛，果社稷臣，未聞與文子、伯玉諸人俱稱也。當祭而告疾亟，不已遽乎？喪禮斂用祭服，不釋祭服往襚，不已重死者而輕神乎？賜封券納諸棺，死者其能食茲土乎？皆非禮也。

陳乾（干）**昔寢疾，屬**（燭）**其兄弟而命其子尊己曰：「如我死，則必大爲我棺，使吾二婢子夾我。」陳乾昔死。其子曰：「以殉葬，非禮也，況又同棺乎！」弗果殺。**

尊己，陳乾昔子也。父亂命不從，不陷其親于惡也。

按：殺人殉葬，戎狄之惡俗，秦武公爲之，其後穆公效之，中諸侯惟宋文公亦效之，然猶國君也。陳子車、陳乾昔以人臣亦欲爲此，王政不綱，殺人無忌憚，一至于此，尚可與言禮乎！

仲遂卒于垂，壬午猶繹，《萬》入，去（上聲）**籥。仲尼曰：「非禮也。卿卒不繹。」**

仲遂，魯大夫。垂，齊地名。繹者，祭明日，重尋祭禮以賓尸，即《商書·肜日》也。壬午繹，則辛巳祭。《萬》者，舞之總名。籥，管屬。舞者吹籥。去籥，無聲舞也。卿卒則不繹，既繹則不得廢樂，故夫子非之。

季康子之母死，公輸若方小斂。般班請以機封，將從之。公肩假曰：「不可。夫魯有初，公室視豐碑，三家視桓楹。般！爾以人之母嘗巧，則豈不得句？以其母以嘗巧者乎，則病者乎？噫！」弗果從。

此言大事當用舊典。公輸若，魯之巧匠。若字般名也。與於小斂之事，因請他日葬，己爲機以封。般請，自稱其名請也。機封，謂爲機關轉動下棺，不用碑繂也。將從，謂許至葬時用之也。公肩假，人姓名。有初，猶言有故典。豐，大也。豐碑，天子之制也。桓楹，諸侯之制也。視，猶比也。豐碑，斲大木爲碑形，竪椁四隅，中施鹿盧，以紼下端繫棺，上端繞鹿盧，使人負碑拽紼，聽鼓聲却行而漸下也。桓楹，制如今橋傍華表。四植爲桓。楹，柱也。通言之，亦謂之碑。公室僭天子，三家僭諸侯，以爲故典，亦不自知其非矣。般以人之母嘗試己巧，於爲匠之術得矣。爲人子者，以其母以嘗匠之巧乎，於心不病乎？噫，歎辭。鄭解若、般爲兩人，斷「方小」爲句，謬也。

戰于郎，公叔禺遇人遇負杖入保者息，曰：「使之雖病也，任之雖重也，君子不能爲謀也，士弗能死也，不可。我則既言矣。」與其鄰重童汪踦紀往，皆死焉。魯人欲勿殤重汪踦，問於仲尼。仲尼曰：「能執干戈以衞社稷，雖欲勿殤也，不亦可乎！」

郎之戰，齊人伐魯，在魯哀公十一年。公叔禺人，昭公之子公爲也。遇魯人避寇，入保城邑者。負杖，以杖荷物。息，休于途也。因歎徭役使人之困，賦稅責人之重，卿大夫不能爲之謀，士又不能致其死，於禮不可。既言之，遂欲行之。負杖，蓋老人也，與其鄰之童子名汪踦者，共赴鬭死。童死曰殤，喪禮殺成人。魯人爲其死忠，欲勿殤，與禺人皆以成人禮葬。問於夫子，夫子以爲可。重，當作「童」。

子路去魯，謂顔淵曰：「何以贈我？」曰：「吾聞之也，去國則哭于墓而后行，反其國不哭，展墓而入。」謂子路曰：「何以處我？」子路曰：「吾聞之也，過墓則式，過祀則下。」

行者問贈，居者問處。哭墓，哭其無主也。展，省謁也。不忘丘隴，去則必返，故爲行者言之。式墓、下祀，則州里鄉黨無往不敬矣，故爲居者言之。

工尹商陽與陳弃疾追吴師，及之。陳弃疾謂工尹商陽曰：「王事也，子手弓而可句。」手弓句。「子射諸」。射之，斃一人，韔弓。又及，謂之，又斃二人。每斃一人，揜其目。止其御，曰：「朝不坐，燕不與去聲，殺三人亦足以反命矣。」孔子曰：「殺人之中，又有禮焉。」

工尹，楚官名。弃疾，楚公子弃疾，爲陳尹。追吴師，事在魯昭公十二年。手弓，商陽手執弓也。斃，仆死也。韔，韜弓也。揜其目，不忍視也。士于朝不坐，于燕不與，位卑而禮輕也。夫寇窮可以無追，君命又不可廢，酌而行之，所以爲禮。然以爲孔子之言乎，亦未似也。

諸侯伐秦，曹桓宣**公卒于會。諸侯請含，使之襚。襄公朝于荊，康王卒，荊人曰：「必請襲。」魯人曰：「非禮也。」荊人强之。巫先拂柩。荊人悔之。**

此記諸侯失禮之事。晉以諸侯伐秦，事在魯成公十三年。曹伯廬卒于師，曹宣公也，誤作「桓」。請含，請于晉也。晉厲公爲盟主，使諸侯襚之。奉含，朋友有相唅之禮。奉衣襚尸，賤者之事，非禮也。魯襄公朝楚，事在襄公二十八年。楚康王卒，楚人强襄公襲，是以臣遇之也。魯使巫人先拂除柩，以君禮自處也，乃所以報之。然皆非禮。

滕成公之喪，使子叔敬叔弔，進書，子服惠伯爲介。及郊，爲懿伯之忌不入。惠伯曰：「政也，不可以叔父之私不將公事。」遂入。

滕成公之喪，在魯昭公三年。子叔敬叔，魯宣公弟叔弓也，桓公之七世孫。惠伯，名椒，桓公之六世孫。以世次則惠伯於敬叔爲叔父，而懿伯又惠伯之叔父也。進書，奉弔書也。介，副使也。忌，忌日。及滕郊，而當惠伯叔父之忌日，敬叔欲暫息，惠伯以爲不可，遂入，禮也。鄭康成解「忌」爲「怨」，恐非。

哀公使人弔蕢快尚，遇諸道，辟於路，畫宮而受弔焉。曾子曰：「蕢尚不如杞梁之妻之知禮也。齊莊公襲莒于奪兑，杞梁死焉。其妻迎其柩於路而哭之哀。莊公使人弔之。對曰：『君之臣不免於罪，則將肆諸市朝，而妻妾執。君之臣免於罪，則有先人之敝廬在，君無所辱命。』」

辟，避也。避于道傍，畫宮室之位而受弔，非禮也。齊莊公襲莒，事在魯襄公二十三年。杞梁，齊臣，即杞殖。奪，鄭作「兑」，狹路也。妻妾執，古所謂「孥戮」也。無所辱命，言當弔于家。曾子譏蕢尚不如杞梁妻，亦以見哀公之失禮，故記者併記其事明之。

孺子𩏂呑之喪，哀公欲設撥綍，問於有若。有若曰：「其可也。君之三臣猶設之。」顔柳曰：「天子龍輴春而椁幬道，諸侯輴而設幬，爲榆沈沉，故設撥。三臣者廢輴而設撥，竊禮之不中去聲者也，而君何學焉。」

𩏂，魯哀公少子。撥作「綍」，大繩，即紼也。棺自有引，别用大繩以引柩車。三臣，季、孟、叔三家。輴，載柩之車，天子畫龍于上。菆木于棺外爲椁，而幬棺以繡黼，即前章所謂「加黼于椁上」是也。諸侯有輴無龍，有幬無椁。榆木堅忍以爲輴。沈，重也。輴車重難行，故設撥以引之。既廢輴，則不須撥。無輴而設撥，三家竊禮之不稱者，又何效焉。鄭註謂以水澆榆白皮汁灑地滑車，迂鑿可笑。

滑車何必榆汁也！

悼公之母死，哀公爲之齊衰。有若曰：「爲妾齊衰，禮與？」公曰：「吾得已乎哉！魯人以妻我。」

悼公名寧，疑即公子荊。其母嬖，而哀公立以爲夫人，事見《春秋傳》。禮，諸侯絶旁期，妾無服，惟大夫於貴妾緦。哀公爲其立而有子，故服。稱國人，文過之辭。

季子皐葬其妻，犯人之禾。申詳〔一〕以告，曰：「請庚之。」子皐曰：「孟氏不以是罪予，朋友不以是棄予，以吾爲邑長上聲於斯也。買道而葬，後難繼也。」

子皐，高柴也。犯，微傷也。禾，道傍禾稼。庚，償也。子皐爲孟氏成邑宰，葬妻，柩行所過微損民禾，而必責償，是并耕而治之道也，故曰「難繼」。君子謂子皐知大體，鄭康成謂「恃寵虐民」，是何言與？

仕而未有禄者，君有饋焉曰獻，使焉曰寡君。違而君薨，弗爲服也。

〔一〕「詳」，據閩本當作「祥」。按：郝氏書中或作「申詳」，或作「申祥」，今亦各仍其舊。

此記國君養賢之禮。仕而未有禄，如孟子在齊、子思在魯之類。立於其朝而不以官詔食，君使廪人繼粟，庖人繼肉，則曰獻，不言賜也。使者致君命，則稱寡君，不以主君自居也。有故，違而去之，君薨則無服，非舊臣也；在國，則亦服之。孟子居春秋用此禮。鄭註未達。

虞而立尸，有几筵。卒哭而諱，生事畢而鬼事始已。既卒哭，宰夫執木鐸以命于宮曰：「舍故而諱新。」自寢門至于庫門。二名不偏諱。夫子之母名徵在，言在不稱徵，言徵不稱在。

既葬而虞，則親形已藏，故立尸象之。初死有奠而無席，大斂有席而無几，至虞始備几、筵，漸去人而即鬼也。諱，避死者名，稱謚也。名以生得，謚因死成。《周官·宰夫》大喪小喪，掌其戒令，故卒哭，宰夫以謚令于宮中曰：「舍故諱新。」故，謂名；新，謂謚也。舍其舊日之名，而稱新謚以諱之也。鄭註謂「故爲高祖之父當遷者」，則舍之不諱，鑿也。寢門在内，庫門在外。二名不偏諱，禮也。舉夫子之不偏諱以證之。

軍有憂，則素服哭於庫門之外，赴車不載櫜高韔鬯。有焚其先人之室，則三日哭。故曰：「新宮火，亦三日哭。」

軍勝還曰愷，敗還曰憂。哭於大門外，君自引咎，不安也。或曰：庫門近宗廟也。赴車，告敗之車。櫜，甲衣。韔，弓衣。不載二物，示欲復讐，甲不櫜，弓不韔也。先人之室，謂宗廟也。魯成公三年，宣公廟新成而火，三日哭。傳《春秋》者以爲禮，故記者引以證之。

按：此章後儒説《春秋》之例，而援以爲禮耳。秦穆公殽之敗，素服郊次，鄉師而哭，三敗求復，竟以無功。《春秋》未嘗予之，而左氏顧亟稱之。兵貪不悔，焚舟破釜，以尋于干戈，烏得爲禮？魯宣公廟新成火，三日哭，《公》《穀》傳以爲禮，胡安國謂主未入廟，故稱新宫。無主而哭，非禮也，是烏足據乎？

孔子過泰山側，有婦人哭於墓者而哀。夫子式而聽之，使子路問之曰：「子之哭也，壹似重有憂者。」而曰：「然。昔者吾舅死於虎，吾夫又死焉，今吾子又死焉。」夫子曰：「何爲不去也？」曰：「無苛何政。」夫子曰：「小子識之，苛政猛於虎也。」

壹似，猶言甚似。而曰，猶乃曰，婦人輟哭乃答也。此章之言於禮無當，記者但因其哭墓録之，大似諸子寓言，事不必實，而其言可警爲政者。

魯人有周豐也者，哀公執摯至請見之，而曰不可。公曰：「我其已夫。」使人問焉，曰：「有虞氏未施信於民，而民信之；夏后氏未施敬於民，而民敬之。何施而得斯於民也？」對曰：「墟墓之間，未施哀於民而民哀；社稷宗廟之中，未施敬於民而民敬。殷人作誓而民始畔，周人作會而民始疑。苟無禮義、忠信、誠愨之心以涖之，雖固結之，民其不解乎！」

我其已，謂止而不强請也。信、敬無迹可施，然豈有無施而受者，亦猶人在墟墓廟社之內，自生哀敬，精誠感通，豈在言語形迹要結乎？此禮之本也。

按：殷人作誓，據《湯誓》而言，然夏已有之。周人作會，指五霸歃血之事。《詩》云：「君子屢盟，亂是用長。」五霸之會，《春秋》所惡也，豈文、武、周公而有是禮與？

喪不慮居，毁不危身。喪不慮居，爲無廟也。毁不危身，爲無後也。

備亡曰慮。慮居，謂典賣田宅，以供喪具也。危身，謂哀毁傷生也。

延陵季子適齊，於其反也，其長子死，葬於嬴、博之間。孔子曰：「延陵季子，吴之習於禮者也。」往而觀其葬焉。其坎深不至於泉，其斂以時服。既葬而封，廣輪揜坎，其高可隱也。既封句，左袒句，右還其封且號者三句，曰：「骨肉歸復于土，命也。若魂氣則無不之也，無不之也。」而遂行。孔子曰：「延陵季子之於禮也，其合矣乎！」

延陵季子，吴公子扎〔一〕也。嬴、博，齊二邑名。坎，壙也。不至泉，淺深得宜也。時服，隨時寒暑之服。封，墳隴也。横曰廣，從曰輪。可隱，高比人也。凡吉祖皆尚左，凶祖皆尚右。季子達命自寬，祖從吉也。還，環也。三，謂遶墓三帀也。骨肉，形也。形死造物歸藏，故曰命。魂氣，神也。神散還虚，周游無方，故「無不之」，重言者，明神之無定在也。蓋季子以君命奉使，不得將其柩歸，形骸雖藏于齊土，而父子一氣，父歸，子之魂亦歸。形遠而神不相離，用以自寬爾。

按：禮爲長子三年喪，可謂重已。季扎長子死于道路而不歸葬，附身附棺，隨時而止，孔子以爲合禮，乃知禮非盡有故常也。賢人君子因時制宜，皆謂之禮。嬴、博之葬，豈其有故典乎！

邾婁閭**考公之喪，徐君使容居來弔、含，曰：「寡君使容居坐含，進侯玉，其使容居以含。」有司曰：「諸侯之來辱敝邑者，易則易，于則于，易于雜者，未之有也。」容居對曰：「容居聞之，事君不敢忘其君，亦不敢遺其祖。昔我先君駒王西討，濟於河，無所不用斯言也。容居，魯人也，不敢忘其祖。」**

此記諸侯之僭禮也。邾、徐皆東海之國，邾小而徐大。徐君使其臣容居弔邾君之喪，且致含玉。禮，諸侯相爲親含，惟天子之大夫可以含諸侯。徐君以王禮自處，使臣含，辭稱侯，妄也。易，直也。于，

〔一〕「扎」，即季札，郝氏書中或作「扎」，或作「札」，今亦各仍其舊。

迂也。易則易，于則于，猶言是曰是，非曰非也。徐君以諸侯而僭天子，容居以大夫而比諸侯，致辭譸張，易于雜也。駒王，徐之先君，僭稱王。用斯言，謂用天子命諸侯之言。今用于邾，是不敢忘其君也。又言己雖仕徐，其先祖魯人，魯人守禮，不敢忘其祖也。春秋時推魯人知禮，如滕父兄百官亦曰「吾宗國魯先君莫之行」，下章叔仲〔一〕妻喪夫，亦稱魯人。鄭氏以「魯鈍」解，恐非。

子思之母死於衛，赴於子思，子思哭於廟。門人至，曰：「庶氏之母死，何爲哭於孔氏之廟乎？」子思曰：「吾過矣！吾過矣！」遂哭於他室。

子思之母再嫁於衛之庶氏，母出而子不易，故子思猶哭于廟，不忍踈也。然於義已絶，俟人言至而後改哭，所以達于用禮也。

按：子思之母必無再嫁之失。哭母而自以爲過，不似孝子迫切之辭。好事者脩飾，不足信也。

天子崩三日，祝先服；五日，官長服；七日，國中男女服；三月，天下服。虞人致百祀之木可以爲棺椁者斬之。不至者，廢其祀，刎文，上聲**其人。**

三五等日，以遠近爲先後。祝佐含、斂、袒免、括髮、襲、帶、絰，與主人同時，故最先服。五

〔一〕「叔仲」，原倒作「仲叔」，據下經乙正。

日成服，故朝臣百官皆服。國中男女聞訃始製服，故稍後，三月〔一〕而後服徧天下。百祀，謂百神祠廟壇場之木。

按：一人喪而百祀之木盡致，可勝用乎？不至輒廢其祀，刎其人，刑不已濫乎？註疏謂天子喪，百神同哀。此秦政所爲赭湘山也者，而何足法與？記若經夫子手，此等宜從删。鄭玄輩一一附合，何以行之？

齊大饑，黔敖爲食於路，以待餓者而食之。有餓者蒙袂輯屨，貿貿然來。黔敖左奉食，右執飲，曰：「嗟來食！」揚其目而視之，曰：「予唯不食嗟來之食，以至於斯也。」從而謝焉。終不食而死。曾子聞之，曰：「微與！其嗟也可去，其謝也可食。」

黔敖，齊人。蒙袂，以兩手抱首也。袂，袖也。輯，斂也。輯屨，行不前也，饑困之狀。貿貿，昏憒也。嗟來者，憐而招呼之辭。不食，惡其無將迎之禮也。微，細也，言嗟來非失禮之大者。

按：此章即孟子所謂「羞惡之心，人皆有之」。呼爾而與，乞人不屑也。萬鍾不辨禮義而受，不愧於辭嗟來者乎？如拘其説以行禮，則設粥待貧者，必三揖而進，再拜而後受，亦不可行矣。

〔一〕原作「五月」，據經文改正。

邾婁定公之時，有弑其父者，有司以告。公瞿然失席，曰：「是寡人之罪也。」曰：「寡人嘗學斷斯獄矣：臣弑君，凡在官者殺無赦。子弑父，凡在宫者殺無赦。殺其人，壞其室，洿其宫而豬焉。蓋君踰月而后舉爵。」

瞿然，驚顧貌。臣弑君，子弑父，非一人之謀，其徒必多，故當窮治其黨，毁其宫室，以絶其跡。洿，池也。豬，大澤也。君踰月不舉爵，憂亂也。其懲毖如此。故春秋時邾婁無弑逆之禍。

晉獻文子成室，晉大夫發焉。張老曰：「美哉輪焉！美哉奐焉！歌於斯，哭於斯，聚國族於斯。」文子曰：「武也得歌於斯，哭於斯，聚國族於斯，是全要平聲領以從先大夫於九京也。」北面再拜稽首。君子謂之善頌善禱。

獻文子，趙武謚也。鄭康成以「獻」爲「賀」，鑿也。發，猶落也，始新之名。張老，亦晉大夫。輪，輪囷，高大貌。奐，焕爛，光華貌。歌，謂行禮奏樂。哭，謂死喪送終。國族，謂僚友宗親。三言「於斯」，謂子孫世守，無以復加也。頌而寓箴，不以哭死爲諱，故謂之善頌。武子喻其意，而拜謝稱祖考，惟以保要領爲祈，故謂之善禱。蓋福莫利于遠禍，而安莫美于無危，所以善也。要領，猶言身首。九京，即九原，晉卿大夫墓地。高曰京，平曰原。

仲尼之畜狗死，使子貢埋之，曰：「吾聞之也，敝帷不弃，爲埋馬也；敝蓋不弃，爲埋狗也。丘也貧，無蓋，於其封也，亦予之席，毋使其首陷焉。」路馬死，埋之以帷。

畜狗，謂馴守之狗。路馬，人君駕車之馬。帷，牀帷。蓋，雨具。獸死則首垂，束之以席，不使首陷於土也。帷蓋所常用，狗馬所常畜。常用者敝而不棄，常畜者死而不忍。以其所不棄，埋其所不忍，仁之至，義之盡，是謂之禮。

季孫之母死，哀公弔焉。曾子與子貢弔焉，閽人爲君在，弗内納也。曾子與子貢入於其廄而脩容焉。子貢先入，閽人曰：「鄉者已告矣。」曾子後入，閽人辟避之。涉内霤，卿大夫皆辟位，公降一等而揖之。君子言之曰：「盡飾之道，斯其行者遠矣。」

此明士君子容貌不可不莊，而其説反近鄙陋；將以譽二賢，而適以毁之。未脩容則門者不納，既脩容則門者不敢止，卿辟位，公降等而揖，然則二子在外一容，而入謁貴人又一容，是市井之行也。魯之君臣孰不知有二賢者，豈爲見其容而下之乎？記言不足信也。

陽門之介夫死，司城子罕入而哭之哀。晉人之覘宋者反報於晉侯曰：「陽門之介夫死，而子罕哭之哀，而民説，殆不可伐也。」孔子聞之曰：「善哉覘國乎！《詩》云：『凡民有喪，扶匍服匐救之。』雖微晉而已，天下其孰能當之。」

此明禮讓得人之效。陽門，宋國門。介夫，甲士。司城，即司空。子罕，樂喜也。覘，猶窺也。微，非也。言雖非晉國而已，即天下之大，人心説，誰能當之。

魯莊公之喪，既葬，而絰不入庫門。士大夫既卒哭，麻不入。

此記喪禮之失。魯莊公薨，子般嗣立，慶父弑之，而立閔公，國内大亂，嗣君送葬歸，吉服御事，以變廢禮也。麻絰不入大門，則虞祔練禫之禮盡廢矣。君不絰，故臣皆去麻。麻，即絰也。絰麻不入，則哀可知。

孔子之故人曰原壤，其母死，夫子助之沐椁。原壤登木曰：「久矣予之不託於音也。」歌曰：「《貍離首》之斑叶篇然，執女手之卷拳然。」夫子爲弗聞也者而過之。從者曰：「子未可以已乎？」夫子曰：「丘聞之，親者毋失其爲親也，故者毋失其爲故也。」

此聖人處故舊之禮。沐，治也，將葬治椁也。登，升也。積材爲椁。壤升其木上，若爲有所望而思，故託於音。託，寄也。言在喪，久未寄情於聲歌也。《貍首》，古天子射侯之樂歌。貍之言不來也，諸侯不來者射之。此託爲所思者不來，望其翩然而至也。斑、翩通。執手，既見握手也。卷、拳通，婉柔貌。居喪而歌此，故夫子惡之，若爲弗聞，不屑教而包容之也。過，不顧也。已，絶交也。親，謂母子。故，謂朋友。勿失，言當各自盡，不忍遽棄也。

按：原壤任放之徒，以禮法爲牽纆，非真忘親也。其志欲一生死，齊哀樂，矯情肆言，行似不經，而心實未嘗死。習於禮者惡之，而聖人道大德宏，爲能容之。天地之大，何物不有？故者勿失，亦聖人之權辭，難爲下學深言之也。苟以其故而已，則始何爲而與之友乎？宰我一言短喪，斥其不仁；親死廢禮，猶引爲故人，至夷居以俟，扣其脛，數其不弟，而卒不與之論禮。然則聖人固不可測，而原壤抑亦未可測也。此意記者所未喻。

趙文子與叔譽觀乎九原。文子曰：「死者如可作也，吾誰與歸？」叔譽曰：「其陽處父乎？」文子曰：「行并植於晉國，不没其身，其知不足稱也。」「其舅犯乎？」文子曰：「見利不顧其君，其仁不足稱也。我則隨武子乎！利其君，不忘其身；謀其身，不遺其友。」晉人謂文子知人。文子其中退然如不勝升衣，其言吶吶然如不出諸口。所舉於晉國管庫之士七十有餘家，生不交利，死不屬其子焉。

趙文子，晉大夫趙武也。叔譽，羊舌肸，字叔向。九原，即九京。謂晉先臣如可再生，吾將誰從，欲評論前人賢否也。陽處父材幹兼人，爲狐射姑所殺，故不智。舅犯從晉文公反國及河，授璧請辭，以要君自利，故不仁。隨武子，士會也，食邑于隨。從先蔑迎公子雍于秦，反而靈公已立，與先蔑同奔秦，數年不見先蔑而歸，故曰利君不危身，全身不損友。趙文子爲人形體癯弱，故曰「退然如不勝衣」；短於説辭，故曰「吶吶如不出口」。管，所以啓鍵，即今鑰匙也。庫，以藏財用。管庫之士，賤役也。薦其賢能者于晉，君大用之，雖有提拔之恩，而生不與交利，死不以其子託之，其公廉如此。

叔仲皮學子柳。叔仲皮死，其妻魯人也，衣衰而繆絰。叔仲衍以告，請繐衰而環絰。曰：「昔者吾喪姑姊妹亦如斯，末吾禁也。」退使其妻繐衰而環絰。

此記衰服輕細之非禮。叔仲，氏；皮，名，未詳何國人。叔仲衍，蓋其兄弟也。子柳，疑即泄柳。皮從學子柳，其妻又魯國人，素聞禮。當世謂魯爲禮教之國，故容居亦自稱魯人，以此。妻爲夫服斬衰絞絰，禮也。叔仲以告子柳，請從俗爲繐衰環絰。布細而踈者曰繐。環絰，首絰，細而無缺項如環，蓋弔服之類，非夫喪之服。且曰：「昔吾有姑姊妹之喪皆服此，未有以爲非而止我者。」流俗之見非禮，子柳所以不答也。衍退使其妻爲是服以服其兄，尤非也。禮，姑姊妹適人死爲大功，在室齊期。男子之服，既不可比於婦人，而夫之喪，尤不可比姑姊妹。叔嫂不相爲服，衍妻爲皮服，豈知禮者乎？

成人有其兄死，而不爲衰者，聞子臯將爲成宰，遂爲衰。成人曰：「蠶則績而蟹有匡，范則冠而蟬有緌，兄則死而子臯爲之衰。」

此言禮由上興也。成，魯邑。禮，兄喪齊衰。成人有兄死而不爲衰者，聞子臯爲宰，乃衰。是衰非爲兄，爲子臯耳。故邑人託物形相似而不相關者譏之。蠶有絲，故曰績。績用匡，而匡乃在蟹之背，蟹甲似匡也。范，蜂也。冠纓之垂者曰緌。蜂首似冠，冠有緌，而緌乃在蟬之項。蟬喙長在口下，似緌也。以譬成人兄死宜有服不服，服乃爲子臯耳。

樂正子春之母死，五日而不食，曰：「吾悔之。自吾母而不得吾情，吾惡烏乎用吾情。」

禮，親喪三日不食。子春五日，勉强爲之，故悔。曾子七日不食而不聞悔，誠故也。

歲旱，穆公召縣子而問然，曰：「天久不雨，吾欲暴僕尪汪而奚若？」曰：「天則不雨而暴人之疾子句，虐，毋乃不可與！」「然則吾欲暴巫而奚若？」曰：「天則不雨而望之愚婦人，於以求之，毋乃已疏乎！」「徙市則奚若？」曰：「天子崩，巷市七日；諸侯薨，巷市三日。爲之徙市，不亦可乎！」

尪，久病羸瘦之人，偃臥向天，世俗旱則曝之，企天哀之而雨也。巫，所以接神。男曰覡，女曰巫。《周禮·女巫》旱則舞雩。曝之者，亦欲天哀之而雨也。徙市者，國有凶喪則衆人憂戚，市井廢交易，故天子、諸侯喪，國人罷市，有所需，則市于巷。改市于巷，故曰徙。遇災舉國改徙，以示脩省，庶天變可回。然有虚文，無實意，亦不可也。

孔子曰：「衛人之祔也，離之；魯人之祔也，合之，善夫！」

祔，合葬也。離，謂不同穴，以土隔之。合，謂同穴。既謂之祔，何以又離？

禮記通解卷四終

禮記通解卷五

郝敬　解

王制第五

《王制》，漢文帝時博士所撰也。古帝王之法，至周大備，周東遷而文武典章壞，孔子不得在位，脩六籍以詔來許，旋經七國大亂，處士横議，再更秦紀，彝教衰殘，至漢而孔氏遺書盡矣。文帝世，天下初定，始除挾書律，學士大夫相與收拾遺文，補緝舊編，一綫之緒，彷彿希微，耿耿唯寸靈爲千古耳。孟子生周末，距孔子所纔百有餘歲，其詳已謂不可得聞，況暨劉漢五百年之後乎？故先儒謂《王制》不必句句求解。然以僅存之緒，復不求解，則思考古人制作之意，末由也已。但真贋可否，貴學者自得，如鄭康成輩輾轉傅會，好信不通方，則無謂耳。

王者之制禄爵，公、侯、伯、子、男，凡五等。諸侯之上大夫卿、下大夫、上士、中士、下士，凡五等。天子之田方千里，公侯田方百里，伯七十里，子男五十里。不能五十里者，不合於天子，附於諸侯，曰附庸。天子之三公之田視公侯，天子之卿視伯，天子之大夫視子男，天子之元士視附庸。制：農田百畝。百畝之分，上農夫食(嗣)九人，其次食八人，其次食七人，其次食六人，下農夫食五人。庶人在官者，其祿以是爲差也。諸侯之下士視上農夫，祿足以代其耕也。中士倍下士，上士倍中士，下大夫倍上士，卿四大夫祿，君十卿祿。次國之卿三大夫祿，君十卿祿。小國之卿倍大夫祿，君十卿祿。次國之上卿位當大國之中，中當其下，下當其上大夫。小國之上卿位當大國之下卿，中當其上大夫，下當其下大夫。其有中士、下士者，數各居其上之三分。

制祿爵，猶孟子言「班祿爵」也。公者，無私之名，其德公平也。侯，候也。天道以五氣爲候，王者以列辟爲候，候王者爲順逆也。伯，長也。或曰：伯，白也，明白於德也。子，慈養之名。男，任事之名。此五等爵之班於天下者也。諸侯者，公以下五等之通稱，其臣各有卿、大夫、士。大夫貴者曰卿。卿，嚮也，人所歸向也。下大夫，對卿爲下也。大夫者，達人，扶達於人也。士，事也，任職事也。此五等爵之班於列國者也。田，即地也。穀祿所出，故曰田。天子畿内之田，四方各千里，開方則百萬里也。畿外公侯之田，四方各百里，開方則萬里也。伯田四方各七十里，開方則七七四千九百里也。子、男四方各五十里，開方則五五二千五百里也。下此或四十里、三十里，國小不能朝會，以其治功附於所近大國達王，名曰附庸。庸，功也。此祿之班於天下者也。天子之公卿大夫士之禄，即天子畿内之地，分授以爲采邑。三公視外公侯，各百里；九卿視外伯，各七十里；大夫視外子男，各五十里；元士視外附庸，或四十，或三十里。此禄之班于王畿内者也。又其下有庶人在官者，雖無爵，而身在公，不得耕，必與之禄代耕，即以其耕之所獲爲等。蓋民一夫田百畝，而力有勤惰，歲有豐儉，大約五等。上農一歲之入可食九人，次食八人，次七人，次六人，下五人。庶人在官者，事有繁簡，禄有多寡，亦視此爲等。蓋一夫上父母，下妻子，大率五人至九人而止，所以足其俯仰之需，使無内顧之憂也。此在官庶人之禄，王國與諸侯同者也。諸侯之臣各有卿大夫士，而下士禄最薄，視上農食九人，僅足以代耕。中士則加倍，可食十八人。上士又加倍，可食三十六人。大夫又倍上士，可食七十二人。此大國之制，次國、小國同也。蓋自大夫以下，其禄漸少，苟復以次國、小國殺之，則臣之養不給矣，故三等之國同也。大國之卿禄視大夫四倍，其君公侯之禄，視卿十倍。蓋以下士食九人之數，等而上推至卿禄，可食二百八十八人，是四倍大夫也。其君百里之入，可食二千八百八十人，是十倍卿也，惟大國然耳。若夫次國卿禄，但三倍大夫，不得如大國四倍也。其君伯之禄，雖亦十倍卿，然其卿視大國卿已殺一倍，而其君七十里之入，亦視百里殺一矣。小國卿禄但二大夫，又不得如次國三倍也。其君子男之禄，雖亦十倍卿，然其卿視次國已殺一倍，則其君五十里之入，亦視七十里殺一矣。此卿以上之禄，三等之國異也。蓋禄至卿以上愈厚，若次國、小國不殺，則地所出不給，是故三等之國異也。此以上皆禄之班于侯國者也。「次國之上卿」以下，又詳言爵之在侯國者，各有上中下卿、上中下大夫。次國卿大夫視大國卿大夫皆降一等，小國卿大夫視大國皆降二等。「其有中士、下士」

二句錯簡，當在後三節小國「上士二十七人」之下，承上言「上士二十七人」，未及中下士，而申明其數也。各居上三分者，上士二十七人，居三分，則八十一人也。

按：《王制》作于漢博士，其説宗《孟子》而加附會。孟子謂天子、公、侯、伯、子男五等，諸侯、卿、大夫、上中下士六等。今不以天子列于五等者，尊王也；不以諸侯列于六等者，尊君也，然非先王與羣臣共天下之本心。孟子謂天子之卿大夫士禄比諸侯，而《周禮》謂天子公卿大夫皆加一等，然後得爲諸侯。孟子謂諸侯大國止于百里，而《周禮》大國諸公地方五百里，諸侯地方四百里，伯三百里，子二百里，男百里，是爵五等而地亦五等也。而《周書·武成》云：列爵惟五分，土惟三。《武成》雖非古，而此語與《孟子》合，必有所受之，則是《周禮》未足據也。此篇前云諸侯之上大夫卿、下大夫、上中下士，凡五等，後又云上卿、中卿、下卿、上大夫〔一〕、下大夫，則是五等中又加三等爲八，因《春秋傳》臧宣叔對魯公語采輯，故前後抵捂，而鄭氏緣聘覜附會之。大抵《王制》《左傳》《周禮》皆成於後人手，惟孟子近古可信，且生周末，猶自謂其詳不可得聞，未知漢博士何據而反得詳也。若夫《周禮》出自王莽家，劉歆之見，烏得與孟子較同異、論得失乎？

〔一〕「上」與「大夫」之間三字格原爲墨釘，今删。

凡四海之内九州，州方千里。州建百里之國三十，七十里之國六十，五十里之國百有二十，凡二百一十國。名山大澤不以封，其餘以爲附庸、閒田。八州，州二百一十國。天子之縣内，方百里之國九，七十里之國二十有一，五十里之國六十有三，凡九十三國。名山大澤不以朌班，其餘以禄士，以爲閒田。凡九州，千七百七十三國。天子之元士、諸侯之附庸不與。天子百里之内以共官，千里之内以爲御。

四海之内九州，各方千里，内以一州爲王畿，外八州每州各建公侯之國三十，伯國六十，子男國百有二十。其間名山如五嶽、四鎮之類，大澤如雲夢、彭蠡之類，屬之王府，不以封諸侯。其餘地以爲不能五十里之附庸，與士之間田。天子之縣，即王畿也。縣，繫也。凡邑屬州郡者曰縣。縣内，猶言屬下。畿内分三等之國，爲王臣采邑九十有三，其餘十有八國，皆以待王分封。通計九州之國共千七百七十三，而元士、附庸不與者，以所計止五十里，而元士、附庸不能五十里，故不與也。百里之内以供百官者，百官之入薄，故予之近地，便取給也。千里之内以爲御者，天子服用費廣，遠可轉輸致也。

按：《春秋傳》楚滅陳爲縣，縣名自此始。秦以來凡邑屬郡者，通謂之縣。惟《周禮》謂郊外五鄙爲縣，鄭康成遂推縣爲夏世王畿名，無稽。封建之數，漢博士以算法推之當爾，非實然也。鄭極其附會，謂百里大國九者，內三爲三公致仕之田，餘三待封王之子弟〔一〕；次國二十一者，內六爲六卿之田，又六爲六卿致仕者之田，又三爲三孤之田，餘六亦待封王子弟；小國六十三者，二十七大夫之田及大夫致仕者之田，餘九亦待封王子弟。總之臆説耳。凡建國必因山川形勢，未有舉九州地，如裂帛方幅比算整齊者。天子千里之縣分封過半，又除山林、川澤、城郭、塗巷、溝渠，其餘任賦供上者幾何？三等十八國以待分封，如文武子姓多則一再傳盡矣，數世後何以給之？及舛迕不合，則推爲殷夏禮。據《周禮》「九服」地甚廣，《禹貢》三代地莫廣于虞夏，而周爲小。篇末謂：「西不盡流沙，南不盡衡山，東不盡東海，北不盡恒山，截長補短，三千里耳。」《周禮》成於後世，九服六千之説，由秦以後，北逐匈奴，南置桂林、象郡，西通巴蜀，幅幀始大。《記》與《周禮》皆據秦漢以後，揣合周制，非周地能大于殷夏也。即塗山之會萬國，亦極言諸侯會者多，非真萬國也。周千七百七十三國，因九州之地揣算，非真文武封建時定有此數也。況如《周禮》五等之國，公多至五百里，而子〔二〕亦百里，四海之地不足封數十公侯殆盡；王畿僅千里，欲視外諸侯授諸臣地，愈不足。其説不經，而世儒執此謂先王封建壞于郡縣，古今治亂所以不相及。夫古不能不今，封建不能不郡縣，勢也。三代以封建治，春秋、戰國之亂未嘗非封建也。秦以郡縣滅，漢唐以來之盛未嘗非郡縣也。謂封建不可不復，漢復之

〔一〕此句文義不完，未知是否有脱漏。
〔二〕「子」，據《周禮·大司徒》《職方氏》，當作「男」。

而七國反；謂封建不可廢，漢唐至今廢之，而天下亦治。以封建爲公，則周之子孫功臣世禄，而士如孔孟不得占尺土，未盡公也。以郡縣爲私，懸天下之伯牧守令，待天下士明一經者得占一郡一邑，未盡私也。大抵爲政在人，人存則舉，有先王爲君，則雖郡縣守令，而時使薄斂，即封建也；如幽厲爲王，春秋六國爲諸侯，而言封建，長寇資盜，不如郡縣之爲便矣。不權古今，不量時勢，守記籍空文，欲壞久定之成法，以復久廢之堙典，如鄭氏之説，可資譚柄，不可爲實用。百里内以供官則不足，千里内以爲御則太侈，亦非典要之論。《周禮·大宰》九賦、九式，《太府》頒財之法，皆與此不合；關市邦中四郊之近以待御，而官田、公田俱在遠郊六遂都鄙之外，與《王制》矛盾。故凡禮家言，紛紛杜撰，難盡據也。

千里之外設方伯。五國以爲屬，屬有長。十國以爲連，連有帥。三十國以爲卒，卒有正。二百一十國以爲州，州有伯。八州，八伯，五十六正，百六十八帥，三百三十六長。八伯各以其屬屬於天子之老二人，分天下以爲左右，曰二伯。千里之内曰甸，千里之外曰采，曰流。

千里之外，謂王畿外八州。諸侯之國，遠不相及，故爲統馭之制。方伯，即八州之伯，各主其州一方者也。凡五國爲一屬。屬，繫也。内擇諸侯賢者一人爲長，言仁能長人，故能繫屬也。倍五爲十國，地廣易睽爲連。内擇一賢侯爲帥，言知能帥人，故能連合也。又三倍爲國三十，地愈廣，人愈衆，曰卒。卒，簇聚也。於内擇一賢侯爲正，言義能正人，則整齊不亂也。長與帥與正，無以總之，則其權分，彼此不相維，其勢涣，能否無由察。又合一州二百一十國，擇一賢侯爲伯。伯，把也，把持一方之柄也。一州一伯，八州則八伯。一州七正，八州則五十六正。一州二十一帥，八州則百六十八帥。一州四十二長，八州三百三十六長。各上統于其州之伯。八伯各以所屬，上屬于天子之老二人。二人者，分天下而治，爲左右二伯者也，猶《周禮》所謂「九命作伯」，蓋天子之上公，《曲禮》謂「五官之長曰伯，是職方」者也。八伯猶《周禮》云「八命作牧」，《曲禮》所謂「九州之長，入天子之國，曰牧」者也。或云：二伯，即方伯。然既曰「千里之外設方伯」，是與天子之二老在内者殊也。千里之内曰甸，即天子畿内千里之地也。甸、佃通，治田之名，《禹貢》所謂「甸服」，納總、銍、秸、粟、米之地，居五服中者也。采，事也。環王畿外千里，《禹貢》所謂侯服、綏服、采地、男邦、諸侯，揆文教、奮武威之地，居中外之閒者也。流，遠方，去王畿五千里。環侯、綏外，《禹貢》所謂要服、荒服、夷、蠻之地，蔡放罪人，在五服邊徼外者也。《禹貢》五服，四方相距各五千里，而王畿居中央，采居閒，流居外。三名者，約五服而言也。方伯連帥之所統，二伯之所分治，盡此矣。

按：牧、伯，《詩》《書》有之。二伯之説，沿於《詩·周南》《召南》。《春秋傳》謂陜以東周公主之，陜以西召公主之。《書·顧命》亦云召公左，畢公右。而連、帥、卒、正等，《詩》《書》未聞，大抵多縱横什伍之意。管子内政，商君秦法，皆仿於此。雖先王綱紀天下，輕重制馭，大小相維，體統不廢，要其所以整齊聯屬之本，姑〔一〕不在官制之繁密也。善稱先王，莫如孟子。其告滕君惟井田、學校，告齊梁惟田里樹畜與文王治岐之政數條，而井田尚云「大畧」，爵禄尚云「不詳」，豈有先王法制詳密如此，漢博士能舉，孟子反不聞乎？今據二伯以下爲諸侯之長者五百七十，統九州諸侯一千七百七十三國，鄭猶以爲殷制，然則周尤多乎？果爾，文武去東遷未遠，《春秋》所記東周諸侯纔二十餘國，不應幽厲以後兼併，盡五百七十伯正帥長姓氏、二千有餘國號悉煙滅無傳也。其無此數必矣。

天子三公，九卿，二十七大夫，八十一元士。大國三卿，皆命於天子，下大夫五人，上士二十七人。次國三卿，二卿命於天子，一卿命於其君，下大夫五人，上士二十七人。小國二卿，皆命於其君，下大夫五人，上士二十七人。天子使其大夫爲三監去聲，監平聲於方伯之國，國三人。天子之縣内諸侯，禄也；外諸侯，嗣也。制：三公一命卷衮，若有加，則賜也，不過九命；次國之君不過七命，小國之君不過五命。大國之卿不過三命，下卿再命；小國之卿與下大夫一命。

〔一〕「姑」，據文義似当作「固」。然下文郝氏亦有「姑不在此」之語，似其原稿当如此，今亦不敢改。

畿内天子統治，立三公大師、大傅、大保，以論道經邦。九卿，即少師、少傅、少保寅亮天工，與冢宰、司徒、宗伯、司馬、司空[一]分掌六典者也。有二十七大夫，以服官政。有八十一元士，以理庶務。天子爲陽教之宗，陽數始於三，終於九，三九故二十七，九九故八十一。自上倍而下者，職專則事簡，職卑則事煩也。王畿外公侯伯子男各主其國，其臣各有卿、大夫、士。惟公侯大國得立三卿，皆上大夫也，皆命於天子。其下大夫五人，上士二十七人也。次國亦三卿，惟二卿命於天子，一卿命於其君。大夫、上士之數，猶大國也。小國止二卿，天子不命，命於其君。大夫、上士之數，亦猶次國也。大國之卿皆命於天子者，大國勢重，必以天子命卿控制之。次國從省，小國勢輕，不用也。大夫無上者，天子之命卿，即上大夫也。天子士稱元，元，大也。士命於天子，無中下也。諸侯士未命，亦稱上，分中下而言也。上士二十七人，殺天子元士三之二也。若其中、下士，則亦八十一人可也。蓋上士禄漸厚，其數宜減；中、下士禄薄，可增也。前章云「有中、下士者，數各居其上之三分」，當在此節「二十七人」下，亦謂八十一也。天子使大夫爲三監，監於方伯之國，慮方伯在外，專制一州，其權太重，二老遥制不及，立監以監其國。又慮一人孤，二人各爲同異，每國三人，調停贊助，無私蔽也。使大夫者，大夫卑於方伯，不傷於陵奪也。以四命之臣，出監九命之伯，王命重也。後世以御史糾察外臣，用此意。天子畿内諸侯，即天子之公、卿、大夫、士，受地視外諸侯者也。選賢者置之位，

〔一〕「司馬」與「司空」之間似脱「司寇」二字。

則予之禄，死則其子但得食父禄，不嗣父位，貴得賢也。外諸侯，如公、侯、伯、子、男，先世皆以有功分土列爵，子孫無大惡，均得嗣位以報功也。制，謂章服與命數，有制不得過也。命，陞級之命。天子衣畫龍形袞然。卷、袞同。《周禮》三公八命，其服自鷩冕而下，加一命則九命，進服袞，與天子同。袞非臣子常服，若有大功德，加恩，則賜之。人臣之貴，九命爲極。王者之後、上公與大國之公皆九命，爵無過此者。次國之君，侯伯也，不過七命。小國之君，子男也，不過五命。其冕服之等，詳《周禮·司服之職》。

按：公三卿九，法《乾》陽之數。《易》陽數至九而極，二十七、八十一，後人附會耳。世儒言《易》，謂卦畫如根榦枝葉，六畫上可增至無窮，孟浪之説也。公、侯、伯國三卿，子、男獨二卿，以國小也。然則大夫、士亦宜殺之。子、男既殺爲二卿，則伯國亦宜殺之。卿、大夫皆諸侯之臣，亦莫非王臣也。命則皆命，何獨卿？三卿何獨一卿不命？非所以布大公、杜猜忌、安寮宷也。既卿命於天子，則是大夫以下，皆不命可也。又云「小國之卿與下大夫一命」，此又誰命之？諸侯之國既有方伯、正、長統馭于州，又有天子命卿控制于國。方伯亦諸侯也。天子選於二百一十國之中，推此一人爲牧，信任亦專矣。況其國既有命卿三人爲輔，而又以三大夫監之，則其防之無異虎兕。此秦漢以後監軍之法，豈先王所以親萬國、推誠布公之道乎？畿内諸侯不得世爵，畿外諸侯享國繼世，是使内臣不如外臣也。如謂内諸侯不皆賢，外諸侯豈盡賢乎？如謂内諸侯即天子公、卿、大夫，宜選賢置位，有位即有禄，不賢者既不奪舊禄，則新進者又當益地，畿内地幾何，足以供之乎？既云畿内以封王子弟，則王子弟爲内諸侯，皆不得嗣位乎？以經傳考之：《周官》有三孤，《記》無之；《記》有三公，《周禮》無之；《周禮》有六卿，《記》云九卿；《記》大夫、士皆有常數，而《周禮》無數；《周禮》有衮冕、鷩冕、毳冕、希冕、玄冕，《詩》亦言衮衣、毳衣，而《記》但言衮；《周禮》公之孤四命，《記》大國卿不過三命；《周禮》公侯伯之大夫、子男之卿皆再命，公侯伯之士、子男之大夫皆一命，《記》大國之下卿再命，小國之卿與下大夫一命；《周禮》六卿職官三百六十，《記》公卿大夫元士僅得官百有二十，大抵皆以臆裁，非親見先王古制也。鄭康成遂推此爲夏禮，以《明堂位》「夏后氏官百」爲據。夫《明堂位》亦記也，其疑竇尤多，烏足以相徵乎？

凡官民材，必先論之，論辨然後使之，任事然後爵之，位定然後禄之。爵人於朝，與士共之；刑人於市，與衆棄之。是故公家不畜刑人，大夫弗養，士遇之塗，弗與言也。屏之四方，唯其所之，不及以政，示弗故生也。

論，謂考其德行道藝也。辨，分明也。使，任以事也。爵，位次也，謂初授以一命之位，猶《周禮》一命受爵也。禄，食也。爵人，猶《周禮·鄉大夫》三年大攷其德行道藝，而興賢能，禮賓之，鄉老及鄉大夫羣吏，獻賢書于王，王拜受之，登于天府也。所以者何？朝者士之所會，有德者，士類所同欲爵，以明其不私也。刑人於市，謂大辟也。市者，衆所聚也。與衆棄之，國人皆欲殺也。公家不畜，不容于國也。此謂墨、劓等刑人之未死者。大夫不養，不留于家也。屏之四方，謂五刑宥而流者。罪有輕重，流有遠近，惟所當往之地置之，《虞書》云「五流有宅」是也。政以養民，不及以政，謂不授田，不賑卹，示不故欲其生也。

按：《周禮·掌戮之職》「墨者使守門，劓者使守關，宮者使守內，刖者使守囿，髡者使守積」，則是公家畜刑人，與《記》言矛盾也；而《記》爲近情，《周禮》此言不可行也。

諸侯之於天子也，比年一小聘，三年一大聘，五年一朝。天子五年一巡守，歲二月，東巡守，至于岱宗，柴而望祀山川，覲諸侯，問百年者就見之。命大泰師陳詩，以觀民風；命市納賈，以觀民之所好去聲惡去聲，志淫好辟僻；命典禮考時月定日，同律，禮樂、制度、衣服正之。山川神祇有不舉者爲不敬，不敬者君削以地；宗廟有不順者爲不孝，不孝者君絀黜以爵；變禮易樂者爲不從，不從者君流；革制度衣服者爲畔，畔者君討；有功德於民者，加地進律。五月，南巡守，至于南嶽，如東巡守之禮。八月，西巡守，至于西嶽，如南巡守之禮。十有一月，北巡守，至于北嶽，如西巡守之禮。歸假于祖禰，用特。天子將出，類乎上帝，宜乎社，造乎禰。諸侯將出，宜乎社，造乎禰。

比年，連年。聘，問也，致問於天子也。小聘使大夫，大聘使卿。朝，諸侯親來朝也。巡守，天子親往巡諸侯所守也。「歲二月」以下，皆巡守之事。岱宗，東嶽泰山。東爲生物之始，故曰宗。柴，燔柴。天子至方嶽下，則燔柴于山，升煙祭天告至。一方山川神祇，皆於此望而祭之。一方諸侯皆來覲，問高年百歲之人就見之。大師，樂官，采民閒詩獻之，以觀風俗善惡也。命市官納市中物價，以觀民好惡，民志奢淫，則所好邪僻也。命典禮之官，考曆以明四時及月之大小、日之甲乙。同，齊也。律，六律，度量衡所由出也，解見《書·堯典》。禮，冠昏喪祭之類。樂，五聲八音之類。制度，宮室車旗之類。衣服，貴賤品級之類。正之使齊，以同風俗也。山川神祇不舉，謂廢祭祀也。不順，如亂昭穆、失時序之類。從，猶順也。君，皆謂諸侯。有犯此者，天子削、絀、流、討之也。進律，升爵也。人與鬼神交曰假。祖，祖廟。禰，父廟。特，一牲，謂牛也。廟各用一牛。天子出，巡守征討也。諸侯出，朝覲會同也。類，祭天。宜，祭后土。造，祭祖禰。皆將出而祭告之名。

〇按：《虞書》「三載考績」，《論語》亦云「三年有成」，比及三年，則是考績之年，即古述職之歲。述職之歲，即來朝之期也。故《商頌》云：「歲事來辟，勿予禍謫。」然則古諸侯朝天子述職，蓋三年一至，而天子適諸侯巡守，或五年耳。此云「五年一朝」，又云「五年一巡守」，或即巡守而遂朝會于方嶽。不然，則朝與巡守期併，抑天子不巡守則來朝，巡守則不來與？或謂其閒四年，分諸侯爲四部遞朝，四歲而徧，《虞書》謂「五載一巡守，羣后四朝」也。或云：虞夏五年一巡守，殷六年，周十二年。鄭康成解《周禮》謂以遠近爲疏數，四方六服各爲四部，分四時，應朝之年，四時分至，各以一歲徧。紛紛皆異説也。此節大抵據《堯典》敷衍，不可以概三代。即三代之法，不可以概後世。

必欲踵巡守行之，是秦、隋之覆轍也。法有行于古，而必不可通于後世者，「五年一巡守」是也，解見《堯典》。大師陳詩，蓋所至士民里巷謳歌有關風化者，采輯潤色之。當世大師所弦歌，非必即民間之作。後世遂謂《國風》爲里巷之曲，亦讀禮之誤也。

天子無事與諸侯相見，曰朝。考禮、正刑、一德，以尊于天子。天子賜諸侯樂，則以柷昌六切將之；賜伯子男樂，則以鼗將之。諸侯賜弓矢，然後征；賜鈇鉞，然後殺；賜圭瓚，然後爲鬯。未賜圭瓚，則資鬯於天子。天子命之教，然後爲學。小學在公宮南之左，大學在郊。天子曰辟雍，諸侯曰頖泮宮。天子將出征，類乎上帝，宜乎社，造乎禰，禡馬怕反於所征之地，受命於祖，受成於學。出征執有罪，反，釋奠于學，以訊馘國告。

天子無事，謂無凶喪、戎寇之事，平世以吉禮朝諸侯也。考禮，無違僭也。正刑，無枉縱也。一德，無貳心也。三者皆尊王之事。柷，以木爲之，如桶而方，中有椎，連底撞之，以始衆音者也。鼗，小鼓有柄，旁有耳，摇擊之，以節樂者也。凡以物賜人，置其大者于地，而持其小者以將命，故賜樂，將之以柷、鼗也。柷差大而鼗小，柷始而鼗終，故柷以命公侯，而鼗以命伯子男也。鈇，扎草刀。鉞，斧也。瓚，以金爲勺，宗廟獻酒之器，以玉爲柄，故曰圭瓚。天子圭瓚，諸侯璋瓚。半圭曰璋。鬯，酒名。《周禮》有鬱鬯，以秬黍釀酒，和之以香曰鬱，其氣暢然曰鬯。天子諸侯廟祭，初獻祼尸用之。諸侯有大功德，天子賜之圭瓚，則自爲鬯。不然，皆資鬯於天子。學，學宫。小學，庶人子弟之學。大學，國子之學。公宫左，國内也。郊，國外也。小學在國，近以便民。大學在外，遠以尊師。在内者小，所習近也。在外者大，所期遠也。辟、闢通，開明也。雍，安和也。頖之言班，以班政教也。或云：辟，璧也，水環抱如璧也。頖，泮也，水半璧也。蓋因象取義爲名。禡，祭始造兵器者，名蚩尤，三苗之君。不祥之器，故祭曰禡，罵也。受命于祖，告于祖廟，稟命也。受成于學，告于先聖，定謀也。釋，猶奠也。釋芹藻，奠幣帛，無牲牢也。訊，謂所獲敵人生口，待訊問者也。馘，殺敵人而割其左耳獻功也。武功告于學，歸本文德也。

按：《孟子》云：「諸侯朝于天子曰述職。述職者，述所職也，無非事者。」此云無事相見曰朝，非名也。孔子云「禮樂征伐自天子出」，此不易之經。爲諸侯有邊功，旌以弓矢；委諸侯使殺伐，假以鈇鉞。若謂一賜之後，便專征伐，此五霸假爲口實、大亂天下者也。説詳《尚書·西伯戡黎》章。疏義引《春秋》晉文公〔一〕執衛侯歸京師，爲不得鈇鉞不殺，其誨盜尤甚。鈇鉞賜而諸侯皆可殺，何有于大夫？《記》如此類，爲莽、操九錫濫觴，可删也。酒稱鬯，取香氣充暢。《周禮》有鬯人、鬱人，鄭氏謂秬黍釀酒曰鬯，煮以鬱金之草。然《詩》《書》但言鬯，不言鬱，恐鬱亦是醖釀濃厚意，非必是草。而《雜記》有鬯臼杵，則鬱草也。然亦當珍貴，若云鬱金，即今薑黄，何芳香之有？或云：不以物，

〔一〕「公」下原誤重一「公」字，今删。

重其禮。然《禮器》云「諸侯相朝，灌用鬯」，則諸侯用鬯者多，若皆資于天子，千八百國天子皆資鬯，亦煩且褻矣，何貴重之有！其説難盡信。教學不可一日廢，諸侯待「天子命之教，然後爲學」，此語尤謬。武功告于學，因《詩·魯頌》有「獻囚」、「獻馘」語。彼爲魯弱，僖公脩學，諷以武功云爾。學宫之祭，不見於《詩》《書》；釋菜小禮，非所以告武功，《記》言大抵附會耳。

天子諸侯無事，則歲三田：一爲乾干豆，二爲賓客，三爲充君之庖。無事而不田曰不敬，田不以禮曰暴天物。天子不合圍，諸侯不掩羣。天子殺則下大綏緌，諸侯殺則下小綏，大夫殺則止佐車。佐車止則百姓田獵。獺灘，入聲祭魚，然後虞人入澤梁；豺祭獸，然後田獵；鳩化爲鷹，然後設罻尉羅；草木零落，然後入山林。昆蟲未蟄，不以火田。不麛迷，不卵，不殺胎，不殀夭，不覆巢。

歲三田，謂春、秋、冬，夏暑不田。搏獸謂之田者，禽獸害田，故除之也。爲乾豆，謂乾其肉，供祭祀之豆也。爲賓客，供燕饗也。充君庖，備君膳也。不敬，謂慢神忘賓也。不以禮，謂取之無厭，如合圍、掩羣之類。暴，殄絶也。合圍而殺之，掩羣而取之，是暴殄天物也。大綏，謂大旗垂綏也。獵必抗旗，偃旗，止殺也。佐車，驅逆之車。先尊後卑者，田獵之序也。百姓獵，謂冬獵也。獺祭魚，十月也。始食曰祭。古者先祭後食，故謂始食爲祭。虞人，掌澤梁之官。累石絶水，空其中取魚曰梁。

豺祭獸，九月也。九月民閒始獵。鳩，布穀也。二月鷹化鳩，至八月鳩復化鷹，則鳥始成，可羅取也。羅之小者曰罻。昆，衆也，明也。昆蟲未伏藏，不焚萊而田，恐傷百蟲也。此以上皆秋冬之事。麛，獸子也。不，不取也。此以下皆春夏之事。

按：古天子田獵，所以講武事，故《周禮·大司馬》蒐以教振旅，苗以教茇舍，獮以治兵，狩以大閲，無事則爲田獵，有事則爲軍旅。孔子云「以不教民戰，是爲棄之」，所以安不忘危之道也。若夫羞俎豆，備裘褐，虞衡之官足以供之，是以魯人獵較，猶爲敝俗；《豳風》于貉，載纘武功；《車攻》《吉日》，爲宣烈中興；《五子之歌》，垂戒史牒；狩郎焚丘，《春秋》致譏。孟子謂百姓聞車馬之音，疾首蹙頞者，好田之謂也。治則獵非首務，亂則田爲禽荒。今云無事不田謂之不敬，過情之論也。《周禮》四時田，此云一歲三田，鄭氏推爲夏禮，誣也。其謂夏月不田，近之。《易·象》云：「東鄰殺牛，不如西鄰禴祭。」《周禮》夏祭曰禴。以水瀹菜而祭，四時惟夏祭薄，不用牲牢，故不田獵，或有之。下文亦云：天子祭，歲一特三祫。祫豐而特儉，豈以特故廢一田與？又云春特則不田，似又不在夏矣。皆不可曉。設罻羅，以仲秋鳩化鷹爲候，《夏小正》又云鳩五月化鷹。驗之布穀，五月無聲，《夏小正》言爲然。五月鳥未成，則《記》言又誤矣。

冢宰制國用，必於歲之杪眇。五穀皆入，然後制國用。用地小大，視年之豐耗，以三十年之通制國用，量入以爲出。祭用數之仂勒。喪三年不祭，唯祭天地社稷，爲越紼而行事。喪用三年之仂。喪祭，用不足曰暴，有餘曰浩。祭，豐年不奢，凶年不儉。國無九年之蓄曰不足，無六年之蓄曰急，無三年之蓄曰國非其國也。三年耕必有一年之食，九年耕必有三年之食。以三十年之通，雖有凶旱水溢，民無菜色，然後天子食日舉以樂。

冢宰，百官之長。國用重計，故冢宰制之。杪，末也。歲終税皆入，然後制來歲一年之用。地有小大，則物産有多寡。年有豐耗，則收入有盈縮。視其年之所獲，爲用之差等。大約以其所入析爲四分，用其三而餘其以一，使三年餘一年之用，三十年餘十年之用，通融會計，欲其如此。量今歲之入爲來歲之出，入多不過禮，入少則從殺。用不常而費重者，莫如祭與喪。每歲之祭，取諸每歲通融量出之仂。零數曰仂，猶《易》筮法「歸奇于扐」，《考工記·輪人》「以其圍之防」，皆正數外所零，鄭氏謂什之一，是也。祭，吉禮；喪，凶禮。故三年之喪，除天地社稷外，皆不祭。即以三年内不祭，餘財供喪之用。紼，引柩大繩。越紼，違凶從吉也。用不足，則殘缺敗禮，曰暴。用有餘，則泛濫没禮，曰浩。豐年用仂不過禮，故不奢。凶年量其仂以成禮，故不儉。蓋年有豐凶，仂有多寡，禮亦因之。《雜記》謂「凶年祀以下牲」，正此意。所謂量入爲出，三十年之通，如是而後有九年之蓄也。三十年爲一世，世有餘蓄，雖水旱何能困之？菜色，食菜之色，言民無穀食也。盛饌曰舉。《周禮·膳夫之職》：「王〔一〕

〔一〕「王」原訛作「五」，今據《周禮》正。

日一舉，鼎十有二，物皆有俎，以樂侑食」，又曰：「大荒則不舉。」

○按：喪祭皆大禮，皆至情。禮則祭爲重，情則喪爲切。如以情，三年不祭可也；如以禮，郊社越紼，未爲不可，而説者疑之。嘗觀《周書·顧命》成王初喪，嗣君冕服受命，見諸侯于内朝，受珪幣乘黄，而後釋冕，反喪服。此非周召之禮與？則祭天地越紼，於何不可？無已，則初喪使人代，雖廟祭亦可代也。卒哭，則墨衰行事，雖廟祭亦可行也。蓋先王制禮，主于尊敬，故曰：知親而不知尊者，禽獸也。惟禽獸知愛不知敬，故禮以節人情，別于禽獸。不以情損禮，不以親加尊，不以愛忘敬，可知也。故《曾子問》諸侯于天子崩，君薨，既殯，五祀亦越紼行，則天地社稷，雖始死不廢可知。蓋三年之喪，在親則主哀而敬爲節，在尊則主敬而哀爲節。親喪，則祭爲疏，哀勝也；尊喪，則祭亦尊，敬勝也，可以達禮義矣。

天子七日而殯，七月而葬；諸侯五日而殯，五月而葬；大夫、士、庶人三日而殯，三月而葬。三年之喪，自天子達。庶人縣玄封，葬不爲雨止，不封不樹。喪不貳事。自天子達於庶人，喪從死者，祭從生者。支子不祭。

人死而殮於棺曰殯，殯而藏於土曰葬。初死不即殯，不忍殯也。殯不即葬，俟會者之至也。尊者禮多，故遲；卑者禮少，故速。《春秋傳》云：天子葬同軌畢至，諸侯同盟至，大夫同位至，士外姻至。

三年之喪，自天子達，言下達於庶人也。縣封，謂以二繂懸棺下壙，不用碑楹也。不爲雨止，屆期必葬，雖雨不止也。不封，不培墳也。不樹，不植木也。以上四者，皆庶人之禮。喪〔一〕不貳事，哀慕專也。王崩，世子三年不言，而諸侯以下可知；大功廢業，而三年之喪可知也。喪從死者，即《中庸》篇「父爲大夫子爲士，葬以大夫祭以士」之類。從死者葬，以安其分也；從生者祭，以伸其情也。自天子下至庶人，此禮同也。支子不祭，祭于宗子家也，説詳《曲禮》。

按：七、五等日月，議禮者以數別尊卑云爾。鄭謂「尊者舒，卑者速」，亦非截然定三五七之限也。郤尸七日、五日不就木則腐，爲虐士，而人穢〔二〕之。以此求生，顧不害與？不爲雨止，因《春秋》書敬嬴、定公之葬「雨不克」，《左》《公羊》誤以爲禮，故《記》附會，謂庶人與諸侯禮異也。苟禮邪，則《春秋》不書，書「雨不克葬」，譏不戒也。不爲雨止，何獨庶人當爾？不封不樹，茫茫原野，數世之後，焉識丘隴？喪不貳事，以爲通禮則可，以爲庶人之禮，如解者所云，則是士大夫親死，皆墨衰經與于公門之事，不可爲訓。

天子七廟，三昭三穆，與大祖之廟而七。諸侯五廟，二昭二穆，與大祖之廟而五。

〔一〕「喪」原作「葬」，據經文及上下文義改。

〔二〕「穢」，《續修》本作「畏」，《存目》本似爲讀者所塗抹，不易辨識。

大夫三廟，一昭一穆，與大祖之廟而三。士一廟。庶人祭於寢。天子諸侯宗廟之祭，春曰礿約，夏曰禘，秋曰嘗，冬曰烝。天子祭天地，諸侯祭社稷，大夫祭五祀。天子祭天下名山大川，五嶽視三公，四瀆視諸侯。諸侯祭名山大川之在其地者。天子、諸侯祭因國之在其地而無主後者。天子犆特礿，祫夾禘，祫嘗，祫烝。諸侯礿則不禘，禘則不嘗，嘗則不烝，烝則不礿。諸侯礿犆，禘一犆一祫，嘗祫，烝祫。天子社稷皆大牢，諸侯社稷皆少牢。大夫、士宗廟之祭，有田則祭，無田則薦。庶人春薦韭，夏薦麥，秋薦黍，冬薦稻。韭以卵，麥以魚，黍以豚，稻以鴈。祭天地之牛角繭栗，宗廟之牛角握，賓客之牛角尺。諸侯無故不殺牛，大夫無故不殺羊，士無故不殺犬豕，庶人無故不食珍。庶羞不踰牲，燕衣不踰祭服，寢不踰廟。

廟之言貌也，神貌也。身以上，爲父、祖、曾、高四親，及始造命之君爲大祖者，共廟五。四親而上，五服之外，親盡之祖爲祧廟者二。祧者，超也，遥也。五廟與二祧，共爲七。或曰：天子有二宗，與大祖之廟同不毁，謂之世室，共七也。廟在王宫左，皆南向，各有門堂寢室週牆。大廟居北中，左三廟爲昭，右三廟爲穆，各以次疊而南。大廟則大祖居之。昭北一廟，二世君居之。穆北一廟，三世君居之。昭二廟，四世君居之。穆二廟，五世君居之。昭三廟，六世君居之。穆三廟，七世君居之。

父居昭，則子居穆，父子不共昭穆也。世遠廟數不足，則新主祔于昭穆之南廟，而以盡北祧廟之主，遷于大祖廟之夾室藏之。餘三廟之主，以次自南升而北，昭升于昭，穆升于穆，左右不參也。廟皆南向，廟中主皆東向。祫祭，則合羣主于大祖廟，惟大祖主東向自如，而羣主皆以南北爲左右，居左向陽爲昭，居右向陰爲穆也。諸侯五廟，謂四親與始封之祖爲五。大夫始祖，即諸侯之次子始爵爲大夫者，與祖、父之廟爲三。士止祭其父，爲一廟。庶人無廟，禮不下庶人，祭于寢，薦而已也。春祭曰礿，與禴同，薄也。春物初生，祭品薄也。禘，帝祭。《喪服小記》《大傳》皆曰「不王不禘」，此以爲時祭之通名，未詳。而《郊特牲》又云「春禘」，近之。故《雜記》云：夏而禘，自孟獻子始耳。《學記》云：「未卜禘，不視學。」天子視學亦以春也。嘗，百物秋熟可嘗也。烝，衆也，冬衆物皆備也。五祀，謂户、竈、中霤、門、行也。五嶽，東岱、西華、南衡、北恒、中嵩也。四瀆，江、淮、河、漢也。天子祭名山大川，以其能成變化，資財用，故報之也。上公之禮九牢，饗禮九獻。諸侯之禮七牢，饗禮七獻。視者，比其秩，以祀之也。因國，謂國因其先代故墟，無主爲後，故祭之。天子祭無主之帝王，諸侯祭無主之諸侯。犆，與「特」同。分祭曰犆，合祭曰祫。天子宗廟四時之祭，春則就各廟特祭，夏則於大廟合祭。特祭禮儉，發生之時，不盡物也。合祭禮豐，物漸成，備物致享也。前節謂「歲三田」，或以此與？天子一時一祭，諸侯二時一祭：天子每歲三祫，諸侯再歲少一祫，禮殺於天子也。天子春特，夏即祫；諸侯春特，夏祭猶未全用祫，備物後于天子也。牛羊豕具曰大牢，羊豕曰少牢。田，采地也。祭與薦異：祭有常時，薦無定期；祭有尸，薦無尸；祭有牲牢，薦惟時物。春韭長而卵生，夏麥成而魚出，秋黍熟而豚肥，冬稻登而鴈來，各以時薦也。小豕曰豚。牛角如繭栗者，犢也；角一手可握，長不出四指者，亦小牛也；角盈尺者，大牛也。牛用小，貴其初也，故以祭天地。殺牲所以供鼎實，鼎非常用之器，無大禮則不殺。珍，美味。八珍，見《内則》。庶羞，亦以肉爲之，如牲爲羊，則羞不得更用牛之類。

按：廟制、祭名，諸説紛紛不齊。七廟不見於《詩》《書》。孔《書》云「七世之廟」，非必真伊尹語。《儀禮》《周禮》《穀梁》《家語》等書，大抵與《記》先後雜出，未可相徵。或稱虞、夏五廟，殷六廟，周七廟，或云九廟，以至于士一廟，《祭法》又云適士二廟，官士一廟，未知誰是。夫尊祖敬宗，人有同心，天子道隆位尊，何以恩窮七世？諸侯五世，上不得伸情，大夫祭不得越禰祖，士庶人則并王父母不得祭，豈人情乎？秋嘗、冬烝，名義稱矣。春礿、夏禘，于義何居？又有謂夏禴者，有謂春祠者，有謂春禘者，有謂禘爲大祭，五年一禘、三年一祫者，又有謂祫即禘者。今言祫、禘亦時舉，又安在其爲大祭也？或謂三年喪畢，祔新主于廟，合羣主而祭之曰祫，引《春秋》所書羣公之祭，以求三年、五年之例。夫魯祭非禮，凡《春秋》所書皆爲失禮，豈可以爲質？故謂祫爲三年喪畢之祭，亦强説也。謂祫即禘者，近之，但不定五年、三年，恐亦當歲一舉，舉則當以春。此謂夏禘者，據《春秋》僖公八年秋七月禘大廟，而不知正以失時書。故《雜記》云七月禘，孟獻子爲之，非古也。禘本王者大祭，魯用之，《春秋》非之，《論語》譏之，其重可知。蓋禘，祭帝也。三王始祖皆帝子，故祀始祖所自出皆謂禘。其追崇遠，故其禮大，以大祖爲配，而羣廟之主皆從，故又曰祫。按《商頌·長發》

爲大禘之歌，而相士以下迄于伊尹皆在；《周頌·雍》爲大禘，而烈考、文母皆在，是其徵也。諸侯礿則不禘，禘則不嘗，嘗則不烝，鄭謂四時缺一祭者，諸侯每歲分四時朝王，故缺一也。四時分朝之説，經無明據，即《周禮》亦鄭以臆解，《記》則未及。苟四時有常祭，君朝豈無攝乎？即朝廢一祭耳，據此文，是廢二祭也。《中庸》稱「春秋脩其祖廟」，又云禘嘗以祀其先，《曾子問》亦云「嘗禘郊社，尊無二上」，《祭義》《祭統》祇云春禘秋嘗，然則一歲二祭，禮與？大抵《記》作于經殘之後，耳食舊聞，不能折衷，解者必欲强合，辭窮則推殷、夏。《記》于周且茫然，何論殷、夏乎！學者通其義可矣。

古者，公田藉而不税，市廛而不税，關譏而不征，林麓川澤以時入而不禁，夫圭田無征，用民之力，歲不過三日，田里不粥育，**墓地不請。**

公田，公家之田，如井田中畝是也。藉，借民力耕穫也。不税，不賦其私田也。廛，市居之地。民授以市地一區，不責税也。關，境上及要路之門。譏，察姦宄也。不征，不税商旅也。山林曰麓。以時入，不伐其生長也。不禁，與民同利也。圭田，祭田也。圭、蠲通，潔也，與《士虞》哀辭孝子「圭爲」之「圭」同。夫，語辭。凡大夫、士在官則有祭田，不征税也。用民之力，謂興作之類，每歲一夫役不過三日。古者民田皆公家分授，故禁不得私賣。凡墓地，聚族而葬，外人不得請求也。

按：不税、不征、不禁，與《孟子》合，其義甚正。《周禮·司關》市廛皆有征，山林川澤皆有厲禁，此春秋、戰國以來苟且一切之計，不可爲訓。而鄭氏動推殷禮，何知殷有此禮乎？「用〔一〕民力」以下三事，皆古良法，然今亦不可盡行矣。

司空執度度鐸地居民，山川沮疽，去聲澤，時四時，量地遠近，興事任力。凡使民，任老者之事，食嗣壯者之食。凡居民材，必因天地寒煖燥濕，廣谷大川異制，民生其閒者異俗，剛柔、輕重、遲速異齊去聲，五味異和去聲，器械異制，衣服異宜。脩其教，不易其俗；齊其政，不易其宜。中國戎夷五方之民，皆有性也，不可推移。東方曰夷，被髮文身，有不火食者矣。南方曰蠻，雕題交趾，有不火食者矣。西方曰戎，被髮衣皮，有不粒食者矣。北方曰狄，衣羽毛穴居，有不粒食者矣。中國、夷、蠻、戎、狄，皆有安居、和味、宜服、利用、備器。五方之民，言語不通，嗜欲不同。達其志，通其欲，東方曰寄，南方曰象，西方曰狄鞮低，北方曰譯。凡居民，量地以制邑，度地以居民，地、邑、民居，必參相得也。無曠土，無游民，食節事時，民咸安其居，樂事勸功，尊君親上，然後興學。

此節言聖人治天下，因民宜俗，裁成輔相，使各安其所，而後政教可施，即孟子告梁王「使民養

〔一〕「用」上字原爲墨釘，今刪，《續修》本作「周」。

生喪死無憾」，「王道之始」之意。民生莫大於水土，故居民必首司空。唐虞之官，莫重於司空。司空者，百揆也。故舜禹居之，以相堯舜，平成而有天下。空者，四方上下總名。洪水昏墊，欲消去之，故曰司空。有燮理參贊之道，而後司空之職可舉，故《周禮》以司空散見於五官，而寓水德於冢宰，《記》未識此意也。度，丈尺也。度地居民，草昧之初，度地授田，爲城郭宮室以安民也。沮，下濕之地。水所聚曰澤。地氣有燥濕，天時有早晚，量地因時，以舉事役民。老者之事，事少也。壯者之食，食多也。居民材，謂調理區別，各盡其材。凡民資生利用曰材。裁成輔相，使安生樂業曰居。因天地氣候，相山川形勢，順五方風俗，隨民生稟賦。五味，謂酸苦辛鹹甘。器械，如水陸舟車之類。衣服，如氈皮葛越之類。教，如三綱五常之類。政，如禮樂刑政之類。《風俗通》曰：夷者，觝也；蠻者，慢也；戎者，兇也；狄者，僻也。文身，畫身也。雕題，刺額也。交趾，兩足向内行也。不火食，東南氣煖也。不粒食，北方地寒無五穀也。中國四裔雖不同，而居、服、器、用各有宜，聖人皆欲通其意，達其志，故有寄、象、鞮、譯之設。寄，寓也，寄託其意也。象，彷像其似也。鞮，屨也，因屨以通意。《周禮》有鞮屨氏以通其聲歌，是也。或曰：狄，遠也；鞮，履也。遠履其事，知其意所在也。譯，釋也，以彼此言語文字相解釋也。此以上，皆王者同民一俗、柔遠能邇之道，所謂「居民材」也。量地之便利爲國邑，度邑之大小居編氓，必使邑有可居之地，地有安居之民，民有可耕之地。三者相得，則土無閒曠，民無游惰，食以節，用以時，安生樂業，然後教化可興也。

按：司空，即唐虞氏之百揆。舜禹以司空總百揆，有聖人參贊位育、平成天地之能，然後此職克舉。空者，六虚之名，昏墊不開，聖人欲銷之，乃命司空。洪荒之事無大于水土，故官莫重于司空。後世水平土平，司空職降而爲國邑，始與五官并矣。此節論居民材，以天地山川、内夏外夷，裁成輔相，盡屬司空，故知司空重也。《周禮》以司空考五官，縱横名法之家，其於聖人典禮未必合，然亦非苟且闕畧不備之書。《王制》成于漢初，《周禮》未出，意緒不相接，而世儒欲執《王制》討《周禮》，謂司空水土職錯入司徒，斥《考工》爲補闕。今按《王制》言居材者，變通利民之意，與司徒土圭、土會、土均法原不相涉。《王制》言司空典而正，《周禮》言司空詭而奇，道不同不相爲謀，牽强附合，是學禮者之病也。

司徒脩六禮以節民性，明七教以興民德，齊八政以防淫，一道德以同俗，養耆老以致孝，恤孤獨以逮不足，上賢以崇德，簡不肖以絀惡。命鄉簡不帥教者以告句，耆老皆朝于庠，元日，習射上功，習鄉上齒，大司徒帥國之俊士與執事焉。不變，命國之右鄉簡不帥教者移之左，命國之左鄉簡不帥教者移之右，如初禮。不變，移之郊，如初禮。不變，移之遂，如初禮。不變，屏丙之遠方，終身不齒。命鄉論秀士，升之司徒，曰選去聲士。司徒論選士之秀者而升之學，曰俊士。升於司徒者不征於鄉，升於學者不征於司徒，曰造士。樂正崇四術，立四教，順先王《詩》《書》《禮》《樂》以造士，春秋教以《禮》《樂》，冬夏教以《詩》《書》。

王大子，王子，羣后之大子，卿、大夫、元士之適子，國之俊選，皆造焉。凡入學以齒。將出學，小胥、大胥、小樂正簡不帥教者，以告于大樂正，大樂正以告于王，王命三公、九卿、大夫、元士皆入學。不變，王親視學。不變，王三日不舉，屏之遠方，西方曰棘，東方曰寄，終身不齒。大樂正論造士之秀者以告于王，而升諸司馬，曰進士。司馬辨論官材，論進士之賢者以告於王，而定其論。論定然後官之，任官然後爵之，位定然後祿之。大夫廢其事，終身不仕，死以士禮葬之。有發，則命大司徒教士以車甲。凡執技論力，適四方，羸力果反股肱，決射御。凡執技以事上者，祝、史、射、御、醫、卜及百工。凡執技以事上者，不貳事，不移官，出鄉不與士齒；仕於家者，出鄉不與士齒。

此記鄉、國學教士之法。司徒，天子之卿掌邦教者也。六禮、七教、八政，詳篇末，皆道德之目。淫，放溢也。禮、教、政，所以施於民。養老恤孤，所以身先於君也。上，進也。簡，猶汰也。帥、率同，從也。賢，如下文選士、俊士之類。不肖，即下文不帥、不變之類。絀、黜通。命，大司徒命也。《周禮》天子畿内六鄉，萬二千五百人爲鄉，每歲終，鄉大夫簡鄉子弟不帥教者，告于大司徒也。耆老，鄉縉紳告老者。朝，會也。庠，鄉學也。元日猶吉日，蓋次年之正月吉日。習射上功，謂行鄉射禮以中多爲上，尊德藝以示不帥者也。習鄉上齒，謂行鄉飲禮以年齒爲上，崇禮讓以示不帥者也。國之俊士，士之已升于國學者，使與于射飲之執事，示不帥者向慕思齊也。不變，謂三年之終，又簡不帥，左右更移，新其師友之功也。如初禮，謂四年正月之吉，鄉大夫又習射、飲于庠，如初教之。不變，五年終又簡不帥，移之郊，畿外百里郊學也。鄉大夫又習禮于郊，教之如初。不變，謂七年終又簡，移之遂，遂學在郊外，漸遠也。八年正月，鄉大夫又習禮于遂，教之如初。又不變，則九年矣，是終不帥矣。然後乃屏棄之遠方，永不序用也。齒，序也。此皆所謂「簡不肖以絀惡」也。每三年大比，司徒命鄉大夫論其鄉庠子弟之秀出者。辨別比擬曰論。穎鋭出類曰秀。算數備用曰選。才過千人曰俊。由鄉大夫論而升之大司徒者，是謂鄉之選士。由大司徒再論而升之國學者，是謂大司徒之俊士。國學收而造就之者，是謂國學之造士。造成告于王，而升之大司馬者，是謂大樂正之進士。名雖有五，士皆一人。不征，謂免其傜役。升於司徒者，不給役於鄉大夫。升於國學者，不給役於大司徒。造，猶作養也。不以他事分其志，不以勞賤屈其體，所以優養其德行而閑習其道藝，故曰造士。此皆所謂「上賢以崇德」，皆鄉學教人之法也。「樂正崇四術」以下，又國學教人之法也。樂正，典樂之官，掌教國子。《虞書》曰：「夔！命汝典樂，教胄子。」《周禮》大司樂掌成均之法，以教國子，即今之祭酒。子云：「成於樂。」一世胄之子矜貴難化，必教之，使從容和順，故曰司樂。術，路也。《詩》《書》《禮》《樂》四者，以爲入德之路曰術，以爲課程之規曰教。《禮》《樂》必趨蹌舞蹈，於春秋清和時習之。誦《詩》讀《書》，於冬夏寒暑時習之。《禮》《樂》有聲容以馴擾其氣質，《詩》《書》有義理以開牖其性靈，皆所以柔其驕貴之氣，振其怠惰之習也。王太子，王冢嗣。王子，王庶子。羣后，諸侯。國之俊選，司徒所升之士也。士有貴賤，入學皆以長幼，幼雖貴必後，長雖賤必先。蓋俊選之士，皆已有德藝，與國子齒非亢，而且教國子敦讓也。此國學上賢崇德之事。「將出學」以下，國學簡不肖絀惡之事。出學，謂九年之期，七年小成，九年大成也。小胥、大胥、小樂正皆大樂正之屬，詳《周禮》。不帥教，謂王太子以下至元士適子，而國之俊秀不與矣。王命公、卿、大夫、士入學，謂習禮以教之使變。不變，王親臨視，又習禮以教之。又不變，則終不變矣。王三日不舉，減膳去樂，憂羣子之不肖也。屏之遠方，亦謂王太子以下至元士適子，國之俊秀不與矣。古帝王公教誨，不私其子，所以師嚴道尊，而人莫敢不從。西方曰棘，急也，望其急變也。東方曰寄，寓也，望其終歸也。終不變，則亦終身不齒，如朱、均不肖，堯、舜且廢之；太甲不順，伊尹且放之，皆用此意，而他可知矣。此以上，國學簡不肖絀惡之事。造士，謂鄉之選俊〔一〕與王侯公卿元士之子皆是。大樂正論其德藝秀出者，告于王，而升其人于司馬，曰進士，言皆可進受爵禄之士也。司馬，天子之卿，掌爵禄。先王建官無偏任，養士無偏材，故司徒敷文，而車甲之教，以聯司馬；司馬訓戎，而論士之典，以兼司徒。士有道德者，必游於藝；負材勇者，必文以禮樂。此先王所以設官用人，隨試輒效也。自「司馬」以下，又明德藝之輕重，見士不可苟試也。進士皆可用，而材器各殊，必辨論其所官之材，各署其所長，告于王，以俟王之定其論。論定然後試以官，如長於文事者使司教，工於武畧者使治兵，堪任此官，然後命之爵，爵則有位，然

〔一〕「選俊」，當作「俊選」。

後養以禄，其慎重如此。皆所謂「上賢以崇德」也。而士猶有位至大夫廢職事者，所謂有初鮮終，功怠于宦成，志驕于履滿，故有敗人之軍師、危人之邦邑、毁節改行、寡廉鮮恥者。終身不仕，謂罷黜不復用。死以士禮葬，謂削其爵也。此亦司馬黜惡之事。有發，謂有師旅徵發。大司徒職掌教事，故命大司徒教以車甲戰陳之方。《周禮》居則爲比、閭、族、黨、州、鄉，大司徒統之；出則爲伍、兩、卒、旅、師、軍，大司馬帥之。兵即其民，將即其官，故兵農文武兼資，内政外令相爲表裏也。古之爲士者，雖不遺材技武勇，而司徒所教、司馬所論，道德爲先。凡士執技論力，如材官勇士，使之行役四方，擐衣倮臂，執射御，決勝負，而從容道德非其事矣。祝、史，皆事神之役。技方有定局，故事不二守；藝以爲職，故官不遷。在鄉或混于士類，在國則俊選所不與齒也。此輩若不仕于王朝，而或仕于大夫之家，雖在國亦不得與士齒。蓋勵爲士者以遠大，貴德賤藝，非爲官不達而不與之齒也。仲由、冉求，不亦仕於大夫之家？彼固道德之士，生不逢時，龍蛇之蟄以安身，不可同年而語矣。

按：此節論造士用人，先王良法美意藹然。郊、遂雖遠，亦各有學，以取賢斂材。《文王世子》云郊人者遠之于成均，不得取爵于上尊耳，即執技事上者不與士齒之意，非終棄之也。司徒、司馬官事相聯，自古爲然。《管子》寄軍令於内政，《周禮》司馬伍兩卒旅寓於司徒，六官之屬，惟司徒居多，意蓋本此。顧其謀主富强，而九年教士，上賢簡不肖之政缺焉。《王制》雖司馬不過論材爵人，右武而賤功，所以爲《六經》之治。説者多引《周禮》討《王制》，左矣。

司寇正刑明辟，以聽獄訟，必三刺。有旨無簡，不聽。附從輕，赦從重。凡制五刑，必即天句，論郵罰，麗於事。凡聽五刑之訟，必原於父子之親，立君臣之義以權之；意論輕重之序，慎測淺深之量以別之；悉其聰明，致其忠愛以盡之。疑獄，氾泛與衆共之。衆疑，赦之。必察小大之比以成之。成獄辭，史以獄成告於正，正聽之。正以獄成告于大司寇，大司寇聽之棘木之下。大司寇以獄之成告於王，王命三公參聽之。三公以獄之成告於王，王三又宥，然後制刑。凡作刑罰，輕無赦。刑者侀也，侀者成也，一成而不可變，故君子盡心焉。

司寇，天子之卿，掌邦禁者也。刑以禁寇，故曰司寇。正刑，正定刑書。辟，法也。明辟，脩明法律也。言于公庭曰訟，拘于囹圄曰獄。聽，猶斷也。聽訟而斷其曲直，有罪當殺者，訊之羣臣，訊之羣吏，訊之萬民，是謂「三刺」。諸大夫左右國人皆曰可殺，然後殺之也。有旨無簡，謂但有發露之微旨，無簡覈之實迹，則不可輕聽斷，於是乃有附、赦之法。比例無正條曰附。從輕，謂事可疑而法難縱，如附以重罪則過嚴，故從輕以防冤也。釋囚曰赦。從重，謂雖無實而罪狀已著，如以爲輕舍之，則人易犯，故依律從重赦之，以明法也。蓋入刑者必減等，而赦則不須議減，直指其所應得之罪耳。制，猶決也。五刑謂肉刑，墨、劓、宮、剕、大辟，本三苗之法，舜宥爲「五流」，後世又襲用，至漢文帝始除之。五刑嚴重，聽斷不可有毫髮私意，惟天至公至明，即天，心與天一也。論郵，論其所犯之過尤。郵、尤同，過也。罰，罰贖也。《祥刑》曰：「五刑不簡，正于五罰。五罰不服，正于五過。」麗于事，謂五罰之等必與所犯之事相麗。麗，合也。《祥刑》曰「罰懲非死，人極于病」，不可苟也。五刑之訟，謂犯五刑者之訟辭。父子主親，原者，推其情。君臣主義，立者，植其分。權，謂輕重不定之閒酌其當。或爲親而蒙罪，雖重可輕；或爲忍于親而犯法，雖輕亦重。蓋情關父子，刑干天和，故當權其情於常情之外也。或爲忠君而蒙罪，雖重可輕；或敢於無君而得罪，比常加倍。蓋臣與君難論曲直，又當權其義於常理之外也。事有似重實輕、似輕實重者，據事則反失序，惟論其犯法之意，或輕或重，自脗合也。情有似淺實深、似深實淺者，忽畧則混同，必審慎推測，得其隱伏之衷，或淺或深，其量自適中也。悉聰明，謂竭耳目之力，聰以聽辭之遁屈，明以觀色之慚沮，然亦或有懾于威，訥于辯，不得盡辭者。必推吾不忍不欺之心，以致吾忠實惠愛之意，使彼得盡吐其隱微凝滯之情，如是庶無疑獄乎，而猶或有疑者，不敢遂恣意斷之於獨也。氾，廣也。寬容舒徐，以俟公論定，疑將自明。若衆人皆疑，則真謂之疑獄矣，如是而後赦焉，赦之可也。而人不知所犯何罪，則赦者輕犯，犯者望赦，必察其所應得之罪，比以成之。如小罪，則按小辟以成其罪，而赦其所爲小辟；大罪，則按大辟以成其罪，而赦其所爲大辟。赦之所以釋疑，而成之所以明法也。疑者既赦，無疑者成獄矣。辭，謂犯者所對之辭。史掌文書，獄吏也。正，聽訟之官，士師之屬。史録犯者之辭告正，正據辭決罪也。棘木，外朝左植九棘，爲孤卿之位。又當作宥。臨刑，王命三宥：一不識，二過失，三遺忘。以此免之不可，而後行刑。蓋好生者天子之仁，而誅暴者司寇之法也。制刑，猶行刑。「凡作刑罰」以下，申言立法之意。作刑罰，定律令也。輕無赦，輕易無言赦也，赦則法不信而人易犯。惟其赦之也不輕，故其成之也不苟。惟其成之也不苟，故其刑之也無寃。不赦而後法信，法信而後人不敢犯也。侀，形體也。獄具成刑，猶四體具成形。形成則不可毁，刑成則不可變，所謂「輕無赦」也。然則聽斷之際，君子烏容不盡心乎！苟以輕赦之心聽之，則出入遷變，不可以爲例矣。盡心，即前「三刺」以下諸事。

析言破律，亂名改作，執左道以亂政，殺。作淫聲、異服、奇技、奇器以疑衆，殺。行僞而堅，言僞而辯，學非而博，順非而澤以疑衆，殺。假於鬼神、時日、卜筮以疑衆，殺。此四誅者，不以聽。凡執禁以齊衆，不赦過。有圭璧金璋不粥育於市，命服、命車不粥於市，宗廟之器不粥於市，犧牲不粥於市，戎器不粥於市。用器不中度，不粥於市；兵車不中度，不粥於市；布帛精麤不中數，幅廣狹不中量，不粥於市〔一〕；錦文珠玉成器，不粥於市；衣服飲食不粥於市；五穀不時，果實未熟，不粥於市；木不中伐，不粥於市；禽獸魚鼈不中殺，不粥於市。關執禁以譏，禁異服，識異言。

〔一〕「不粥於市」下閩本有「姦色亂正色，不粥於市」九字。按：郝注於此九字俱無釋，蓋其所據經文原本如此，今亦不敢補。

承上而言先王所以制刑之本意。國以政爲紀，以衆爲基。國依衆立，衆以政齊。故禍莫大於疑衆，害莫惡於亂政。析文字以壞律令，亂名器以改制度，挾邪説以叛正道，三者皆亂政之事。左道，猶言旁岐。凡避必左。《易》曰：「師左次。」不正相値曰左。行僞而堅，即子云「色取行違，居之不疑」，孟子云「居之似忠信」，「自以爲是」者也。言僞而辯，如鄒衍、公孫龍、蘇秦、張儀之輩。順非，文過也。澤，光滑也，彌縫滅迹貌。假鬼神者，巫術也；假時日者，星術也。古之聖人用此以定衆志，而奸人反假此以疑衆志。凡此四誅者，不復審聽，決殺者也。蓋罪有傷心之害，刑有誅心之法，王者所以一道德、同風俗，而著爲律令，正惟此耳，何待聽乎！過雖可赦，當其執禁而赦，則法不信，況已禁又犯，不可言過矣，故不赦。此四殺、十四事皆所謂執禁不赦者也。粥，賣也。市者衆之所聚，即奸之所伏；利之所歸，即害之所生，故古者刑人必肆于市，禁令必嚴于市也。金璋，以金飾璋，或云璽也。圭璧金璋，命服、命車，廟器，犧牲，皆非民所宜有，禁僭亂也。用器，民常用之器，如弓矢耒耜之類，不中法度則不可用。布帛之數，謂升縷之多少，如朝服布十五升、斬衰布三升、齊衰布四升之類。升，八十縷也。幅廣狹，謂布廣二尺二寸，帛廣二尺四寸，是爲中量也。錦文珠玉，成以爲器，禁奢靡也。衣服飲食，民各自力作，不以市，防民惰也。關，謂境上及要路之門。

按：此節貴識立法之意。「不赦過」，非仁人之言。《易》曰：「赦過宥罪。」《書》曰：「眚災肆赦。」子云：「欲善而民善。」焉用殺？四罪誠可誅，然必曰殺之，則今之爲士爲臣者，無噍類矣。十四粥誠可禁，然必曰不赦，則商賈販負之藏于市者寡矣。故立法之意可深思，而按法之條不可盡用也。

大史典禮，執簡記，奉諱惡去聲。天子齊戒受諫。司會貴以歲之成質於天子，冢宰齊戒受質。大樂正、大司寇、市，三官以其成從質於天子，大司徒、大司馬、大司空齊戒受質。百官各以其成質於三官，大司徒、大司馬、大司空以百官之成質於天子，百官齊戒受質。然後休老勞農，成歲事，制國用。

此節記古者天子納諫受成之事。太史掌國之禮事，執簡策以記君之言動，歲終奉所記王之過失，一歲中王所忌諱惡聞于人者。臣不欲顯諍以彰君惡，故書之簡以進。天子齋心戒慾受之，納諫也。司會，冢宰之屬，掌財用之數。歲計曰會，月計曰要，日計曰成。歲終司會計冢宰所詔王一年財用之數，質正于天子，是冢宰所職掌，故爲王受質，考正其當否也。齋戒，重其事也。大樂正與司徒掌教事，凡禮樂一歲之用，大司徒當受之。大司寇掌刑禁，與大司馬戎政相通，故大司寇一歲之會，大司馬當受之。司空掌國邑，居四民，故司市一歲之會，大司空當受之。三官，謂大樂正、大司寇、司市也。從，從司會也。司會佐冢宰，逆群吏，而總其會也。百官各以成質三官，謂大司徒、大司馬、大司空三官也。三官以百官之成質于王，王與三官平定其制，以報于百官，百官齋戒受之。一歲之治工畢，而來歲之經制復始。休老勞農，皆歲終民閒之事，如蜡祭飲酒之類。

凡養老，有虞氏以燕禮，夏后氏以饗禮，殷人以食嗣禮，周人脩而兼用之。五十養於鄉，六十養於國，七十養於學，達於諸侯。八十拜君命，一坐再至，瞽亦如之；九十使人受。五十異粻張，六十宿肉，七十貳膳，八十常珍，九十飲食不離寢，膳飲從於遊可也。六十歲制，七十時制，八十月制，九十日脩。唯絞爻、紟琴，去聲、衾、冒，死而后制。五十始衰，六十非肉不飽，七十非帛不煖，八十非人不煖，九十雖得人不煖矣。五十杖於家，六十杖於鄉，七十杖於國，八十杖於朝，九十者，天子欲有問焉，則就其室，以珍從。七十不俟朝，八十月告存，九十日有秩。五十不從力政，六十不與去聲服戎，七十不與賓客之事，八十齊咨喪之事弗及也。五十而爵，六十不親學，七十致政，唯衰催麻爲喪。有虞氏養國老於上庠，養庶老於下庠；夏后氏養國老於東序，養庶老於西序；殷人養國老於右學，養庶老於左學；周人養國老於東膠，養庶老於虞庠。虞庠在國之西郊。有虞氏皇而祭，深衣而養老；夏后氏收而祭，燕衣而養老；殷人冔許而祭，縞衣而養老；周人冕而祭，玄衣而養老。凡三王養老，皆引年。八十者，一子不從政；九十者，其家不從政；廢疾非人不養者，一人不從政。父母之喪，三年不從政；齊衰、大功之喪，三月不從政；將徙於諸侯，三月不從政；自諸侯來徙句，家期不從政。少而無父者謂之孤，老而無子者謂之獨，老而無妻者謂之矜鰥，老而無夫者謂之寡。此四者，天民之窮而無告者也，皆有常餼。瘖音、聾、跛播，上聲、躃璧、斷者、侏儒句，百工各以其器食嗣之。

註疏養老有四：養三老、五更，一也；子孫死國難，則養其父祖，二也；養致仕之老，三也；養庶人之老，四也。天子諸侯有事於學，則養老。一歲凡七舉，四時四，又春入學釋菜合舞，秋頒學合聲，季春大合樂爲七。燕之言安也，禮簡而行於寢，一獻畢，皆坐飲至醉。饗之言向也，禮行於廟，立而不坐，體薦而不食，爵盈而不飲，獻畢而止。食有禮食，有燕食，以飯爲主，設酒而不飲。燕純用恩，有虞氏尚之，而禮未備。饗純用敬，夏后氏尚之，而情未洽。殷人酌恩與敬用食，設酒以象饗，主食以象燕，然質而少文，則恩與敬未伸。周人兼脩之，鄭云：春夏用燕，酒以養陽也；秋冬用食，飯以養陰也。五十養于鄉，鄉學也。六十養于國，國學也。七十養于學，亦國學也。一坐再至，謂君有賜，不能備禮，但一足跪，首再至地，以備再拜之數而已。九十不親拜，使人代拜受之。粻，糧也。宿肉，隔日預備也。美食曰膳。貳膳，有副貳備乏也。常珍，常食珍味。不離寢，謂寢處有庋以閣之飲食，美善之食與飲漿隨行可也。制，謂制送死之具。歲、時、月、日殊者，年愈衰，備愈急。緩急以難易爲差。歲制，謂棺不易，故歲制。時，謂一季，衣物之難制者，必三月乃可辦。月制，謂衣物一月可辦者。日脩，謂已備者無事制作，惟日脩理使完整而已。絞，所以斂尸束外者也；紟，單被；被長大而有裏曰衾；冒以韜尸，死而后制也。九十者，天子欲有問，使人就其家，以珍從，謂以珍味遺之，致尊養也。七十不俟朝，謂致仕之老見於君，先衆人退，不俟朝禮畢也。八十者，君每月遣人告而撫存之。九十者，有常秩養之。力政，力役之征。賓客，跪拜之事。齊喪，毀瘠之事。不親學，不從師也。唯衰麻爲喪，其他哭踊禮節不責備也。庠、序、學、膠，皆學宫名。膠，校也，鄭云「糾也」。國老，公卿大夫之老。上庠，國學。庶老，民閒無爵之老。下庠，鄉學。夏以東序爲國學，西序爲鄉學，尚左也。殷以右爲國學，左爲鄉學，尚右也。周建東膠于國東爲國學，建虞庠于西郊爲鄉學，亦尚左也。祭祀之冠，虞曰皇，夏曰收，殷曰冔，周曰冕。深衣，説見《深衣篇》。燕衣，玄色。燕，玄鳥也。縞，絹，白色。玄衣，緇衣。必言祭者，謂以祭冠爲養老之冠，重其禮也。引年，謂行養老之禮于學，則令國中之老皆引述其年加存邮，如下云「不從政」「有常餼」是也。不從政，不服公家之役也。徙，謂新遷。諸侯，謂諸侯之國，畿内之民往徙也。自諸侯來徙居京師，其家期年不役。天民之窮，猶言天所窮之民。常餼，給以廩餼，有常數也。瘖者不能言，聾者不能聽，跛者一足廢，躃者兩足廢，斷者支節不完，侏儒者身短小，凡此殘廢之人，以給百工之用，隨其可用之器，以給之食。器，謂器使，如《國語》云使「侏儒扶廬，矇瞍循聲，聾聵司火」之類。

按：老老之禮，先王教民爲子弟孝弟之道也。三老、五更，不見於《詩》《書》。《行葦》云：「酌以大斗，以祈黄耇。」此詩人登歌恒語，未可爲養老之徵。畿内畿外，高年多矣。天子諸侯欲人人延之膠庠飲食之，日亦不足，且老者未必皆賢，賢者未必可賓。苟惟衰殘癃病，是尸是祝，而道德不足以爲儀表，學問不足以資經濟，如近世鄉飲酒輩，適足以玷膠序而已。養不過三五人，而播棄者徧四境，惡在其爲能養？説莫善於《孟子》，謂伯夷、太公二老歸，周文王養之，非有「袒割牲，執醬而饋，執爵而酳」之禮，惟制民田里，教之樹蓄，導其妻子，使養其老，故文王之民無凍餒之老，此之謂耳。孟子去古未遠，養老之説，于斯爲正。《王制》作於漢文帝世，三老、五更禮至東京始行。四代帝王所以化民成俗之本，姑不在此。讀者識其孝弟忠厚之意而可矣。

道路，男子由右，婦人由左，車從中央。父之齒隨行，兄之齒鴈行，朋友不相踰。輕任并，重任分，斑白者不提挈。君子耆老不徒行，庶人耆老不徒食。

凡男女同塗，男由女右，女由男左。央者，中之適當處。鴈行，并行稍後也。不相踰，并行也。輕任并，謂兼任也。分，析半也。君子耆老，有爵者，行必有車；庶人耆老，民閒之老，食必有肉；皆曰「不徒」。

大夫祭器不假，祭器未成，不造燕器。

大夫有田可祭，則自爲祭器，不假借於人。凡造器，先祭器，後家器。

方一里者，爲田九百畝；方十里者，爲方一里者百，爲田九萬畝；方百里者，爲方十里者百，爲田九十億畝；方千里者，爲方百里者百，爲田九萬億畝。

自此至終篇，皆申言上文未詳之目。此一節言九州田畝之數，制禄分田之法。周制，六尺四寸爲步。闊一步，長一百步爲一畝，長三百步爲三畝，是爲一里。四方長闊皆三百步，是爲方一里。以開方之法分之，中間有田九百畝。寬一里，長十里，爲田九百畝。四方皆十里，是一百箇一里，爲田九萬畝也。一箇四方十里爲田九萬畝，則十箇四方十里爲田九十萬畝，一百箇四方十里爲田九百萬畝。今言九十億，是一億爲十萬也，十億一百萬，九十億九百萬也。然古或以萬萬爲億，或以十萬爲億，或以萬爲億，不盡同也。若以方百里爲田九十億畝推之，當爲田九萬萬畝，十萬爲億，當云九千億畝耳。今云「九萬億」，誤也。

自恒山至於南河，千里而近；自南河至於江，千里而近；自江至於衡山，千里而遥；自東河至於東海，千里而遥；自東河至於西河，千里而近；自西河至於流沙，千里而遥。西不盡流沙，南不盡衡山，東不盡東海，北不盡恒山，凡四海之内，斷長補短，方三千里，爲田八十萬億一萬億畝。方百里者，爲田九十億畝，山陵、林麓、川澤、溝瀆、城郭、宫室、塗巷三分去上聲一，其餘六十億畝。

此明前文千里内曰甸，外曰采曰流之制。古者冀州爲帝都，三面阻河，故有東南西三河。流沙，一名居延澤。不足曰近，有餘曰遥。九州之地，自《禹貢》五服稱五千里，《周禮》「九服」稱六千里，秦漢以後開拓至萬里。今據所記甸采流四方不過三千里，蓋周衰以後之地。方百里爲田九十億畝，則方三千里當爲八萬一千億畝，云八十萬億零一萬億畝，誤也。

古者以周尺八尺爲步，今以周尺六尺四寸爲步。古者百畝，當今東田百四十六畝三十步；古者百里，當今百二十一里六十步四尺二寸二分。

此記分田定畝之法。兩舉足爲一步，即今五尺爲一弓也。古者步大，而周尺最小，每尺得今尺八寸。古者以周八尺爲步，是今六尺四寸也。今以周尺六尺四寸爲步，是今五尺一寸二分也。古步比今步多出一尺二寸八分，以此計之，古者百畝當今東田百五十六畝二十五步一寸六分有奇。《記》云百四十六畝有奇，誤也。東田，即《詩》云「南東其畝」。古帝都西北，墾田偏在東南，周、秦、漢偏居西，中原稱東土，故云「東田」。地勢西北高，東南下，故東南爲沃壤也。

方千里者，爲方百里者百，封方百里者三十國，其餘方百里者七十。又封方七十里者六十，爲方百里者二十九，方十里者四十，其餘方百里者四十，方十里者六十。又封方五十里者百二十，爲方百里者三十，其餘方百里者十，方十里者六十。名山大澤不以封。其餘以爲附庸、閒田。諸侯之有功者，取於閒田以禄之。其有削地者，歸之閒田。

此申明前言九州，每州凡二百一十國之數。九州之地，每州四方千里，是一百箇方百里也。内封公侯百里之國凡三十，尚剩七十箇百里。又封伯七十里之國六十，占去二十九箇百里又四十箇十里也。蓋以開方之法計之，凡百里之國一，爲十里之方百，封七十里國一，用十里之方四十九；七十里之國二，用十里之方九十八，則一箇百里，爲七十里之國二，尚剩十里之方二。然則二十箇七十里之國，用百里之方十，剩十里之方二十；七十里之國六十。用百里之方三十，剩十里之方六十。于前百里之方三十〔一〕內，用去七十里之方六十，是用百里之方二十九，用十里之方四十，故剩百里之方四十，十里之方六十也。又以封五十里之國百二十者，蓋凡百里之方一，爲五十里之方四，則十箇百里之方，爲五十里之方四十。今封五十里國百二十，是用去百里之方三十，尚剩百里之方十、十里之方六十，以爲附庸、閒田也。

天子之縣內，方千里者，爲方百里者百，封方百里者九，其餘方百里者九十一。又封方七十里者二十一，爲方百里者十，方十里者二十九，其餘方百里者八十，方十里者七十一。又封方五十里者六十三，爲方百里者十五，方十里者七十五，其餘方百里者六十四，方十里者九十六。

此申明前言天子縣内分封之數。畿内地方千里，爲方百里者百，既封九箇方百里之國，尚餘百

〔一〕「三十」，據文義當作「七十」。

里之方九十一。又以封方七十里之國二十一者，蓋百里之方十，可爲七十里之國二十，尚剩十里之方二十。今以十里之方二十，外取十里之方二十九，添前成四十九，又爲七十里之國一，共前七十里之國二十一。通計用去百里之方十，十里之方二十九，尚剩方百里者八十，方十里者七十一。又封方五十里之國六十三者，蓋百里之方一，爲方五十里之國四，則百里之方十，爲五十里之國四十，又百里之方五，爲方五十里之國二十，總爲五十里之國六十；又封五十里之國三者，凡五十里國一，用十里之方二十五，三箇五十里之國，用十里之方七十五，是用方百里者一十五，方十里者七十五，剩方百里者六十四，方十里者九十六也。畿外封國多而餘地少者，欲廣封建之制於天下也。畿内封國少而餘地多者，備采邑之分於王朝也。

諸侯之下士禄食九人，中士食十八人，上士食三十六人，下大夫食七十二人，卿食二百八十八人，君食二千八百八十人。次國之卿食二百一十六人，君食二千一百六十人。小國之卿食百四十四人，君食千四百四十人。

此申明前文「下士視上農夫」至「君十卿禄」之數。

次國之卿命於其君者如小國之卿。

此申明前文次國一卿命於其君之禄。小國二卿，皆命於其君也。

天子之大夫爲三監，監於諸侯之國者，其禄視諸侯之卿，其爵視次國之君，其禄取之於方伯之地。方伯爲朝天子，皆有湯沐之邑於天子之縣内，視元士。

此申明前文天子之大夫爲三監者之禄。方伯，八州之伯。湯沐之邑，爲有事入畿内，暫止休沐，而後入朝。三監之禄，取諸此邑。

諸侯世子世國，大夫不世爵。使以德，爵以功。未賜爵，視天子之元士，以君其國。諸侯之大夫不世爵禄。

此申明前文内諸侯禄，外諸侯嗣之義。諸侯世子，謂外諸侯之嫡子。世國，即嗣也。大夫，天子之大夫，亦謂其子，即内諸侯之子。不世爵，即所謂禄也。蓋天子之大夫，擇有德而任之，所以不世爵。若外諸侯之爵，其先世有大功于國，故世世同休，然其嗣子繼立，亦必禀天子，賜策命，乃得爵如先世。不然，其車服禮數惟視天子元士，以君其國而已。若夫諸侯之大夫，不但不世爵，亦不得世禄矣。

六禮：冠、昏、喪、祭、鄉、相見。七教：父子、兄弟、夫婦、君臣、長幼、朋友、賓容。八政：飲食、衣服、事爲、異别、度、量、數、制。

此記篇首司徒設教之目。六禮，即《儀禮》所載《士冠》《士昏》《士喪》《特牲》《少牢饋食》

《鄉飲酒》《士相見》之類，皆所以「一民性」也。「父子」以下七者，皆所以「興民德」也。事爲，謂百工技藝。異別，謂器械、物價不齊之等。度，謂丈尺。量，謂斗解。數，百十也。制，布帛廣狹也。飲食一，衣服二，事爲三，異別四，度五，量六，數七，制八，皆所以「防淫」也。

禮記通解卷五終[一]

[一] 此行原在書葉闕損處，今據《續修》本補。

禮記通解卷六

郝敬 解

月令第六

秦吕不韋作《吕氏春秋》，内《月紀》十二篇，首各有月令。漢興，儒者采輯以備禮家言。篇内云「大尉」者，猶秦官也；九月頒朔，十月爲來歲者，猶秦曆也。其書成于秦，而月之有令，非自秦始。《夏小正》亦月令也。王者聽朔，諸侯告朔，其來已久。曰聽曰告，其必有事，非徒聽告月之朔而已。故蔡邕、王肅以爲周公作。然據所謂五帝、五神、五祀、五臟、五味、五臭、明堂五位、車服五色、祭祀五牲之類，拘瑣迂僻，非聖人所以法天地、順四時之大道也。《易》曰：「法象莫大乎天地，變通莫大乎四時，懸象著明莫大乎日月。」聖人非謂天地、四時、日月皆可以智力窮也，惟曰於天地合德，於日月合明，於四時合序。曰德，曰明，曰序，聖人所以參三才之道者，如是而已。至於天之所以高，地之所以深，日月所以明，四時所以變，雖聖人有所不知不能，而聖人亦不求盡知之、盡能之也。是故羲和命而曆象正，使民知興作；璣衡在而七政齊，使君知休咎；律吕協而八音正，使後世知禮樂。聖人所以開物成務，盡人事而贊造化者，不啻足矣。過此更穿鑿，如所謂五帝、五官之爲神，明堂十二之爲居，六丁、六甲之爲數，九道、四遊之爲占，《靈耀》《覽嬉》之爲書，窮幽極遠，耳目所不見聞，於人倫日用，得之不加益，失之不加損。蓋三才不同量，人雖睿聖，不能以形併智力、兼天地也。天職覆，地職載，日月職照，人職道德。聖人參三才，惟道與德，故曰「務民之義，敬鬼神而遠之」，可謂智矣。凡篇内發政施仁，布德行惠，先王所以律天奉時，至如五帝、明堂之類，隱怪傅會，吾無取焉爾。

孟春之月，日在營室，昏參中，旦尾中。其日甲乙。其帝大皥，其神句勾芒亡。其蟲鱗。其音角，律中大蔟。其數八。其味酸，其臭羶。其祀户，祭先脾。東風解凍，蟄蟲始振，魚上冰，獺祭魚，鴻鴈來。天子居青陽左个，乘鸞路，駕倉龍，載青旂，衣青衣，服倉玉，食麥與羊，其器疏以達。

孟，長也。春，蠢也。孟春，夏正之正月。斗柄建寅。寅，引也。北斗七星居天中，隨天西轉，一日一夜轉一周而過一度，故正月建寅，二月建卯，以次而周也。日在營室者，日月會于營室之次。營室，八星，二十八宿之一。營室之次，即所謂娵訾之辰，亥方也。不言月言日者，陽主陰也。昏，暮也。旦，早也。參，七星。尾，九星。中，南方之中。言正月内，每日暮參星見于南中，早則尾星見于南中。

必言南中者，天體南下，人君南面觀象，便也。其日甲乙者，春木，甲乙用事也。天干有十，陰陽迭用，甲丙戊庚壬爲陽，乙丁己辛癸爲陰。十日分麗五氣，每氣兼陰陽。甲乙爲木，丙丁爲火，戊己爲土，庚辛爲金，壬癸爲水。木旺于春，火旺于夏，土寄四時之末，旺于中央，金旺于秋，水旺于冬。甲，孚甲。乙，軋也。孚甲抽軋也。丙，炳也。丁，成也。戊，茂也。己，起也。庚，更也。辛，新也。壬，妊也。癸，揆也。帝者天之主，神者帝之臣，大皞、句芒，皆其號也。舊説大皞即伏羲。伏羲以木德王，句芒者，木正名重，司春。炎帝以火德王，祝融者，火正名黎，司夏。黄帝以土德王，后土名句龍，司中央。少皞以金德王，蓐收名該，司秋。高陽以水德王，水正玄冥名熙，司冬。天道以陰陽五氣造化萬物，本無形象，而人食德報功，即以人之至者，尸而祝之，盡人之道，以美報焉耳。若謂果有五帝、五臣名號爵秩，則誕矣。蟲鱗，鱗蟲，龍蛇之屬。東方之宿爲蒼龍，故其蟲爲鱗也。音，謂樂器之聲。單曰聲，比曰音。春時調樂，以角爲主。五音角屬木，清濁中，如扣木之聲。五音濁者爲尊，清者爲卑；尊者數多，卑者數少。故五音始于黄鐘之宫，其管九寸，其絃九九八十一絲，其音最濁，或損或益，以生宫商角徵羽爲五音。宫三分去一，六九五十四，下生徵。徵三分益一，八九七十二，上生商。商三分去一，爲四十八，下生羽。羽三分益一，爲六十四，上生角。角三分之，不盡一算，其數不行，故至五止。宫爲君，商爲臣，角爲民，徵爲事，羽爲物，尊卑之分也。律者候氣之管，以銅爲之，或以竹。中，猶應也。大蔟寅律，管長八寸。五音之管，陰陽各六，陽爲律，陰爲吕。黄鐘、大簇、姑洗、蕤賓、夷則、無射，陽也。大吕、夾鐘、仲吕、林鐘、南吕、應鐘，陰也。律，述也。吕，助也。陰所以助陽，故吕亦謂之律。爲管十二，中空，皆圍九分。其長短不齊，各以三分損益，相間而生陰陽。其管長九寸者爲黄鐘，直十一月爲子。黄鐘三分損一，長六寸，下生林鐘，直六月爲未。林鐘三分益一，長八寸，上生大蔟，直正月爲寅。大蔟三分損一，長五寸，下生南吕，直八月爲酉。南吕三分益一，長七寸有餘，上生姑洗，直三月爲辰。姑洗三分損一，長四寸有餘，下生應鐘，直十月爲亥。應鐘三分益一，長六寸有餘，上生蕤賓，直五月爲午。蕤賓三分益一，長八寸有餘，上生大吕，直十二月爲丑。大吕三分損一，長五寸有餘，下生夷則，直七月爲申。夷則三分益一，長七寸有餘，上生夾鐘，直二月爲卯。夾鐘三分損一，長四寸有餘，下生無射，直九月爲戌。無射三分益一，長六寸有餘，上生仲吕，直四月爲巳。陽上陰下，下生者損，上生者益，下五上六乃終。以十二管置密室地上，取蘆孚爲灰實其中，其月氣至，則其管灰飛，是曰中也。其數八者，五行之數，天三生木，地八成之，説見《周易·河圖》。酸，木味。《洪範》曰："曲直作酸。"羶，木氣。春陽氣出，故祀户。五祀：一户，二竈，三中霤，四門，五行。祭先脾，脾主土，木能克土。凡春祭用牲，脾爲先也。魚上冰，陽氣方升，魚自下起，上負冰也。獺祭魚，獺始捕魚而食。古人初食必祭，故獺始食魚，謂之祭魚；鷹始食鳥，謂之祭鳥；豺始食獸，謂之祭獸。鴻鴈來，自南來北也。青與蒼，皆木色。青陽，明堂東中堂也。東，動也。南，任也。西，遷也。北，背也。明堂之制，中央爲太廟太室，週廻爲堂室者十有二，以象十二月，天子按月居之。東中爲青陽太廟，左爲青陽左个，右爲青陽右个。南中爲明堂太廟，左爲明堂左个，右爲明堂右个。西中爲總章太廟，左爲總章左个，右爲總章右个。北中爲玄堂太廟，左爲玄堂左个，右爲玄堂右个。个，古「介」通，副也。側室曰介。鸞路，有鈴之車。駕，駕車。倉龍，蒼色馬。馬八尺以上曰龍。五穀惟麥春秀，稱首種，與木同氣。鄭云：「麥有孚甲，屬木。羊，火畜。天時尚寒，故食以安性。」《易·象·兑》爲羊，屬金，惟《五行傳》以爲火畜。記謂二麥與羊肉性温，與其器宜粗疏通達，皆以順春陽發散之令也。

是月也，以立春。先立春三日，大史謁之天子曰：「某日立春，盛德在木。」天子乃齊債，平聲。**立春之日，天子親帥三公、九卿、諸侯、大夫以迎春於東郊。還**旋**反，賞公、卿、諸侯、大夫於朝。命相布德和令，行慶施惠，下及兆民。慶賜遂行，毋有不當**去聲。**乃命大史守典奉法，司天日月星辰之行，宿離**去聲**不貸**忒**，毋失經紀，以初爲常。**

立春之日，春氣至，故迎之。謁，告也。迎于東郊者，祭大皞、句芒於郊也。還，自郊還。反，反于朝。賞功曰慶。周急曰惠。遂行，戒虚文寢閣也。毋不當，戒濫予也。大史掌六典八法，以貳六官。一歲方始，庶事維新，故戒以「守典奉法」，勿紛更廢弛也。大史之職，「正歲年以序事，頒于官府都鄙，頒告朔于邦國」。其屬有馮相、保章，皆司天文。天、日、月、星、辰五者，行各有常。宿，次舍也。離，附麗也，猶《詩》云「月離于畢」之「離」。日月星辰皆麗天，日循星而進退，月應日而生死，所宿之辰，所離之星，審候察度，不得差貸。貸，與「忒」同。毋失常行之經與錯綜之紀。初，謂推步之舊法，所謂「求其故」也。

是月也，天子乃以元日祈穀于上帝。乃擇元辰，天子親載耒耜，措之于參保介之御間，帥三公、九卿、諸侯、大夫躬耕帝籍。天子三推退，平聲，三公五推，卿、諸侯九推。反，執爵于大寢，三公、九卿、諸侯、大夫皆御，命曰勞去聲酒。

元日，善日也。《郊特牲》云：郊用辛。《春秋公羊傳》云：「正月上辛。」故鄭氏謂元日爲上辛也。祈穀，郊祀祈豐年也。擇元辰，郊後又擇吉日也。耒耜，耕器。耜上曲木曰耒，前貫鐵起土曰耜。措，置也。保，護衛也，或云：猶衣也。介，甲也。《詩》云：「嗟嗟保介。」參，三也。車中三人，王居左，御者居中，勇士護衛衣介者居右。故御與保介，謂之參乘。王將往耕籍田，以農器載于車中保介、御者之間也。帝籍，供祀上帝之籍田。籍，借也，借民力耕穫也。大寢，路寢也。御，侍宴也。勞，慰勞也。

是月也，天氣下降，地氣上騰，天地和同，草木萌動。王命布農事，命田舍東郊，皆脩封疆，審端徑術，善相去聲丘陵、阪反險、原隰土地所宜，五穀所殖，以教道民，必躬親之。田事既飭，先定準直，農乃不惑。

天降地升，二氣氤氳，化生萬物也。布農事，布勸農之政也。命田，命農官也。舍東郊，出居于東郊也。審端徑術，辨正疆界也。徑術，田間路。或曰：術作「遂」，小溝也。土高曰丘，平而可陵者曰陵，陂而不平者曰阪，坎而不通者曰險，廣平曰原，下濕曰隰。《周禮·大司徒》五地、十有二土，教民以種植所宜也。躬親，戒田官親循行也。田事既飭，謂既正其經界，辨其土宜也。定準直，著爲法程也。準直，猶言準繩。

按：善養民者，省刑薄斂，時而使之。民有暇日，各自盡力南畝，可無事上之督課也。苟不能安輯，使勤生樂業，而紛紛設官布令，雖田畯日舍東郊，擾之而已矣。

是月也，命樂正入學習舞。乃脩祭典，命祀山林川澤，犧牲毋用牝。禁止伐木。毋覆巢，毋殺孩蟲、胎、夭、飛鳥，毋麛，毋卵。毋聚大衆，毋置城郭。掩骼格埋胔。是月也，不可以稱兵，稱兵必天殃。兵戎不起，不可從我始。毋變天之道，毋絶地之理，毋亂人之紀。

樂正以樂教國子，正月入學習舞，應發舒之氣也。詳見《周禮·大司樂之職》。脩祀典，謂一年内當祭者，皆於歲始省録之也。山林川澤，生物之府，春生功顯，故命祀之。凡犧牲，皆不用牝，春尤恐傷妊也。孩蟲，稚蟲也。未生曰胎，初生曰夭，獸子曰麛。勿聚大衆，勿置城郭，恐妨農也。人死枯骨曰骼，連肉曰胔，掩埋，惡傷生氣也。方生不可殺，故不稱兵。方生用殺，是變天道，絶地理，亂人紀也。生生者，三才之始也。

孟春行夏令，則雨水不時，草木蚤落，國時有恐；行秋令，則其民大疫，猋標風暴雨總至，藜莠蓬蒿并興；行冬令，則水潦爲敗，雪霜大摯〔一〕至，首種不入。

孟春行夏令，謂如正月行四月之令之類，餘仿此。凡政令，順時則氣序調，違時則災害生。廻風曰猋。藜，草名，可爲帚。莠，草，一名狗尾。摯，傷也，與「鷙」通。首種，謂五穀之早種者，或曰稷也，或曰麥也。

按：王者奉天時，行四時之令，雖有先後，而通融調劑，權時用中，非舉一廢餘也。若謂某時反某令則招某災，十二月各專一事而不相通，政之拘于時廢閣者多矣。記言本踳盩，鄭氏附會之，謂孟月失令，則孟月之氣乘之；仲月失令，則仲月之氣乘之，季月亦然。如孟春行夏令則巳火爲災，行秋令則申金爲災之類，猶《洪範》言五行、五事休咎，劉向輩緣飾，牽强不驗。人主反謂天道不足畏，由來矣。夫人，天地之心；大君，億兆人之心。人主行事乖天理，億兆人受殃。一人之咎，不足轉移天地；億兆人悲喜欣戚，天地之氣應之，自然之理也。豈區區一時一事合一徵之謂與？

〔一〕「摯」，原作「摰」，據閩本改正。按：注内作「摯」不誤。

仲春之月，日在奎，昏弧中，旦建星中。其日甲乙。其帝大皞，其神句芒。其蟲鱗。其音角，律中夾鐘。其數八。其味酸，其臭羶。其祀户，祭先脾。始雨水，桃始華，倉庚鳴，鷹化爲鳩。天子居青陽大廟，乘鸞路，駕倉龍，載青旂，衣青衣，服倉玉，食麥與羊，其器疏以達。

仲，中也。仲春，二月。斗柄建卯。卯，冒也。日在奎，與月會于戌，降婁之次也。婁，斂也。萬物至戌降落收斂也。奎，十六星，在戌方。弧，九星，近井。井，八星也。建，六星，近斗。斗，六星也。不言井、斗而言弧、建者，以井三十三度，斗二十六度，廣遠不可的指，故舉弧、建以定昏旦之中也。甲乙，解見首，後仿此。夾鐘，卯律，説見前。夾，助也。圜而空曰鐘，含藏之名。夾鐘本陰吕，獨陽不生，夾助四陽之鐘氣也。始雨水，凍始解也。倉庚，黄鳥。鳩，布穀，形類鷹，即睢鳩也。《夏小正》謂二月化鳩，五月化鷹，皆時之候也。四時每五日一候，積六候成一月，故一歲七十二候。三候成一氣，六氣成一時，四時凡二十四氣也。青陽大廟，明堂之東中堂也，説見前。

是月也，安萌芽，養幼少，存諸孤。擇元日，命民社。命有司省囹零圄語，去桎質梏，毋肆掠畧，止獄訟。

安萌芽，謂禁斧斤入山林也。社，一方土神，地非民所得祭，必上命之。百姓以下，成羣置社，祭以仲春，報生物也。省，視也。囹圄，獄也。械在頸曰梏，在足曰桎。肆，縱也。掠，笞箠也。毋肆掠，省刑也。皆所以應陽和之氣，順發生之心也。

按：《郊特牲》云社用甲日，《書·召誥》社用戊日，此言「擇元日」，不盡合也。凡械在首曰梏。《易》「童牛之梏」，即所謂楅衡，施于牛角者也。《書》云「牿牛馬」，蓋羈絡罥索之類，控扼其首者也。《春秋傳》欒轡以弓戲梏華弱，亦謂梏其項也。古人刑禁緩，惟大辟拲其手而桎梏，中罪桎梏而舒其手，下罪梏其項而已。鄭謂「梏」爲械在手，謂牿牛馬械其前兩足，則何能畜養而教習之乎？又解「肆」謂死刑，肆尸于市三日。夫掠且戒，況殺之而又肆之乎！皆誤也。

是月也，玄鳥至。至之日，以大牢祠于高禖梅，天子親往，后妃帥九嬪御。乃禮天子所御，帶以弓韣獨，授以弓矢，于高禖之前。

禖，先媒之神。玄鳥，燕也。高辛帝之妃簡狄，祀禖得祥，後世遂以高辛氏爲主，曰高禖。御，猶侍也。九嬪，婦官，掌教九御者也。天子所御，謂侍寢于王者，以禮待之也。韣，弓衣也。弓矢，男子之事，所以爲兆也。

是月也，日夜分，雷乃發聲，始電，蟄蟲咸動，啓户始出。先雷三日，奮木鐸以令兆民曰：「雷將發聲，有不戒其容止者，生子不備，必有凶災。」日夜分，則同度量，鈞衡石，角斗甬勇，正權概蓋。是月也，耕者少舍，乃脩闔扇，寢廟畢備。毋作大事以妨農之事。

日夜分，謂春分，晝夜各五十刻也。陽盛則晝長，陰盛則夜長。陽生于子，終于午，至卯而中。陰生于午，終于子，至酉而中。故仲春陽中，其節爲春分；仲秋陰中，其節爲秋分。雷，陽氣之動也。電，陽光也。陽氣發洩，故蟄伏之蟲皆動，開穴始出也。先雷三日，驚蟄前數日也。奮木鐸，振摇鐸聲，以警衆也。不戒容止，謂房室之事，褻瀆天威，生子則形體殘缺，父母受凶禍也。度，謂分寸尺丈引也。量，謂龠合升斗斛也。鈞，均也。衡，稱也。百二十斤爲石。角，較也。十升爲斗，十斗爲斛。甬，斛也。權，秤錘也。概，以平斗斛。同、均、角、正，皆因日夜均而法天時也。耕者少舍，謂耕田之暇。門雙曰闔，單曰扇。前曰廟，後曰寢。大事，謂大興作，妨農也。脩闔扇者，小事也。

是月也，毋竭川澤，毋漉鹿陂池，毋焚山林。天子乃鮮羔開冰，先薦寢廟。上丁，命樂正習舞，釋菜。天子乃帥三公、九卿、諸侯、大夫親往視之。仲丁，又命樂正入學，習樂。是月也，祀不用犧牲，用圭璧，更皮幣。

漉，竭取也。鮮羔，謂生羔不殺，以祭司寒之神。古者十二月日在北陸，藏冰；二月日在西陸，開冰。北陸，虚也；西陸，昴也。薦，薦冰也。先薦祖而後頒賜也。上丁，是月上旬之丁日也。丁，當也，當祭日也。丁，成也，樂以教成也。或曰丁屬火，取文明也。樂正以樂舞教國子俊士于大學，設奠于先師，不用牲牢，奠菜而已。釋，猶奠也。天子率羣臣親往視，視習舞也。仲丁，是月中旬丁日也。習樂，習歌吹也。是月之祀，即前高禖、啓冰、釋菜等。不用犧牲，謂將騰合牝牡，戒殺，但用圭璧加皮幣代牲耳。高禖之大牢，開冰之羔，皆犧牲。高禖祈嗣，知不殺，用圭玉，以皮幣代，而羔曰鮮，是亦不殺也。習舞、釋菜無犧牲，又明矣。

按：祭不用犧牲，非古也。古者内外四時之祭，多以仲月。《春秋傳》云：「啓蟄而郊。」《祭義》云：「春禘。」郊禘大祭，可無犧牲乎？君子有撙節之愛，不廢制用之禮，犧牲不備，不可以祭。必仲春無祭乃可，故《月令》以孟春郊。而《易·豫卦·象》曰「雷出地奮，豫。先王以作樂崇德，殷荐之上帝，以配祖考」，則是郊禘在仲春，《月令》未足據也。

仲春行秋令，則其國大水，寒氣總至，寇戎來征；行冬令，則陽氣不勝，麥乃不熟，民多相掠；行夏令，則國乃大旱，煖氣早來，蟲螟爲害。

說見前。

季春之月，日在胃，昏七星中，旦牽牛中。其日甲乙。其帝大皥，其神句芒。其蟲鱗。其音角，律中姑洗先，上聲。其數八。其味酸，其臭羶。其祀户，祭先脾。桐始華，田鼠化爲鴽如，虹始見，萍始生。天子居青陽右个，乘鸞路，駕倉龍，載青旂，衣青衣，服倉玉，食麥與羊，其器疏以達。

季，少也。季春，三月。斗柄建辰。辰，振也。日在胃，與月會于酉，大梁之次也。胃，三星，在西方。七星，其星七也。牽牛，六星。姑洗，辰律，説見前。姑，初生也。洗，潔也。鴽，鴾䳺。虹，陰陽氣雜也。雲薄漏日，日照雨滴，則生虹。三月以前，陽氣正中，陰莫能干；至辰，陽過中，故陰氣亂之。青陽右个，謂東堂之南偏也。

是月也，天子乃薦鞠衣于先帝。命舟牧覆舟，五覆五反，乃告舟備具于天子焉。天子始乘舟，薦鮪偉于寢廟，乃爲麥祈實。是月也，生氣方盛，陽氣發泄，句勾者畢出，萌者盡達，不可以內。天子布德行惠，命有司發倉廩，賜貧窮，振乏絶；開府庫，出幣帛，周天下；勉諸侯，聘名士，禮賢者。是月也，命司空曰：「時雨將降，下水上騰，循行國邑，周視原野，脩利隄防，道達溝瀆，開通道路，毋有障塞。田獵罝嗟罘浮、羅網、畢翳噎、餧獸之藥，毋出九門。」

鞠衣，黃色之衣。先帝，大皞木德之君。薦衣，將祈蠶事也。舟牧，主乘舟之官。覆，覆視也。反，報命也。五者，再三之謂，慎之至也。天子將親往漁，以薦祖廟，故乘舟。鮪，似鱣，長鼻，口在頷下，無鱗。大曰王鮪，小曰鮇鮪。祈麥實，即祈于廟也。萌之屈者爲句，直出曰萌。不可內，言不宜閉藏也。「布德行惠」以下至「毋有障塞」，皆不內之事。脩利隄防，謂脩治使通利，無壅塞也。獸罟曰罝罘，鳥罟曰羅網。畢，小網有柄。翳，射者所自隱蔽也。餧，啗淡之也。藥，毒藥。九門者，天子都城九衢，闢九門通往來。鳥獸在郊，網羅出城門，乃可施也。禁之，恐傷孚乳也。

是月也，命野虞毋伐桑柘。鳴鳩拂其羽，戴勝降于桑，具曲、植、籧筥、筐。后妃齊戒，親東鄉躬桑。禁婦女毋觀去聲，省婦使，以勸蠶事。蠶事既登，分繭稱絲效功，以共郊廟之服，毋有敢惰。

野虞，主山林之官。鳴鳩，即睢鳩，二月化，三月鳴，雌雄以羽相拂也。戴勝，即鳲鳩，一名鵖鴔，首有冠如花勝，故名戴勝。《詩》云：「鳲鳩在桑，其子七兮。」此鳥喜食桑葚，子成降于桑，蠶成之候也。降，下巢也。鳲鳩孚子于鵲巢，鵲巢喬木而桑苞生，故曰降。曲，曲薄，以布蠶。植，以架薄。籧，作「筥」，竹器圓曰筥，方曰筐，皆以盛桑葉也。東鄉，迎生氣也。毋觀，毋容飾也。省婦，使減省其箴線縫製之事。登，成也。分繭，別繭之多少；稱絲，稱其輕重，以較功之上下也。

是月也，命工師，令百工，審五庫之量，金、鐵、皮、革、筋、角、齒、羽、箭、幹、

脂、膠、丹、漆，毋或不良。百工咸理，監工日號，毋悖于時，毋或作爲淫巧，以蕩上心。是月之末，擇吉日大合樂，天子乃帥三公、九卿、諸侯、大夫親往視之。是月也，乃合累牛騰馬，遊牝于牧。犧牲、駒、犢，舉書其數。命國難（那），九門磔（責）攘，以畢春氣。

工師，百工之長。五庫，藏材物之府。稱五者，以五材得名也。金、鐵等材，凡弓矢、車甲、器用皆資之。監工，即工師。監，視也。號，戒令也。毋悖時，如《考工記》弓人「春液角，夏治筋，秋合三材，冬定體」之類；又云「石有時以泐，水有時以凝」，材美功巧，然而不良則不時也。大合樂，合衆樂大作于國學也。樂，陽氣。季春，陽氣方長，大作樂以宣之。累牛，繫累之牛；騰馬，騰走之馬，所謂「風馬牛」也。遊牝，放之使求其牡也。于牧，于水草寬閒之所。犧牲，可供祭祀之牲。小馬曰駒，小牛曰犢，皆就在牧之數，書記以稽出入，較生息也。難、儺通，逐也。國難，國中儺以驅逐陰氣。季春陽氣方盛，陰慝隱伏，聚衆喧闐，使陽氣充滿、陰氣銷亡也。四時惟夏不儺，以陽盛無伏陰也。裂牲曰磔，除災曰攘。

按：儺見於《論語》，古鄉人習俗，非先王之典禮也。《周禮》方相之説近誕。鄭氏謂日行昴，有大陵尸氣爲厲，尤不經。磔牲體徧懸九門，而以攘災，不殆于幻妄乎！

季春行冬令，則寒氣時發，草木皆肅，國有大恐；行夏令，則民多疾疫，時雨不降，山陵不收，行秋令，則天多沈陰，淫雨蚤降，兵革并起。

山陵不收，草木不成也。言山陵者，爲季夏土氣之應也。

孟夏之月，日在畢，昏翼中，旦婺女中。其日丙丁。其帝炎帝，其神祝融。其蟲羽。其音徵，律中中吕。其數七。其味苦，其臭焦。其祀竈，祭先肺。螻蟈鳴，蚯蚓出，王瓜生，苦菜秀。天子居明堂左个，乘朱路，駕赤騮，載赤旂，衣朱衣，服赤玉，食菽與雞，其器高以粗。

夏，盛大也。孟夏，四月。斗柄建巳。巳，已也。日在畢，與月會于申，實沈之次也。翼，二十二星。婺女，四星。日丙丁者，夏火，丙丁用事也。炎帝，大庭氏，即神農，以火德王也。祝融，火官。羽蟲，飛鳥之屬。凡飛揚者屬火。徵音微輕，屬火爲事。中吕，巳律。微陰中動，吕助陽氣。數七者，地二生火，天七成之也。苦，火味。焦，火氣。竈火以爲養，夏火長養百物也。肺主金，火克也。螻蟈，土狗，似蟋蟀。螻蟈、蚯蚓，皆幽蟲，鳴且出。伏陰盡而陽極，陰生之漸也。王瓜，《夏小正》作「王萯」。《本草》云：「菝葜也，根似瓜，俗名土茯苓。」苦菜，味苦。四月秀，火氣之應。明堂南向，左个偏左也。騮，赤馬，與朱旂、赤玉，皆應火色。菽，大豆，應夏氣之大也。雞當午鳴，其色丹，羽禽之屬陽者也。器用高粗，皆象夏也。

是月也，以立夏。先立夏三日，大史謁之天子曰：「某日立夏，盛德在火。」天子乃齊。立夏之日，天子親帥三公、九卿、大夫以迎夏於南郊。還反，行賞，封諸侯。慶賜遂行，無不欣説。乃命樂師習合禮樂。命大尉贊傑俊，遂賢良，舉長大，行爵出禄，必當其位。是月也，繼長增高，毋有壞墮多，上聲，毋起土功，毋發大衆，毋伐大樹。是月也，天子始絺。命野虞出行田原，爲天子勞農勸民，毋或失時。命司徒循行縣鄙，命農勉作，毋休于都。是月也，驅獸毋害五穀，毋大田獵。農乃登麥。天子乃以彘嘗麥，先薦寢廟。是月也，聚畜百藥。靡草死，麥秋至。斷薄刑，決小罪，出輕繫。蠶事畢，后妃獻繭，乃收繭税，以桑爲均，貴賤長幼如一，以給郊廟之服。是月也，天子飲酎紂，用禮樂。孟夏行秋令，則苦雨數來，五穀不滋，四鄙入保；行冬令，則草木蚤枯，後乃大水，敗其城郭；行春令，則蝗蟲爲災，暴風來格，秀草不實。

迎夏於南郊，祭炎帝、祝融也。迎夏、迎冬不言諸侯，諸侯獨春、秋在耳。樂師習合禮樂，爲將飲酎也。大尉，秦官名。贊、遂、舉，皆薦揚意。傑俊言才，賢良言德，長大言形體。繼長增高，皆培植意。起土、發衆，恐妨農蠶也。大樹豐隆，伐之傷盛長之氣也。絺，葛之精者。野虞，外官位卑，故出行原野，爲天子勞農。司徒，内官，專掌農政，故循行縣鄙，以己命命農也。聚百藥，供醫事也。

孟夏百草繁廡，可採藥。靡草，草之細柔者，陰氣所化，陽勝故死。麥至夏枯，故夏爲麥秋。薄刑可斷，小罪可決，無留滯也。重罪繫者未可釋，輕繫者出之，順長養之氣也。后妃獻繭，蠶事畢而世婦獻繭于后妃，后妃獻于王也。收繭税，外命婦養蠶，亦取國北近郊之公桑，以受桑多寡爲繭税之多寡也。貴賤，謂公卿大夫與士之妻。長幼，謂婦有老少。如一，謂税皆十一也。郊廟之服，天子之祭服，下至命婦養蠶，皆爲供祭服也。酎，稠也，酒之濃厚者謂之酎。春造，夏飲羣臣，蓋盛會也，故用禮樂。「四鄙入保」之「保」，與「堡」通。鄙界小城曰堡。

按：鄭康成謂「《祭統》『於嘗也，出田邑』，孟夏封諸侯，非古也」，蓋以《月令》爲秦制耳。然安知《祭統》之爲古與？如以義質，夏出秋收，《月令》爲長。大尉，秦官也，《月令》作于秦甚明。然其書以農桑爲本，無月不及農桑，即《詩》《書》《豳風》《無逸》之意，秦人尚功，何暇及此？其非吕氏所獨創，又明矣。

仲夏之月，日在東井，昏亢剛中，旦危中。其日丙丁。其帝炎帝，其神祝融。其蟲羽。其音徵，律中蕤賓。其數七。其味苦，其臭焦。其祀竈，祭先肺。小暑至，螳蜋生，鵙局始鳴，反舌無聲。天子居明堂大廟，乘朱路，駕赤騮，載赤旂，衣朱衣，服赤玉，食菽與雞，其器高以粗。養壯佼。

仲夏五月，斗柄建午。午，萼也。日在東井，與月會于未，鶉首之次也。亢、危，二宿名。亢四星，危三星。蕤賓，午律。蕤，柔也；賓，謂陰柔始生，陽將謝爲賓也。鵙，博勞也。反舌，蛙也，舌本前著口側，末向内，莫春鳴，至五月息。或曰：鳥之反覆多聲者，百舌也。明堂大廟，南向中堂也。壯佼，碩大美好也。養此類，順長養之氣也。

是月也，命樂師脩鞀逃、鞞皮、鼓，均琴、瑟、管、簫，執干、戚、戈、羽，調竽、笙、篪池、簧，飭鐘、磬、柷、敔語。命有司爲民祈祀山川百源，大雩帝，用盛樂。乃命百縣雩于祀百辟卿士有益於民者，以祈穀實。農乃登黍。是月也，天子乃以雛嘗黍，羞以含桃，先薦寢廟。令民毋艾刈藍以染，毋燒灰，毋暴僕布，門閭毋閉，關市毋索。挺重囚，益其食。游牝別羣，則縶騰駒，班馬政。是月也，日長至，陰陽争，死生分。君子齊齋戒，處必掩身，毋躁，止聲色，毋或進，薄滋味，毋致和去聲，節耆欲，定心氣。百官静事毋刑，以定晏燕陰之所成。鹿角解，蟬始鳴，半夏生，木堇榮。是月也，毋用火南方，可以居高明，可以遠眺望，可以升山陵，可以處臺榭。仲夏行冬令，則雹凍傷穀，道路不通，暴兵來至；行春令，則五穀晚熟，百螣特時起，其國乃饑；行秋令，則草木零落，果實早成，民殃於疫。

命樂師脩樂器，將雩祀也。樂屬陽，五月陰生損陽，故脩也。鞀、鞞以下十九物，皆樂器。鞀、鼗同。鼗者，導也，以導樂作也。鞞，裨也，小鼓，在大鼓傍，助鼓節也。鼓謂之廓，冒之以皮，其中空廓也。三者皆革音。琴謂之離，五絃，聲流離也。瑟謂之灑，二十七絃，音布灑也。二者皆絲音。管，長尺，六孔，有底，併兩而吹。簫之言肅，編二十二管，長四寸。二者皆竹音。干，盾也。戚，斧也。戈，鉤戟。羽，鳥羽。四者皆舞器。竽言污也，其中污空，三十六簧，或曰十三簧。笙謂之巢，列管瓠中，象物生出地也。箎、篪同，篪言啼，長尺四寸，三十一孔，横吹也。簧言横，以銅爲薄葉，横掩管端，氣鼓之而成聲也。竽、笙、箎，三者皆有簧，皆竹音。鐘言空也，内空生聲，金音。磬言罄也，聲罄罄然，石音。柷，狀如桶而方。敔，狀如伏虎。柷起樂，敔節樂，二者皆木音。百源，衆泉源。雩，郊祭禱雨。雩言吁，巫作吁嗟聲而舞也。用盛樂，用上所脩諸樂。帝，天帝。百縣，天子畿内邑。諸侯不敢雩上帝，故雩百辟卿士之有益於民者，即句龍、后稷之類。祭本人道，以人事天，推伏羲、神農諸帝以爲天，推句龍、后稷諸臣以爲神，而達其誠也。雛，鷄、鵝之類。五月雛成，黍亦五月熟，可嘗也。含桃，櫻桃。衆果唯含桃先熟。藍，似蓼者，五月將成，可染青。青，木色，木生火。刈藍以染，傷時氣之母也。火死爲灰，陰象也。女績爲布，陰功也。暴，暴之日中也。一陰方萌，毋暴陰功，以助陰氣。門閭毋閉，關市勿阻索，亦恐助陰氣。盛夏午火，宜宣通，尚寬大也。挺，猶拔也。益食，加養也。馬牛季春「游牝于牧」，至是妊，故别其羣。馬騰躍者縶繫之，恐觸孕牝也。馬陽物而陰性，故《易》以象坤。五月陰陽交，故宜班馬政。《周禮》校人掌馬政。日長至，謂夏至日長之極也。陽盡于午中，而微陰生。陰陽争辨之際，陽爲生機，陰爲殺機，生死分判之界也。在事物爲盛極而衰始，在人心爲理終而欲萌，故君子法天體道，不可以不慎，惟定静澹泊爲可貴也。致和，謂滋味不極調和。刑屬陰，毋刑，亦恐助陰也。晏，安静也。陰道尚静，故云「晏陰」。定其所成者，聽其自來，逆而助之，必受其傷。解，脱落也。鹿在山爲陽，故角遇陰而落，陽退之象；麋在澤爲陰，故角遇陽而落，陰退之象。麋，鹿之大者。半夏，藥草。木堇，一名舜華。榮，華也。朝開而暮落，又名日及。南方午位，五月火方用，而又用火于其方，過烈矣。微陰生于午，逆天之氣也，但居高明、遠眺望、升山陵、處臺榭之類，則宜耳。榭，臺上欄楯。螣，食苗蟲。

按：《春秋傳》云「啓蟄而郊」，是仲春也，而《月令》孟春；又云「龍見而雩」，是四月也，而《月令》五月，不盡合也。夏至陰生，安静以定陰氣，所以順造化之自然。道莫大于自然，心莫妙于清虚。陽生固貴安静以養其和，陰生亦宜安静以平其殺。鄭氏據《易緯》云「夏至，人主從八能之士，作樂五日」，不宜止聲。若是，則陽宜恬養，而陰不宜定成，豈静正中和調燮之至理哉！

季夏之月，日在柳，昏火中，旦奎中。其日丙丁。其帝炎帝，其神祝融。其蟲羽。其音徵，律中林鐘。其數七。其味苦，其臭焦。其祀竈，祭先肺。温風始至，蟋蟀居壁，鷹乃學習，腐草爲螢。天子居明堂右个，乘朱路，駕赤駵，載赤旂，衣朱衣，服赤玉，食菽與雞，其器高以粗。

季夏，六月。斗柄建未。未，昧也。日在柳，與月會于午，鶉火之次也。火，心宿，三星。奎，十六星。林鐘，未律。林，衆也；鐘，聚也，萬物盛聚也。温風，熱氣。至，極也。蟋蟀秋吟，涼風未至，而秋蟲已居壁。鷹至秋摯〔一〕，殺氣未肅而鷙鳥先學習。螢蟲有光，腐草所化。

命漁師伐蛟，取鼉，登龜，取黿。命澤人納材葦。是月也，命四監大合百縣之秩芻，以養犧牲，令民無不咸出其力，以共皇天、上帝、名山、大川、四方之神，以祠宗廟、社稷之靈，以爲民祈福。是月也，命婦官染采，黼、黻、文、章必以法故句，無或差貸忒，黑、黄、蒼、赤莫不質良，毋敢詐僞，以給郊廟祭祀之服，以爲旗章，以別貴賤等給之度。是月也，樹木方盛，乃命虞人入山行木，毋有斬伐。不可以興土功，不可以合諸侯，不可以起兵動衆，毋舉大事以摇養氣，毋發令而待，以妨神農之事也。水潦盛昌，神農將持功，舉大事則有天殃。是月也，土潤溽辱暑，大雨時行，燒薙替行水，利以殺草，如以熱湯，可以糞田疇，可以美土疆强，上聲。季夏行春令，則穀實鮮仙落，國多風欬，民乃遷徙；行秋令，則丘隰水潦，禾稼不熟，乃多女災；行冬令，則風寒不時，鷹隼筭蚤鷙，四鄙入保。

〔一〕「摯」，原訛作「摰」，今改。

漁師，漁人之長。命漁、澤不言「是月」者，非止是月之事，自是月始耳。蛟爲患，故云伐。鼉有靈，故云登。鼉皮可用，黿肉可食，故云取。《周禮·獻人》「秋獻龜」，材葦亦秋方可納。以是月命，非即以是月取納之也。四監，謂山虞、澤虞、林衡、川衡。百縣之秩芻，即《禹貢》王畿甸服三百里内，每歲所應納之常芻。出力，即謂納芻。婦官，染人掌婦功也。暑濕，宜染采。白黑爲黼，黑青爲黻，青赤爲文，赤白爲章，以四方之色相間爲四采也。染造必循舊法，依故事，毋得參差貸變，必正質善良，勿敢詐僞亂真也。旗，謂旌旂。《周禮·司常》有「九旗」。章者，旗上物色，如「王建大常，諸侯建旂」，各有等級也。給，作「級」。不可興土功，以土將用事，其氣欲静，故不合諸侯，不起兵動衆。舉大事，即土功等事，動揺長養之氣。蓋季夏水土交，坤將得位，萬物致養，故《易》曰：「致役乎坤。」勿揺養氣，言勿他役也。發令而待，謂未及徭役之期，豫發徵召之令，使民廢農事，待上之期會也。神農，即炎帝，火德，季夏土爰稼穡，火資土，爲神農之事。水潦盛昌，東井主水也。六月建未爲土位，遇水而澤，得火而生，故神農于此總持其功。此時舉大事，揺養氣，則有天殃。土潤溽暑，謂土水火交蒸爲濕暑也。大雨時行，東井之氣。燒薙，治田之法，先芟薙其草，乾則以火燒所薙，沃以水，則草無不死者。暑氣方盛，水如熱湯，浸漬腐草，可以糞田疇，可以美土疆。穀田曰田，麻田曰疇。土之磦壢堅强者曰土疆。鮮落，謂不黄早落也。多風，木氣。女災，謂妊孕敗也。火侵金，逆土傷子，損其母也。四鄙入保，冬藏之象。

中央土，其日戊己。其帝黄帝，其神后土。其蟲倮。其音宫，律中黄鐘之宫。其數五。其味甘，其臭香。其祀中霤，祭先心。天子居太廟太室，乘大路，駕黄騮，載黄旂，衣黄衣，服黄玉，食稷與牛，其器圜圓以閎。

五行分配四時，各七十二日，而土寄旺于四時，各十八日，合之亦七十二日也。土氣周行木火金水四時之末，辰戌丑未爲土位，而六月建未，居一歲之中，在金、火之間，故于此特揭中央土一令，以備五行之序。戊己，十干之中。黄帝，軒轅氏，以土德王。后土，句龍。或云句龍轉爲社，祝融兼之，即黎也，其説近誕。倮，蟲無羽毛鱗甲，象火熱土煖也。五音宫濁而最尊，五行土濁而爲主，故宫音屬土。黄鐘之宫，謂十二律各自爲五音，迭相爲宫，而黄鐘之宫最長，聲最濁，故黄鐘之管本應十一月，而黄鐘之宫則以配中央土。蓋土冠五行，黄鐘之宫冠十二律之五音六十聲也。但各月之律，以管候氣，氣應聲亦應，中央則直取聲之相應，無此管也。其數五，謂天五生土，地十成之。不言十者，天地之數盛于五，《圖》《書》之中極于五也。甘，中味。香，中氣。中霤，舊説古人居陶穴，上漏光明曰中霤，故室中曰霤。喪禮浴于中霤，其實非室中，今人家四檐天井中是也。祭先心，心，中也。太廟太室，明堂中央室也。大路，鄭云「殷路」，尚質也。黄騮，土火之兼色。稷，粟也。牛，土畜。器圜，象土周流四時。閎，寛廣也，象土含容。

孟秋之月，日在翼，昏建星中，旦畢中。其日庚辛。其帝少皞，其神蓐收。其蟲毛。其音商，律中夷則。其數九。其味辛，其臭腥。其祀門，祭先肝。凉風至，白露降，寒蟬鳴，鷹乃祭鳥，用始行戮。天子居總章左个，乘戎路，駕白駱，載白旂，衣白衣，服白玉〔一〕，食麻與犬，其器廉以深。

秋，揫斂也。孟秋七月，斗柄建申。申，堅也。日在翼，與月會于巳，鶉尾之次也。建星，見仲春。畢宿，八星。其蟲毛，氣凉而毛生也。商音次宫，爲臣，金聲也。夷則，申律。夷，平也；則，法也。氣爽民夷，物成法則也。其數九，地四生金，天九成之也。辛，金味。腥，金氣。祀門，陰氣斂，自外入也。祭先肝，金克木也。鷹祭鳥，見孟春。用始行戮，人君始用刑戮，順時令也。總章左个，明堂之西堂左側室也。戎路，兵車也。白馬黑鬣曰駱。白，西方金色。胡麻子色白；犬，黔喙之獸，皆金象。廉，棱也。深，收藏意。金氣革而秋意斂也。

是月也，以立秋。先立秋三日，大史謁之天子曰：「某日立秋，盛德在金。」天子乃齊。立秋之日，天子親帥三公、九卿、諸侯、大夫以迎秋於西郊。還反，賞軍帥、武人於朝。

〔一〕「玉」，原訛作「王」，據閩本改正。

天子乃命將帥選士厲兵，簡練桀俊，專任有功，以征不義，詰誅暴慢，以明好惡，順彼遠方。是月也，命有司脩法制，繕囹圄，具桎梏，禁止姦，慎罪邪，務搏執。命理瞻傷，察創平聲，視折，審斷句，決獄訟必端平，戮有罪，嚴斷刑。天地始肅，不可以贏。是月也，農乃登穀。天子嘗新，先薦寢廟。命百官始收斂，完隄坊，謹壅塞，以備水潦，脩宫室，坏培牆垣，補城郭。是月也，毋以封諸侯、立大官，毋以割地、行大使、出大幣。孟秋行冬令，則陰氣大勝，介蟲敗穀，戎兵乃來；行春令，則其國乃旱，陽氣復還，五穀無實；行夏令，則國多火災，寒熱不節，民多瘧疾。

秋金主殺，故賞將帥，詰兵戎。順，從也。好惡明，討當其罪，則遠人順從。禁以止姦，止非慢令。慎以罪邪，罪非濫刑。搏，擊也。執，拘繫也。理，治獄之官。審曲直曰理。瞻傷，瞻視刑者之傷輕重得當也。損皮曰傷，損肉曰創，損骨曰折，肉骨絶曰斷，《王制》所謂「斷者」也。傷至斷而愈重，瞻至審而加詳。不得不刑者，義也；不可不審者，仁也。端，正也。嚴，畏敬也。天地始肅，秋氣收斂也。贏，盈也，發越之意。陽常饒，陰常乏。饒則充長，乏則退藏，皆以相天地之宜也。登穀，穀成熟也。命百官收斂，順秋令也。「完隄坊」以下，皆收斂之事。季春「脩利隄防，使勿壅塞」，順陽氣之舒也；孟秋「完隄坊，謹壅塞」，順陰氣之斂也。備水潦者，秋直畢，畢好雨，備隄坊，使完固也。毋封諸侯、立大官，毋割地、行使幣者，秋主刑，布德非時也。介蟲敗穀，如蟹食稻之類。

仲秋之月，日在角，昏牽牛中，旦觜（茲）觿（攜）中。其日庚辛。其帝少皞，其神蓐收。其蟲毛。其音商，律中南呂。其數九。其味辛，其臭腥。其祀門，祭先肝。盲（萌）風至，鴻鴈來，玄鳥歸，羣鳥養羞。天子居總章太廟，乘戎路，駕白駱，載白旂，衣白衣，服白玉，食麻與犬，其器廉以深。

仲秋，八月。斗柄建酉。酉，留也。日在角，與月會于辰，壽星之次也。牽牛，見季春。觜觿，三星。南呂，酉律。南，任也；呂，助也。陰任事，助成物也。盲風，昏暗之風。酉，闔户之月，陰風晦昧。春夏之風曰明庶，曰清明，曰景風，陽明之象；此月之風曰閶闔，陰閉之象。盲風，即閶闔風。孟春「鴻鴈來」，來南也；此月「鴻鴈來」，來北也。仲春「玄鳥至」，燕始出；此月「玄鳥歸」，燕蟄藏也。鄭謂「凡鳥隨陰陽者，不以中國爲居」，驗之惟鴈爲然。玄鳥多藏谿谷中。養羞，如庶羞之羞，謂美食也；養，畜藏也。草木實成，羣鳥取可食者積之，以備冬也。總章太廟，西中堂。戎路，兵車也。

是月也，養衰老，授几杖，行糜粥飲食。乃命司服具飭衣裳，文繡有恒，制有小大，度有長短，衣服有量，必循其故，冠帶有常。乃命有司申嚴百刑，斬殺必當，毋或枉橈（鬧）；枉橈不當，反受其殃。是月也，乃命宰、祝循行犧牲，視全具，案芻豢，瞻肥瘠，察物色，必比類，量大小，視長短，皆中（去聲）度。五者備當，上帝其饗。天子乃難（那），以達秋氣。

以犬嘗麻，先薦寢廟。是月也，可以築城郭，建都邑，穿竇窖教，脩囷君倉。乃命有司趣促民收斂，務畜菜，多積聚。乃勸種麥，毋或失時。其有失時，行罪無疑。是月也，日夜分，雷始收聲，蟄蟲坏培户，殺氣浸盛，陽氣日衰，水始涸鶴。日夜分，則同度量，平權衡，正鈞石，角斗甬勇。是月也，易關市，來商旅，納貨賄，以便民事。四方來集，遠鄉皆至，則財不匱，上無乏用，百事乃遂。凡舉大事，毋逆大數，必順其時，慎因其類。仲秋行春令，則秋雨不降，草木生榮，國乃有恐；行夏令，則其國乃旱，蟄蟲不藏，五穀復生；行冬令，則風災數起，收雷先行，草木蚤死。

陰盛陽微，天爲秋而人爲老。養衰老，順天時也。几杖、糜粥飲食，皆養事。司服，官名。上曰衣，下曰裳。文繡，謂文彩刺繡。鄭康成訓「文」爲「畫」，謂「祭服畫衣繡裳」。按《尚書》「作會宗彝」，謂畫器也，附合《周禮》以爲畫衣，恐未然。詳見《尚書》《周禮》。秋凉授衣，故命司服治衣服。秋主刑，故命有司嚴百刑。申，重也。嚴，戒也。秋嘗饗帝，故命循牲。色純曰犧。全具，不殘缺也。案、按通，察也。草食曰芻，穀食曰豢。物色，謂毛色，或騂或黝。陽用騂，陰用黝，各以類。小大、長短，謂角、體也。五者：一全，二肥，三色，四大中，五長中。上帝其饗，羣神可知。天子乃難，惟天子行之。秋陰尚微，天子陽主，故儺以通秋氣，不及國與天下也。詳見季春。嘗麻，食新麻也。築城郭四者，皆收藏之事。穿地曰窖，窖之圓者曰竇。藏器曰倉，倉之圓者曰囷。勸種麥，以濟新穀之不及也。

日夜分，謂秋分，晝夜各五十刻。蟄蟲坏户，培其蟄穴之户使漸小，至十月寒甚，乃墐塞也。水本氣化，春夏氣至而潦，秋冬氣反而涸。《國語》云「天根見而水涸」，則九月也。晝夜均分，則同度量衡，與仲春同。説見前。易關市，勿阻難也。關，貨所入。市，貨所聚。舉大事，謂出師、興工。大數，謂陰陽。時，謂四時。賞因春生，刑因秋殺，皆類也。行春令，則秋雨不降，風以散之也。草木生榮，木氣爲妖也。風災，殺物之風，朔氣也。收雷先行，不待日夜分，而雷先蟄，陽氣閉藏也。

按：此篇於刑獄三致意焉，秦人用法慘酷，宜無及此。故是書非吕氏獨創，多先聖彝訓，而不韋之徒加補葺耳。凡禮書皆然也。嘗麻，炊麻爲飯。《詩》云「禾麻菽麥」，麻與五穀同，而今人少有食者。苴麻有子不可食，枲麻但可績，無子，胡麻多油，然亦非饔飧之具，未知古人所食何麻。註不詳。

季秋之月，日在房，昏虚中，旦柳中。其日庚辛。其帝少皞，其神蓐收。其蟲毛。其音商，律中無射亦。其數九。其味辛，其臭腥。其祀門，祭先肝。鴻鴈來賓，爵入大水爲蛤鴿，鞠有黄華花，豺乃祭獸戮禽。天子居總章右个，乘戎路，駕白駱，載白旂，衣白衣，服白玉，食麻與犬，其器廉以深。

季秋，九月。斗柄建戌。戌，畢也。日在房，與月會于卯，大火之次也。虚，二星。柳，八星，形垂如柳。無射，戌律。射，厭也。陽氣功畢，無厭射也。鴻鴈來賓，言非久將去也。杜甫詩云「秋燕已如客」，用此意。爵、雀通。蛤，蚌屬。大水，謂江海。鞠、菊同。菊有五色，而黄爲正。祭獸，解見前。禽者，鳥獸之總名。戮，搏食也。

是月也，申嚴號令，命百官貴賤無不務内，以會天地之藏，無有宣出。乃命冢宰，農事備收，舉五穀之要，藏帝籍之收於神倉，祗敬必飭。是月也，霜始降，則百工休。乃命有司曰：「寒氣總至，民力不堪，其皆入室。」上丁，命樂正入學習吹。是月也，大饗帝句，嘗句，犧牲告備于天子。合諸侯制句，百縣爲來歲受朔日，與諸侯所税於民輕重之法，貢職之數，以遠近土地所宜爲度，以給郊廟之事，無有所私。是月也，天子乃教於田獵，以習五戎，班馬政。命僕及七騶咸駕，載旌旐，授車以級，整設于屏外，司徒搢扑，北面誓之。天子乃厲飾，執弓挾矢以獵，命主祠祭禽于四方。是月也，草木黄落，乃伐薪爲炭。蟄蟲咸俯在内，皆墐其户。乃趣促獄刑，毋留有罪。收禄秩之不當句、供養之不宜者。是月也，天子乃以犬嘗稻，先薦寢廟。季秋行夏令，則其國大水，冬藏殃敗，民多鼽求嚏帝；行冬令，則國多盗賊，邊竟不寧，土地分裂；行春令，則煖風來至，民氣解惰，師興不居。

中嚴號令，應肅氣也。務内，謂百務皆整飭收斂，以合天地閉藏之氣，如有宣出，則違時也。冢宰，掌財賦會計。五穀之要，謂租税之數也。帝籍之收，入於神倉，供粢盛者也。百工，匠作也。霜降休工，膠漆凝而不可用也。寒氣總至，言大來也。入學習吹，將饗帝也。季秋饗帝于明堂，報成物也。嘗，秋祭宗廟也。犧牲告備，謂仲秋已備，至此告于天子也。合諸侯制，猶《周禮》「正月之吉始和」也，蓋來歲法制，如下云朔日、税貢之數也。諸侯，通天下而言。百縣，畿内之屬縣。百縣近，親來受制；諸侯遠，合制而頒，不親受〔一〕也。朔日，來歲十二月之朔日。九月而合制受朔者，秦法也。秦以十月建亥爲歲首。亥爲水，周火運，秦代周，用克也。天子大獵，以習戎兵，考馬政。戎事先馬，故於田獵班之。馬政，詳見《周禮·校人》等職。五戎，鄭謂「弓矢、殳、矛、戈、戟」。要之，兵械何止五。凡古人言三、五、九之類，舉其概耳。僕，馭車之官。騶，養馬之官。析羽於旂竿之首曰旌，旗上畫龜蛇曰旐。車旗各有等級，各整設于軍門之屏外，習行陣也。司徒，掌徒衆，主教事。搢扑，插扑帶間，以撻不聽者。北面，陣南向也。誓，告戒也。天子厲飭，親被戎服也。命主祠，命典祠之官也。祭禽四方，以所獲之禽祭四方之神。蟄蟲咸俯，凍凝而縮其首也。在内，在穴中。墐户，閉穴也。趣獄刑，謂獄之當刑者決之，勿淹滯也。禄秩、供養之浮濫者裁之，順秋氣之斂肅也。行夏令大水者，金受火而液也；冬藏殃敗者，土氣爲災，而竇窖之藏壞也；鼽嚏者，鼻塞噴嚏，肺病也，金受克之象。

〔一〕「不親受」，《續修》本作「之不來」，「之」屬上讀。

行冬令，多盜賊，水爲金子，得時則親，失時則洩害也。民氣懈惰，春令不肅也。師興不得安居，風木之妖也。

按：是書一歲之内祭天帝者非一，孟春祈穀，仲夏大雩，季秋大享，季冬祈年，四時迎氣于郊，皆祀天也。《周禮》又謂冬至郊，則是一歲之中，祀天者九，不已數乎！《周禮》「正月之吉始和，布治于邦國都鄙」，是書以九月合制。古者以季冬頒朔，今以季秋受朔。九月農工未休，十月冬序方始，而遽改歲，不已急乎！此秦制之不如古也。

孟冬之月，日在尾，昏危中，旦七星中。其日壬癸。其帝顓頊，其神玄冥。其蟲介。其音羽，律中應鐘。其數六。其味鹹，其臭朽。其祀行，祭先腎辰，上聲。**水始冰，地始凍，雉入大水爲蜃，虹藏不見。天子居玄堂左个，乘玄路，駕鐵驪，載玄旂，衣黑衣，服玄玉，食黍與彘，其器閎以奄。**

冬，終也。孟冬，十月。斗柄建亥。亥，閡也。日在尾，與月會于寅，析木之次也。危，見仲夏。七星，見季春。其蟲介，龜鼈之屬，固閉之象也。羽音最輕清，爲物，屬水。應鐘，亥律。應，當也，言純陰當事，百物鐘藏也。其數六者，天一生水，地六成之。水潤下，故作鹹。水受污，故氣朽。行，行潦，亦謂之井。古者井間有道，道間有溝，故曰井。冬水旺，祀之。腎屬水，故祭先腎。春夏秋祭先所勝，則冬當先心，而既以屬中央，故冬先其類也。蜃，大蛤。虹，詳季春。極陰無陽，故虹藏不見。鐵驪，馬黑色。玄，黑光。黍以暑熟，屬火，冬食之，養温也。彘性宜水。《易》象坎爲豕，應冬令也。閎者中寬，奄者中藏，器之口斂而腹大者，冬象也。

按：鄭註「冬陰盛，寒於水，祀之於行，從辟除之類」，意謂水寒土煖，土能辟水，故祀之。夫五祀户、竈、中霤、門，皆從其類，天子亦以仲冬祀淵澤泉井，冬水司令，何爲反辟除之？此爲不解行即井，誤猜也。又以軷當行。軷者，行道之祭。冬令閉藏，是月「謹關梁，塞徯徑」，又爲遠行之祭，乃所謂「變天之道，絶地之理，亂人之紀」者矣。

是月也，以立冬。先立冬三日，太史謁之天子曰：「某日立冬，盛德在水。」天子乃齊。立冬之日，天子親帥三公、九卿、大夫以迎冬於北郊。還反，賞死事，恤孤寡。是月也，命太史釁龜筴句，占兆句，審卦吉凶句，是察阿黨句，則罪無有掩蔽。是月也，天子始裘。命有司曰：「天氣上騰，地氣下降，天地不通，閉塞而成冬。」命百官謹蓋藏，命有司〔一〕循行積聚，無有不斂。坏培城郭，戒門閭，脩鍵塞閉，慎管籥，固封疆，備邊竟，

〔一〕「有司」，陳澔《集説》本同，閩本則作「司徒」，然下仲冬節郝注引此句又作「司徒」，是其參考衆本之一證。類此者不悉校。

完要塞，謹關梁，塞徯徑。飭喪紀，辨衣裳，審棺槨之薄厚，塋丘壟之大小、高卑句，厚薄之度，貴賤之等級。是月也，命工師效功，陳祭器，按度程，毋或作爲淫巧，以蕩上心，必功致爲上。物勒工名，以考其誠，功有不當，必行其罪，以窮其情。是月也，大飲烝。天子乃祈來年于天宗，大割祠于公社及門閭，臘先祖、五祀，勞農以休息之。天子乃命將帥講武，習射御、角力。是月也，乃命水虞、漁師收水泉池澤之賦，毋或敢侵削衆庶兆民，以爲天子取怨于下。其有若此者，行罪無赦。孟冬行春令，則凍閉不密，地氣上泄，民多流亡；行夏令，則國多暴風，方冬不寒，蟄蟲復出；行秋令，則雪霜不時，小兵時起，土地侵削。

迎冬不言諸侯，諸侯獨春秋在也。賞死事，謂死國事者之妻子孤寡者，順凄苦之令也。《周禮·龜人》「上春釁龜。」秦制以孟冬爲歲首，故釁龜筴，示新也。筴，蓍策。釁，謂殺牲以血塗之。即祭而名釁者，塞鬼神之釁隙也。占兆者，玩龜書之繇文；審吉凶者，明《易》卦之爻象，皆所以肄其職業而待用也。阿黨、掩蔽，皆閉藏之象。獄吏無阿黨，則罪犯無掩蔽矣。蓋藏者，掩蓋藏蓄，府庫倉囷之屬。循行積聚，芻藁粟米之屬。鍵，鎖牡也。閉，鎖牝也。管籥，啓鍵者也。封疆以固內，邊竟以備外也。要塞，要害衝塞之處。關，關門。梁，橋梁。徯徑，小路也。喪紀，送死之禮，各有紀律。衣裳，襲斂之衣裳。

飭，正也。塋，墓位也。丘壟，墳也。周廻曰塋，高起曰丘壟。塋有大小，丘壟有高卑。厚薄以禮言，貴賤以人言。蓋冬者時之終，送死者人道之終，於此時審辨，順閉藏之令也。百工制器，冬官之事。效，呈也。霜降休工，器物已成，至是呈見也。陳祭器，器以祭爲先也。按，驗也。程，式也。勿爲淫巧，此季春所命工師者，至是陳器按之也。功致，猶攻緻。勒工人之名于器，便稽考也。冬祭曰烝。烝，衆也。百物衆而禮備，遂因祭而大飲羣臣也。《豳風》：「十月滌場，朋酒斯饗」，「躋彼公堂，稱彼兕觥」。十月大飲，古禮也。祈來年于天宗，亦郊祭也。天宗，天神尊者，日月星辰之類。大割，多殺牲也。祠，祀也。社秩配上公，故云公社。門閭，亦神也。臘言獵也，歲終獵禽獸，祭先祖及五祀之神曰臘。夏正以丑月爲歲終，其祭爲清祀；殷以子月爲歲終，其祭爲嘉平；周以亥月爲歲終，其祭爲蜡；秦以戌〔一〕月爲歲終，其祭爲臘，九月非冬不可臘，故于歲首之月祭也。勞農，即《周禮·黨正》屬民飲酒也。命將講武，順栗烈之令也。《周禮》仲冬乃大閱。收水泉池澤之利，冬水涸也。行秋令，則霜雪不時，金氣所收也。小兵，金災也。土地侵削，擎斂之徵也。

按：孟冬之月，命工師效功，陳器勒名，考其誠，罪其不當，以窮其情，即《周禮》考工之意，司空所以爲冬官也。蓋程物莫平于水，故命水虞收水利，亦以冬月歲終考工，蓋古之制。讀《月令》，知《周禮》非缺也。

〔一〕「戌」，原作「酉」，偶誤耳，今據文義改正。

仲冬之月，日在斗，昏東辟壁中，旦軫中。其日壬癸。其帝顓頊，其神玄冥。其蟲介。其音羽，律中黃鐘。其數六。其味鹹，其臭朽。其祀行，祭先腎。冰益壯，地始坼策，鶡曷旦不鳴，虎始交。天子居玄堂太廟，乘玄路，駕鐵驪，載玄旂，衣黑衣，服玄玉，食黍與彘，其器閎以奄。

仲冬，十一月。斗柄建子。子者，孳也。日在斗，與月會于丑，星紀之次也。斗，六星。辟作「壁」，二星。軫，五星。黃鐘，子律。黃，中色。鐘，種也，元氣種聚也。地始坼，凍裂爲坼也。鶡旦，夜鳴求旦之鳥，陰求陽也；陽將生，故不鳴。虎，金屬，陰物，陽生乃交構。

飭死事。命有司曰：「土事毋作，慎毋發蓋，毋發室屋及起大衆，以固而閉。地氣沮泄，是謂發天地之房，諸蟄則死，民必疾疫，又隨以喪，命之曰暢月。」是月也，命奄尹申宮令，審門閭，謹房室，必重閉，省婦事，毋得淫。雖有貴戚近習，毋有不禁。乃命大酋啾，秫述稻必齊，麴蘖必時，湛尖熾痴，去聲必潔，水泉必香，陶器必良，火齊去聲必得。兼用六物，大酋監之，毋有差貸。天子命有司祈祀四海、大川、名源、淵澤、井泉。是月也，農有不收藏積聚者，馬牛畜獸有放佚者，取之不詰。山林藪澤，有能取蔬食、田獵禽獸者，野虞教道之。其有相侵奪者，罪之不赦。是月也，日短至，陰陽争，諸生蕩。君子齊戒，處必掩身，身欲寧，去聲色，禁耆慾，安形性，事欲静，以待陰陽之所定。芸始生，荔挺出，蚯蚓結，麋角解，水泉動。日短至，則伐木，取竹箭。是月也，可以罷官之無事，去器之無用者。塗闕廷、門閭，築囹圄，此以助天地之閉藏也。仲冬行夏令，則其國乃旱，氛霧冥冥，雷乃發聲；行秋令，則天時雨汁，瓜瓠不成，國有大兵；行春令，則蝗蟲爲敗，水泉咸竭，民多疥癘賴。

飭死事，備死葬之事。前月申其紀，而此則治其事。仲冬葬埋，順時之藏也。十月陰極，故可興作；此月陽氣將動，固閉勿泄，故戒作土事，即《春秋傳》所謂「水昏正而栽，日至而畢」也。沮泄，滲漏也。發，啓也。房，猶藏也。天地閉而人沮泄之，必有夭死疾疫之凶，則是以閉藏之時，爲宣暢之月如春夏也，反其所令，故命曰暢。奄尹，奄人之長。省婦事，減省婦職女功及幸御一切内官之事。淫，謂奢侈多事也。婦官多貴戚，故舉以例餘。不禁男子禁婦人，陰極而静，順其將化也。大酋，酒官。古人酒冬造春嘗，《詩》云「十月穫稻，爲此春酒」，是也。秫，稷之粘者。麴，乾麪。蘖，麥芽。皆以釀酒。湛，漬米。熾，炊也。水香，言潔也。陶器，瓦器。良，無罅漏也。火齊得，生熟中節也。命祭川海泉源，冬令方中，水德正盛，爲民報祈也。嚴冬寂莫，收藏宜謹，故孟冬「命百官謹蓋藏」，又「命司徒循行積聚」，至是猶有慢藏放失者，此不率之民，不爲之追究也。山林木落，藪澤水涸，與民同利，導之使採捕，治之使不争。蔬食，草蔬可食者。日短至，冬至日，短之至也。陰陽争，陰盡于子中，而微陽生，二氣争辨之際也。諸生蕩，謂萬物生機初回，水氣方盛，微陽未定，故有陽動之象。是以君子貴齊戒，恬澹休養，以待陰陽之定。蓋聖人雖尊陽，而不能引使速來；雖惡陰，而不能推使速去，故于變化之交，寧静俟之而已。芸、荔挺，皆香草。凡草氣香者爲陽。蚯蚓結，謂方蟄遇陽動，屈如結也。麋角解，詳見仲夏。水泉，地脉，天一所生，感一陽而微動也。日短至，則陰老而生氣歇，材質堅定，于時可以伐木，取竹箭。竹之小如矢者曰箭，故俗謂矢爲箭。罷無用之官，去無用之器者，皆惜日除閒之意。塗闕廷，謂抹補之。《周禮》二十五家爲閭。閭，巷口門。築囹圄，脩獄牆也。皆閉藏之事。仲冬行夏〔一〕令而歲旱者，秦仲冬即新歲也。雨汁，雨雪襍下，金液之氣也。瓜瓠秋成，金氣先泄，秋不成也。行春令水泉竭，木氣泄也。多疥癘，發生之咎也。

按：先王之制，農隙用民，故《詩》定中作楚室，十月執宫功，夫非「發室屋」與？《孟子》云十一月成徒杠，十二月成輿梁，夫非「土事」與？必仲冬勿作，則公家何時可役民？凡禮家言不必盡合，非獨《月令》耳。《周禮》雖非周公作，而奄人一役最盡制。卿大夫至庶人在官者，不下七萬有奇，而用奄止四十七人，未有爲官長者。宫禁之事，掌之内宰、宫伯，皆大夫士爲之，統于冢宰。故先王之世，宫府如一。是書以奄爲尹，申宫令，審門禁，内宫婦事至貴戚近習，無有不禁，則奄尹之權，不已重與？

〔一〕「夏」原作「春」，據經文改正。

此秦作法之敝，趙高所以專制也。酋長，即大長秋，漢以後與中常侍權傾中外，陵逼天子，流毒縉紳，不可謂非《月令》爲濫觴。讀者概以爲先王之禮，誤後世多矣。

季冬之月，日在婺女，昏婁中，旦氐低中。其日壬癸。其帝顓頊，其神玄冥。其蟲介。其音羽，律中大呂。其數六。其味鹹，其臭朽。其祀行，祭先腎。鴈北鄉向，鵲始巢，雉雊，雞乳。天子居玄堂右个，乘玄路，駕鐵驪，載玄旂，衣黑衣，服玄玉，食黍與彘，其器閎以奄。

季冬，十二月。斗柄建丑。丑，紐也。日在婺女，與月會于子，玄枵之次也。婺女，見孟夏。婁，三星。氐，四星。大呂，丑律。大，陽也；呂，助也，陰助陽也。鴈北鄉，陽生于子，隨陽復也。鵲巢、雉鳴、雞乳，皆立春之候。

命有司大難那，旁磔責，出土牛，以送寒氣。征鳥厲疾。乃畢山川之祀及帝之大臣、天之神祇其。是月也，命漁師始漁，天子親往，乃嘗魚，先薦寢廟。冰方盛，水澤腹堅，命取冰，冰以入。令告民出五種，命農計耦耕事，脩耒耜，具田器。命樂師大合吹而罷。乃命四監收秩薪柴，以共郊廟及百祀之薪燎。是月也，日窮于次，月窮于紀，星回于天，數將幾終，歲且更始。專而農民，毋有所使。天子乃與公、卿、大夫共飭國典，論時令，以待來歲之宜。乃命太史次諸侯之列，賦之犧牲，以共皇天、上帝、社稷之饗。乃命同姓之邦共寢廟之芻豢。命宰歷卿大夫至于庶民土田之數，而賦犧牲，以共山林、名川之祀。凡在天下九州之民者，無不咸獻其力，以共皇天、上帝、社稷、寢廟、山林、名川之祀。季冬行秋令，則白露蚤降，介蟲爲妖，四鄙入保；行春令，則胎夭多傷，國多固疾，命之曰逆；行夏令，則水潦敗國，時雪不降，冰凍消釋。

命有司大儺，下及庶民皆儺也。季冬二陽生，陰氣方盛，故使民間大儺，逐陰氣也。旁磔，殺牲徧裂之。季春儺，惟國都九門磔禳，今旁及四方也。出土牛，以土爲牛，出送寒氣。季冬水司令，月建丑，丑爲土而牛爲丑獸，土勝水，故土牛能送寒氣。牛善耕，冬藏未可出。出土牛，亦以示耕事將始也。征鳥，鷹隼之屬，善追擊，故曰征。厲疾，猶言猛迅。帝之大臣，五帝之佐，句芒等官。天之神祇，日月星之類。歲功成，畢祀以報也。漁，天子親往，爲薦祖廟也。先薦，薦而後嘗也。水澤腹堅，冰凍徹底也。鑿冰以破陰氣之錮塞，藏之土以和陽氣之在下，至陽盛又發之，以濟盛陽之驕亢也。冰以入，明陰事之一終也。五種，五穀之種。大寒將退，教民出所藏之種，計度耦耕之事。耒耜，以啓土。四田器，種作之器。大合吹，盛作樂也。罷，今歲不復作也。鄭氏謂季冬爲酒，以合三族于此時也。四監，主山林川澤之官。秩薪柴，常數當供之薪柴。薪用爨，燎用明也。日窮于次，十二辰一周也。月窮于紀，與日十二會，亦一周也。星回于天，二十八宿隨天每日一周，早晚不同，至此月皆復其故處，與去歲季冬早晚相似也。幾終，近終也。以月言，故曰近終，盡日而後謂之正終也。終言幾，始言且，循環無息之義。國有常典，時有常令，而來歲或變差，故天子與公、卿、大夫共飭論之，以待來歲之宜。《周禮》謂「正月之吉始和」，亦此意也。古人歲事莫大于祭。祭天地、社稷之犧牲，賦于諸侯，以國大小爲差，大史序之。宗廟之芻豢，取于同姓之邦，天子自命之。山林、名川之犧牲，取諸卿大夫及庶民之有土田者，宰歷數之。皆于此月，所謂合天下九州之民力，以供天地、宗廟、山川之祭也。介蟲爲妖，兵甲之兆，秋金爲祟也。固疾，謂舊疾，瘳而復作，象歲終復始，故名曰逆。

禮記通解卷六終〔一〕

〔一〕「禮記通解卷六終」，原作「卷終」。按：「卷終」二字以雙行小字的形式刻於此卷最後一葉下欄之末行，位於該行最後一字格，與正文空一字格，是爲節省工料採取的便宜做法，今依全書通行體例改。

禮記通解卷七

郝敬 解

曾子問第七

先儒謂曾子忠信傳習，知天下義理日新，事變無窮，故歷舉吉凶之禮雜出不齊之事爲問，夫子隨事剖決，所謂遇變而能權也。愚按禮之爲用，洋洋萬殊，非盡成法可拘，聖人盛德之至，從心即矩，衆人以爲細微曲折，皆有舊章，設局求合，故其問迂闊而其答亦委瑣，非曾子守約之學與聖人一貫之旨，議禮之家所以託而傳也。讀者哀聚而會其通，裁其當焉，斯可矣。

曾子問曰：「君薨而世子生，如之何？」孔子曰：「卿、大夫、士從攝主，北面於西階南。大祝裨皮冕，執束帛，升自西階，盡等，不升堂，命毋哭，祝聲三，告曰：『某之子生，敢告。』升，奠幣于殯東几上，哭降。衆主人、卿、大夫、士、房中皆哭，不踊，盡一哀，反位。遂朝昭奠，小宰升，舉幣。三日，衆主人、卿、大夫、士如初位，北面。大宰、大宗、大祝皆裨冕，少師奉子以衰催，祝先，子從，宰、宗人從，入門，哭者止。子升自西階，殯前北面，祝立于殯東南隅。祝聲三，曰：『某之子某，從執事敢見。』子拜稽顙，哭，祝、宰、宗人、衆主人、卿、大夫、士哭踊三者三，降，東反位，皆袒。子踊，房中亦踊，三者三，襲衰，杖，奠，出。大宰命祝、史以名徧告于五祀、山川。」曾子問曰：「如已葬而世子生，則如之何？」孔子曰：「大宰、大宗從大祝而告于禰。三月，乃名于禰，以名徧告及社稷、宗廟、山川。」

君薨世子生，謂君薨無嗣，喪在殯而適嗣始生也。攝主，謂大臣攝主國事者。北面西階之南，周人殯于西階，臣子朝夕哭位，皆在東階下西面，今將就殯位告，故于西階下北面也。裨冕，衣裨衣而戴冕也。裨之言埤，猶副也。舊説天子六服，大裘爲上，餘皆爲裨，雖衮冕亦裨衣之上者耳。兼衣言冕，即冕以該衣也。冕，吉祭之服。喪凶服吉者，重世子始生也。獨大祝裨冕者，祝以吉事告也。束帛，帛五匹爲十端，成一束。升階盡等，升盡階級近堂也。不升堂，不敢逼近君柩也。命毋哭，將有告也。哭止勿讙，故惟祝聲。告必三，如死者寐也。某，指生子之母。奠幣殯東几上，不敢委于地，如死者親受也。衆主人，君同姓之親。房中哭者，婦人也。哭不踊者，西階上哭不踊，反東階下行朝奠，即位哭而後踊也。朝奠不言踊，常禮不及也。小宰升堂舉幣，已告則舉其束帛，出埋之兩階閒也。三日，世子生之三日，見于殯，且告名也。大宰，冢宰。大宗，宗伯。少師，教世子者也。奉子以衰，謂以凶服承藉世子抱之。入門，入殯宮門。子拜稽顙哭，少師擁之拜哭也。前告子生哭不踊，此以子見哭踊者，前告因朝奠不備禮，此以子見告名，情更切也。踊三者三，凡踊以三爲節，九踊成三也。降，東反位，降西階，反堂下東哭泣之位。皆袒，踊則袒其衰也。子踊，少師抱而踊也。襲衰，杖，袒踊畢，皆襲其所袒之衰，執杖奠饋而出也。奠，亦朝奠。以名徧告，以世子名徧告羣神。禮，子生三月，君名之。今三日名者，將以爲喪主，故攝主遂名而告之殯，猶其名于君也。三月名于禰，告禰主也，是時主猶在殯宮。

按：此篇煩文瑣屑，不似聖人語，而此章義疏畧〔一〕。祝、史以子名徧告五祀、山川，而不及宗廟、社稷，非闕與？兒生未可離房户，抱于諸大夫手，器踊喧闐，非所爲保護也。三日嬰兒何足與識禮事，而亟亟躁擾，虚文無實，不如遲之三月後，乃近情耳。

孔子曰：「諸侯適天子，必告于祖，奠于禰。冕而出視朝，命祝史告于社稷、宗廟、山川。乃命國家五官而后行，道而出。告者五日而徧，過是非禮也。凡告用牲、幣，反亦如之。諸侯相見，必告于禰。朝服而出視朝，命祝史告于五廟、所過山川。亦命國家五官，道而出。

〔一〕「而此章義疏畧」下，《續修》本有「三日見子，有衆主人在。初告生子，而衆主人不與，何也」二十一字，此本已鏟去，作墨釘。

反必親告于祖禰，乃命祝史告至于前所告者，而后聽朝而入。」

此記諸侯出行之禮。其覲天子行也，必告奠于祖與禰。將告奠，先冕服出臨朝，命祝史使告社稷、宗廟、境内山川。乃命卿、大夫、上中下士五官居守而後行。道而出者，祭道路之神而遂出宿也。大約不過五日，告徧即行。過五日告不徧不成行，是遷延怠慢，非所以忠于神明、敬天子也。諸侯自相見行，則但告禰不告祖。祖尊禰親，天子尊而友邦親也。禮，朝服輕于冕，皮弁、緇衣而已。冕衣則刺繡也。臨朝而命祝史告祖廟及所經過山川、社稷，其境内他山川不徧告。所往有尊卑，故禮有詳畧也。出而反，不敢遽入，必親告于祖禰。命祝〔一〕告于前出所告之社稷、山川而後臨朝，聽其久曠之政，乃入宮。此反國告至之禮，覲天子與諸侯相見皆同。

按：古者天子非巡守、諸侯非述職不行，故晏子曰「無非事者」。出以有事，不敢慢遊，故告于神、戒于衆，而後出；居以有事，不敢廢守，故出必命官，反必聽政而后入。如是，則焉有流連荒忘、廢時失事之咎？人主所以動必以禮，出入起居必慎，此聖人制禮之義也。相見行，告禰不告祖，太區別。後章言「天子、諸侯將出，以幣帛皮圭告于祖禰」，鄭并此章「牲幣」改爲「制幣」，然焉知皮幣之爲是，牲幣之爲非乎？凡鄭言禮舍大拘細類此。

〔一〕據經文，「祝」下當脱「史」字。

曾子問曰：「並有喪，如之何？何先何後？」孔子曰：「葬先輕而後重，其奠也，先重而後輕，禮也。自啓及葬不奠，行葬不哀次，反葬，奠而後辭於殯，遂脩葬事。其虞也，先重而後輕，禮也。」

並有喪，謂父母同時喪，則葬孰先後也。葬先輕而後重，謂先葬母，後葬父。奠先重而後輕，謂先奠父，後奠母。蓋葬爲奪情之事，宜先輕；奠爲奉養之事，宜先重。自啓及葬不奠，謂如母先葬，自啓殯之奠、朝廟之奠、祖奠、遣奠，皆不設也。哀次，謂殯宫門外孝子所居倚廬，柩過此，扳留哀慟。今母行，父在殯，故亦不哀次。反葬，設奠于父，而後致辭以告于父之殯，所謂奠先重後輕也。遂脩葬父之事，所謂葬先輕後重也。其既葬而反虞也，亦先虞父，後虞母也。

按：此章所謂先後，蓋早暮之閒，非差月日也。喪服母輕于父，故母葬宜先，奠宜後。然自啓及葬不奠，行不哀次，何異路人？故鄭註作「不奠父」解，然既云奠先重後輕，又何謂不奠父奠母乎？其實本文謂先葬者禮輕，故奠哀總俟父柩出備禮耳，與《喪服小記》云「父母之喪偕，先葬者不虞祔，待後事」正同。而此章之説于人情尤未當，解者所以曲爲周旋，即如所謂自啓及葬不奠父，于義何居？一日在殯，朝夕奠自不可缺。因母葬廢父奠，豈得爲禮？父母可合葬，則同啓同奠于禮非害，何爲此差别？此章殊不似聖人之義。

孔子曰：「宗子雖七十，無無主婦；非宗子，雖無主婦可也。」

宗子領諸宗男，宗婦領諸宗女，宗法所不可闕也。故宗子雖七十，婦死必再娶。若恒人六十，陽道絶，可無娶矣。惟宗子不然。

按：此章亦不似聖人語。七十之宗子繼娶，娶老婦乎？娶幼女乎？幼則非偶，老則改節，烏可爲宗範？或曰：七十老而傳，可也。然宗子未死，而使其子爲宗子，是家有兩宗也。既云宗，而可兩乎？「非宗子，雖無主婦可也」者，謂非宗子年七十無主婦則可，然苟非宗子而未老，安得皆曰可？兩言皆非至論。

曾子問曰：「將冠子，冠者至，揖讓而入，聞齊衰、大功之喪，如之何？」孔子曰：「内喪則廢。外喪則冠而不醴，徹饌而埽，即位而哭。如冠者未至，則廢。如將冠子而未及期日，而有齊衰、大功、小功之喪，則因喪服而冠。」「除喪不改冠乎？」孔子曰：「天子賜諸侯、大夫冕弁服於大廟，歸設奠，服賜服，於斯乎有冠醮，無冠醴。父没而冠，則已冠埽地而祭於禰，已祭而見伯父、叔父，而后饗冠者。」

此章論冠遭喪之禮有三：臨冠而聞齊、大功之喪，一也；冠期將近而有齊衰、大小功之喪，二也；父没而冠，三也。將冠子，謂父將冠其子也。冠者至，謂賓贊已至門也。齊衰，謂期及三月之類。大功，五月。内喪則廢，謂喪在同大門内則冠禮可廢。喪在外則不廢冠，但不設醴飲賓客，冠畢即徹饌埽地，爲位哭，因冠者已至而酌行，其禮如此。若冠者尚未至門，則廢不行可也。如冠期尚遠，先有齊衰、大小功之喪，不必改期，即用喪服冠亦可。曾子又問：「然則除喪之後，不復改行吉冠之禮乎？」夫子引諸侯賜冠于天子禮，以明既冠無改冠，惟服除饗賓贊，補喪時之未備者而已。諸侯、大夫未冠，除喪入見天子，天子或賜之冕弁服，冠于天子之大廟，歸惟設奠告廟，即服天子所賜冠服，無再冠也。如此者，但有醮冠者之禮，無醴賓之禮。蓋醮則獨酌冠者，醴則獻賓歸俎，冠于天子廟，天子醮之，歸國不改冠，無賓贊，故無醴。此因喪冠者，亦不再冠，不饗賓，惟醮冠者，而醴賓待除喪後，亦謂之「有冠醮，無冠醴」也。不言喪除醴賓者，因于後「父没而冠，已祭而後饗冠者」之文可見也。父没而冠，謂父喪既除，行吉冠禮者也。齊衰、大小功可因喪服冠，若斬衰必服除然後可冠。冠則有賓贊，冠畢則告父廟，見伯、叔父，而後設醴以饗賓贊，明不得如賜冠者之有醮無醴也。

〇按：此章之説亦可疑。門外之喪，冠而不醴可也。古人聚族而居，門外應非遠，冠畢往哭于其家，不可乎？何至徹奠埽地，哭于冠位也！元服三加彌尊，以凶喪之冠禮成人，於祝辭甚無當耳。冠未及期宜且廢改，俟期功外亦可，何至以喪服冠之！

曾子問曰：「祭如之何，則不行旅酬之事矣？」孔子曰：「聞之，小祥者，主人練祭而不旅，奠酬於賓，賓弗舉，禮也。昔者魯昭公練而舉酬行旅，非禮也；孝公大祥，奠酬弗舉，亦非禮也。」

旅，衆也；酬，勸飲也，謂祭畢賓主長幼舉酒交相勸酬以徧也。凡祭皆然，曾子問何祭獨不然。夫子謂獨小祥練祭，獻尸、賓畢，主人洗觶升西階上，北面酬賓，此旅酬之始；奠觶于賓，而賓辭，遂止，不復酬也。蓋小祥喪事未除，禮從簡畧，故鄭云「奠無尸，虞不致爵，小祥不旅酬，大祥無無算爵，彌吉」，未純吉，是也。魯昭公練而旅酬，於禮爲不及；孝公大祥而不旅酬，於禮爲過，皆非也。

曾子問曰：「大功之喪，可以與於饋奠之事乎？」孔子曰：「豈大功耳，自斬衰以下皆可，禮也。」曾子曰：「不以輕服而重相爲乎？」孔子曰：「非此之謂也。天子、諸侯之喪，斬衰者奠；大夫，齊衰者奠；士則朋友奠，不足則取於大功以下者，不足則反之。」曾子問曰：「小功可以與於祭乎？」孔子曰：「何必小功耳，自斬衰以下與祭，禮也。」曾子曰：「不以輕喪而重祭乎？」孔子曰：「天子、諸侯之喪祭也，不斬衰者不與祭。大夫，齊衰者與祭。士祭不足，則取於兄弟大功以下者。」曾子問曰：「相識，有喪服可以與於祭乎？」孔子曰：「緦不祭，又何助於人。」曾子問曰：「廢喪服可以與於饋奠之事乎？」孔子曰：「説脱衰與奠，非禮也。以擯相可也。」

此明居喪奠祭之禮。曾子始問本謂預他人奠饋而特舉大功者，以斬齊服重，知不可與吉祭，大功稍輕，或可與於喪奠之凶禮乎。夫子告以身有喪服但可爲其所服者奠，引天子以下奠饋之禮明之，則其不當與他人無服者之奠可知。而曾子未達，又問小功輕於大功，或可與於他人之喪祭乎。夫子告以身有喪服，但可爲其所服者喪祭，引天子以下喪祭之禮明之，則其不當與於他人喪祭又可知。而曾子又未達，乃問有喪服可以與於相識者之祭乎。夫子以吉凶不相瀆，雖輕如緦麻，在己亦不可吉祭，則其不可助他人吉祭可知。曾子三問，於己喪，先大功，次小功，次緦麻，由重漸輕也；於與祭，先饋奠，次喪祭，次吉祭，由凶漸吉也。及聞聖言，乃知有喪服者無輕重，皆不可爲人奠祭，因疑除喪與人饋奠或可。夫子亦謂甫脱衰絰，即與他人代奠，忘哀大速，亦不可，則吉祭之不可又明矣。惟爲有喪者擯相則可，亦不甚許之。然則雖緦功之喪，必除服乃可爲人代奠；齊斬之喪，必待己吉祭後，乃可爲人執事。苟非君喪義重奪恩，未有身居喪爲他人執事者矣。故問大功以下饋奠，答雖斬衰皆可；問小功以下與祭，答雖斬衰亦可者，皆謂臣有父喪而外遇君喪，以斬奠斬，所奠之死者亦當以所服服之故爾。不然，緦而祭，説衰而與奠，尚不可，況居喪爲他人奠無服之死者乎，決不可矣！緦不祭，謂士也。後章云：士所以異于大夫者，緦不祭〔一〕。饋奠，謂柩在殯，朝夕奠、朔奠、殷奠之類，孝子哀毁昏迷不成禮，必使人代之。喪祭，如三虞、卒哭、祔、練、祥之祭，皆孝子自主，而他人相之也。曾子問意在饋奠他人，夫子答即饋奠其所爲有服者。輕服，謂輕己之服。重相爲，謂急于爲人。非此之謂，

〔一〕「緦不祭」下二字格留空至行底，換行「饋奠……」云云。據上下文義，「緦不祭」與「饋奠」似當連書，今改。

言非謂他人，謂於其所爲服者耳。天子、諸侯之喪，羣臣皆斬衰，雖有父喪，斬衰亦與奠。大夫之喪，其家臣亦斬衰，不敢同天子、諸侯，惟大夫死者之昆弟，雖已有齊衰，爲此大夫死者亦齊衰，故得與奠。士喪不敢同大夫，惟朋友之無私服者與奠。若執事多，朋友不足，則取于大功以下，謂爲死者服大功以下者也。又不足，反取諸大功以上，亦謂爲死者服大功以上者也。彼自無私服，故得取之，皆未有在喪爲無服之人奠者矣。祭，謂喪祭，虞、祔之類。天子、諸侯之喪祭，不斬衰者不與祭，言君喪凡羣臣皆斬衰也。大夫，齊衰者與祭，不盡皆斬也。「相識」以下兩問，夫子乃直言有喪不可與奠祭之義。緦不祭，謂己有緦麻之喪，不自舉吉祭。廢，除也。與饋奠，與他人饋奠也。饋奠非吉祭，已廢服，非在喪，則可耳。說、脱同，謂初脱衰服，餘哀未平，即與他人饋奠，非禮也。擯相，爲有喪者迎賓客，相禮事。可者，僅許之辭。

曾子問曰：「昏禮既納幣，有吉日，女之父母死，則如之何？」孔子曰：「壻使人弔。如壻之父母死，則女之家亦使人弔。父喪稱父，母喪稱母。父母不在，則稱伯父世母。壻已葬，壻之伯父致命女氏曰：『某之子有父母之喪，不得嗣爲兄弟，使某致命。』女氏許諾而弗敢嫁，禮也。壻免喪，女之父母使人請，壻弗取而后嫁之，禮也。女之父母死，壻亦如之。」

昏禮既納幣、請期，遭大喪則止，不親迎。女父喪，壻稱其父命使人弔；女母喪，壻稱其母命使人弔，壻不自主也。壻有喪，女弔亦然。致命，謂壻家致還其許嫁之命。不得嗣爲兄弟，謂喪期尚遠，恐女過時，故云不得繼此爲兄弟也。不言夫婦，未成昏也。言兄弟，夫婦相敵，有兄弟之誼也。使某，使者名也。免喪弗取，壻終守前言不欲變，然後女父母以女嫁他族也。

按：夫婦，人倫之始。父母喪，不嫁娶，禮也。然業已納幣、請期，盟約已成，父母之命已定，喪畢而親迎可也。免喪不取，于義何居？盟成而背之，必有他故。無故不娶，記以爲禮，是何禮與？男女室家，皆命自父母。父母亡，中道變更，失信負義，不可爲訓。此類皆後人臆説，非聖人之言，讀者當察。

曾子問曰：「親迎，女在塗，而壻之父母死，如之何？」孔子曰：「女改服，布深衣，縞總，以趨喪。女在塗，而女之父母死，則女反。」「如壻親迎，女未至，而有齊衰、大功之喪，則如之何？」孔子曰：「男不入，改服於外次，女入，改服於内次，然後即位而哭。」曾子問曰：「除喪則不復昏禮乎？」孔子曰：「祭，過時不祭，禮也。又何反於初。」

女改服，改其來嫁之服。衣裳相連曰深衣。布，麻布。縞，生白絹。總，所以束髮。男子曰免，婦人曰總。皆初喪未成服之服。女聞舅姑之喪，在塗即改服奔喪。時未成昏，而婦之分已定，故聞喪即奔。女父母死則女反，不奪其喪也；聞齊衰、大功，則至壻門，男女就次，改服而哭，輕重之等也。不言小功以下，喪輕則俟昏畢而改服哭可也。除喪不復昏，不補行同牢、饋舅姑、醴婦之禮也。祭重于昏，祭過時不補，昏可知也。

按：齊衰、大功之喪，不重于舅姑宗廟。親迎未至，昏禮未成，舅姑祖廟未見，遂改服即位而哭，于義何居？昏禮見舅姑，奠贄盥饋，父母存而以齊衰、大功廢，無乃重繼父從昆弟而輕父母乎！似亦不待除喪而後行也。

孔子曰：「嫁女之家，三夜不息燭，思相離也。取（去聲）**婦之家，三日不舉樂，思嗣親也。三月而廟見，稱來婦也。擇日而祭於禰，成婦之義也。」**

不息燭，不寐也。不舉樂，感傷也。思嗣親，謂人子娶妻，將嗣續其親，有代謝之感也。三月廟見，謂舅姑已没，新婦俟三月廟祭，乃見祖禰。必三月者，時祭三月一舉，則主婦薦豆，此時始見于廟。父廟曰禰。既見祖廟，更擇日見父廟也。助祭從獻，得與于宗廟之事，始成其爲婦之義。若舅姑存者，成昏之明日，即見舅姑，至見祖廟，亦必以三月。舊解未達。

曾子問曰：「女未廟見而死，則如之何？」孔子曰：「不遷於祖，不祔於皇姑，壻不杖，

不菲，不次，歸葬於女氏之黨，示未成婦也。」曾子問曰：「取女，有吉日而女死，如之何？」孔子曰：「壻齊衰而弔，既葬而除之。夫死亦如之。」

不遷於祖，不遷柩朝於壻之祖廟也。皇，大也，尊稱。不祔，不以神主祔于姑廟。禮，爲妻齊衰期，杖，菲屨，居哀次。今未成婦，但齊衰期耳。不杖，不菲屨，不居哀次，從殺也。若親迎有期，女死，則壻以齊衰弔，既葬即除，未成爲妻也。如夫壻死，女亦斬衰往弔，亦既葬即除，未成爲夫也。

曾子問曰：「喪有二孤，廟有二主，禮與？」孔子曰：「天無二日，土無二王，嘗禘郊社，尊無二上。未知其爲禮也。昔者齊桓公亟舉兵，作僞主以行，及反，藏諸祖廟。廟有二主，自桓公始也。喪之二孤，則昔者衛靈公適魯，遭季桓子之喪，衛君請弔，哀公辭，不得命。公爲主，客入弔。康子立於門右，北面。公揖讓，升自東階，西鄉。客升自西階，弔。公拜，興，哭，康子拜稽顙於位，有司弗辯也。今之二孤，自季康子之過也。」

二孤，謂適庶同主喪，則莫適爲主。二主，謂一廟奉二先，則莫適爲尊。嘗禘郊社，大祭也，惟所尊之神一位在上，無有與之并者，況主喪之孤，在廟之主，又可二乎。出師，必取遷廟之主載于齊車，示尊奉也。齊桓公無遷主，作僞主行，反，以僞主藏于祖廟。故廟有二主，自齊桓公始。《喪服小記》云：「諸侯弔于異國之臣，則其君爲主。」衛靈公以諸侯弔魯季孫之喪，康子以大夫不可主諸侯，故魯哀公爲主，即位答拜，而康子又拜稽顙於位，若兩孤然。此喪之二孤，季康子之過，非古禮也。

按：鄭謂君爲主，則孝子當哭踊耳。雖然，孝子豈得終無一拜？二主之非禮，是古者廟制之數，大夫、士以上一廟奉一先，非謂妣不得配考，無廟者不得祔祭也。庶人無廟，豈得盡五服之祖考棄之，獨事一禰乎？二孤之非禮，是古人重宗之意。後世宗法不行，則是庶子終不得與嫡子同位哭，亦匪人情。齊自太公至桓公十三世矣，諸侯祀五世，豈得無遷主？且主不藏於廟而焉藏乎，何得遂謂之二主也？臣從君拜，何得遂謂之二孤？二主二孤，何得遂謂之非禮？按衛靈公以魯哀公二年先季桓子卒，何由得弔桓子喪？事本無稽，鄭遂改爲衛出公，好信牽强，類此。

曾子問曰：「古者師行，必以遷廟主行乎？」孔子曰：「天子巡守，以遷廟主行，載於齊車，言必有尊也。今也取七廟之主以行，則失之矣。當七廟五廟無虚主。虚主者，惟天子崩，諸侯薨，與去其國，與祫祭於祖，爲無主耳。吾聞諸老聃貪曰：『天子崩，國君薨，則祝取羣廟之主而藏諸祖廟，禮也。卒哭成事，而后主各反其廟。君去其國，大宰取羣廟之主以從，禮也。祫祭於祖，則祝迎四廟之主；主出廟入廟，必蹕。』老聃云。」

曾子問曰：「古者師行無遷主，則何主？」孔子曰：「主命。」問曰：「何謂也？」孔子曰：「天子、諸侯將出，必以幣帛皮圭告於祖禰，遂奉以出，載於齊車以行。每舍，奠焉而后就舍。

反必告，設奠，卒，斂幣玉，藏諸兩階之閒，乃出。蓋貴命也。」

遷廟主，謂祔禰時所遷昭穆最上之廟一主也。如諸侯五廟，大祖不遷，則二昭二穆以上五世祖，乃其新遷者也。遞降仿此。出師巡守，則奉此主行。蓋遷主不在七廟內，故可行。齊車，神明之車。七廟之主，謂現在奉祀未遷者。天子七廟，諸侯五廟，一主出則虛一廟，非謂取五、七廟之主以行也。廟未有虛無主者。虛無主，其故有四：天子崩，則祝取羣廟主藏于太祖廟，若爲凶事聚會然也，卒哭之事成，而后主各反廟，一也；本國之君薨亦然，二也；君有大故去國，大宰收羣廟主從行，不忍國亡棄其祖考，三也；諸侯祫祭，則祝迎四廟之主，合食于太祖廟，四也。主出入，蹕止行人，以示尊嚴。非是四者，廟不虛主，豈可因出師而虛在廟之主以行乎？老聃，即老子，作《道德》五千言者。無遷主，謂始封之君，或封未及五、七世者。無毀廟，故無遷主。主命，謂主不行，但以幣帛皮圭請祖禰之命，奉此幣帛皮圭以行。每止舍，設奠而後就舍。反則告于其主，設奠于其廟，卒，乃斂其所奉幣帛皮圭，埋于其廟兩階閒，然後出。重祖考之命，不必其主行也。

子游問曰：「喪慈母如母，禮與？」孔子曰：「非禮也。古者男子外有傅，内有慈母，君命所使教子也，何服之有！昔者魯昭公少喪其母，有慈母良，及其死也，公弗忍也，欲喪之。有司以聞曰：『古之禮，慈母無服。今也君爲之服，是逆古之禮而亂國法也。

若終行之，則有司將書之以遺後世，無乃不可乎！』公曰：『古者天子練冠以燕居。』公弗忍也，遂練冠以喪慈母。喪慈母，自魯昭公始也。」

教子之慈母，本外人婦，君命爲保傅，不與庶母之恩養者同，猶男子之爲外傅者等耳。良，善也。古者天子，蓋指殷世之王。色尚白，故燕居著白冠，猶後世之練冠也。昭公謂練冠可燕居，以居慈母之喪，不亦可乎？

〇按：《儀禮》「慈母如母」服，齊衰三年，父在則期。蓋妾子無母，父命妾之無子者養爲子，曰慈母，故誼與親母同。鄭氏以天子、諸侯絶期，不服庶母解。據問，未及天子、諸侯也。慈母與庶母異，庶母緦麻可絶，慈母如母者，父亡亦如母不可絶，絶則何取于「如母」？所問即《儀禮》三年服之慈母，答似「君子子爲庶母之慈己者」，即《内則》云「使爲子師，其次爲慈母」者也，小功而已。即云「慈母良」，欲爲服，可以義起，何至詆爲非禮，使有司書之遺譏後世乎？魯昭公不知禮，詒譏有之，豈喪慈母耳？公喪親母無戚容，況慈母，能爲之服乎？《春秋傳》昭公母齊歸之喪，公年已三十，未嘗少喪母，焉得有慈母稱良？鄭氏謂非昭公，王肅補《家語》謂爲孝公，皆影響附合也。古天子練冠燕居，鄭謂爲王者爲其母緦，則是降服矣。降服自周始。《檀弓》縣子云：「古者不降，上下以其親。」然則古庶子王練冠之説，亦未然也。

曾子問曰：「諸侯旅見天子，入門不得終禮，廢者幾？」孔子曰：「四。」請問之。曰：「大廟火，日食，后之喪，雨霑服失容，則廢。如諸侯皆在而日食，則從天子救日，各以其方色與其兵。大廟火，則從天子救火，不以方色與兵。」曾子問曰：「諸侯相見，揖讓入門，不得終禮，廢者幾？」孔子曰：「六。」請問之。曰：「天子崩，大廟火，日食，后、夫人之喪，雨霑服失容，則廢。」曾子問曰：「天子嘗、禘、郊、社、五祀之祭，簠簋既陳，天子崩，后之喪，如之何？」孔子曰：「廢。」曾子問曰：「當祭而日食，大廟火，其祭也如之何？」孔子曰：「接祭而已矣。如牲至未殺，則廢。天子崩，未殯，五祀之祭不行；既殯而祭，其祭也，尸入，三飯，不侑，酳不酢而已矣。自啓至于反哭，五祀之祭不行；已葬而祭，祝畢獻而已。」曾子問曰：「諸侯之祭社稷，俎豆既陳，聞天子崩、后之喪，君薨、夫人之喪，如之何？」孔子曰：「廢。自薨比至于殯，自啓至于反哭，奉帥天子。」曾子問曰：「大夫之祭，鼎俎既陳，籩豆既設，不得成禮，廢者幾？」孔子曰：「九。」請問之。曰：「天子崩，后之喪，君薨，夫人之喪，君之大廟火，日食，三年之喪，齊衰，大功，皆廢。外喪，自齊衰以下行也。其齊衰之祭也，尸入，三飯，不侑，酳不酢而已矣。大功，酢而已矣。小功、緦，室中之事而已矣。士之所以異者，緦不祭句；所祭句，於死者無服句，則祭。」

旅見，衆見也。大廟火，天子祖廟火也。后之喪，天子后妃喪也。日食，陰侵陽也。五方諸侯以兵助討，執兵者各以其方色爲衣，如東方衣青、南方衣赤之類。兵，未詳。或云：東方刊戟，南方矛，西方弩，北方楯，中央鼓也。諸侯與諸侯相見，遇變廢禮凡六。其分較卑，故其廢易于天子。后、夫人之喪，謂王后與君夫人之喪。嘗、禘、郊、社，皆天子大祭。遇天子與后之喪，雖當祭亦廢。如遇日食、大廟火，當祭則不廢，但接續完事耳。接，捷也，其閒儀文不必從容整備也。如祭而迎牲未殺，亦廢。天子崩，未殯，則天子之五祀廢；既殯而祭，迎尸入，三飯即止，不侑。《儀禮》士祭尸九飯，大夫祭尸十一飯，則天子、諸侯又當加、侑。今三飯不侑，殺禮也。酳者，食畢而繼以酒也。《特牲禮》尸九飯畢，主人酌酒酳尸，尸飲卒爵酢主人，主人更酌獻祝與佐食。今但酳尸，無酢主人以下等事。天子既殯而葬，自啓殯至于反哭，天子之五祀亦廢。既葬而祭，至主人酳尸，尸酢主人，主人卒爵獻祝即止，無獻佐食以下等事。較前禮稍備者，葬後哀漸殺也。諸侯祭社稷，其神比五祀爲重，而分比天子爲卑，故聞天子崩、天子后之喪與己夫人之喪，則廢。自薨至殯，自啓殯至反哭，皆帥循天子五祀之禮。帥、率同，循也。大夫爵尤卑，其祭蓋宗廟五祀耳，雖俎豆陳列亦廢者有九。分尤卑，廢尤易，故雖齊衰、大功之喪亦廢，惟齊衰、大功在門外者不廢。其祭亦尸三飯，不侑，酳尸不酢而止；若大功，酢而止；若小功與緦麻，祭雖不廢，惟室中之事而止。大夫祭無堂事，尸、祝、佐食、主人、主婦、賓、獻酢皆在室，至主人獻賓旅酬，則于堂階，小功、緦不行，故曰室中之事而止。士之所以異者，謂士廢祭之禮與大夫異。大夫緦祭，士雖緦，亦不祭。緦祭，必其所祭之鬼與己所服者無服，如妻父母及母之兄弟姊妹，己有緦服，而所祭之祖禰於彼無服之類。

按：救日之禮，人事不可但已，非真有物食日須人之救也。故《春秋》書「鼓用牲于社」，以譏巫風。説者反以爲禮，非也。此云各以方色與兵，事尤不經。兵陰象，陰侵陽，又可以陰助之乎？《王制》云：喪三年不祭，唯祭天地社稷，越紼行事。今云天子崩，既殯祭五祀，則是無祀不舉，非獨天地社稷可越紼也，不幾于以祭廢喪乎！

曾子問曰：「三年之喪弔乎？」孔子曰：「三年之喪，練不羣立，不旅行。君子禮以飾情，三年之喪而弔哭，不亦虚乎！」

練，小祥也。旅，衆也。大喪雖及期，猶不與人羣立，不與衆同行，孝子哀慕專一之至，豈可與于他人之喪而往弔乎！且君子行禮，有是情，飾以是禮，自哀其親，而謂以哀他人之親，則是弔也不幾于虚乎！

按：《檀弓》曾子以母喪之衰哭子張，何也？彼以同道之朋，比于同氣，哀由衷出，非無情之禮。不弔生而哭死，何傷？曾子所以爲善用禮也。説者譏焉，過矣。

曾子問曰：「大夫士有私喪，可以除之矣，而有君服焉，其除之也如之何？」孔子曰：「有君喪服於身，不敢私服，又何除焉？於是乎有過時而弗除也。君之喪服除而后殷祭，禮也。」曾子曰：「父母之喪弗除，可乎？」孔子曰：「先王制禮，過時弗舉，禮也；非弗能勿除也，患其過於制也。故君子過時不祭，禮也。」

私喪，謂父母之喪，對國喪則爲私。君親分均，在官則君重，以親亦臣也。除，謂喪畢禫祭除服。君喪不敢私服，謂始喪不成服，喪終又可行除服乎。於是雖過時而不除，除則必有祥禫之祭。待君喪既除，而后殷祭，禮也。殷，盛也。禮盛曰殷，即祥禫也。曾子疑父母之喪，何必定除。夫子謂禮惟其時，弗可過也；君子親喪，終身弗除，豈曰不能，患其過于制也。故四時吉祭過時則亦不祭，況喪服豈可過時，所以必除也。

曾子問曰：「君薨既殯，而臣有父母之喪，則如之何？」孔子曰：「歸居于家，有殷事則之君所，朝夕否。」曰：「君既啓，而臣有父母之喪，則如之何？」孔子曰：「歸哭而反送君。」曰：「君未殯，而臣有父母之喪，則如之何？」孔子曰：「歸殯，反于君所。有殷事則歸，朝夕否。大夫，室老行事；士，則子孫行事。大夫內子，有殷事亦之君所，朝夕否。」

殷事，猶言盛事，謂月朔及薦新之奠。君有此事則往，朝夕哭奠不必往也。啓，謂將葬啓殯。歸哭，哭親。反，反君所。如君薨未殯，則身先已在君所，聞親喪，歸殯親，而復反于君所也。家有朔奠、薦新之事則歸，朝夕哭奠則不歸。大夫則其家老攝之，士則子孫攝之。大夫之適妻，君有殷事，亦往君所，如婦事舅姑然也。

按：君未殯而歸殯父母，以臣衆子獨也。如月朔殷事君親同日，君既殯而有親喪者，則之君所，君未殯而有親喪者，又歸，何相違也。大抵聖人言仁即是義，孝爲百行之本，故曰「孝者所以事君」，移孝作忠，非謂先君遂可後親也。記者欲明君親并重，仁義不偏廢，後儒乃謂義可斷恩，貪位之夫，至親死不奔喪，託言奪情，以濟其私，則不孝莫大乎是！我國家制禮，臣子親喪皆歸，終三年。此萬世不刊之典，安在今禮不如古也？

賤不誄（壘）貴，幼不誄長，禮也。唯天子，稱天以誄之。諸侯相誄，非禮也。

誄之言累，累舉死者生平實行而爲之辭，猶今行狀、誌銘之類，即其所據以爲謚者。以賤誄貴，以幼誄長，嫌于承奉而不公。故天子崩，羣臣稱天以誄之；諸侯薨，天子誄之，公也。

按：此節意主秉公，不在辨分。蓋以卑誄尊，直則傷倨，不直則不足信。如今之行狀、誌銘雖出于尊貴者，浮夸無一字之情，況出于幼賤者乎！幽、厲、桀、紂，苟非稱天，臣子何能及此？後世謚法，壞于天子不制誄，私議妄作，諂諛風行，所以濫耳。以尊制卑則禮嚴，以卑奉尊則義屈，故上得誄下，下不得誄上。解者專以下謚上僭榮辱之柄爲非禮，此李斯所以欺秦皇者，豈先王作誄謚之意哉！

曾子問曰："君出疆，以三年之戒，以椑僻從。君薨，其入如之何？"孔子曰："共供殯服，則子麻弁絰，疏衰，菲，杖，入自闕，升自西階。如小斂，則子免而從柩，入自門，升自阼階。君、大夫、士一節也。"

國君以事出疆，必爲三年之戒備，恐未得速返也。於是以所爲親身之棺隨行，慮死亡也。如死于外，其入也如何？禮，既殯乃成服，今薨于外，大斂未殯，孝子遂成服，從柩歸，不待殯也。共、供同，有司供也。嗣君在喪稱子，即孝子也。麻弁，喪冠。絰，謂首腰絰。疏衰，麤麻布爲衣裳。菲，草屨。鄭謂"不忍成服于外"，既"疏衰，菲，杖"，謂不成服，非也。入自闕，毀垣而入，示變也。升自西階，柩自外來，客之，即殯于西階也。如尸但小斂，則孝子未成服，免而從柩歸。小斂而曰柩，以隨行之椑斂也。入自門，升自阼階，猶生事之也。此禮君與大夫、士同。一節，猶言同等。

曾子問曰："君之喪既引，聞父母之喪，如之何？"孔子曰："遂。既封而歸，不俟子。"

曾子問曰："父母之喪既引，及塗，聞君薨，如之何？"孔子曰："遂。既封，改服而往。"

既引，謂柩行在塗。柩行以徒牽之曰引。遂，遂終事也。掩棺曰封。不俟子，不俟嗣君而先歸也。

若送親葬聞君喪，則既封，改其送葬之服往哭君。如君初喪，則袒免、括髮、徒跣以往。如君既殯成服，則斬衰裳、苴杖、菅屨以往也。

曾子問曰：「宗子爲士，庶子爲大夫，其祭也如之何？」孔子曰：「以上牲祭於宗子之家，祝曰『孝子某爲介子某薦其常事』。若宗子有罪，居于他國，庶子爲大夫，其祭也，祝曰『孝子某使介子某執其常事』。攝主不厭祭，不旅，不假，不綏墮祭，不配，布奠於賓，賓奠而不舉，不歸肉。其辭于賓曰，宗兄、宗弟、宗子在他國，使某辭。」曾子問曰：「宗子去在他國，庶子無爵而居者可以祭乎？」孔子曰：「祭哉！」「請問其祭如之何？」孔子曰：「望墓而爲壇，以時祭。若宗子死，告于墓，而后祭於家。宗子死，稱名不言『孝』，身沒而已。」子游之徒，有庶子祭者以此，若義也。今之祭者不首其義，故誣於祭也。

祭禮，士以特牲，大夫以少牢。上牲，即少牢。凡廟皆在宗子家，故祭必往。祝，祝辭。孝子，即宗子。介子，猶副子。介，副也，亦大也，指庶子之爲大夫者。攝主，謂大夫庶子，代宗子主祭者。庶子雖代，不備禮，不厭祭。祭有二厭，無尸曰厭。始尸未入，祝酌奠神，于室中西南牖下深奧處，謂之陰厭；祭終尸出，佐食徹尸俎，設于室西北隅向明處，謂之陽厭。時無尸飲食，神歆其氣，故曰厭。

不厭祭，不敢望神之必享也。不旅，不旅酬也。假、嘏通。不假，謂祝不以嘏辭致福于主人。綏言墮也，下累曰墮，謂將食雜取俎豆之實墮之席閒，祭始爲飲食者，尸與主人皆然。介子攝主，則不綏。配，謂主婦配獻。攝主則無主婦。布奠于賓，賓奠而不舉，謂不旅酬也。方主人酬賓，賓在西階前東面，主人設奠爵于賓俎北，賓坐取爵，奠于俎南，不舉，以酬長兄弟也。不歸肉，謂不徹賓客之俎送之也。辭于賓，謂將祭肅賓，辭稱宗兄，或宗弟，或宗子在他國不得親祭，使某告也。攝主爲兄弟輩，稱宗兄、宗弟，或祖父子孫輩稱宗子。此以上，皆宗子爲士、庶子爲大夫者代之之禮，雖殺而行于宗子家廟。蓋宗子爲士，有二廟也。如無爵之庶子攝祭，則并不得祭于宗子之廟，但望祖禰墓爲壇，以時奉祭耳。若宗子死于他國，庶子無爵不得立廟，但告于所祭者之墓，而歸祭于其家。庶子告墓，自稱名，無爵不得言「介子」，非宗不得言「孝子」，然止于身没，至庶子子則又有爲之嫡者，祭禰時亦可稱「孝」矣。子游之門人有庶子攝主祭者，用此禮以順古義。今世俗庶子祭，不先求古人制禮之義，是妄祭而已。

按：鄭解「不配」謂祝辭稱皇祖某，不言以某妃配，若是則但簡禮于神，而非殺禮于主人，甚無謂也。古者封建世官，重適以明統，抑庶尊宗，靡事不然。至于祖考之祭，用庶子代，而貶其殷薦之禮，遂宗子之尊，則是子孫重于祖考矣。無宗使庶代，亦爲殷事不可廢，代之而又殺其禮，奚貴爲代？君有事不祭，亦使臣攝。庶代簡略如此，臣代君宜如何？宗子有爵，廟建于宗子家。宗子無爵，庶子有爵，庶子廟亦建于宗子家。若族多，宗庶皆貴，則宗子家廟不勝重累。若皆無爵，則祭于宗家何所？若有爵者忽存忽亡，則廟乍興乍毁，豈勝其煩！古者世官，故宗子勢重，其法行。後世世官不行，欲以宗法通諸天下後世，難矣。法非不善，行之未必盡得也。

曾子問曰：「祭必有尸乎？若厭祭亦可乎？」孔子曰：「祭成喪者必有尸，尸必以孫。孫幼，則使人抱之。無孫，則取於同姓可也。祭殤必厭，蓋弗成也。祭成喪而無尸，是殤之也。」孔子曰：「有陰厭，有陽厭。」曾子問曰：「殤不祔祭，何謂陰厭、陽厭？」孔子曰：「宗子爲殤而死，庶子弗爲後也。其吉祭特牲，祭殤不舉，無肵其俎，無玄酒，不告利成，是謂陰厭。凡殤與無後者，祭於宗子之家，當室之白，尊于東房，是謂陽厭。」

曾子疑神本虛無，古者爲尸以象之，此豈必不可無者？若厭祭無尸，不亦可乎？凡祭始而陰厭，尸未至也；終而陽厭，尸已出也，故厭祭無尸。孔子告以祭用尸，以象死者之威儀，故成人死者，祭必用尸，尸必以孫，孫幼使人抱之，無孫取于同姓。此祭成人之禮也。祭未成人殤者無尸，不飲食而但歆其氣曰厭。生未成人，死未成喪，故祭不用尸。祭成喪者無尸，是以殤待之矣。孔子又言厭殤，有陰有陽，謂厭適殤于陰，厭庶殤于陽。曾子疑謂一殤二厭，故問殤子不得祔祭于祖，惟祖廟正祭有始終二厭，何有于殤。故夫子分別示之：陰厭者，厭宗子之爲殤者。宗子未成人死，庶子弗爲之後，但爲之主其祭。既卒哭，吉祭用特牲，殤祭用特牲，敬其爲宗子也。祭有尸則佐食舉食侑之，厭殤無尸，故不舉。肵之言敬也。主人敬尸，别以俎薦心舌，近尸受所食品物之餘，曰肵俎。厭殤無尸，故無肵俎。

水曰玄酒，祭用，重本也。祭殤禮輕，故無玄酒。主人獻尸畢，祝告利成于主人。利，養也，言利養禮成。無尸，故不告利成。此禮皆行于宗子家廟室西南牖下幽奥處，不見陽光，亦如正祭之厭神于奥，故亦謂之陰厭。此厭適殤之禮。陽厭者，凡殤也。凡殤，謂庶殤。無後，謂庶子無嗣者。祭于宗子家廟室中向明之處，不敢當奥。其酒尊設于東房，不移尊入室。古室户在東南隅，凡祭皆于西南牖下，不受牖明曰奥。鬼神尚幽，故祭主奥，厭以陰爲尊也。陽厭不于奥，于見明處，爲室之白，禮殺也。東爲陽，酌酒于東房，行禮于明室，故曰陽厭。此又厭庶殤之禮，非始終二厭之謂也。

按：陰陽之厭一，而有適庶之分，何也？厭適殤于陰，反諸幽，求神之道也。鬼神尚幽，盡其所以事之。當室之白，則從人之宜，率畧之義云爾。室白無定處，離奥皆白。鄭必謂「西北隅」，拘也。《喪服小記》云：殤與無後者，從祖祔食。今云「殤不祔祭」，記自不相戾。鄭改「祔」作「備」，非也。蓋殤主固祔于廟，祭實不得合于祖。主祔廟，《喪服小記》所謂「祔食」也。祭不得合于祖，曾子所謂「不祔祭」也。不祔祭，即所謂「不備禮」也。大抵祭必用尸，古人過用之禮，孫幼使人抱之，是兩尸也。厭殤不厭成人，於義亦未允。如以爲成人用尸，天地神祇之祭，何以皆用尸？義未確也。

曾子問曰：「葬引至于堩亘，日有食之，則有變乎？且不否乎？」孔子曰：「昔者吾從老聃貪助葬於巷黨，及堩，日有食之，老聃曰：『丘！止柩就道右，止哭以聽變。』既明反，而后行，曰『禮也』。反葬而丘問之曰：『夫柩不可以反者也。日有食之，不知其已之遲數速，則豈如行哉？』老聃曰：『諸侯朝天子，見日而行，逮日而舍奠。大夫使，見日而行，逮日而舍。夫柩不蚤出，不莫宿。見星而行者，唯罪人與奔父母之喪者乎！日有食之，安知其不見星也？且君子行禮，不以人之親痁閃，平聲患。』吾聞諸老聃云。」

引，牽柩行也。堩，道也。變且否者，言變常禮乎，且不變乎。道右，路旁右也。凶事尚右。聽變，俟日食之變也。明反，光復也。送死漸遠之道，故曰柩不可反者也。如可反則反，既不可反，不如速行。聽變而遲，恐不達，故曰「豈如行哉」。逮日，及日未入。舍奠，止館舍，設奠於行主也。不蚤出，謂晏乃出。不暮宿，謂未夕先宿。見星而行，則晨夜昏暗，急遽危險，不敬不慎也。行禮，謂助葬。痁，病也。助葬使人暗行，是以人之親病于危險也。

按：此章之義，言天變當敬，大事宜謹，非謂日食皆足以妨葬，而葬皆有道路之憂也。古者卜日而葬，日食有常度，豈待引就道而後議禮？老聃之說，後儒因問禮附會之也。

曾子問曰：「爲君使而卒於舍，《禮》曰：『公館復，私館不復。』凡所使之國，有司所授舍，則公館已，何謂私館不復也？」孔子曰：「善乎問之也！自卿大夫士之家曰私館，公館與公所爲曰公館。公館復，此之謂也。」

復，人初死升屋招魂也。公館，公家之館。私館，民閒客舍。使臣死于公館則復，死于私館則不復，因所寓公私以爲隆殺也。曾子謂凡使臣所館雖民舍亦公，何謂之私？孔子善之，而言館之公私不係于公家與民家，舍于卿大夫之家，無君命，皆私館也。公所造之館，與雖非公館而君命爲使臣館，即公館矣。《聘禮》「卿館于大夫，大夫館于士」，但問有君命否，不問室宇之公私也。

按：招魂禮近俗，此節問答，亦無深味，夫子何爲善之？

曾子問曰：「下殤土周，葬于園，遂輿機而往，塗邇故也。今墓遠，則其葬也如之何？」孔子曰：「吾聞諸老聃曰：『昔者史佚有子而死，下殤也，墓遠。召公謂之曰：「何以不棺去聲斂於宮中？」史佚曰：「吾敢乎哉！」召公言於周公。周公曰：「豈不可！」史佚行之。下殤用棺衣棺去聲，自史佚始也。』」

自八歲至十一歲死者爲下殤，葬無棺，以土周圍築垣封之。《檀弓》曰周人以夏后氏之堲周葬下殤，此也。園圃近宅，葬于園，不遠送也。機，几屬，木爲之。不斂不棺，以機輿尸往，不用車，園近故也。今世葬殤皆于墓地，塗遠不可輿機，故當以衣棺斂于家，以車遣送之可也。史佚，周良史。將葬下殤于墓，不敢用棺斂。召公教以棺斂，而周公可之者，「君子義以爲質」也。下殤用棺木而衣棺之，自史佚始矣。

按：此章事本附會，然亦足以矯泥古者之非。《檀弓》君適長殤，用車三乘，則是君下殤，猶得車一乘。如《曾子問》下殤裸葬耳，豈其然乎！説者以庶人之殤爲解，庶人不得車，且不得衣棺乎？

曾子問曰：「卿大夫將爲尸於公，受宿矣，而有齊衰内喪，則如之何？」孔子曰：「出舍於公館以待事，禮也。」孔子曰：「尸弁冕而出，卿、大夫、士皆下之，尸必式，必有前驅。」

受宿，猶受肅，謂已受君命肅戒而忽遭門内齊衰之喪，不敢以私服廢君事，則宜出門舍于公館，待祭事畢而後歸哭也。「尸弁冕」以下，又言爲尸之禮。弁冕，猶言冠冕。弁、冠通名，冕則冠服之貴者。下之，謂遇尸于路，必下車也。尸亦必式以答之。尸出必有前驅，辟行人也。

按：爲尸受宿，遭父母之喪，必無出舍待事者。父在母喪，亦門内齊衰，母死而出舍公館，冠冕乘車，前驅辟人，禮乎？

子夏問曰：「三年之喪卒哭，金革之事無辟避也者，禮與？初有司與？」孔子曰：「夏后氏三年之喪，既殯而致事，殷人既葬而致事。《記》曰：『君子不奪人之親，亦不可奪親也。』此之謂乎！」子夏曰：「金革之事無辟也者，非與？」孔子曰：「吾聞諸老聃曰：『昔者魯公伯禽有爲爲之也。今以三年之喪從其利者，吾弗知也。』」

金革之事，兵甲之事也。無辟，猶言不辭。初有司，謂失禮始于有司，後遂襲用之。有司既典職，卒然不得避耳。致事，謂致還君事，終親喪也。必俟、既殯既葬者，初喪昏迷，匆遽不遑也。殷人以既葬，則周人以卒哭。禮愈文，則致事愈從容。《記》，古語。臣有父母之喪，而君許致事，是不奪人之親也。子遭親喪而不越喪從事，是不自奪其親也。況金革之事，可以不避乎！昔者魯公伯禽當武王初崩，三年之喪甫卒哭，而出征淮、徐，《書》之《費誓》是也。東郊不開，不得已爲之。今人無故奪親從戎，好戰趨利，以伯禽爲口實，非禮也。

曾子問終〔一〕

文王世子第八

《文王世子》，因篇首語命篇。世子即太子。古字世、太通。篇内所言皆教太子，不無駁雜煩複，而禮樂名物之數、孝弟仁讓之跡，大畧可覩，非獨爲世子者所當知耳。

〔一〕尾題「曾子問終」四字原無，今依本書體例補。

文王之爲世子，朝於王季，日三。雞初鳴而衣服，至於寢門外，問内豎(樹)之御者曰：「今日安否何如？」内豎曰：「安。」文王乃喜。及日中又至，亦如之；及莫又至，亦如之。其有不安節，則内豎以告文王。文王色憂，行不能正履。王季復膳，然後亦復初。食上，必在視寒煖之節；食下，問所膳。命膳宰曰：「末有原。」應曰：「諾。」然後退。武王帥而行之，不敢有加焉。文王有疾，武王不説(脱)冠帶而養，文王一飯亦一飯，文王再飯亦再飯。旬有二日乃間。文王謂武王曰：「女何夢矣？」武王對曰：「夢帝與我九齡。」文王曰：「女以爲何也？」武王曰：「西方有九國焉，君王其終撫諸？」文王曰：「非也。古者謂年齡，齒亦齡也。我百，爾九十，吾與爾三焉。」文王九十七乃終，武王九十三而終。成王幼，不能涖阼。周公相，踐阼而治。抗世子法於伯禽，欲令成王之知父子、君臣、長幼之道也。成王有過，則撻伯禽，所以示成王世子之道也。文王之爲世子也。

子以禮見父母曰朝。《内則》云：命士以上，昧爽而朝，日入而夕。每日二朝，常禮也。今文王增日中爲三朝。朝事有二：一問安，一視膳。「雞初鳴」以下，問安之事；「食上」以下，視膳之事。内豎，内庭小臣。御，侍也。不安節，謂有疾不安其起居之常度也。行不能正履，謂隕越失措也。食上，進食也。在，察也。食下，徹膳也。問所膳，問所食多寡也。末，猶勿也；原，再也，謂勿以所食之餘再進也。不敢有加，猶言不敢改也。間，息也，謂病休息也。文王病息，武王始脱冠帶寢，故夢也。帝，上帝。西方九國，近西周之國。齡字從齒。男子八月生齒，八歲而齔寸。齒者壽之數。草木年終零落，人老齒零落，故謂年爲齡。武王夢帝與己九齡，蓋壽止九十，而文王壽百年，割三年與武王，故文王九十七、武王九十三也。武王八十生成王，武王崩，成王年十三。踐，履也。阼，主位。伯禽，周公世子，魯公也。周公以成王年幼，未知父子、君臣、長幼之道，而臣不可抗君，但以世子法加伯禽，使成王視效之。成王有過，公撻伯禽，所謂抗世子之法也。抗，猶執也。有周三世家法相承，皆以文王之爲世子者足法也。一説此句記者題前所記之事結之。夫天子之孝與庶人異，以文、武爲人子而問安、視膳小節兢兢克勤如此，大道不越庸行耳矣。

按：減齡益齒，事涉不經。周公踐阼，尤罔先聖。成王十三歲非甚童蒙，何謂「不能涖阼」？《周頌·載見》之詩，成王始即位朝諸侯而作，辭云「載見辟王，曰求厥章」，言諸侯來朝稟受法度也；又云「率見昭考，以孝以享」，言王率諸侯祭于廟也。其涖阼甚明。説者誤解《洛誥》「復子明辟王」及「誕保文、武受命，惟七年」語，謂周公踐阼七年始復政成王。以十三歲天子，尸位七年，則二十矣，而始復辟，然則周公貪叨，何異莽、操！《金縢》武王崩，管叔流言，成王疑公。公避居東，作詩遺王，王猶不釋，發《金縢》而後信。此豈幼冲無知、不親政事者所爲乎？王雖年少，而峻刻猜忌，如《書》云譸張率殺，朋比記功，享惟識物，賞不明農，故召公不悦，云嗣子大弗克恭，遏佚前人光。讀《詩》《書》而知公所以事幼主者，兢兢惟艱矣。自古謙遜不驕，孰如公者？豈有七年踐阼之事與殺管叔？

皆戰國緯稗邪説。經殘聖遠，承襲虞舜攝位，伊尹放太甲，疑周公亦爾，而不知虞、夏、商、周未可同日語也。堯老舜攝，巡守陟方，脩禮輯瑞。此官天下事，隆古一見，不可再矣。湯於伊尹，學焉後臣，嗣王不馴，奉厥考放之。此師臣之事，千古再見，不可三矣。至於商、周之際，世運寖降，主少，國家多難。公吐餔握髮，猶不免于讒，而欲行攝政放主之事，識時務者不爲，況謙謙如公乎！至謂武王終，成王無以爲子，公抗法於伯禽，誕説也。考之《詩》《書》，成王立，三監啓釁，公避居東者二年，還，即奉王東征者三年，匆匆無一日之間。武王大封同姓，公旦得魯。成王命伯禽歸魯，在東征前。故奄、徐作亂，東郊不開，伯禽在魯矣，何嘗得與成王從容同學？周公亦安敢以危疑之身撻其子、抗其君乎？其謬甚明。讀者宜超然朗鑑也。

凡學世子及學士，必時：春夏學干戈，秋冬學羽籥，皆於東序。小樂正學干，大胥贊之；籥師學戈，籥師丞贊之。胥鼓《南》。春誦夏弦，大師詔之；瞽宗秋學禮，執禮者詔之；冬讀書，典書者詔之。禮在瞽宗，書在上庠。

學士，謂俊選之士，司徒所升者也。必時，四時各有所學也。干，盾也，以爲衞。戈，句戟也，以爲刺。羽，鳥羽。籥，管屬。四物，皆舞者所執。東序，國學之東廡。干戈，武舞；羽籥，文舞。干戈羽以爲容，籥以爲聲，皆樂器也。干戈以習武備，羽籥以習聲容，皆寓于樂，崇文也。春夏陽氣發揚，故習舞蹈；秋冬陰氣凝静，故習聲容。干學于小樂正，而大胥贊之。戈學于籥師，而其丞贊之。《南》，南音，即《周南》《召南》也。《詩》云：「以雅以《南》。」鼓《南》，謂以鼓奏《二南》，舞干戈也。春誦，誦《詩》也。夏弦，鼓琴瑟，以《詩》被之也。大師，樂官之長。瞽宗，殷學名。禮，謂禮義。執禮者，典禮之官。書，謂文籍。典書者，掌書之官。詔，告也。禮始於質，故禮在殷學。典謨始于虞，故書在虞庠。庠，虞學名。上庠，庠在國者。春夏爲陽，故諷誦弦歌，宣暢之象；秋冬爲陰，故學禮讀書，蓄聚之象：皆所謂時也。

按：鄭解「南」爲「南夷之樂」，據《周禮·旄人》舞夷樂，《明堂位》云「《任》，南蠻之樂」，緯書云「東夷之樂曰《昧》，南夷之樂曰《任》，西夷曰《侏離》，北夷曰《禁》」。夫先王教世子學士，豈其舍華音雅樂，而習四夷之聲乎？隨時造就，使勿曠業，學干戈羽籥者有時，不廢《詩》《書》；學《詩》《書》者有時，不廢禮樂，非局定四時之謂。故《王制》云「春秋教以《禮》《樂》，冬夏教以《詩》《書》」，不盡同也；又云虞有上庠、下庠，夏有東序、西序，殷有左學、右學，周有東膠、虞庠。鄭註《儀禮》遂謂「周立四代之學」。此云學舞于東序，夏學也。禮在瞽宗，殷學也。書在上庠，虞學也。其東膠，周自立之學也。《詩》又有辟雍、泮宫，亦周學也。夫王者同民一德，立教齊俗，豈其造士之地而無定在淆雜若此乎？記者訛承舊聞，影響重複。惟孟子近古，其言曰：「設爲庠序學校以教之。庠者，養也。校者，教也。序者，射也。夏曰校，殷曰序，周曰庠，學則三代共之，皆所以明人倫。」而朱註因以庠、序、校爲鄉學，學爲國學，豈養老、習射、教士皆于鄉，而國學將焉用之？

豈夏獨教而不射，殷獨射而不養，周獨養而不教不射乎？蓋三代隨義立名，養賢、教士、習射，皆所以明倫云爾。在國皆曰國學，在鄉皆曰鄉學，雖有多名，實非四學。蓋凡學宮必有牆宇，因牆名庠，因榭名射，因牆榭順直名序。以其作樂有瞽工，又曰瞽宗。以其有泮水，曰頖宮。以其水環壅如璧，曰辟雍。以其均造天下士，曰成均。以其爲天子之學，曰大學。以其糾集多士，曰膠，即「校」字之轉也。非一名一學之謂。此章所言皆教世子，其庠、序、瞽宗皆國學耳。

凡祭與養老、乞言、合語之禮，皆小樂正詔之於東序。大樂正學舞干戚。語説，命乞言，皆大樂正授數，大司成論説在東序。凡侍坐於大司成者，遠近間三席，可以問，終則負牆。列事未盡，不問。

上節言教世子所學之事，此節爲講説其義。祭祀、養老、乞言、合語皆禮樂之事。祭，凡郊、社、禘、嘗皆是。養老，養三老、五更于大學，所以教世子孝弟也。乞言，謂求三老、五更教言。合語，謂祭祀、養老、乞言與凡燕畢皆於旅酬時相語。禮不止此四者，首言祭，禮莫詳于祭也；終言合語，禮終于合語也。養老、乞言，國學之事。數者皆用禮樂，故小樂正以詔世子與學士習禮樂者於東序之中也。戚，斧也。干戚，成人者之舞，故大樂正教之。説，猶《論語》「禘之説」，禮樂之義也。語説，以禮樂之義教之。命，猶教也。養老、乞言，國學之禮，大樂正與大司成主其事。故大樂正授以升降陳設之數，大司成教以行禮之説，皆於東序。大樂正，即今司業。大司成，即今祭酒。世子、學士侍坐，聽大司成論説，其席遠近間三席，謂師與弟子席及中間空處，合之共可三席。古席制廣三尺三寸有奇，三席函丈，遠近適中，便于諮問也。問終却坐，以背負壁，避後之來問者。凡問，俟先生陳事語終，未竟而問，是儳言也。

按：禮樂數多端而義深遠。樂正師胥授之以數，所識者小，大司成論説則義精矣。先王教世子以父子、君臣、長幼之道，必先以羽籥、弦誦、歌舞、聲容者，何哉？人含血氣而生，是謂彊〔一〕陽。其放佚傲惰，犯上作亂者，血氣勝也。聖人立教于方蒙，養之以和平，諧之以聲音，跫之以舞蹈，閑之以節奏，以揉其驕貴之習，振其怠惰之氣。故舜命夔典樂，教胄子，使之寬温，無虐無傲。《詩》云：「温温恭人，惟德之基。」子云：「興於詩，立於禮，成於樂。」先聖後聖，其教同也。是以武城弦歌，夫子喜之曰「君子學道則愛人，小人學道則易使」，故以之爲子則孝，以之爲臣則忠，以之爲弟則友。《易》占蒙養，《詩》誦「譽髦」，由此其選。故孝弟者禮樂之實，羽籥弦歌者禮樂之器。先王以羽籥興禮樂，以禮樂興孝弟，此立教之方，樂正、司成所爲詳説者此也。故德以樂成，官以樂名。今之司教者，言父子、兄弟、長幼之倫，無《詩》《書》《禮》《樂》之教，猶欲其行而塞之途也。《樂記》詳之矣。

〔一〕「彊」原訛作「疆」，據文義改。

凡學，春，官釋奠于其先師，秋冬亦如之。凡始立學者，必釋奠于先聖先師，及行事，必以幣。凡釋奠者，必有合也。有國故則否。凡大合樂，必遂養老。

春，謂世子、學士當春入學，所謂「春誦」也。官，謂太師之屬。釋，置也；奠，安也。安置品物于地，無尸，無飲食獻酬，故不云祭，云釋奠也。先師，謂古先賢傳禮樂者。四時小禮，故不及先聖。言春則夏可知，秋冬亦如之，所謂「春誦夏弦」，「秋學禮」，「冬讀書」，其官皆以時釋奠也。始立學，謂始封之君建立學宮。先聖，謂古聖人作《詩》《書》《禮》《樂》者。行事，即行釋奠之事。先聖尊，始祀釋奠，必加幣也。合，作樂也。衆音集曰合。國故，國有凶喪之故。否，謂不合樂。大合，無一音不備也。唯天子視學養老大合樂，尋常釋奠，合之而已。

按：鄭解「必有合」謂本國無先聖，則合鄰國先聖、先師釋奠，非也。千里一賢，猶謂比肩。五百年一聖，是旦莫遇矣。先師，國皆有之，顧安得先聖比鄰，可爲合者？聖人天下師，何必鄰國？若是，則惟齊、滕、邾、薛得祀孔子，而他國非鄰與其國自有先聖者，即不得合祀邪？鄭之迂鑿類此。本文「合」與「大合」，義自了然。

凡語于郊者，必取賢斂才焉。或以德進，或以事舉，或以言揚。曲藝皆誓之，以待又語。三而一有焉，乃進其等，以其序，謂之郊人，遠之於成均句，以及取爵於上尊也。

語，論材也。郊，即《王制》所云「鄉簡不帥教者」，「不變，移之郊」。郊亦有學，養不帥之士，材品最下，然亦論之。就不賢、不才中量收賢者、才者，不甚責備之也。上則以德行進，次則以能事舉，又次則以言語起。下至一曲之藝，皆戒誓使勉力向學，以待再論。儻其德事言三者有一，必進其等于同類中，仍以優劣爲次序用之，若此者謂之郊人。成均，天子之學，選進之士所自立也。名爲郊人者，所以遠之於成均。成均皆俊髦士，司馬所論官、爵之上位，尊顯之者。此郊人因材節取，《王制》所謂「執技藝事上，不貳事，不移官，不與士齒」者，不得取爵於上尊也。

按：註疏以論于郊爲論才于小學，非也。鄭解「取爵上尊」謂「郊人亦得酌酒於上尊以相旅」，甚迂。

始立學者，既興器用幣，然後釋菜，不舞不授器，乃退，儐于東序，一獻，無介、語，可也。

始立學，謂新國初立學也。祭器未備，必先興器。或曰：興、釁同，殺牲以血塗其器祭之，奠用幣。既釁器，然後以其器告成于先聖先師。釋菜，謂不用牲，用蔬菜，比釋奠尤簡，爲告器而已。不舞，故不授樂工舞器，如羽籥干戚之器。禮畢，退東序，行一獻之禮，無副賓之介，無旅酬之語。蓋學制草創，多士未集，禮樂未興，從簡也。

按：鄭謂「釋菜于虞庠，儐賓于東序」，據《王制》虞庠在西郊，東序在東郊，兩學相對，附會周兼四代學之説。夫西郊、東郊相距非邇，西郊祭祀，東郊飲酒，無謂。又以「成均」爲五帝學名，皆附會之説。

教世子：凡三王教世子，必以禮樂。樂所以脩内也，禮所以脩外也。禮樂交錯於中，發形於外，是故其成也懌，恭敬而温文。立太傅、少傅以養之，欲其知父子君臣之道也。太傅審父子君臣之道以示之，少傅奉世子以觀太傅之德行而審喻之。太傅在前，少傅在後，入則有保，出則有師，是以教喻而德成也。師也者，教之以事而喻諸德者也。保也者，慎其身以輔翼之而歸諸道者也。《記》曰：「虞、夏、商、周有師、保，有疑、丞，設四輔及三公，不必備，唯其人。」語使能也。君子曰德，德成而教尊，教尊而官正，官正而國治，君之謂也。

教世子，舉其目也。樂由中出，以平其驕亢之情。禮自外作，以收其放佚之氣。樂養内以達于外，禮防外以達于内，所謂「交錯」「發形」也。故其德之成也懌。懌者，從容和順之意。恭敬温文，中和交脩之氣象，申明前數節教世子禮樂之義。子路問士，子云「切切、偲偲、怡怡如」，即所謂「其成也懌，恭敬而温文」也。如是，而爲子不孝，爲弟不弟，爲君不仁者，未之有也。此先王所以教禮樂之意。傅，輔也。養，涵育意。審，詳慎也。喻，通曉也。前、後、出、入，謂周旋不離也。保，護也。師，帥也。《記》曰，述所聞也。疑止其前，丞承其後。四輔，謂前後左右，前疑後丞左輔右弼。

凡避必左，輔以扶之。凡右則順，弼以拂之。三公，謂師、保、傅。不必備，唯其人，謂得人則備官，不得人則虛位。使能，防匪人也。君子曰德，君國子民爲德也。德成則道揆立，軌範尊，百官承式，無敢不正，庶政舉，國家治，皆本于君子之德。君子者，君之謂也。先王教養世子，期於爲君子而已。

按：此節傅保之官，即《孔書·周官》所謂「三公」「三孤」，「燮理陰陽，寅亮天地」者，而《周禮》六卿無此職，惟大司徒之屬有師氏，「掌以媺詔王，以三德教國子」；有保氏，「掌諫王惡，養國子以道，教之六藝」。未知孰是。而《周官》云「惟其人，不惟其官」，亦曰「官不必備，惟其人」，二語大足補《周禮》之缺。此節亦云「官不必備，唯其人」，先儒謂保傅爲兼官，無專職，本此，今用之。

仲尼曰：「昔者周公攝政，踐阼而治，抗世子法於伯禽，所以善成王也。聞之曰：『爲人臣者，殺其身有益於君則爲之。』況于紆其身以善其君乎！周公優爲之。」是故知爲人子，然後可以爲人父；知爲人臣，然後可以爲人君；知事人，然後能使人。成王幼，不能涖阼，以爲世子則無爲也。是故抗世子法於伯禽，使之與成王居，欲令成王之知父子、君臣、長幼之義也。君之於世子也，親則父也，尊則君也。有父之親，有君之尊，然後兼天下而有之。是故養世子不可不慎也。行一物而三善皆得者，唯世子而已，其齒於學之謂也。

故世子齒於學，國人觀之，曰：「將君我而與我齒讓，何也？」曰：「有父在，則禮然。」然而衆知父子之道矣。其二曰：「將君我而與我齒讓，何也？」曰：「有君在，則禮然。」然而衆著於君臣之義也。其三曰：「將君我而與我齒讓，何也？」曰：「長長也。」然而衆知長幼之節矣。故父在斯爲子，君在斯謂之臣，居子與臣之節，所以尊君親親也。故學之爲父子焉，學之爲君臣焉，學之爲長幼焉，父子、君臣、長幼之道得而國治。語曰：「樂正司業，父師司成，一有元良，萬國以貞。」世子之謂也。周公踐阼。

周公踐阼，抗世子法於伯禽，説詳前。于其身，謂紆曲其身也，猶《檀弓》云「于則于」之「于」。言殺身有益於君，志士皆能爲之，況紆曲其身以善君，周公爲之有餘矣。教成王而抗法於己子，所謂紆其身也。欲爲人父，必先學爲子；欲爲人君，必先學爲臣。武王崩，成王無爲子之處，故曰「以爲世子則無爲」。周公執行世子之道於伯禽，以示之。凡人君于世子，以父之親，兼君之尊。能有父之親，乃可以子天下；能有君之尊，乃可以臣天下。不父不君，不可以有天下。使天下不知有君，不知有父，亦不可以有天下。是故教養世子者，長世之本，倡率之道，不可不慎也。行一物，猶言行一事。齒者，比次之意。幼而齒生，老而齒落，故年謂之齒。人齒比次整齊，故序亦謂之齒。齒讓，謂以年齒相遜讓。衆著，謂衆人明著。語，古語。樂正，官名。司業，主世子《詩》《書》之業。父師，謂君父。司成，主成就其德行。一，一人，指世子。元良，首善也。《書》云：「元首明哉。」貞，正也。四德始元終貞。世子賢，則德始一人，化終四海，所謂「人倫明於上，小民親於下」。苟自世子時驕傲成性，他日何以爲億兆之主？「周公踐阼」四字，記者記前事之目，猶上文「教世子」與「文王之爲世子」之類。

庶子之正於公族者，教之以孝弟、睦友、子愛，明父子之義，長幼之序。其朝于公，内朝則東面北上，臣有貴者，以齒。其在外朝，則以官，司士爲之。其在宗廟之中，則如外朝之位，宗人授事，以爵以官，其登餕、獻、受爵，則以上嗣。庶子治之，雖有三命，不踰父兄。其公大事，則以其喪服之精麤爲序，雖於公族之喪亦如之，以次主人。若公與族燕，則異姓爲賓，膳宰爲主人。公與父兄齒。族食，世降一等。其在軍，則守於公禰。公若有出疆之政，庶子以公族之無事者守於公宮，正室守太廟，諸父守貴宮、貴室，諸子諸孫守下宮、下室。五廟之孫，祖廟未毁，雖爲庶人，冠、取妻必告，死必赴，練、祥則告。族之相爲去聲也，宜弔不弔，宜免不免，有司罰之。至于賵、賻、承、含，皆有正焉。公族，其有死罪，則磬于甸人。其刑罪，則纖剸，亦告于甸人。公族無宫刑。獄成，有司讞于公。其死罪，則曰「某之罪在大辟」。其刑罪，則曰「某之罪在小辟」。公曰「宥之」，有司又曰「在辟」。公又曰「宥之」，有司又曰「在辟」。及三宥，不對，走出，致刑于甸人。公又使人追之，曰：「雖然，必赦之。」有司對曰：「無及也。」反命于公。公素服，不舉，爲之變，如其倫之喪，無服，親哭之。

此節記國君待宗族之禮，皆世子所當知也。庶子，官名，即諸子。《周禮》司馬之屬，掌國子之倅。正於公族，爲政於公族也。睦友、子愛，皆孝弟之屬。睦友，以交乎旁；子愛，以恤乎下。朝，謂公族朝君。内朝，謂路寢之庭。東面，謂立于西階。北上，以北爲上。尊者在北，以次立而南也。同姓内聚，以昭穆之長幼爲序，雖貴臣亦論齒。外朝，路寢門外之公朝，百官皆在，論官之崇卑。司士，亦司馬之屬，掌朝儀之位。司士爲之，則庶子不得主也。有事于宗廟，亦百官皆在，如外朝之位。宗人，掌宗廟禮事，授百官以執事，亦論爵之尊卑與所當供之官職也。登餕，謂祭畢尸出，宗人使嗣子及長兄弟升堂餕尸之餘也。獻，謂祭將畢，嗣子洗爵獻尸。受爵，謂尸以爵飲嗣子，嗣子拜受也。上嗣，冢嗣。此宗廟之事，皆庶子治之。庶子之治，主于親親，雖子弟三命之貴，不以先無爵之父兄。公大事，謂君喪，臣皆斬衰，其布升數多寡，各以本親爲麤細，親者服麤，疏者服細。庶子序列其位次，使服麤者居前，服精者居後。非但君喪，雖公族有喪，亦以精麤爲序。父兄雖尊，必序于主人之下，使主人在前爲喪主也。公與族人燕飲，同姓一本，不可以賓禮踈之，必使異姓一人爲賓。君尊，不可陪賓，使膳宰爲主人。若公與父兄燕，公執弟子禮，不以貴先父兄也。如族人會食，品物之隆殺，會遇之疏密，視世次之親疎，如從兄弟比兄弟降一等之類，或曰：齊衰者一年四會食，大功三會食，小功再會食，緦麻一會食之類。公出在軍，則以齋車奉祧主行，庶子從君守護。「禰」當作「祧」。公若有政出疆，如朝覲會同之類，則庶子以公族之大夫士無事者守公宮，以公族適子守太廟。貴宮，謂祖廟之尊者。貴室，謂路寢。下宮，謂親廟。下室，謂小寢。五廟之孫，謂五世以上同高祖之孫。諸侯祀五世，故云「祖廟未毀」，親未盡，宗未易，服未絶，情相聯屬也。雖其孫賤爲庶人，其冠、昏必告君，死喪必赴君，練、祥之祭必告君，休戚相通，不以貴賤間也。族相爲，謂公族與公族自相爲禮。弔，謂弔喪。免，謂袒免。四世而緦，五世袒免，六世服絶，相弔而已。宜弔不弔，宜免不免，則有司罰之。凡贈死，車馬曰賵，貨財曰賻，珠玉曰含。承，奉也。有正，有常禮也。死罪，謂大辟。刑罪，謂小辟。磬，謂如磬懸而縊殺之，不離其身首也。甸人，郊野之官。磬于甸，不戮于市也。纖，謂墨刺。剸，割也，劓、刵之類。告于甸人，于甸所訊鞫之也。公族不加宫刑，不絶同本也。獄成，謂訊問得情，罪不可解也。讞，獻獄辭于上也。作樂盛饌曰舉。變，謂變其飲食、衣服、居處之常。如其倫之喪，謂如親疎之倫賻贈襚奠之也。但以其爲罪人，雖當服，亦不爲之服，猶親哭者，不忘親親也。蓋王者奉天行政，雖有親親之心，不能枉天下之公；雖有公共之法，終不忍忘同本之愛，至于罪大惡極，猶思三宥。至有司之正不可奪，人主之權不能芘其族，然後見大公之心，真有不得已焉耳。殺之而又素服哭之，如禮喪之，仁至義盡，豈哀矜之虚文也哉！

公族朝于内朝，内親也。雖有貴者以齒，明父子也。外朝以官，體異姓也。宗廟之中，以爵爲位，崇德也。宗人授事以官，尊賢也。登餕、受爵以上嗣，尊祖之道也。喪紀以服之輕重爲序，不奪人親也。公與族燕則以齒，而孝弟之道達矣。其族食，世降一等，親親之殺也。戰則守於公禰，孝愛之深也。正室守太廟，尊宗室，而君臣之道著矣。諸父諸兄守貴室，子弟守下室，而讓道達矣。五廟之孫，祖廟未毁，雖及庶人，冠、取妻必告，死必赴，不忘親也。親未絶而列於庶人，賤無能也。敬弔臨賻賵，睦友之道也。古者庶子之官治而邦國有倫，邦國有倫而衆鄉方矣。公族之罪，雖親，不以犯有司，正術也，所以體百姓也。刑于隱者，不與國人慮兄弟也。弗弔，弗爲服，哭于異姓之廟，爲忝祖遠之也。素服居外，不聽樂，私喪之也，骨肉之親無絶也。公族無宫刑，不翦其類也。

此覆解上節之義。明父子者，齒莫先于父子，舉其最重，以明貴之不敵也。體異姓者，異姓一體，不以公族分同異也。崇德者，爵尊則德盛也。尊賢者，序事以辨賢也。上嗣繼祖，故爲尊祖。服重者居前，使主人自盡，故爲不奪人親。正室，宗子，爲族人所尊，有君道焉，庶支皆臣屬也。故正室守太廟，所以尊宗子，明君臣也。親未絶而列于庶人，謂五世之孫親未盡，其人苟賢，必貴之。親未盡而爵不及，其無能可知，故賤之也。公族有罪，不得以親干有司之法，正道也。術，道也。所以一體庶姓，無偏黨也。

刑于隱，謂刑同族于甸師隱僻處。古刑人于市，與衆棄之，刑于隱者，不與國人謀其所親也。

天子視學，大昕鼓徵，所以警衆也。衆至，然後天子至，乃命有司行事，興秩節，祭先師、先聖焉。有司卒事反命，始之養也。適東序，釋奠於先老，遂設三老、五更、羣老之席位焉。適饌省醴，養老之珍具，遂發咏焉，退脩之以孝養也。反，登歌《清廟》，既歌而語，以成之也。言父子、君臣、長幼之道，合德音之致，禮之大者也。下管《象》，舞《大武》，大合衆以事，達有神，興有德也。正君臣之位，貴賤之等焉，而上下之義行矣。有司告以樂闋，王乃命公侯伯子男及羣吏曰「反養老幼于東序」，終之以仁也。是故聖人之記事也，慮之以大，愛之以敬，行之以禮，脩之以孝養，紀之以義，終之以仁。是故古之人一舉事而衆皆知其德之備也。古之君子舉大事必慎其終始，而衆安得不喻焉。《兑命》曰：「念終始典于學。」

此記養老之事。天子視學，蓋漢以後記事之語。大昕，初旦也。鼓徵，擊鼓徵召學士。行事，行祭祀之事。秩節，常禮也。命有司致祭于先師、先聖畢，復命于天子，天子始往，故曰「始之養也」。養，養老。東序，即國學東廡，古三老之神主在焉。先適東序，釋奠于古之爲三老者，遂設三老、五更之席。天子親往陳饌之所，省視醴酒。養老之珍羞既具，遂迎老入，樂作歌咏。天子退，酌醴薦食，脩孝養之禮，獻畢，反即席，樂工升堂，歌文王《清廟》之詩。歌畢合語，以成就養老、乞言之禮。所言皆父子、君臣、長幼之道，合于《清廟》文王德音之極致，禮之大者也。凡歌在堂上，樂作堂下，舞在堂前之庭。下管，堂下之音，竹爲主。《象》，謂以管吹《象》舞之曲，而庭中舞《大武》之舞也。《象》，文王舞。《大武》，武王舞。舞皆有歌。《周頌·維清》之詩，《象》舞之歌也。《武》詩，《武》舞之歌也。歌爲聲，舞爲容，咏文德而舞武功，大合在學之衆人，示以先王功德之事，通達神明之情，興揚祖宗之德。君臣會于斯，因行禮以正君臣之位；貴賤合于斯，因序立以辨貴賤之等，而上下之義，亦于養老行矣。樂闋，樂終也。有司告樂終禮畢，諸侯皆在，王于此時命諸侯反國皆行養老之禮于東序，諸侯國學之東序也。王恩徧天下，所謂「終之以仁」也。兼言「幼」者，尊老所以示幼也。記事，謂記其事以爲法。慮之以大，欲以孝弟達之天下。愛之以敬，謂愛不忘敬，釋奠設席是也。行之以禮，登歌合語之禮也。脩之以孝養，適饌省具也。紀之以義，正位辨等也。終之以仁，樂闋命諸侯也。始，謂孝弟發于慮。終，謂教化行于天下。慎，謂愛、敬、禮、養、仁、義皆本諸孝弟之心，謹而行之，衆莫不喻曉矣。《兑命》，《商書》篇名。

按：三老、五更之名，不見于《詩》《書》。鄭謂爲老人之更事者也，三象三辰，五象五星，蓋後世緯稗之説。孟子云：「所謂善養老者，制民田里，教民樹畜，導其妻子，使養其老」，「今之諸侯有善養老者，仁人以爲己歸矣」。然則養老之事，當世已有行之，孟氏弗善也。東漢行之，而仁讓之效終不復覩。師古不以迹，好禮不以文也。此節所述文義濶畧，亦非古人之舊章矣。

《世子之記》曰：「朝夕至于大寢之門外，問於内豎曰：『今日安否何如？』内豎曰：『今日安。』世子乃有喜色。其有不安節，則内豎以告世子，世子色憂不滿容。内豎言復初，然後亦復初。朝夕之食上，世子必在視寒煖之節；食下，問所膳羞。必知所進，以命膳宰，然後退。若内豎言疾，則世子親齊債，上聲玄而養，膳宰之饌必敬視之，疾之藥必親嘗之。嘗饌善，則世子亦能食；嘗饌寡，世子亦不能飽。以至于復初，然後亦復初。

《世子之記》，重述所聞也。禮書篇終，多繫以記，蓋記前文所未備，申明凡爲世子者之禮。或謂古有是禮，文王行之，然則聖人亦章句之儒爾邪？不滿容者，憂之貌。容，充也。面色喜則充滿，憂則消削。問所膳羞，問宰人所進之品味。必知所進，謂知親所嗜也。命膳宰，即篇首命「末有原」也。齊玄，齊則衣玄，即夏后氏之燕衣也。君有疾，世子齊而玄端，親供養也。嘗饌善，謂加餐也。復初，謂疾愈復常也。

禮記通解卷七終

禮記通解卷八

郝敬　解

禮運第九

禮數升降有古今、聖王制作有妙用之謂運。運者，言乎其不可見者也。自《文王世子》前諸篇多載古禮，此與下篇極言因應變通、自然無文之旨，有精義，有名言，其出入之過，或浸淫于老莊，而文辭浩汗，不似聖人典要之言，讀者不可不辨也。通篇皆爲夫子與子游語。篇首至「小康」，夫子爲道不行發嘆。「言偃復問」至「天下國家可得而正」，明禮之用急。又「言偃復問」至「禮之大成」，明禮所由起。「孔子曰嗚呼哀哉」至末，明所以嘆息之意。

昔者仲尼與於蜡乍賓，事畢，出遊於觀去聲之上，喟然而嘆。仲尼之嘆，蓋嘆魯也。言偃在側，曰：「君子何嘆？」孔子曰：「大道之行也，與三代之英，丘未之逮也，而有志焉。大道之行也，天下爲公，選賢與能，講信脩睦。故人不獨親其親，不獨子其子，使老有所終，壯有所用，幼有所長，矜寡孤獨廢疾者皆有所養，男有分，女有歸。貨惡其弃於地也，不必藏於己；力惡其不出於身也，不必爲己。是故謀閉而不興，盜竊亂賊而不作，故外户而不閉。是謂大同。今大道既隱，天下爲家，各親其親，各子其子，貨力爲己，大人世及以爲禮，城郭溝池以爲固，禮義以爲紀；以正君臣，以篤父子，以睦兄弟，以和夫婦，以設制度，以立田里，以賢勇知，以功爲己。故謀用是作，而兵由此起。禹、湯、文、武、成王、周公，由此其選也。此六君子者，未有不謹於禮者也。以著其義，以考其信，著有過，刑仁講讓，示民有常。如有不由此者，在埶〔一〕者去，衆以爲殃。是謂小康。」

蜡，祭名。蜡者，索也，歲終大索百神而祭之也。賓，助祭之賓。時夫子仕于魯，故與于蜡賓。觀，魯闕門，所謂雉門之兩觀也。嘆魯者，嘆魯禮之衰也。言偃，子游姓名。大道，指上皇之世。三代之英，謂中古也。未之逮，言不及見也。天下爲公，不以傳子也。選賢與能，謂傳賢也。講信脩睦，所講習脩爲者，誠信和睦之事也。男有分，有職業。女有歸，有依託也。百物之財，但惡其狼戾不收，

〔一〕「埶」，原作「勢」，注内複述經文兩言「埶」，不云「勢」，則原稿當作「埶」，閩本正作「埶」，今改。

而不必皆己收；作事之力，但恥其不出己，而不必爲己作，無私之至也。謀閉不興，無姦宄也。外户，户由外闔也。天下爲家，傳子也。貨力爲己，貨爲己收，力爲己作也。大人世及，天子、諸侯、大夫皆父子世傳、兄弟序及也。以賢勇知，以勇知者爲賢也。世道衰亂，真人乃見，禹、湯、文、武所以由此而成其爲俊選也。聖由亂而興，禮由亂而謹。「著義」以下，皆言謹禮之事。著，明也。以禮制事，明其義也。以禮防欺，考其信也。以禮詰姦，著有過也。以禮立愛，刑仁也。以禮訓恭，講讓也。刑，範也。五者，皆示民有常法也。在執，謂在高位。去，謂廢黜也。小康，謂非大同也。大同之世不規規于禮，即《老子》云「忠信之薄」之意。

按：此節原禮所由起，而其辭近詖。謂聖由亂興，禮因亂謹，禹、湯、文、武、成、周由此選，儻六君子生于平世，不得爲聖人乎？禮在無事時可以不謹乎？君臣、父子可以不正乎？兄弟、夫婦可以不睦乎？在執者去，謂爲小康，則大同之世，殃民者衆，不去乎？大抵生人之初，禮制未興，隆古風醇，禮所由始，謂後世行禮不如古則可，謂聖人制禮之後不如無禮之先則不可。古未有禮，人類無異禽獸，非古獨治也。禮教興，風氣日新，人文日著，非今獨亂也。老、莊之徒，以禮爲衰世之具、無禮爲上皇之風，豈其然乎！聖人立教，《詩》《書》執禮，斷自唐、虞，洪荒以上存而弗論。蓋道自堯、舜、湯、武而大行，人倫明，禮樂興，風俗齊，非大同之世而何也！滅倫理，毀冠裳，如所謂「野鹿標枝」，無心思知覺而後謂極治，此矯世憤俗之過，而不知其不可行也。世運由古而今，如江河東迤而日西靡，聖人裁成輔相，以節其過，文其不及而止，必使江河西流、日再中，雖天地不能。

且夫人倫日用，古猶今也；飲食男女，古猶今也；高下散殊，無之非禮。苟有忠信之意，即是上皇之風，故曰：「親其親，長其長，而天下平。」厭尋常日用，而遠希洪荒爲大古，是知二五而不知十也，烏足與達禮之運哉！

言偃復問曰：「如此乎禮之急也？」孔子曰：「夫禮，先王以承天之道，以治人之情，故失之者死，得之者生。《詩》曰：『相去聲鼠有體，人而無禮。人而無禮，胡不遄傳死。』是故夫禮必本於天，殽於地，列於鬼神，達於喪、祭、射、御、冠、昏、朝、聘。故聖人以禮示之，故天下國家可得而正也。」

如此急者，承上文君子謹禮而言。天者，自然之名。禮本於天道自然，而聖人惟節文之以承天。人情無禮則放佚怠惰，近于禽獸，故循禮者生之徒，悖禮者死之徒。相，視也。遄，速也。本於天者，理也。殽於地者，文也。列於鬼神者，精誠也。天道自然，故曰本。地道散殊，故曰殽。鬼神百祀，故曰列。喪、祭、射、御、冠、昏、朝、聘八者，皆禮之儀則，聖人所以治天下國家者也。

言偃復問曰：「夫子之極言禮也，可得而聞與？」孔子曰：「我欲觀夏道，是故之杞，而不足徵也，吾得《夏時》焉。我欲觀殷道，是故之宋，而不足徵也，吾得《坤乾》焉。

《坤乾》之義，《夏時》之等，吾以是觀之。夫禮之初，始諸飲食，其燔黍捭(百)豚，汙(蛙)尊而抔(裒)飲，蕢(塊)桴而土鼓，猶若可以致其敬於鬼神。及其死也，升屋而號(平聲)，告曰：「皋！某復！」然後飯腥而苴孰，故天望而地藏也，體魄則降，知氣在上。故死者北首，生者南鄉，皆從其初。昔者先王未有宫室，冬則居營窟，夏則居橧巢。未有火化，食草木之實，鳥獸之肉，飲其血，茹其毛。未有麻絲，衣其羽皮。後聖有作，然後脩火之利，范金合土，以爲臺榭、宫室、牖户，以炮以燔，以亨(烹)以炙，以爲醴酪；治其麻絲，以爲布帛。以養生送死，以事鬼神上帝。皆從其朔。故玄酒在室，醴醆在户，粢醍(體)在堂，澄酒在下。陳其犧牲，備其鼎俎，列其琴瑟管磬鐘鼓，脩其祝嘏(假)，以降上神與其先祖，以正君臣，以篤父子，以睦兄弟，以齊上下，夫婦有所。是謂承天之祜。作其祝號，玄酒以祭，薦其血毛，腥其俎，孰其殽，與其越(活)席，疏布以冪(覓)，衣其澣帛，醴醆以獻，薦其燔炙，君與夫人交獻，以嘉魂魄。是謂合莫。然後退而合亨，體其犬豕牛羊，實其簠簋籩豆鉶羹，祝以孝告，嘏以慈告。是謂大祥。此禮之大成也。」

極言禮者，承上言天地鬼神爲極也。《夏時》《坤乾》，皆書名。《坤乾》，夏《易》，首坤次乾也。《夏時》，或謂即《夏小正》《月令》之類。等，謂支干次第。自「燔黍捭豚」以下，皆極陳禮之始終。人生之初，惟有飲食，禮自此起。燔黍，謂摶黍燒之，無釜甑也。捭、擘通，手裂也。汙尊，掘地爲坎盛水也。抔飲，兩手掬水飲也。蕢、塊通。土曰塊，草曰蕢。桴，鼓椎。土鼓，泥爲鼓。此古禮之始，聖人因制爲養生之禮也。古者人死，升屋號曰「某反」。皐，號聲。某，死者名。必升屋，魂氣在上也。招魂不復，乃行死事。含以生米，薦以生肉，包其熟肉以送葬，故魂望天，魄藏地，體魄下降，知氣上升也。知氣，猶言靈氣，氣虛含靈。死者葬則首北，生者居則面南，生明死幽，皆從古初，非强設也。此制爲送葬之禮也。營窟，周累其土爲穴也。橧巢，高巢也。茹毛，連毛而食也。笵、範同。鑄器之式，土曰型，金曰鎔，木曰模，竹曰笵。笵金，爲型範鑄金器也。合土，合水土爲陶器也。裹而燒之曰炮，加于火上曰燔，水煮曰烹，近火曰炙。醴，酒屬。酪，醬屬。治，湅染也。以上諸事，皆火化之利。朔，初也。從茹毛飲血之初而起也。玄酒四事，皆事鬼神上帝從初之禮。玄，水色。古無酒飲水，後世崇古，謂水爲玄酒。鬼神貴幽，祭以室爲尊，户向明次之，堂在外次之，堂下遠又次之。酒貴淡，玄酒爲上，故設于室。醴酒一宿成，次之，設于户。醆、盞通，爵屬。粢、齊通，《周禮》「五齊」皆酒也。醍齊，色紅，又次之，故設于堂。澄酒清，久而後成，味厚，又次之，故設于堂下。蓋尊古卑今，貴澹泊，賤醲厚也。鼎烹肉，俎載肉，熟于鼎，升于俎也。琴瑟在堂上，管磬鐘鼓在堂下。主人告神曰祝，神告主人曰嘏。上神，神氣在上，謂天神也。先祖，人鬼也。君主臣助，正君臣也。以穆承昭，篤父子也。子姓皆在，睦兄弟也。獻餕以序，齊上下也。君在阼，夫人在房，夫婦有所也。惟禮可格天，故曰「承天之祜」。「作其祝號」以下，敘祭祀始終之節，以明禮之全，所謂「大成」也。《周禮》祝號有六。作其祝號，造爲鬼神及品物之美號，如「皇尸」「旨酒」之類，即祝辭也。玄酒、血毛、腥俎，皆太古之禮，始祭之事。「孰殽」以下至「合莫」，中古之禮，祭時之事。「合烹」以下，後世之禮，祭終之事。殽，骨體也。孰，以湯爓之，未全熟也。越，草名。疏布，麤布。冪以覆尊。越席、疏布，貴其質也。澣帛，湅染之帛。嘉魂魄，使神靈歆悦也。合莫，猶言潛通。血毛、腥俎、孰殽、越席、疏布，猶古初之意，貴以真誠冥合，故曰「合莫」。然後乃取其薦爓，烹熟以食。尸俎唯右體，今取左體及餘未載者同烹，故曰合也。體其犬豕牛羊，謂隨所用之牲，別其貴賤之體，以供尸、賓客、兄弟、衆俎及祭畢燕飲也。簠内圓外方，以盛稻粱。簋外圓内方，以盛黍稷。竹曰籩，木曰豆，其形同。籩盛果脯，豆盛菹醢。鉶如鼎而小，以盛和羹。祝以孝子之意告神，嘏以祖考之意告主人，故曰「孝」「慈」。大祥，積慶也。大成，禮備也。夫三才五教莫非禮，獨言祭祀者，幽明之故，生死之説，鬼神之情狀，莫備于祭也。

按：古天子之祭，不可詳考。據疏義舉其概，大祫之旦，王袞冕入，尸袞冕後入。王不迎尸，尸入室，樂作降神，王乃灌。時衆尸皆在大廟，依次灌用鬱鬯，尸皆祭，啐之，奠之，是爲一獻。王乃出迎牲，后從灌，是爲二獻。牲入至庭，王親殺，啓毛血告于室，于是行朝昭踐之事。延尸出室，坐于堂，大祖之尸坐户西，南面，其主在右，昭東穆西相對，主各在其右。后薦豆籩，乃薦腥于尸坐前，謂之朝踐，即此篇内所謂「薦其血毛，腥其俎」是也。王乃酌獻尸，是爲三獻。后酌，是爲四獻。此《禮器》所云設饌于堂也。乃延尸入室，大祖東面，昭南面，穆北面，徙堂上之饌于室内，拜妥尸，遂薦熟，王酌獻尸，是爲五獻。后酌獻尸，是爲六獻。于是尸食，十五飯訖，王酌酳尸，是爲七獻。后乃薦加籩豆，尸酢主人，主人受嘏，獻諸侯，后酌酳尸，是爲八獻。王酌獻卿大夫，諸侯酌獻尸，是爲九獻。九獻之後，謂之加爵，以尊卑爲次。據諸禮文，杜撰其畧如此。

孔子曰：嗚呼哀哉！我觀周道，幽、厲傷之。吾舍魯何適矣！魯之郊禘，非禮也。周公其衰矣。杞之郊也，禹也；宋之郊也，契也。是天子之事守也。

此以下，皆言所以嘆魯之意。文、武之道，至幽、厲大壞，無足觀者。魯爲周公之國，故屬望于魯。自僖公作《頌》，興廟樂，僭用天子郊禘，魯禮又壞，周公之教衰矣。杞、宋亦諸侯，用郊，以其爲天子後，守先代故事。魯本諸侯，安得效之？

按：此節文義甚明。魯用郊，非周公之舊。鄭氏引《春秋》書郊牛口傷之類，以爲子孫不能奉行周公之道，豈惟不知禮，亦不知《春秋》。《魯頌》云：「周公之孫，莊公之子。龍旂承祀，六轡耳耳。春秋匪解，饗祀不忒。皇皇后帝，皇祖后稷。」非僖公之事與？故《春秋》書郊牛，自僖公始。使魯郊由伯禽，則僖以前豈無一牛災，而獨于僖以後數數爾邪。惟魯郊非周公之舊，夫子所以嘆也。至于杞、宋之郊，亦季世之僭。夏、商亡，其子若孫，雖時王客之，而大禮不可假借。惟魯郊，故杞、宋亦郊。魯以杞、宋爲可，故亦自以爲可，承訛襲敝，非一朝夕。王迹熄而《詩》亡，《春秋》所以作也。

故天子祭天地，諸侯祭社稷。祝嘏莫敢易其常古，是謂大假。祝嘏辭説，藏於宗祝巫史，非禮也，是謂幽國。醆斝（假）及尸君，非禮也，是謂僭君。冕弁兵革藏於私家，非禮也，是謂脅君。大夫具官，祭器不假，聲樂皆具，非禮也，是謂亂國。故仕於公曰臣，仕於家曰僕。三年之喪與新有昏者，期（基）不使。以衰裳入朝，與家僕雜居齊齒，非禮也，是謂君與臣同國。故天子有田以處其子孫，諸侯有國以處其子孫，大夫有采以處其子孫，是謂制度。故天子適諸侯，必舍其祖廟，而不以禮籍入，是謂天子壞法亂紀。諸侯非問疾弔喪而入諸臣之家，是謂君臣爲謔。是故禮者，君之大柄也，所以別嫌明微，儐（擯）鬼神，考制度，別仁義，所以治政安君也。故政不正則君位危，君位危則大臣倍，小臣竊。刑肅而俗敝，則法無常，法無常而禮無列，禮無列則士不事也。刑肅而俗敝，則民弗歸也。是謂疵（慈）國。

承上言魯郊禘非禮，惟天子祭天地，諸侯祭境内社稷。祝嘏守常，不改易古，謂之大假。大假，猶言大祭。人與神交曰假。假者，虛無之意。《易》曰：「王假有廟。」天子、諸侯天地、社稷之祭謂之大。或曰：假，福也。《周禮》大祝掌六祝、六祈、六辭、六號、九祭、九拜之辭與法，皆繫諸六典之籍，藏于太史，屬大宗伯，重其禮也。後世惟宗祝巫史習之，典刑不著，是謂幽昏之國。醆、斝，皆爵名，祭饗之器。夏曰醆，殷曰斝，惟二王後得用之，諸侯遵時制耳。及，猶獻也。以醆斝祭，是及尸也；以饗，是及君也。僭君，僭天子也。冕弁，天子、諸侯朝祭之冠。兵革，國之武備。私家，大夫之家。大夫蓄之，是逼脅其君也。大夫雖有臣，有祭器、聲樂，不得備，備則尊卑無等，故謂亂國。大夫以下有昏喪，皆歸其家。新昏期年不奉使，而親喪尤重。以衰裳入朝，是視公朝如私家，與其家臣雜居齊列，無貴賤之等，是謂君臣同國。以上五失，皆起于無制度，上行則下效。故古者天子有千里之田以處其子孫，諸侯有大小之國以處其子孫，大夫有采事之禄以處其子孫，其班也以恩，其裁也以義，不得僭濫，是謂制度。五失之弊自上始，故天子適諸侯必館于諸侯之宗廟，以其爲鬼神嚴敬之地，禮之典也。籍，猶典也。如天子不依禮籍入諸侯之國，是壞法亂紀自天子始，何以帥諸侯？諸侯非問疾弔喪入大夫之家，是君與臣戲謔，何以帥大夫？相接以賓曰儐。仁愛而義斷曰別。刑肅，謂峻刻也。俗敝，謂無廉節也。列，謂上下之等。士不事，謂官不脩職。疵，病也。

故政者，君之所以藏身也。是故夫政必本於天，殽以降命。命降于社之謂殽地，降于祖廟之謂仁義，降於山川之謂興作，降於五祀之謂制度。此聖人所以藏身之固也。故聖人參於天地，並於鬼神，以治政也。處其所存，禮之序也；玩其所樂，民之治也。故天生時而地生財，人其父生而師教之，四者君以正用之，故君者立於無過之地也。故君者，所明也，非明人者也。君者，所養也，非養人者也。君者，所事也，非事人者也。故君明人則有過，養人則不足，事人則失位。故百姓則君以自治也，養君以自安也，事君以自顯也。故禮達而分定，故人皆愛其死而患其生。故用人之知，去其詐；用人之勇，去其怒；用人之仁，去其貪。故國有患，君死社稷謂之義，大夫死宗廟謂之變。故聖人耐能以天下爲一家，以中國爲一人者，非意之也，必知其情，辟於其義，明於其利，達於其患，然後能爲之。

此節極言聖人以禮爲政，因應自然，無爲而治，政興民宜。天下見政而不見君，是君身所藏也。政必本于天，謂君不以私意爲政。殽，分布也。命，令也。分布政令，奉天理自然以降于下。后土、祖廟、山川、五祀，因祭明禮，皆政令之所寓也。命降于社，如報賽、出師、分封、刑戮之類，殽于地之事也。凡有事于祖廟，仁義之事也。凡有事于山川，材木所出，興作之事也。有事于五祀，五氣時敘，五材利用，制度之事也。因禮寓政，使天下見土地、仁義、興作、制度之爲禮，而不見君命之爲煩。是聖人所以藏身之固，參于天地，並于鬼神，以治民行政，民不得而窺之者也。安天理之本然，而行不過則，是處其所存也。順人情之自然，而政必宜民，是玩其所樂也。天時、地利、父生、師教四者，皆所存、所樂之事。君能序而治之，用之以正，則因應無爲，所以藏身固而立于無過之地者也。故君者，天下是非之所取以爲明，非用其明以察人是非者也；天下民之所共養，非分其財以養民者也；天下臣民所奉事，非勞其身以事人者也。人人而明之則知窮，人人而養之則財匱，以上事下則倒置。

故百姓者，法君以自治，養君以自安，事君以自顯。禮教通達而天下各安其分，各求自盡，有事則樂于效死而患于苟生，皆聖人處存玩樂，以禮治民之效也。是以藏身無過之主，用人之智而能去其智之詐，用人之勇而能去其勇之怒，用人之仁而能去其仁之貪。凡知多詐，勇多忿〔一〕，愛多貪。去，猶舍也。故非人盡無詐與怒與貪也，用不求備，所以處存玩樂，藏身無過，禮達分定，而民愛其死患其生也。故國有患，君以義死其社稷，大夫以辨死其宗廟，變、辨通，所謂「禮達分定」也。耐，古「能」字。聖人能以天下爲一家，中國爲一人，非私意也。由于知民之情，曉譬其義，明于其利，達于其患，然後能之。四者皆天理民彝，處存玩樂之道，所謂藏身無過，因民之自然者也。

〇按：此節原于《易》聖人神道退藏之旨，即存神過化之意。然有意而爲，反溺于黄老、《陰符》牢籠之術，毫釐千里，不可不察。議論不必醇粹，而有精意，所謂禮之運也。舊解未達。

何謂人情？喜、怒、哀、懼、愛、惡、欲，七者弗學而能。何謂人義？父慈、子孝、兄良、弟弟、夫義、婦聽、長惠、幼順、君仁、臣忠，十者謂之人義。講信脩睦，謂之人利。爭奪相殺，謂之人患。故聖人之所以治人七情，脩十義，講信脩睦，尚辭讓，去爭奪，舍禮何以治之？飲食男女，人之大欲存焉。死亡貧苦，人之大惡存焉。故欲惡者，

〔一〕「忿」雖亦有「怒」意，然據上下文，似終當以「怒」字爲是，此偶誤耳。

心之大端也。人藏其心，不可測度也。美惡皆在其心，不見其色也。欲一以窮之，舍禮何以哉！

承上言事物之變，不過情、理、利、害四者，四者總之好惡兩端，聖人所以調攝之惟禮。禮立，人之美惡不能逃。視聽言動準諸禮，其美可知；毀閑踰檢，其惡可知，故質諸禮而人之賢不肖可覩。人而不仁如禮何？雖有深情厚貌，要諸規矩準繩，則詭遇之情窮。故禮者極人情之至，人情所不能欺也。

故人者，其天地之德，陰陽之交，鬼神之會，五行之秀氣也。故天秉陽，垂日星；地秉陰，竅於山川。播五行於四時，和而后月生也，是以三五而盈，三五而闕。五行之動，迭相竭也。五行、四時、十二月，還旋相爲本也。五聲、六律、十二管，還相爲宫也。五味、六和、十二食，還相爲質也。五色、六章、十二衣，還相爲質也。故人者，天地之心也，五行之端也，食味、别聲、被色而生者也。故聖人作則，必以天地爲本，以陰陽爲端，以四時爲柄，以日星爲紀，月以爲量，鬼神以爲徒，五行以爲質，禮義以爲器，人情以爲田，四靈以爲畜。以天地爲本，故物可舉也。以陰陽爲端，故情可睹也。以四時爲柄，故事可勸也。以日星爲紀，故事可列也。月以爲量，故功有藝也。鬼神以爲徒，故事可守也。五行以爲質，故事可復也。禮義以爲器，故事行有考也。人情以爲田，故人以爲奥也。四靈以爲畜，故飲食有由也。何謂四靈？麟、鳳、龜、龍，謂之四靈。故龍以爲畜，故魚鮪偉不淰審；鳳以爲畜，故鳥不獝橘；麟以爲畜，故獸不狘越；龜以爲畜，故人情不失。故先王秉蓍龜，列祭祀，瘞繒，宣祝嘏辭説；設制度，故國有禮，官有御，事有職，禮有序。

此節極言禮之運妙于人心，而盡制于聖人。蓋人爲天地、陰陽、鬼神、五氣之萃，此禮運之本也。「天秉陽」以下，皆歷言天地、陰陽、五行往來無窮，而聖人法以經世宰物，皆所謂禮之運也。天高地下，萬物散殊，無之非禮。天地之德，仁義是也。陰陽之交，動静是也。鬼神之會，生死是也。五行之秀，五官是也。天統元氣，陽爲氣主。日爲陽精，星爲日之餘。地承天，陰承陽，故氣通于山川。天地陰陽交，而播五氣于四時，氣候調和，成十二月。蓋月以日爲主，陽倡陰隨，日行不失度，而後十二月之會，以時成也。三五，十五也。月十五日前盈，十五日後缺。陰逐陽，近則漸縮，遠則漸盈。五行之動，謂五氣之運。迭相竭，謂終復始也。還相爲本，如木盡火生，木爲火本之類。五聲、六律、十二管，説見《月令》。宫聲于五音爲君，其管爲黄鐘，起子，值十一月，損益以生衆音。然各月有所值之律，各自爲君相生，如正月律中大蔟，亦自生十二律。又如八音，獨奏一音，各自有五音。《樂記》云：「倡和清濁，迭相爲經」也。五味，酸、苦、甘、辛、鹹也。六和，春酸，夏苦，秋辛，冬鹹，四時各有滑有甘以和之也。十二食，謂一歲十二月之食。質，主也。如春三月食酸爲主，餘味相閒之類。五色，青、赤、黄、白、黑。如春三月衣青爲主，餘色相閒之類。天地無心，而人有靈覺，是即天地之心。五氣散于萬物，其端發于最秀者惟人。人生而食五味，别五聲，被五色，故聖人因人道制禮，會合天地、陰陽、四時、五行、日月、鬼神，而成器于禮義，滋培于人情，極成功于萬物也。人情爲田，言因民也。四靈爲畜，言愛物也。本天地則無遺物，始陰陽則見性情，柄四時則事無失時，紀以日星則歲事詳列，量以月則事功有程。藝，猶程也。以鬼神爲徒，故人敬服而可守。以五行爲主，故事循環而可復。以禮義爲器，故行無不成。考，成也。以人情爲田，故資取無窮，而人利賴之以爲奥。奥，藏也，猶《内則》「鴇奥」，以藏食得名也。以四靈爲畜，故愛養蕃息，飲食有所出。麟，毛蟲之長。鳳，羽蟲之長。龜，介蟲之長。龍，鱗蟲之長。人主能中和發育，則麟、鳳、龜、龍可致畜，而其屬自蕃。收養曰畜。四靈以爲畜，甚言鳥獸繁殖也。鮪，魚名。淰作「閃」，魚出没貌。獝，獝然飛起貌。狘，狘然驚走貌。能以龍爲畜，則水族安，而魚不淰藏；能以鳳爲畜，則羽族安，而鳥不驚獝；能以麟爲畜，則走類安，而獸不奔狘；能以龜爲畜，則神龜出，而人情無失策：聖人禮教功化至于如此。故先王治功成，而禮樂興，幽明理，人神格。秉蓍龜以卜日，列祭祀以享鬼神，瘞其繒帛，宣其祝嘏辭説，所以格鬼神也；設爲經制法度，使國有禮，官有治，事有專職，禮有定序，所以理民物也。

故先王患禮之不達於下也，故祭帝於郊，所以定天位也；祀社於國，所以列地利也；祖廟，所以本仁也；山川，所以儐鬼神也；五祀，所以本事也。故宗祝在廟，三公在朝，三老在學，王前巫而後史，卜筮瞽侑皆在左右，王中句，心無爲也，以守至正。故禮行於郊而百神受職焉，禮行於社而百貨可極焉，禮行於祖廟而孝慈服焉，禮行於五祀而正法則焉。故自郊、社、祖廟、山川、五祀，義之脩而禮之藏也。是故夫禮，必本於大一，分而爲天地，轉而爲陰陽，變而爲四時，列而爲鬼神。其降曰命，其官於天也。夫禮必本於天，動而之地，列而之事，變而從時，協於分藝。其居人也曰養，其行之以貨力、辭讓、飲、食、冠、昏、喪、祭、射、御、朝、聘。故禮義也者，人之大端也，所以講信脩睦而固人肌膚之會、筋骸之束也；所以養生、送死、事鬼神之大端也；所以達天道、順人情之大竇也。故唯聖人爲知禮之不可以已也。故壞國、喪家、亡人，必先去其禮。故禮之於人也，猶酒之有蘖也；君子以厚，小人以薄。

上節廣禮之用，此節言聖人運禮之權。蓋禮不止祭祀，而惟以神道設教則易達。天帝最尊，唯天子郊天，所以定天位，明有尊也；祀后土于國，所以表列成物之利也；祖廟所親，故曰仁；山川外神，故曰儐；五祀本五行，當時用事，故曰事，而皆以君心至正爲主。王者隨事隨處，在廟、在朝、在學，前後左右，熏養周密，則邪慢之心無自而生。宗，宗人；祝，大祝，掌祭祀。三公論道。三老，年高有德者。巫事鬼神，主弔臨。史書言動，掌典籍。卜筮占吉凶。瞽，樂工，誦《詩》。侑，勸也，輔弼疑丞，勸王爲善者也。王中，王居中也。視聽言動無及于非禮，則心志齋明，與鬼神合德，以此行禮，禮無不達。上帝者，百神之宗。上帝享，則百神皆受職。地不愛寶，故百貨可極。祝以孝告，嘏以慈告，故孝慈服行。五氣按序，故法則可正。此皆義之脩飾其節文，而禮之含藏其妙運也。其文可見，其義難知，故曰藏。太一猶太極，函萬爲一之本體也，分爲天地，則有上下高卑之别；轉爲陰陽，則有刑賞生殺之用；變爲四時，則有歲月久近之期；列爲鬼神，則有郊廟祭祀之禮。聖人制典以降令于下，則謂之命，猶天之有命也。非人所主，皆官于天。官，猶主也。天即太一。太一無爲，本于天也，如秩序倫常之類；殽于有象，動而之地也，如貴賤陳位之類；列而爲五事，如宫室器用之類；變而爲四時，如春禘秋嘗之類；合于分藝，如文質等級隆殺之類。分藝，猶言分數。協分藝，謂裁制得中也。居人，猶言安人。養者，愛利之意。有禮則安，無禮則危，故禮所以安人而養之也。或云：「養」當作「義」。貨財者，禮之資；筋力者，禮之具；辭讓者，禮之實；冠、昏八者，禮之目。大端，猶言大本。人身無禮，則放佚怠惰，肢體無所措，故禮所以會合肌膚而約束筋骸也。國家將喪，禮必先亡，故人于禮，猶酒之于麴蘖，有蘖則成，無蘖則敗。厚，醇酒也。薄，淡酒也。醇則久，薄則敗。君子崇禮，小人去禮，所以成敗異矣。

故聖王脩義之柄、禮之序，以治人情。故人情者，聖王之田也，脩禮以耕之，陳義以種之，講學以耨之，本仁以聚之，播樂以安之。故禮也者，義之實也。協諸義而協，則禮雖先王未之有，可以義起也。義者，藝之分，仁之節也。協於藝，講於仁，得之者强。仁者，義之本也，順之體也，得之者尊。故治國不以禮，猶無耜而耕也；爲禮不本於義，猶耕而弗種也；爲義而不講之以學，猶種而弗耨也；講之以學而不合之以仁，猶耨而弗穫也；合之以仁而不安之以樂，猶穫而弗食也；安之以樂而不達於順，猶食而弗肥也。四體既正，膚革充盈，人之肥也。父子篤，兄弟睦，夫婦和，家之肥也。大臣法，小臣廉，官職相序，君臣相正，國之肥也。天子以德爲車，以樂爲御，諸侯以禮相與，大夫以法相序，士以信相考，百姓以睦相守，天下之肥也。是謂大順。大順者，所以養生、送死、事鬼神之常也。故事大積焉而不苑尹，並行而不繆，細行而不失，深而通，茂而有閒，連而不相及也，動而不相害也。此順之至也。故明於順，然後能守危也。故禮之不同也，不豐也，不殺也，所以持情而合危也。故聖王所以順，山者不使居川，不使渚者居中原，而弗敝也。用水、火、金、木、飲食必時，合男女、頒爵位必當年、德，用民必順，故無水旱昆蟲之災，民無凶饑妖孽之疾。故天不愛其道，地不愛其寶，人不愛其情。故天降膏露，地出醴泉，山出器車，河出馬圖，鳳皇、麒麟皆在郊棷藪，龜、龍在宮沼，其餘鳥獸之卵胎，皆可俯而闚窺也。則是無故，先王能脩禮以達義，體信以達順故句，此順之實也。

子云：「君子義以爲質，禮以行之。」故言禮必言義。義者，禮之本。本之以義，行之以禮，則于人情無不當。人情之外無禮義。聖王經綸天下，不離人情耳，故曰田。田必耕而後治，故禮譬則耕也。不合義不可以播，義者，禮所由起，譬則種也。不講學則荒，學譬則耨也。耨，耘草也。心不真懇，則行禮支離，知及仁不守，雖得必失，故體仁爲本，所以聚之也；不從容和順，則强世不安，故播樂所以安之也。禮一定不易，義隨時變通，故禮爲義之實也。藝，猶術也。凡處事之術，以義爲分量，仁無限而義有節，故義所以合事講仁者也。能權能斷，故得之者强也。義以仁爲本，能愛能公，故爲順之全體，體元長人，故得之者尊。既言「播樂以安之」，則禮之極功矣，而又益之以「不達於順，猶食而弗肥」者，蓋播樂以安，禮之成已，而達順以後，則推之天下國家者也。天子德爲車，以載物也；樂御德，以和行也。王道四達，故曰「爲車」，「爲御」。諸侯謹侯度，故曰「以禮相與」。大夫則奉法，士則相考以信，百姓則相守以和睦而已。「事大不苑」以下，皆大順之象。凡物大者，叢積則苑結而不通。苑，猶菀也。兩物并行，或相糾繆。行細渺，或有差失。入深窅，或不通達。茂密則無空閒，接連則相牽絆，動摇則相戕害。數者不然，則和順之至矣。明於順，則自不至于違逆而能持守其危。故大順之禮不尚同，不尚豐，亦不尚儉。一于豐儉，所謂同也。同異豐儉，各得其宜，所以維持人情，而聯合傾危，聖王所爲順也。如宜于山者，不使居水；宜于渚者，不使居平原，故人不困敝也。五材之用，飲食之節，各以其時；合男女，必稱其年；頒爵位，必稱其德；用民，必順其時，皆體順之道，所以爲禮也。故和氣感召，災疾不作。草木之怪曰妖，禽獸之怪曰孽。四時和，五氣順，天不愛其道也。百物遂，五穀登，地不愛其寶也。孝弟行，禮讓興，人不愛其情也。愛，猶吝也。膏露，露凝如膏。醴泉，泉甘如醴。器車，自然之器如車。椒、藪同。則是無故，猶言此無他也。脩禮達義，所謂「義以爲質，禮以行之」也。體信達順，所謂「遜以出之，信以成之」也。

按：後世言禮者，其失有二：以禮爲不必拘，是老莊之荒蕩也；以禮爲拘拘，是章句之陋習也。「義以爲質，禮以行之」，則聖人中正之道矣。故曰：「和爲貴，知和而和，不以禮節之，亦不可行。」行者，運也。《禮運》《禮器》所言多和行之意。聖人位育天地萬物，致中和而已。中和，所以運也。故治極于順，禮由于和，中庸所以爲德之至。故禮與《中庸》，非可離而二也。

禮運終〔一〕

禮器第十

禮器者，禮之器。道、器一也，器以載道。《易》曰「形而下者謂之器，形而上者謂之道」。又曰：

〔一〕「禮運終」三字原無，據本書體例補。

「形乃謂之器。」道、器有上下，而皆不離形，故天地萬物莫非器也，而禮存乎其中。故曰「範圍天地之化而不過，曲成萬物而不遺」者，禮器之謂。君子讀《禮運》而知禮之爲用圓神不滯，讀《禮器》而知禮之爲體變通無方，非世儒牽强支離、繁文拘節之爲器耳。非真有得于先聖之微旨者，烏能達此！作記者，於是乎爲有功矣。

禮器，是故大備。大備，盛德也。禮釋回，增美質，措則正，施則行。其在人也，如竹箭之有筠匀也，如松柏之有心也。二者居天下之大端矣，故貫四時而不改柯易葉。故君子有禮，則外諧而内無怨，故物無不懷仁，鬼神饗德。先王之立禮也，有本有文。忠信，禮之本也；義理，禮之文也。無本不立，無文不行。

此節言君子學禮之器。學禮成器，是故充實光輝而盛德大備也。蓋禮可以消釋人之回邪，增益人之美質。非禮不動，則回釋矣；潤身生色，則美增矣。故以措之事，則無不正；施之天下，則無不行。此盛德大備，所以爲禮之器也。箭，小竹也。筠，竹節也。竹節均，故曰筠。鄭謂「竹之青皮」，鑿也。心，木中心。筠在外，心在内。内有貞心，外有直節，道德事物，莫不皆然，故曰二者天下之大端。物備此，則爲竹箭、松柏；人備此，則爲君子。有禮則敬人而外諧和，好禮則樂善而内無怨，故仁可以懷民物，而德可以饗鬼神也。本謂内，文謂外。制事爲義，順物爲理，故曰文也。本立文行，即二者大端之意，所謂禮之器也。

按：鄭康成諸人之言禮，文而已矣，密于筠而疏于心，故以《儀禮》《周禮》爲禮。宋諸儒之言道，本而已矣，深于心而離其節，故以《中庸》《大學》爲道。記言合内外，會道器，故曰：大備盛德，如竹箭有筠，松柏有心，外諧而内無怨，本立而用行。此博約、上下、一貫之旨，是故聖教莫大于禮。顏子問仁，教以克己復禮，請事四勿，故能三月不違，「大備盛德」之謂也。故曰：「禮云禮云，玉帛云乎。」必若守《儀禮》《周禮》爲經，離《中庸》《大學》爲德，則裂矣。《禮運》《禮器》二篇之義，學者不可不熟思也。

禮也者，合於天時，設於地財，順於鬼神，合於人心，理萬物者也。是故天時有生也，地理有宜也，人官有能也，物曲有利也。故天不生，地不養，君子不以爲禮，鬼神弗饗也。居山以魚鼈爲禮，居澤以鹿豕爲禮，君子謂之不知禮。故必舉其定國之數，以爲禮之大經。禮之大倫，以地廣狹；禮之薄厚，與年之上下。是故年雖大殺，衆不匡懼，則上之制禮也節矣。禮，時爲大，順次之，體次之，宜次之，稱次之。堯授舜，舜授禹，湯放桀，武王伐紂，時也。《詩》云：「匪革亟其猶，聿追來孝。」天地之祭，宗廟之事，父子之道，君臣之義，倫也。社稷、山川之事，鬼神之祭，體也。喪祭之用，賓客之交，義也。

羔豚而祭，百官皆足，大牢而祭，不必有餘，此之謂稱也。諸侯以龜爲寶，以圭爲瑞，家不寶龜，不藏圭，不臺門，言有稱也。

此節明禮器之大，無所不宜。聖人制禮，非强世也。天高地下，人物散殊，無往非禮。苟强其所不合，而失其所固有，非忠信之本。理義之文，而措之不正，施之不行，欲「外諂而内無怨」，難矣。合于天時者，因革之中也。設于地財者，豐儉之節也。順于鬼神者，屈伸之變也。合于人心者，性情之本也。理萬物者，順治之效也。隨天時所生，地理所宜，人工所能，物曲所利，無時無處無人無物不可行禮，亦無一之可以離禮也。曲，委曲致用也。舍日用而求高遠，厭易簡而躭新奇，不可爲禮。故天所不生，地所不養，人情物理所難，君子不以爲禮，鬼神亦不饗，惡失常也。如求魚鼈于山，逐鹿豕于水，豈時中之禮乎？定國，猶建國。數，如千里、百里、六七十里之數。大經，如天子、公、侯、伯、子男之等。大倫，謂用禮之節，各因地之廣狹也。厚薄，謂行禮之費，各量歲之豐儉也。品式既定，制用有節，是以雖年飢而人心不至倉皇恐懼。匡、恇通，恐也。此皆時中之禮。時者，一代之因革，爲大。順者，因之而已，爲次。體者，禮之式也，爲次。宜者，禮之辨，又次。稱者，禮之分，又次。堯、舜之禪授，湯、武之放伐，皆時也。革、亟通，猶謀也。聿，惟也。《詩》言文王遷豐，非亟于成己之謀，惟追述先業，來致其孝，時之謂也。天子父天母地，奉祀宗廟，明父子之道，正君臣之義，人之大倫，所謂順也。社稷、山川、鬼神之祀，隆殺之式，所謂體也。喪祭有費用，賓客有交際，隨宜裁制，所謂宜也。凡禮輕重不偏，降殺有等，必使適均。如羔豚而祭，不以物小，而使百官不足，雖大牢而祭，不以用餼，而使物有餘，所謂稱也。小羊曰羔，小豕曰豚。又如諸侯有國，則藏龜以決大事，天子錫之封圭，則寶以爲瑞，有象魏，則臺門以爲觀闕，大夫不然，皆所謂稱也。

禮有以多爲貴者：天子七廟，諸侯五，大夫三，士一。天子之豆二十有六，諸公十有六，諸侯十有二，上大夫八，下大夫六。諸侯七介、七牢，大夫五介、五牢。天子之席五重，諸侯之席三重，大夫再重。天子崩，七月而葬，五重八翣（衫，入聲）；諸侯五月而葬，三重六翣；大夫三月而葬，再重四翣。此以多爲貴也。有以少爲貴者：天子無介，祭天特牲。天子適諸侯，諸侯膳以犢。諸侯相朝，灌用鬱鬯，無籩豆之薦。大夫聘，禮以脯醢。天子一食，諸侯再，大夫、士三，食力無數。大路繁（盤）纓一就，次路繁纓七就。圭璋特，琥璜爵。鬼神之祭單（丹）席。諸侯視朝，大夫特，士旅之。此以少爲貴也。有以大爲貴者：宮室之量，器皿之度，棺椁之厚，丘封之大。此以大爲貴也。有以小爲貴者：宗廟之祭，貴者獻以爵，賤者獻以散（去聲）；尊者舉觶（志），卑者舉角。五獻之尊，門外缶，門內壺，君尊瓦甒（武）。此以小爲貴也。有以高爲貴者：天子之堂九尺，諸侯七尺，大夫五尺，士三尺。天子、諸侯臺門。

此以高爲貴也。有以下爲貴者：至敬不壇，埽地而祭。天子諸侯之尊廢禁，大夫士棜禁。此以下爲貴也。禮有以文爲貴者：天子龍袞，諸侯黼，大夫黻，士玄衣纁裳。天子之冕朱緑藻，十有二旒，諸侯九，上大夫七，下大夫五，士三。此以文爲貴也。有以素爲貴者：至敬無文，父黨無容，大圭不琢，大羹不和，大路素而越席，犧尊疏布鼏(覓)，樿(展)杓。此以素爲貴也。孔子曰：「禮，不可不省也。禮不同，不豐，不殺。」此之謂也。蓋言稱也。禮之以多爲貴者，以其外心者也。德發揚，詡(許)萬物，大理物博，如此，則得不以多爲貴乎？故君子樂其發也。禮之以少爲貴者，以其内心者也。德産之致也精微，觀天下之物無可以稱其德者，如此，則得不以少爲貴乎？是故君子慎其獨也。古之聖人，内之爲尊，外之爲樂，少之爲貴，多之爲美。是故先王之制禮也，不可多也，不可寡也，唯其稱也。是故君子大牢而祭謂之禮，匹士大牢而祭謂之攘。管仲鏤簋朱紘(宏)，山節藻棁(拙)，君子以爲濫矣。晏平仲祀其先人，豚肩不揜豆，澣衣濯冠以朝，君子以爲隘矣。是故君子之行禮也，不可不慎也，衆之紀也，紀散而衆亂。孔子曰：「我戰則克，祭則受福。」蓋得其道矣。

此承上文「有稱」之意，而歷言多少、大小、高下、文質之異，所謂「不同，不豐，不殺」，稱而已者也。天子誠深孝篤，立廟宜多，諸侯以下德漸薄，廟漸少。天子、諸侯豆數，據大禮正羞而言，其庶羞或不止此。介，賓之副也。諸侯爲正賓，其爲介者七人，主君饋以七牢。諸侯使卿大夫聘降二等，則介五人，主君饋以五牢。席以藉地，行禮用之，葬則以揜壙，及藉棺也。翣形如扇，置柳車兩傍，以蔽棺也。天子無介，謂至尊無主爲賓，故無介。祭天特牲，用一牛也。巡守適諸侯，諸侯膳之，亦一牛。牛子曰犢。灌，獻酒也。主君以鬱鬯之酒獻賓，無籩豆，惟馨不惟物也。大夫聘鄰國，則主君禮之以脯醢，二物亦食品之小者。食，謂公庭禮食。天子一食，至尊以德爲飽，一食而止，待侑而後更食也。食力者，庶人工商也。禮不下庶人，食無數，惟飽則止。大路，祭天之車，無文飾也。繁作「鞶」，馬當胸皮帶，結毛爲纓懸鞶上。一就，結一匝也。次路，副車也。七就，七匝也。少者貴，多者賤，而《郊特牲》又云「次路五就」，次路非一也。合曰圭，判曰璋，皆玉爲之。諸侯朝王以圭，朝后以璋。將獻馬，先圭；將獻皮，先璋。皮馬之獻不升堂，圭璋特達也。琥，以玉爲虎形。璜，以玉爲半環。二物賤于圭璋，不可以特達。惟主人酬賓，以幣送酒，則用琥璜將之，故曰爵。鬼神之祭，謂祭外神，不設重席，與人異也。諸侯朝，與大夫揖特，每人一揖也。旅，衆也。士雖衆，君共與一揖而已。是少者貴也。《周官·典命》宫室以命數爲節，上公至子男，或九或五，各有差，以大爲貴也。天子大路、大常、大弓、大圭之類，器皿以大爲貴也。車旗之類曰器，籩豆之器曰皿。尊者之棺至四重，卑者止一重，棺椁以大爲貴也。墳之大者曰丘，以土揜坎曰封。《周官·冢人》以爵爲丘封之等，丘封亦以大爲貴也。爵容一升，散容五升，獻爵者主人，獻散者佐食，故有貴賤之等。觶三升，角四升，舉觶者皇尸，舉角者主人，故有尊卑之别。五獻，子男之禮。獻因命數，子男五命，故五獻。缶大于壺，壺大于甒，三者皆尊名。列尊之法，缶在門外，壺在門内。君尊，酌君酒之尊，不言内外，列于堂上也。堂九尺，離地九尺也。封土曰壇。郊祀不壇，至尊無上也。禁以承酒尊，木爲之。無足曰廢。廢禁無足，故下。棜禁有足，故高。棜，輿也，所以載，猶鬱鬯之尊用舟，皆取承載意。龍衮，畫龍于衣，其狀衮然。白黑曰黼，黑青曰黻。玄，赤黑色。纁，赤色。冕，冠之最貴者，鄭謂祭服之冠，其實大禮多用之。藻、繅同，以五色絲爲繩貫玉，垂冕前後謂之旒。天子冕十二旒，旒十二玉，諸侯、大夫數以次殺。大圭，天子所執圭。諸侯封圭，亦謂大圭。《詩》云：「錫爾介圭。」介，大也。不琢，不雕刻也。大羹，不和之羹。大路，見前。越，草名。犧尊，尊形象牛。粗布爲冪以覆尊，白木爲杓以取酒。禮不可不省，謂多少、高下、大小、文質，皆有精義，當省察也。所以貴多者，備物以將敬，用心在物，故曰外其心。蓋盛德之發，舉揚張詡乎萬物，萬物大得乎理而功施廣博，所以貴多。故君子精神鬯遂，樂其發也。所以貴少者，存誠感格，用心在志，故曰内其心。蓋德始生之極，至精至微，天下之物，無可擬稱者，所以貴少。故君子收斂退藏，戒慎其獨也。古聖人内其心藏于精微，以主一爲尊；外其心揚詡萬物，以宣暢爲樂，少者希則貴，多者富則美，故禮多寡不偏，唯其稱耳。君子大牢而祭，謂大夫以上。匹士，猶匹夫。匹，隻也，猶治言亂也。一帛兩端成匹，故謂獨爲匹。攘，竊奪也。簋以盛黍稷，鏤，刻金，天子宗廟之器也。紘，冕纓，垂其餘爲飾也。朱，天子冠纓之色。《玉藻》云：「玄冠朱組纓，天子之冠也。」節，梁上短柱，承屋脊者。一名薄櫨，一名栭，削爲山形。棁，梁間短柱，俗謂侏儒。藻，畫文爲水草也。《明堂位》云：「山節藻棁，天子之廟飾。」濫，放溢也。豚，豕之小者。祭牲用肩，載以俎。俎大豆小，豚小故言豆。豚肩不揜豆，甚小也。隘，陋也。管仲奢而晏子陋，皆不稱也。紀者，綱之維，爲衆目者也。戰克，祭受福，以其慎也。

按：《祭法》適士二祀，庶士、庶人一祀，今言士一廟，或謂爲下士耳。然則庶人不當祀與？《周禮·掌客》上公豆四十，侯伯豆三十二，今言天子豆二十六，公侯以次降，鄭謂《周禮》兼東西兩夾之豆言也。或引《天官·醢人》「四豆之實」解，數不合。《王制》諸侯「未賜圭瓚，則資鬯于天子」，今言諸侯相朝皆用鬯，則是諸侯各自有鬯也。《周禮·巾車》玉路繁纓十有二就，以祀，餘路以次降，今言「大路繁纓一就，次路繁纓七就」，解者遂推爲殷禮。《尚書》《周禮》先王席皆如朝覲饗射之數，今言「鬼神之祭單席」，是與朝覲饗射異也。《考工記》云「堂崇三尺」，今言「天子之堂九尺，諸侯七尺，大夫五尺」，而鄭以《考工記》爲夏、商禮，豈《周禮》而記夏、商與？「天子龍衮，諸侯黼，大夫黻，士玄衣纁裳」，與《周禮·司服》「五冕」之説亦異。《周禮》冕止大夫，而記云「士三」，則是士亦得用冕也。君子大牢而祭，惟匹士不得用，則是大夫以上亦得用大牢，而《儀禮》以少牢爲大夫禮。凡禮家言多矛盾，難盡合。棜禁高，鄭以爲「無足」；大圭不琢，鄭作「不篆」，「犧尊」作「娑尊」，皆鑿説也。

君子曰：「祭祀不祈，不麾蚤，不樂葆大，不善嘉事，牲不及肥大，薦不美多品。」

此言祭祀之禮，在盡其誠。君子曰，記者自言也。祭雖受福，君子不爲祈福而祭。祭雖尚蚤，然先事預備，不以臨事罨帥爲早。罨、揮通，督促也。葆，合也，或作「褒」。葆大，謂天子、諸侯合人心奉祭，所謂民力普存，而以明得意，是驕鬼神也。嘉，吉善也。祭本吉，故品物皆有美名，謂之嘉事。然思念祖考，對越鬼神，皆當畏敬，不敢謂爲嘉事美悦以從也。牲雖肥大，貴在純潔，不以肥大爲及也。及，猶至也。薦雖多品，貴在明信，不以多品爲美也。此君子所以善其祭。舊解未達。

孔子曰：「臧文仲安知禮？夏父弗綦(忌)逆祀而弗止也，燔(煩)柴於奥。夫奥(爨)者，老婦之祭也，盛於盆，尊於瓶。」禮也者，猶體也。體不備，君子謂之不成人。設之不當，猶不備也。禮有大有小，有顯有微。大者不可損，小者不可益，顯者不可揜，微者不可大也。

臧文仲，名辰，魯大夫，以知禮稱。夏父弗綦，人姓名，魯禮官。逆祀，謂躋魯僖公主于閔公上，事在《春秋》文公二年。閔、僖皆莊公子。閔爲適而幼，繼立遇弒，僖以庶長繼閔。魯人謂僖本兄，升其主于閔上，亂昭穆之序，故曰逆祀。臧文仲不能正之，安在爲知禮？祭祀將終，祭爨，報先炊也。奠黍肉于竈陘，不必于奥。夏父弗綦謂爨爲火神，燔柴于奥以祭之，非禮也。「夫奥」之「奥」，當作「爨」。老婦，即先炊。黍肉盛于盆，酒盛于瓶，盆、瓶皆炊器，所謂設之當也。大而顯者，綱常名分之類；小而微者，節文器數之類。如升僖于閔，損其大也；燔柴于奥，益其小也；鏤簋朱紘，大其微也；豆豚澣濯，揜其顯也，皆所謂「設之不當」也。

故經禮三百，曲禮三千，其致一也。未有入室而不由户者。君子之於禮也，有所竭情盡慎，致其敬而誠若，有美而文而誠若。君子之於禮也，有直而行也，有曲而殺也，有經而等也，有順而討也，有擲芟而播也，有推而進也，有放而文也，有放而不致也，有順而摭也。三代之禮一也，民共由之，或素或青，夏造殷因。周坐尸，詔侑武方，其禮亦然，其道一也。夏立尸而卒祭，殷坐尸。周旅酬六尸，曾子曰：「周禮其猶醵却與！」

此節言先王制禮，其義多端，而其道本于一。一者，誠也。誠者，愛敬之真心也。經禮，謂名分等級，常行之大體。曲禮，謂升降進退，委曲之小節。經曲雖繁，極而致之，無非盡心之誠而已。誠譬則室，三千三百譬則户，入室必由户，不能舍也。竭情、盡慎、致敬，即前貴少、貴小之類。內其心不以文爲美，故誠自若。美而文，即前貴多、貴大之類。外其心，以美將敬，故誠自若。若者，殊途同歸之意。直而行，謂愛親敬長，率性自然，如親始死哭踊無節之類。曲而殺，謂抑情合節，委曲減殺，如哭踊有數、喪服有時之類。經而等，謂經常一定，貴賤同等，如「父母之喪無貴賤一」之類。順而討，謂養生送死，人有同心，順人心以討其所欲，如葬祭各得自盡之類。擲，芟取也。播，布散也。擲而播，謂芟取上之所有，布散于下，如班爵禄之類。推而進，謂常禮所損，推情常禮之外，如葬慈母猶己母、喪師如喪父之類。放而文，謂極致文采，如天子冕服、車旗極盡文飾之類。放而不致，如公侯以降至于大夫，不敢盡飾之類。摭，擱止也。順而摭，謂順等級當然，各止于其所，如天子、公、侯、伯、子男以次降絶之類。素近白，殷色；青近黑，夏色。夏造殷因，謂前作後承不同，爲禮則一。周坐尸，謂周人之祭，尸即位而坐。詔，謂祝告尸行禮。侑，謂佐食勸尸食。武，步也，鄭作「無」。方，謂行禮進退之方。尸不動，而詔侑行禮，皆祝與佐食輩行之。周禮亦不同殷、夏也。道一，即所謂「致一」、「而誠若」也。夏立尸，不坐也。殷坐尸，與周同也。周旅酬六尸，謂祫祭七廟之主，合食于太廟，太祖尸尊不動，而毀廟之主無尸，故惟六尸自相旅酬也。世俗斂錢會飲曰醵。記者引曾子之言，證六尸旅酬之禮，殷、夏無之，其道亦一也。

君子曰：禮之近人情者，非其至者也。郊血，大饗腥，三獻爓潛，一獻孰。是故君子之於禮也，非作而致其情也，此有由始也。是故七介以相見也，不然則已慤；三辭三讓而至，不然則已蹙。故魯人將有事於上帝，必先有事於頖判宮；晉人將有事於河，必先有事於惡呼池；齊人將有事於泰山，必先有事於配林。三月繫，七日戒，三日宿，慎之至也。故禮有擯詔，樂有相步，温之至也。禮也者，反本脩古，不忘其初者也。故凶事不詔，朝潮事以樂；醴酒之用，玄酒之尚；割刀之用，鸞刀之貴；莞官簟之安，而稾高，上聲鞂戛之設。是故先王之制禮也，必有主也，故可述而多學也。

此節明禮有初而行禮貴知本。恒情務枝葉而忘本根，故曰非其至也。郊祀天神尊，故薦牲先血。

血方新，去人食遠也。大饗，謂祫禘之類，禮亦尊。薦用腥，腥去人食亦遠。三獻，謂山川社稷之祭，禮稍輕。爓，謂爚肉以湯未熟，漸近人食也。一獻，謂羣祀小禮，薦熟食，同人也。人所可食者，以獻羣小祀；人所不可食者，以薦大事。蓋近人情則褻，遠人情則希，所謂「禮近人情，非其至也」。血、腥、爓三者，凡祭皆備，各舉其所重言，以明大禮貴初，至敬不文也。作，謂强造。致其情，謂徑情無節。由始，謂循其初，從容有節，不以近情爲至也。七介，諸侯相見之禮，主賓交接，無介以紹于其閒，太愨，固而不文。三辭三讓，辭讓以三爲節。主延賓自大門入，每門讓賓，賓辭，如此者三，乃至廟中。苟不辭讓徑入，則追蹙無節。不愨，不蹙，乃所爲由始也。魯人郊祀，僖公以後之事。頖宮，魯學宮名。將郊，必先有事於頖宮，如今之習儀也。鄭謂爲「告后稷」，頖宮豈稷廟邪？惡池，鄭據《職方》作「虖池」，河之從祀也。配林，林名，泰山之從祀也。祭大先小，即不愨、不蹙之意。三月繫，謂祭前三月繫犧牲于牢。《詩》云「秋而載嘗，夏而楅衡」，《周禮·充人》「祀五帝，則繫于牢，芻之三月」，是也。七日戒，《祭統》所謂「散齋七日以定之」也。三日宿，所謂「致齋三日以齊之」也。先事戒備，慎之至也。主賓相見，有擯相以詔其禮；瞽工作樂，有眂瞭以輔其步。紹介而後禮行，相導而後樂作，從容不迫，温之至也。皆所謂不愨、不蹙，非作而致其情，有由始者也。反本，謂存誠敬之心；脩古，謂不失忠質之意，所謂不忘初也。凶喪之事，哀情真切，不待詔告。朝廷之事，吉禮從容，乃始用樂。醴酒可用，而必以水爲玄酒，列于上尊。尋常割肉之刀可用，而告殺必用古有鈴之刀。鸞，鈴也。刀上有鈴，動中音律也。莞，細蒲也。簟，席也。稾鞂，去穀之禾稈。鞂、秸同。莞簟非不安，而必用稾鞂以爲藉。四者皆所謂「反本脩古，不忘初也」。有主即不忘初，有主則聞見不惑，故可以述古多學而求會通也。

君子曰：「無節於内者，觀物弗之察矣。欲察物而不由禮，弗之得矣。故作事不以禮，弗之敬矣；出言不以禮，弗之信矣。故曰：禮也者，物之致也。」是故昔先王之制禮也，因其財物而致其義焉爾。故作大事必順天時，爲朝（潮）夕必放（上聲）於日月，爲高必因丘陵，爲下必因川澤。是故天時雨澤，君子達亹亹焉。是故昔先王尚有德，尊有道，任有能，舉賢而置之，聚衆而誓之。是故因天事天，因地事地，因名山升中于天，因吉土以饗帝于郊。升中于天，而鳳皇降，龜龍假（格）；饗帝於郊，而風雨節，寒暑時。是故聖人南面而立而天下大治。

禮者，天道自然之節。天地陳位，萬物並列，而禮行乎其中。人也者，中和之會，三才之樞。中和致，則有節于内，而仰觀俯察，盡人盡物，萬物之理，無有能遁其情者。如權度設而不可欺以輕重長短，故動則民敬，言則民信，蓋我操其符，而物神其應也。常人之心，昏迷放佚，内志不定，何以觀察乎物，而時措咸宜乎？故禮者，天則也，物之極至也。先王之制禮，非强作也，因其財用，順其物宜，而致其義焉。大事，如朝聘喪祭之類。順天時，如春祠、秋嘗之類。天子春分之旦，朝日于東門之外；秋分之夕，祀月于西門之外。日自東出，日出爲朝；月由西生，月出爲夕。放，猶順也。丘陵本高，川澤本下，故爲高下者因之。天時雨澤，萬物發生，亹亹不息，皆造化因順之理。君子有節于內而觀物，則心與造化通矣。是以先王因人圖治，尚德尊道，舉賢而置之不疑，聚衆而誓之不欺。所謂有節于內，因物致義，而人敬信之者也。因天事天，祭天于圜丘也。因地事地，祭地于方澤也。因名山升中于天，朝會，諸侯于地中，柴望于嵩嶽，以升告于天。嵩洛者，天地之中，故曰「升中」。吉土，即洛邑。《周禮》卜陰陽之會，風雨之交，建中都，故曰吉土。朝會則饗帝于郊。靈物至，時節序，此因順之至。盛德亹亹，而觀物由禮之極功。聖人所以無爲而天下大治者，禮至之效也。

按：此節極言禮因自然，貫三才，即所謂「致中和，天地位，萬物育」者也。鄭據緯書附會後世封禪之説，以尚德、任賢、誓衆爲重其事，以「名山」爲泰山、梁父，以「升中」爲稱頌太平，以「鳳皇」「風雨」爲符應。其事不見于《詩》《書》，其文義亦牽强，開〔一〕技方、神僊、鬼怪之端，導秦、隋巡行之轍，敝何可言！然《周頌·般》之詩云「於皇時周，陟其高山」，夫既柴望告天，登山事或有之，而緣飾爲封泰山、墠梁父，則無稽矣。《般》本《大武》樂章，所謂「再成而南國是疆」，作于周公營洛之後。武王在日，巡守或一行，日不暇給。周公爲省巡守，營東都。東都建後，《詩》《書》不復載巡守事。即使升中陟高山，唯東都、中嶽，無泰山、梁父也。《詩序》言四嶽，據古禮明《詩》

〔一〕「開」下一字格原爲墨釘，今删。

義耳。周公亦據古禮作《頌》，其實武王未及巡守周行天下也。

天道至教，聖人至德。廟堂之上，罍尊在阼，犧尊在西；廟堂之下，縣鼓在西，應鼓在東。君在阼，夫人在房，大明生於東，月生於西，此陰陽之分，夫婦之位也。君西酌犧象，夫人東酌罍尊，禮交動乎上，樂交應乎下，和之至也。禮也者，反其所自生；樂也者，樂其所自成。是故先王之制禮也以節事，脩樂以道志。故觀其禮樂，而治亂可知也。蘧伯玉曰：「君子之人達。」故觀其器而知其工之巧，觀其發而知其人之知。故曰：君子慎其所以與人者。

天道有至教，陰陽是也。聖人有至德，中和是也。罍尊，刻尊爲雲靁之文。尊在堂上，云「在阼」者，前當阼階也。犧尊，尊形如牛。西，即罍尊之西。縣鼓，大鼓，懸設之。應鼓，小鼓，提擊之以應和也。當祭之時，君位在阼，夫人位在房。阼，東階。房，東房。《祭統》云：「君純冕立于阼，夫人副禕立于東房。」阼在南，房在北，内外之分也。君象日，夫人象月。君獻，則自阼進酌犧尊之酒。犧尊在罍尊西，以西爲上也。夫人亞獻，則自房出，酌罍尊之酒。罍在犧尊東也。犧象，尊形像犧。或曰：以象骨飾之也。東西合而陰陽交，禮動乎堂上也。西鼓東應，樂交應乎堂下也。禮備樂作，上動下應，和之至也。皆本諸天道聖德。禮所自生，樂所自成者，中和道德也。禮主節，故言反；樂主生，故言樂。

反之樂之，則本立，然後制禮以節事，脩樂以道志，則用行矣。節事之禮非玉帛，凡動作威儀皆是。道志之樂非鐘鼓，凡容貌辭氣皆是。故曰：觀禮樂而其事與志可知。君子之人達，即所謂有節于内而觀物者也。慎其所以與人，即慎禮樂也。觀禮樂而知治亂，則禮樂所以與人觀者也，可不慎與？

〇按：此節據東西交應之文，鄭謂天子、諸侯有左右房，夫人在西房。《祭統》云：「君純冕立于阼，夫人副褘立于東房。」是房本在東也。以廟制推之，堂後爲室，室西深入爲奥，是堂之西北也。故西不得復有房，房在室東壁，是堂之東北也。堂、室相連，房户之外爲北堂，即《昏禮》設婦洗之處，南對阼階。凡行禮，主人、主婦出堂入堂，皆在東，故有西室無西房。夾室則有東西，今之廂房耳，與堂不屬。又以義推之，東爲主位，主婦從主君，君在東階，夫人獨在西房，前當客位，于義未稱。日月之生有東西，月從日行皆由東。鼓有東西，而爲衆音之始，故射禮東鼓南面，西鼓亦東面，雖交應而皆本其始，非對待之義。今謂夫人在西房，東酌罍尊，文似而于義理制度無所考。豈堂事則君與夫人分東西，室事則夫人亦在東與？難强質也。

大廟之内敬矣。君親牽牲，大夫贊幣而從；君親制祭，夫人薦盎；君親割牲，夫人薦酒。卿大夫從君，命婦從夫人。洞洞乎其敬也，屬屬乎其忠也，勿勿乎其欲其〔一〕饗之也。納

〔一〕「其」字原脱，據閩本補。

牲詔於庭，血毛詔於室，羹定詔於堂，三詔皆不同位，蓋道求而未之得也。設祭于堂，爲祊崩乎外，故曰：「於彼乎？於此乎？」一獻質，三獻文，五獻察，七獻神。

大廟，祖廟也。始祭，尸入祼鬯後，君出廟門外迎牲，親牽以入，大夫奉幣從以贊禮，將告納牲于神也。制，割也。制祭，謂殺牲薦血之後，延尸出堂，君親割薦腥，用鬱鬯洗肝燔之，曰制祭。于時夫人酌盎齊以獻，盎齊者，《周禮》「五齊」之第三也。君親割牲，謂堂事畢，延尸入室，熟牲體以薦，君親割肉，于時夫人酌酒以獻。先齊後酒者，齊質酒文也。洞洞，表裏如一也。屬屬，始終無閒也。勿勿，茫昧貌。納牲，謂始祭迎牲庭下，以幣告神也。詔，告也。血毛，謂殺牲以血毛告于室。未堂事之先，尸在室也。羹定，肉熟也。詔于堂，堂事將終，告尸入室饋熟也。於庭、於室、於堂不同位，求神所在而未得也。道，言也，釋所以三詔之義。設祭于堂，謂延尸出堂，薦腥薦爓，所謂朝踐之事也。廟門曰祊。祊之言方，神所在之方。《詩》云「祝祭于祊」，使祝索神祭于廟門外也。於彼乎，於此乎，蓋古語，言神無定在也。初獻而質，禮方始也。三獻而文，情始展也。五獻而察，思成如在也。七獻而神，潛通冥漠也。言奇不言偶，舉主人之獻而該主婦也。鄭以命數言一獻爲小祀，則腥血之薦質也，豈小祀與？承上文於彼於此而言，大廟之內，敬之至也。

大饗，其王事與！三牲、魚、腊，四海九州之美味也。籩豆之薦，四時之和氣也。内納金，示和也。束帛加璧，尊德也。龜爲前列，先知也。金次之，見情也。丹漆、絲纊、竹箭，與衆共財也。其餘無常貨，各以其國之所有，則致遠物也。其出也，《肆夏》而送之，蓋重禮也。

大饗，謂祫禘。王事，言非諸侯以下所得行也。三牲，謂大牢牛、羊、豕也。魚，水族。凡禽肉之全乾者曰腊。美味，謂水陸之供。和氣，謂五穀果實之品。内金，侯邦所納之金。示和，金聲和也。諸侯贄見天子，束帛加玉其上。玉比德，故尊也。庭實之旅，龜居前列，貴先知也。金次之，利和義，人情也。丹，朱砂之屬。纊，絮也。箭，小竹可爲矢者。出，謂諸侯助祭旅酬畢而賓出也。肆夏，當作「陔夏」。《周禮》九夏，尸入奏《肆夏》，客醉出，奏《陔夏》。夏，大也。備物極隆，所以爲王事也。

祀帝於郊，敬之至也。宗廟之祭，仁之至也。喪禮，忠之至也。備服器，仁之至也。賓客之用幣，義之至也。故君子欲觀仁義之道，禮其本也。君子曰：「甘受和，白受采，忠信之人可以學禮。苟無忠信之人，則禮不虛道。是以得其人之爲貴也。」孔子曰：「誦《詩》三百，不足以一獻；一獻之禮，不足以大饗；大饗之禮，不足以大旅；大旅具矣，不足以饗帝。毋輕議禮。」子路爲季氏宰。季氏祭，逮闇而祭，日不足，繼之以燭。雖有强力之容，肅敬之心，皆倦怠矣。有司跛倚以臨祭，其爲不敬大矣。他日祭，子路與（平聲），室事交乎户，堂事交乎階，質明而始行事，晏朝昭而退。孔子聞之，曰：「誰謂由也而不知禮乎！」

此節極贊禮之道大而行之存乎其人。郊事上帝，大禮無文，敬之至也。宗廟之祭，奉先思孝，仁之至也。親喪之禮，哀痛迫切，忠之至也。附身附棺，服器必備，事死如生，仁之至也。賓客交際，朝聘燕享，皆用幣帛，利以爲和，義之至也。仁愛義敬，而禮所以履之。愛敬無禮，則仁義不可見，故觀仁義本于禮也。甘能受五味之和，白能受五色之采，如人有誠實之資，能爲學禮之基。苟浮華之習勝，雖三千三百，祇爲虛文，故禮待其人而後行也。《詩》三百皆可絃歌，以爲祭祀燕饗之用。善學者，授之以政則達，使于四方則能專對，何有于獻酬之小節。然徒誦之而已，則三百曾不足以供賓主之一獻，蓋一獻亦須敬也。一獻之敬，可以饋食，不可以大饗。大饗則終日百拜始成。大饗之敬，可序賓主，然不可爲大旅。祭百神曰旅。《周禮·大宗伯》：「國有大故，則旅上帝及四望。」禮至大旅備矣，然非精誠之極，無文之敬，不足以格天饗上帝。禮至事天始極，若何輕議之！季氏非忠信之人，故行禮怠緩不敬，所謂「不足一獻」也。子路恭敬趨事，所謂可大旅也。若至敬饗帝，唯聖者能之。逮，及也。闇，昧爽以前。室事，謂饋食薦熟之事，行于室也。交乎户〔一〕，謂外人將饌至户，户内人受之。堂事，謂薦腥薦爓之事，行于堂也。交乎階，謂外人將饌至階，階上人受之。《儀禮》祭行于室，儐尸于堂；

〔一〕「户」，原訛作「室」，今據經文改正。

獻尸于室，旅酬于堂。質明，天正明。晏朝，朝近晚，不逮于昏，所謂「不麾蚤」也。故孔子曰知禮。

按：鄭氏謂「大旅」爲「祭五帝」。五帝之説出緯書，由五方、五氣以義起名則可，若靈威仰、赤熛怒等名，則誕矣。天運無方，方由地生。先王巡守所至，祭告上帝，與《月令》四時迎氣于郊、隨方類祭，其實一天耳。古祭禮不可詳，朝踐饋食堂室等事，皆據《三禮》文字散見。《三禮》自漢人授，自漢人解，雖有智者，耳目錮于漢，思覿上世未由已。室事堂事近于瀆，明行晏罷殆于煩，《周官》《儀禮》疑竇尤多。逮闇繼燭固非禮，内外交接，急遽畢事，又豈禮乎？惟曰「毋輕議禮」，則知言哉！總之，可言不可行，行之一人一時，不可通之天下萬世者，皆非聖人之經。是則可以反説而得者耳。

禮記通解卷八終〔一〕

〔一〕「禮記通解卷八終」，此行原在書葉闕損處，據《續修》本補。

禮記通解卷九

郊特牲第十一

郝敬 解

《郊特牲》，即首語命篇，中雜舉禮事而明其義。郊禮大，故以名，實不專言郊耳。

郊特牲而社稷大牢，天子適諸侯，諸侯膳用犢，諸侯適天子，天子賜之禮大牢，貴誠之義也。故天子牲孕印弗食也，祭帝弗用也。大路繁纓一就，先路三就，次路五就。郊血，大饗腥，三獻爓，一獻孰，至敬不饗味而貴氣臭也。諸侯爲賓，灌用鬱鬯，灌用臭也。大饗尚腶脩而已矣。

此言大禮貴誠不貴文。祭天于郊，祭社稷于國。特牲，用一犢牛也。社稷用大牢，天用特者，萬物皆天，非盡物可報，以微爲誠也。天子適諸侯，諸侯供膳用犢，如事天也。諸侯適天子，天子賜之大牢，如待社稷也。蓋大牢盡物，特犢貴誠，義不在物耳。凡牲小則純潔，至孕則有牝牡之雜，不以獻至尊，大禮不用也。大路，天子所乘祀天之車，無文飾也。先路，副車，在大輅之前。次路，又在先路之前。繁纓，説見上篇。凡禮，天全爲上，近乎天者次之，近人又次之，純人爲下。血天全，腥近天，爓近人，熟純乎人矣。郊，祀天。大饗，宗廟祫禘也。三獻，祭社稷五祀也。一獻禮最小。郊與大饗，重于三獻一獻者，以至敬不饗味，貴氣臭也。諸侯爲賓，朝于天子，天子饗于廟中，使宗伯攝主，以圭瓚酌鬱鬯之酒獻賓，貴臭之義也。詳見《周禮・大行人》。《禮器》亦云「諸侯相朝，灌用鬱鬯，無籩豆之薦」，即此意。大饗，饗諸侯。用牲而言腶脩者，所重在腶脩，亦「不饗味」之義。腶，捶肉爲段。脩，以薑桂脩和之。

大饗，君三重席而酢焉；三獻之介，君專席而酢焉。此降尊以就卑也。饗、禘有樂，而食、嘗無樂，陰陽之義也。凡飲，養陽氣也；凡食，養陰氣也。故春禘而秋嘗，春饗孤子，秋食耆老，其義一也，而食、嘗無樂。飲，養陽氣也，故有樂；食，養陰氣也，故無聲。凡聲，陽也。鼎俎奇而籩豆偶，陰陽之義也。籩豆之實，水土之品也。不敢用褻味而貴多品，所以交於旦明之義也。賓入大門而奏《肆夏》，示易以敬也。卒爵而樂闋缺，孔子屢歎之。奠酬而工升歌，發德也。歌者在上，匏竹在下，貴人聲也。樂由陽來者也，禮由陰作者也，陰陽和而萬物得。旅幣無方，所以别土地之宜，而節遠邇之期也。龜爲前列，先知也。

以鐘次之，以和居參之也。虎豹之皮，示服猛也。束帛加璧，往德也。

此大饗謂諸侯相饗。諸侯之席三重，故主君亦三重。以受客之酢爵，如諸侯使大夫來聘，大夫禮三獻，席再重。介，猶賓也。不言賓，避敵君也。專席，猶單席。君避三重之禮，單席而坐，以受客之酢。君爲主人，故降其尊以就客之卑也。饗，飲賓也。禘，祭祖也。皆酒爲主，而用樂。食，饋食；嘗，薦新，皆食爲主而無樂。陰陽之義者，飲自天化爲陽，食由地産爲陰。或云：六牲動物天産，九穀植物地産，飲主牲，食主穀也。飲養陽，食養陰，故春酒熟而禘，陽氣生也；秋物成而嘗，陰氣斂也。饗孤子以春，孤幼方長屬陽；食耆老以秋，年齒既衰屬陰。其義一，而嘗與食無樂者，陽氣發舒，陰氣寂寥，凡聲屬陽，故養陰不用聲樂也。鼎以熟牲體，俎以載之。一鼎則一俎。凡設鼎俎，用一三五七九之數，陽之奇也。設籩豆，用二四六八十之數，陰之偶也。籩實，如菱、芡、棗、栗之類；豆實，如芹、蒲、菁、韭之類，水土之品也。褻味，人所常食之味，不敢以祭，盡志也。貴多品，盡物也。旦明，猶神明。《詩》云「昊天曰旦」，「昊天曰明」。鄭註「旦」作「神」。燕賓于寢，享賓于廟。大門，寢廟外門。《肆夏》，樂章，《周禮》九夏之一，即《周頌·時邁》之詩。易，變也。易以敬，變易起敬也。卒爵，盡飲也。酒行樂作，卒爵樂止也。孔子屢歎，歎其禮比樂也。爵不遽飲，侯樂而卒，樂不極作，盡爵而止，雖雝肅肅，能進能反，所以歎美之。終燕非一爵，故屢歎，即後節子云射「何以聽，何以射」之意。奠酬，主受賓酢，又酌勸賓曰酬，賓受而奠之不舉也。是時樂闋，工升堂歌，以發揚賓主之美德也。凡樂歌在堂上，衆音在堂下。匏謂笙，竹謂管。貴人聲者，人聲自然，八音造作也。樂和故曰陽來，禮肅故曰陰作。卒爵而樂闋，奠酬而升歌，禮樂合而陰陽和也。旅幣，諸侯之貢幣。旅，陳也，謂庭實之旅也。無方，謂土地各有常産，道里各有遠近，非一方也。龜、鐘、皮、帛皆常貢。鐘，金器，金聲和，居中以參之也。往德，玉比德。以玉貢，是以德往也。

○按：饗與享通，而義畧異。獻上曰享，以飲食獻神人曰饗。上節大饗腥，宗廟祫禘也，比時祭四親爲大。又大饗尚腶脩，天子饗諸侯也，比饗耆老、孤子、卿大夫羣臣爲大。此大饗三重席，諸侯自相饗也，比饗鄰國來聘之卿大夫爲大。又《曲禮》「大饗不問卜」，祭天地也，比羣小祀爲大。凡祭祀宴飲，大神祇、大賓客皆稱大饗。《王制》云：宗廟之祭，夏曰禘。《明堂位》云季夏六月禘周公。《雜記》云：七月禘。此與《祭義》又云「春禘」。禘于春，近是。然謂禘饗與飲有樂，食、嘗無樂，似無謂。《詩·魯頌》「秋而載嘗」「萬舞洋洋」，《商頌·那》之詩多言樂，亂曰「顧予烝嘗，湯孫之將」，是嘗亦有樂也。《周禮》王日舉，以樂侑食。《論語》四飯皆有樂官，是食亦有樂也。記言不必盡合，而鄭註改「嘗」爲「禴」，孔疏推爲殷禮，皆鑿也。

庭燎料之百，由齊桓公始也。大夫之奏《肆夏》也，由趙文子始也。朝覲，大夫之私覿，非禮也。大夫執圭而使，所以申信也；不敢私覿，所以致敬也。而庭實私覿句，何爲乎諸侯之庭句？爲人臣者無外交，不敢貳君也。大夫而饗君，非禮也。大夫强而君殺之，義也，由三桓始也。天子無客禮，莫敢爲主焉。君適其臣，升自阼階，不敢有其室也。覲禮，天子不下堂而見諸侯。下堂而見諸侯，天子之失禮也，由夷王以下句。諸侯之宫縣玄，而祭以白牡，擊玉磬，朱干設錫習，冕而舞《大武》，乘大路，諸侯之僭禮也。臺門而旅樹，反坫，繡黼丹朱中衣，大夫之僭禮也。故天子微，諸侯僭；大夫强，諸侯脅。於此相貴以等，相覿以貨，相賂以利，而天下之禮亂矣。諸侯不敢祖天子，大夫不敢祖諸侯。而公廟之設於私家，非禮也，由三桓始也。天子存二代之後，猶尊賢也。尊賢不過二代。諸侯不臣寓公，故古者寓公不繼世。君之南鄉，答陽之義也。臣之北面，答君也。大夫之臣不稽首，非尊家臣，以辟君也。大夫有獻弗親，君有賜不面拜，爲君之答己也。

此節記後世壞禮之由。庭燎，庭中設炬，以待早朝。庭，堂下也。《大戴記》：天子百燎，上公五十，侯伯子男三十。今之諸侯皆用百燎，自齊桓公始。《大射禮》公升即席，奏《肆夏》，《燕禮》賓及庭奏《肆夏》，皆諸侯之禮。趙文子，趙武，晉大夫。朝覲，諸侯見天子之名。五霸强，同盟來見，亦稱朝覲。諸侯相朝覲，大夫從行，不宜以私禮覿見主君，惟奉君命出使執圭，則有私覿。執圭，以代君申信也。代君故可私覿，從行無私覿，所以致不二之敬於君也。從行以庭實私覿，是通外交，與君二矣。《論語》孔子私覿，執圭奉使也。大夫饗君，是召君飲于其家，故曰非禮。三桓，魯桓公子，慶父、叔牙、季友也。慶父作亂，魯殺之。天子不爲人客，以至尊，無敢爲之主也。凡君適臣，由主階升，即君爲主，臣不敢私其室也。諸侯見天子曰覲。天子坐堂上，諸侯拜堂下，夷王以後始廢此禮。夷王，康王六代孫。天子之樂四面皆懸曰宮縣，諸侯三面曰軒縣。白牡，凡祭牲用牡、尚白者，殷王禮。諸侯遵時，用騂牡也。以玉爲磬，以朱飾干，鏤以白金曰錫，讀如「錫衰」之「錫」，光澤也。冕，舞者戴冕也。大路，天子之祭車。諸侯亦有磬，有舞干，有路車，而玉磬、朱干、冕、大路，惟天子得用之。臺門，築土爲臺，架屋其上爲門。旅，猶設也。樹，屏也，所以蔽内外。天子外屏，諸侯内屏，大夫以簾，士以帷。坫以奠爵，几案之類，設于兩楹間，當尊之南，兩君相見，獻酬畢，反爵于其上也。繡，猶刺也。白黑曰黼。丹朱，丹染繒爲朱色。中衣，著于禮服内，猶今朝服之中單也。丹朱爲中衣，繡黼爲禮衣。天子弱，故諸侯僭。大夫强，故諸侯被脅。相貴以等，謂以己之尊貴陵人，所謂小役大、弱役强也。諸侯有國不敢祖天子，其廟五，以始封之君爲始祖。大夫有家，不敢祖諸侯，繼別子自爲宗。魯三家立桓公廟，是大夫祖諸侯也。二代之後，如夏、殷之在周，虞、夏之在殷。唐、虞之在夏，皆二代猶尚也。先聖之子孫，雖不盡肖，猶以先世賢尊崇之也。諸侯失國，寄居人國曰寓公。以其嘗爲君，不敢臣之。其子孫則爲臣矣，故曰不斷世。蓋君者南面，臣者北面，南爲陽，北爲陰，天體北高而南臨地，地勢南下而北承天。答，對也。此天地之義，寓公所以不可臣，繼世所以不得不臣也。人臣見君必稽首，大夫以上皆然，獨家臣不然者，非家臣不同爲臣，以大夫不同爲君。國爲君，家則主耳。凡大夫有獻于君，使宰致之。凡拜謝君賜，不必面君。蓋親獻必拜，與面拜賜，君必答拜，故不敢煩君也。諸侯亦臣于人者，故于其臣拜必答，天子當不然矣。

按：此節之言，如覲禮不下堂見諸侯，諸侯不敢祖天子，大夫不敢祖諸侯，此萬世不刊之典，真先王之禮，聖人之經，而《周禮》以覲爲秋見，其春朝夏宗諸侯皆客，天子出迎，豈其然乎！《春秋傳》謂宋祖帝乙，鄭祖厲王，《魯頌》僖公郊天，禘后稷，世儒遂謂諸侯、大夫皆有祖，王廟在都家，宗人掌之，此三桓所以歌《雍》舞《八佾》也。《周禮》《左傳》烏足據乎！古者刑不上大夫，霸者假義，亦曰勿專殺大夫。先王建官惟賢，自無殺大臣之事。今謂大夫强，諸侯殺之，《春秋》所以書也。記未知《春秋》，故引以爲義。《左傳》謂周封夏、殷二王後爲上公，封黄帝、堯、舜後爲三恪。凡古神明後，先王皆欲存之，今謂「尊賢不過二代」，何居？君臣之分，等于天地。君即位，臣拜下，分爾。今云「大夫之臣不稽首」，是《春秋》以來之陪臣：「大夫有獻不親」、大夫拜君必答，是《春秋》以來之大夫。若云大夫避君，不使家臣稽首，諸侯避天子，答臣拜，然則天子之不答拜與羣臣見天子稽首，可知矣。而記不及，以未及見天子盛世威儀耳。朱干設錫習，孔氏謂當如《詩》「鉤膺鏤錫揚」之「錫」。按：錫，揚也。眉上曰揚，飾當馬額，故名。此謂以白金飾干而曰錫，無謂也。諸侯禮衣繡刺，中衣用丹朱，鄭引《詩》云「素衣朱繡」，改「繡」作「綃」，據《魯詩》云「素衣朱綃」，亦無謂也。

鄉人禓夕，孔子朝服立于阼，存室神也。孔子曰：「射之以樂也，何以聽，何以射。」

孔子曰：「士，使之射，不能則辭以疾，縣弧之義也。」孔子曰：「三日齊，一日用之，猶恐不敬；二日伐鼓，何居？」孔子曰：「繹之於庫門内，祊之於東方，朝市之於西方，失之矣。」

裼，當作「裼」，單衣也。即《論語》所謂「鄉人儺」。袒裼叫號，軀逐疫鬼，俗禮也。鄭註「裼」爲「强鬼」。朝服，禮服。阼，主位。「鄉人裼」近戲，而聖人齊明盛服，接之以禮，鎮之以静，内存神而不亂，敬之至，禮之本也。室，猶舍也，謂神守舍也。或曰：安室内先祖之神。射者容比禮，節比樂耳。聽音節射中法度至難，故言何以能之。上節「卒爵而樂闋，孔子屢歎」，意與此同。射本男子之事。士使射不能，則辭以疾。弧，弓也。《内則》云：男子生則設弧于門左。懸弧者，疾不能執弓，則懸之也。不言不能者，義不得辭也。凡祭，必致齊三日。不聽聲樂以養敬，猶恐不足一日之用。今二日伐鼓奏樂，將何以祭？何居，怪之之辭。居，猶在也，或曰：語辭也。《家語》云：季桓子將祭，齊三日，而二日鐘鼓之音不絶。即指此事。繹者，祭之明日，尋繹昨日之禮，以儐尸也。繹當于廟門外，遠至庫門内，非也。庫門，魯大門。凡廟在大門内左。祊，謂始祭祝求神于廟門之外。《禮器》云：「爲祊乎外。」祊於門東非禮，則祊於廟門西爲禮也。西爲陰方，門外之西，賓位也。朝市，早市也。《周禮》市有三期，大市日側，朝市于朝，夕市于夕。日出市于西方，非禮，然則朝市當于東耳。

社祭土而主陰氣也，君南鄉於北墉下，答陰之義也。日用甲，用日之始也。天子大社必受霜露風雨，以達天地之氣也。是故喪國之社屋之，不受天陽也。薄社北牖，使陰明也。社，所以神地之道也。地載萬物，天垂象，取財於地，取法於天，是以尊天而親地也，故教民美報焉。家主中霤而國主社，示本也。唯爲社事，單出里；唯爲社田，國人畢作；唯社，丘乘共粢盛：所以報本反始也。季春出火，爲焚也。然後簡其車賦而歷其卒伍，而君親誓社，以習軍旅，左之右之，坐之起之，以觀其習變也。而流示之禽，而鹽鹽諸利，以觀其不犯命也。求服其志，不貪其得。故以戰則克，以祭則受福。

社，土神。天子以四海爲土，故祭地。下至庶人一廛，莫非土也。故天高而尊，非天子不能答；地卑而親，食土之毛，皆美報焉。非方澤與社有二土也。天子曰大社，諸侯曰國社，又各有勝國之社曰亳社。國社在庫門内西，亳社在庫門内東，祖廟之前。故《春秋傳》曰：「間于兩社。」大夫以下，百家共置一社，曰里社。其主或木或石，有壇無屋，繚以周牆，祭以春秋。言社不言稷，稷統于社也。《周禮·司徒》五土，山林、川澤、丘陵、墳衍、原隰爲五。百穀生原隰，而稷爲長，是五土之一産耳。故言社而稷在中。地道主陰，故曰陰氣。北爲陰方，故社主向北。君南面，負北牆祭之，所以答陰也。墉，牆也。祭用甲日，甲木爲生物之首，社主生物也。有壇壝無屋，以通天地雨露之氣。喪國，猶亡國。《周禮·媒氏》有勝國之社，如周所勝國則殷也，故謂之亳社。「薄」當作「亳」。亡國之社，生物之功已息，故覆以屋，不受天陽也。屋四塞而開窻于北，通陰氣也。天垂象，謂授以氣，使效法也。地承天産物，故人得取財焉。天如父，地如母，天尊地親也。先王立社，教民以美，善報其親也。故季夏土旺祀中霤，屋四圍中央，即今人家天井，中土位也。家之中霤，即國之社。萬物生于土，歸于土，故曰本也。社事，祭社之事。單，盡也。民居爲里。《周禮》二十五家曰里。單出里，謂里中同社之家，盡出供事，每家一人，猶《詩》云「三單」，無家不出也。爲社田，謂祭社而田獵。國人畢作，無人不田也。九夫爲井，四井爲邑，四邑爲丘，四丘爲甸。甸六十四井，賦車一乘，又謂之乘。米曰粢，在器曰盛。丘乘供粢盛，言無處不供也。衣食資于土，故曰本、始。酬答曰報，追念曰反。三言唯社，以明非社不爾也。財非土不生，人非財不養，人皆食土之毛，皆有反報之禮。《月令》仲春擇元日社，《周禮》大司馬仲春以火田。田止弊火，蟄蟲將啓，故止焚。社主殺，故先田獵講武，田則焚萊。《牧師》云「凡田事贊焚萊」，謂焚草萊以田也。今云「季春出火」者，三月建辰，火星昏見南方，故《司爟》云「季春出火，民咸從之」，時則正可焚耳。簡者，别其利鈍。歷者，試以險易。百人爲卒，五人爲伍。誓社，謂以軍法告衆于社。左右以旗幟，進止以金鼓，或左或右，或坐或起，皆陣法之變。今以田爲陣，以獸爲虜，以獲爲功，使之學習也。流示之禽，謂逐禽流散示誘之。鹽作「豔」，蠱通，不堅固也。小人見利易動，既誓以命，又蠱以利，使堅忍其志，不敢貪得犯命，以此習變。戰必克，以此獲禽奉祭，格神受福矣。

按：宇宙間百物皆神。神者，百物之生氣，造化之靈機。祭者，盡人之道以美報焉。故其神皆以古人之賢者爲主，如土爲句龍、穀爲后稷之類，非句龍本爲土，后稷本爲穀也，如鄭玄、王肅輩説愈鑿而愈舛矣。人生父天母地，仰觀天同耳，地則隨人各有。天子率土，諸侯國、大夫家、士庶人一廛皆土，故社親猶母。百昌生于土，反于土，養于坤，藏于坤，致役于坤，所以唯社事單里，唯社田畢作，唯社祭皆供，故社者民所生，衆所聚，心力所同也。是故人主重社稷，社存君存，社亡君亡，動衆必于社，講武必于社，誓告必于社，軍行社行，犯命戮于社，與衆共也。人心所係莫如社，故土地人民爲國之寶，此也。《月令》社以仲春，此云季春；日用甲，《周書·召誥》用戊，不必盡合，賢者識其大者耳。

天子適四方，先柴。郊之祭也，迎長日之至也，大報天而主日也。兆於南郊，就陽位也。掃地而祭，於其質也。器用陶、匏，以象天地之性也。於郊，故謂之郊。牲用騂，尚赤也。用犢，貴誠也。郊之用辛也，周之始郊日以至。卜郊，受命于祖廟，作龜于禰宫，尊祖親考之義也。卜之日，王立于澤，親聽誓命，受教諫之義也。獻命庫門之内，戒百官也。大廟之命，戒百姓也。祭之日，王皮弁以聽祭報，示民嚴上也。喪者不哭，不敢凶服，氾埽反道，鄉爲田燭，弗命而民聽上。祭之日，王被衮以象天。戴冕璪藻十有二旒，則天數也。乘素車，貴其〔一〕質也。旂十有二旒，龍章而設日月，以象天也。天垂象，聖人則之，郊所以明天道也。帝牛不吉，以爲稷牛。帝牛必在滌三月，稷牛唯具，所以别事天神與人鬼也。萬物本乎天，人本乎祖，此所以配上帝也。郊之祭也，大報本反始也。

此節記郊祀之禮。天子適四方，謂巡守至方嶽下，未朝會，而先燔柴升煙，以告至于天。此在外告天之禮也。每歲祭天，必于國外之郊，即圜丘、泰壇也。以建子之月，冬至一陽初生，日漸舒長，故曰「長日之至」。《月令》以冬至爲短至，短之極即長之始也。陽氣始動，萬物承天，迎其方來，行此大禮，以報大生之德。所以必迎日者，天爲元陽，日爲諸陽之宗，天無形可主，以日爲主也。每歲祀天非一，如祈年、大雩、明堂之類皆是。惟冬至爲重，故曰「大報」。兆，域也，擇地爲界域，即壇、丘也。南，陽位。必于郊者，天道曠遠，非可祀于蔀屋之下也。埽地而祭，無重筵几席之設，故曰「質」。陶、匏無文飾，象自然也。赤黄曰騂。周人尚赤。用犢，見前篇。日用辛，以周人始郊，冬至得辛，後世因之。迎冬至以後一月内所值辛日，用齊戒自新之義也。卜郊，古人祭必卜日。冬至一月三辛，惟其所卜也。受命于祖廟，以卜郊請于祖也。作龜于禰宫，于親廟灼龜也。祖尊，故受命；禰親，故作事。澤，澤宫。將祭，射于澤宫，以擇士也。澤宫，即璧雝、泮宫之别名。《禮器》云：

〔一〕「其」，原訛作「上」，據閩本正。

魯人將有事于上帝，先有事于頖宮。古習射于學，故曰：「序者，射也。」有司即澤宮戒誓，百執事亦聽之，受教諫之義也。自澤宮還至庫門内，有司獻戒誓之命，申戒百官也。太廟在庫門内左。百姓謂勳舊世家賜族姓者，尊而戚，故戒于太廟。百官卑而踈，故戒于大門之内。皮弁，朝服也。王致齋，必于路寢。祭之日，王夙興，朝服以聽報而後往，謂報時早晚，與事備具。《周禮·小宗伯》「祭日，逆粢省鑊，告時于王，告備于王」，是也。天子朝服祇候，所以嚴事上帝也。天子嚴，臣民莫敢不嚴，故曰「示」也。「喪不哭」以下，皆謂近郊之民。氾埽，猶灑埽。反道，謂平治道路。鄉，郊内六鄉。民皆于田間設燭，照王早適郊也。諸事不令而民自聽，示民嚴而民皆知嚴也。衮，畫龍于衣，其狀衮然。龍乾物，象天也。璪，繅也，與藻同，以五色絲繩貫玉十二，垂冕前後爲旒也。天有十二次，故則天。交龍曰旂，旂旒十二，以帛爲之。龍章日月，亦畫于旂上也。王者郊祀，配以始祖，故周郊祀，以后稷配上帝，各用一牛。先三月取二牛，滌牢養之。如帝牛有他故不可用，則取稷牛卜以供帝，而以不用之牛供稷，取具而已。人死爲鬼，天降爲神，神尊鬼卑，故事天與稷别也。萬物本乎天，人本乎祖，又明稷所以配天之義。

按：《詩》《書》言天多言上帝，未聞天别有主也。天謂之帝，已屬强名。又以日主天，則似日尊，而帝反卑矣。日者，天七政之一，謂日至郊，其理卓然；謂郊主日而用日至，則附會耳。鄭謂三代郊用寅月，此迎長至，爲卯月春分之日；又謂郊與圜丘殊，圜丘冬至祭昊天上帝，郊則孟春祈穀，龍見而雩，《月令》四時迎氣祀五帝，乃昊天上帝之佐，魯郊用子月辛日，記爲魯禮，此鄭玄諸家之説多端，而記爲近。《春秋》書魯郊九，無常期，何知辛本子月？一歲内祭天不一，而冬至爲大，圜丘、泰壇總一兆，謂有昊天上帝，又有五帝，則即主矣，又云主日，不矛盾邪？《周禮·大宗伯》以玉作六器，蒼璧禮天，牲幣各仿其器色，則郊牲宜蒼，此用騂，亦矛盾也。禮，大饗有常期不卜，魯郊卜，而日定于辛，卜吉則舉。成公十七年九月辛丑用郊，定公十五年五月辛亥郊，哀公元年四月辛亥郊，皆志僭也。穀梁不知《春秋》，謂正月至三月辛日皆可卜郊，記遂以用辛爲周之始郊。卜日爲尊親，然則卜不吉即不郊，豈得謂大饗乎！故記言非古也。郊祀衣衮，《周禮》云祀昊天上帝，服大裘冕，五帝亦如之。《記》「乘素車」，《周禮》謂玉路鍚，樊纓十有二就以祀。夫乘素車猶可，被大裘則迂矣。天子被無表之裘，戴無旒之冕，乘柴車以出，不近于罪人乎！裘惟冬可用祀五帝，則夏亦有郊，亦可以裘乎！鄭又謂冕衣裳九章，始山龍，而日月星在旂常。今記言衮亦有日月星辰象天，而鄭遂推記爲魯禮。然記本謂王耳，魯豈王乎？《詩》云「秋而載嘗，夏而楅衡」，是宗廟之牲亦在滌三月，不獨郊牛，而今云「帝牛在滌，稷牛惟具」。又《孝經》云「宗祀文王于明堂，以配上帝」，故《我將》之頌爲明堂樂歌，是配帝不獨以祖也，今云「人本乎祖，以配上帝」。禮非一端，難求盡同。先儒云：萬物本乎天而人本乎祖，冬至祭天以祖配之，冬至氣之始也；萬物成形于帝而人成形于父，季秋享帝以父配之，季秋成物之時也。此義得之。

天子大蜡（嗜）八。伊耆（其）氏始爲蜡。蜡也者，索也，歲十二月，合聚萬物而索饗之也。

蜡之祭也，主先嗇而祭司嗇也，祭百種以報嗇也。饗農及郵表畷拙、禽獸，仁之至，義之盡也。古之君子，使之必報之。迎貓，爲其食田鼠也，迎虎，爲其食田豕也，迎而祭之也。祭坊房與水庸，事也。曰：「土反其宅，水歸其壑，昆蟲毋作，草木歸其澤。」皮弁素服而祭。素服，以送終也。葛帶、榛杖，喪殺去聲也。蜡之祭，仁之至，義之盡也。黄衣黄冠而祭，息田夫也。野夫黄冠。黄冠，草服也。大羅氏，天子之掌鳥獸者也，諸侯貢屬焉。草笠而至，尊野服也。羅氏致鹿與女，而詔客告也。以戒諸侯曰：「好田好女者亡其國。天子樹瓜華，不斂藏之種也。」八蜡以記四方。四方年不順成，八蜡不通，以謹民財也。順成之方，其蜡乃通，以移民也。既蜡而收，民息已。故既蜡，君子不興功。

此節記蜡祭之禮。天子大蜡，對諸侯、大夫而言，凡王事曰大。伊耆氏，古者天子之號，或曰即堯也，或曰神農氏。索，斂藏意。藏則索，萬物相見則不必索。冬藏合聚，故搜索而祭也。人與萬物同生，人資物養，凡有功者，皆索其神祭之，而稼穡爲先，故主穡。一曰先嗇，嗇、穡同，神農也，爲八神之主。二曰司嗇，古后稷之官。祭，配祭也。三曰百種，百穀種子之神。四曰農，古田畯，巡行阡陌，躬勸農者也。五曰郵表畷，野亭爲郵，植木爲表，田畔爲畷，于疆界連綴處建亭立表，田畯所息以省農者也。六曰禽獸，即下文貓、虎除苗害者也。有德不忘，仁也。念及禽獸，仁之至也。有功必報，義也。報及禽獸，義之盡也。迎，迎尸也。七曰坊，隄防，澇則障水，旱則蓄水者也。八曰水庸，溝洫也。澇能洩，灌能通，皆有功于穡事者也。「土反其宅」四語，祝辭。昆蟲至冬伏，故曰「毋作」。草木至冬落，故曰歸澤。昆蟲毋作，則螟螣不爲災；草木歸澤，則荆棘不害田，又祈禱之辭。皮弁素服，天子、諸侯蜡祭之服。歲終歸藏，故曰「送終」。以葛爲帶，以榛爲杖，帶不用麻，杖不用竹，非喪若喪，故曰「喪殺」。蓋物來資其養，歸則送其終，所以爲仁至義盡也。黄衣冠，民間蜡祭之服。黄，土色。百昌生于土，反于土。冬土反宅，萬物復命，故蜡以息田夫也。野夫戴草笠，其色黄，以象土，釋所以黄冠蜡祭之義。《周官·羅氏》掌羅鳥，蜡則作羅襦，謂作網取禽，即昆蟲蟄然後火田之意。諸侯于蜡時貢鳥獸，其使者戴草笠而至，尊尚野服也。羅氏于使者歸，致鹿與女詔客，使歸告其君。致鹿以戒好田，致女以戒好色，辭曰：「好田獵女色，必亡其國。」蓋因歲終休息，致荒樂之戒，即《詩》「無已大康」之意。瓜華，猶言瓜果。種瓜果，聊供一時之用，非可久藏之種。因歲終蓄藏，戒諸侯勿封殖聚斂也。皆羅人之辭。君無荒樂，則不勞民力；無聚斂，則不傷民財，皆念農事艱難，不忘小民之依，此先王制蜡之本義。自此以上，皆言天子之大蜡。八蜡以記四方，又言侯國之蜡。四方，謂四方之國。記，謂記其豐歉也。不順，謂風雨不時。不成，謂五穀不熟。通，猶同也。不通，不與順成之方同祭，所以謹民之財，不以逸樂妨衣食，與民同憂也。順成之方，其蜡乃通。移、弛同，休息也。百日之蜡，一日之澤，與民同樂也。蜡以紀天時，同民情，非專爲荒樂耳。既蜡而收聚，民乃休息，不興作以役民，念終歲勤動，遺一日之安也。古人制蜡之義如此，後世正朔建子建丑又建亥，而蜡不以時，與古人息農之義背矣。

按：蜡與腊通。腊，昔也。物昔死今乾曰腊，故夫子曰「百日之蜡」，言久勞憔瘁也。百物冬槁，故歲終之祭曰蜡。秦以後曰臘。臘亦乾久之名。八神，本文分曉，鄭去百種，增昆蟲，若是，則田鼠田豕，亦昆蟲也，豈與貓虎共祭？害苗者莫如蟲。《詩》云「田祖有神，秉畀炎火」，豈可配先嗇，與百種同報乎？祭皆有尸，皆象以人。如《詩》儐靈星之尸，象蠶，以絲衣戴弁者爲之，是也。蘇軾謂迎貓爲貓尸，迎虎爲虎尸，非也。不然，坊、庸以何爲尸乎？《周禮·司服》云王祭羣小祀，用玄冕服，今云「皮弁素服」，是王祭亦有時用弁，《雜記》謂惟大夫弁而祭于己，不盡然矣。皮弁素衣，天子、諸侯大蜡之服；黄衣黄冠，民間蜡之服。鄭謂皮弁祭大神，黄冠祭先祖五祀，亦未然也。虞、夏以前皆以寅爲正，故蜡宜丑月，是謂送終，息老休農。商正建丑，則子月蜡；周正建子，則亥月蜡；秦正建亥，則戌月當蜡，而九月農未畢，十月土工方始。《春秋傳》云「水昏正而栽，日至而畢」，土功雖欲息民，得乎？或謂蜡皆用丑月，非也。商、周郊廟禘嘗，山川、社稷、百神之祀，皆用四時之正，惟蜡不然，此乃三正所以異也。秦正月建亥，臘先祖五祀者，以戌月爲歲終太早，故用正月耳。皆非古也。

恒豆之菹，水草之和氣也；其醢，陸産之物也。加豆，陸産也；其醢，水物也。籩豆之薦，水土之品也。不敢用常褻味而貴多品，所以交於神明之義也，非食味之道也。先王之薦，

可食也，而不可耆也。卷衮冕、路車，可陳也，而不可好也。武壯而不可樂也。宗廟之威，而不可安也。宗廟之器，可用也，而不可便其利也。所以交於神明者，不可同於所安樂之義也。酒醴之美，玄酒、明水之尚，貴五味之本也。黼黻文繡之美，疏布之尚，反女功之始也。莞簟之安，而蒲越、稾鞂甲之尚，明之也。大羹不和，貴其質也。大圭不琢，美其質也。丹漆雕幾之美，素車之乘，尊其樸也。貴其質而已矣。所以交於神明者，不可同於所安褻之甚也。如是而后宜。鼎俎奇而籩豆偶，陰陽之義也。黄目，鬱氣之上尊也。黄者中也，目者氣之清明者也，言酌於中而清明於外也。祭天，埽地而祭焉，於其質而已矣。醯醢之美，而煎鹽之尚，貴天産也。割刀之用，而鸞刀之貴，貴其義也，聲和而後斷也。

恒豆，常設之豆，祭初陳設之正豆也。祭末酳尸，所薦爲加豆。祭饗之豆皆有恒有加。豆以盛菹醢。凡菜淹漬之曰菹，素味也。剉肉爲醯醬曰醢，肉味也。菹與醢二者兼設，詳見《周禮·天官·醢人之職》。恒豆水草，蒲芹之屬。恒豆陸産，鹿豕之屬。加豆陸産，葵筍之屬。加豆水物，蠃魚之屬。蓋菜味水少陸多，肉味陸少水多，正貴常，加貴異也。武壯，謂舞者所執干戚之類。玄酒，水也。明水，明潔之水。水淡爲五味之本。女功先粗後精，故疏布爲女功之始。蒲越、稾鞂明之者，人尚安，神明不以安也。雕幾，雕刻細文也。黄目，黄彝也，酒尊之屬，刻爲獸形，而以黄金飾其目，以盛鬱鬯之酒，有芬芳之氣，故爲鬱氣之上尊也。「黄者中也」三句，申明黄目之義。言鬯酒注于中，而清明之氣達于外，猶祭者精誠中積，而禮文外著，欲人顧名思義謹禮也。煎鹽，鹽以煎鍊成也。《周禮·鹽人》掌祭祀共苦鹽、散鹽。鹽用煎而質味天成，故曰天産。鸞刀有鈴，割之成聲，和而能斷，所謂利能和，金能悦，莊生謂「徐則甘而不固，疾則苦而不入」者也。

按：水草之交曰菹。《孟子》云「驅蛇龍而放之菹」，與沮同。《詩》云：「彼汾沮洳。」浸漬曰沮洳，故豆菹取水草之和爲正。《周禮》菹用蒲芹，水草也。草生水濵，水土氣和，故恒菹用之。然《詩》云「疆埸有瓠，是剥是菹」，瓜瓠葱韭葵藿莧，陸之屬，生于陸者皆可菹，而海錯江鮮，水物爲多，皆非常膳，故爲加。《周禮》豆醢恒與加雜用水陸，與《記》不合。説者執《周禮》解《記》，甚牽强，而《記》言爲長。

冠義：始冠去聲之，緇布之冠也。大古冠布，齊齋則緇之。其緌也，孔子曰：「吾未之聞也。」冠而敝之可也。適子冠於阼，以著代也。醮於客位，加有成也。三加彌尊，喻其志也。冠而字之，敬其名也。委貌，周道也。章甫，殷道也。毋牟追堆，夏后氏之道也。周弁，殷冔，夏收。三王共皮弁素積。無大夫冠禮，而有其昏禮。古者五十而后爵，何大夫冠禮之有！諸侯之有冠禮，夏之末造也。天子之元子，士也。天下無生而貴者也。

繼世以立諸侯，象賢也。以官爵人，德之殺也。死而謚，今也。古者生無爵，死無謚。禮之所尊，尊其義也。失其義，陳其數，祝史之事也。故其數可陳也，其義難知也。知其義而敬守之，天子之所以治天下也。

此節記冠禮之義。冠義者，題其目也。冠禮三加，初加緇布冠，是上古齊居之冠，以緇色布爲之，而無緌。緌，冠纓之餘而垂者。上古白布冠，質任自然，齋則緇之，鬼神尚幽也。無飾，故皆無緌。緌自後世始，故孔子謂未聞。布冠惟始一用之，不再製，故曰「冠而敝之可也」。適子承父，冠于阼階，明將代父爲主也。酒飲冠者曰醮。客位，在户牖間南面。加有成，謂冠則成人，故加禮也。三加，謂始加緇布冠，次皮弁，次爵弁。彌尊，謂冠服之等，祝醮之辭，以漸隆也。所望益尊，其志益大。喻，曉也。此冠適子之禮。庶子冠于房外，遂醮焉。冠而字，謂既冠而賓字之。重成人，不斥其名，適庶同也。委貌、章甫、毋追三者皆緇布冠，而三代異名，始加之冠也。委，安也。委貌，安正容貌也。章甫，表明丈夫也。追作「堆」。毋追，短小貌。弁、冔、收三者皆爵弁，以玄縉爲之。三代異制，三加之冠也。弁，槩然高大貌。殷曰冔，冔之言幠，覆也。夏曰收，收髮也。皮弁，弁以皮爲之，再加之冠也。古者衣禽獸之皮，後世以爲冠，不忘古也。其裳用素積，貴質也。積，折也。《儀禮》但有士冠，大夫以上無冠禮。凡冠年十五以上，古人五十始爲大夫，未有五十始冠者，所以無大夫冠禮也。冠不再而昏有再者，大夫昏禮則有之。大夫無冠禮，諸侯可知。諸侯有冠禮，自夏末始。傳賢風遠，家國天下以世繼，故諸侯有未冠繼立者，非古也。《玉藻》謂「玄冠朱組纓，天子之冠。緇布冠繢緌，諸侯之冠」，是也。若夏以前，豈惟諸侯無冠禮，雖天子亦無之。天子之長子未繼世亦士也。人未有始生即貴爲天子、諸侯者，須有德然後爵之。天子之元子，非生即宜王也，亦爲士脩德，德成後繼，所以幼而冠亦士耳。諸侯年長有德，象先世之賢，乃命以國，方其爲世子冠，亦士也。故先王以官爵人，因德大小爲降殺，生以德命爵，死以德命謚。生無爵而死有謚，皆私意也，今之失也，非古禮也。古非成人有德不得爵爲大夫，安得有大夫冠禮乎？可知禮皆有義，後人所以尊先王之禮惟義耳。尊，猶貴也。襲其迹，失其義，而陳其數，祝史之事。執其數不過祝史，通其義可治天下，故君子義爲質，禮以行之也。

按：冠，元服也。象天而色玄，用繒帛，謂之爵弁，玄鳥之色也。三王用皮弁，示不忘古耳。雖用皮而色亦玄，鄭謂用白鹿皮，鹿焉有白者？去毛則凡皮皆白，何獨鹿？白冠近凶，豈可爲元服？服不言衣而獨舉積，積素，衣不素可知。古人行禮吉服衣無不玄緇者，若以白冠白衣裳臨朝視朔，不近于凶喪乎？即殷人尚素，亦未有君臣無故舉朝縞素者矣。禮始于士，自大夫以上，其義可知，非天子、諸侯禮遂亡也。諸侯別有冠禮，大夫別有昏禮，亦不過升其等，增其數，豈能違三加、六禮別創乎？《玉藻》云：「始冠緇布冠，自諸侯下達。玄冠朱組纓，天子之冠。緇布冠繢緌，諸侯之冠。」《大戴·公符篇》云：諸侯冠禮，四加玄冕。《左傳》云：公冠用祼享之禮行之，金石之樂節之。所損益可知也。禮所尊，尊其義，此言爲四十九篇之要。于《郊特牲》載之者，見禮本于天，而繫以義者，明禮所由起也。故曰：「君子義以爲質，禮以行之。」一如鄭玄諸人，穿鑿委瑣，秖同祝史，而説者以陳數爲致知格物之學，非聖人約禮之意。聖人貴禮，百世相因。因者義之經，損益者數之陳。回也如愚，所以復禮；魯參不貴籩豆，故唯一貫：「尊其義」之謂也。

天地合而后〔一〕萬物興焉。夫昏禮，萬世之始也。取於異姓，所以附遠厚别也。幣必誠，辭無不腆，告之以直信。信，事人也。信，婦德也。壹與之齊，終身不改，故夫死不嫁。男子親迎，男先於女，剛柔之義也。天先乎地，君先乎臣，其義一也。執摯以相見，敬章别也。男女有别，然後父子親；父子親，然後義生。義生然後禮作，禮作然後萬物安。無别無義，禽獸之道也。壻親御授綏，親之也。親之也者，親之也。敬而親之，先王之所以得天下也。出乎大門而先，男帥女，女從男，夫婦之義由此始也。婦人，從人者也：幼從父兄，嫁從夫，夫死從子。夫也者，夫也。夫也者，以知帥人者也。玄冕齊戒，鬼神陰陽也。將以爲社稷主，爲先祖後，而可以不致敬乎？共牢而食，同尊卑也。故婦人無爵，從夫之爵，坐以夫之齒。器用陶匏，尚禮然也。三王作牢，用陶匏。厥明，婦盥

〔一〕「后」原闕，據閩本補。

饋。舅姑卒食，婦餕餘，私之也。舅姑降自西階，婦降自阼階，授之室也。昏禮不用樂，幽陰之義也。樂，陽氣也。昏禮不賀，人之序也。

此節記昏禮之義。有夫婦然後有父子，繼世相傳，故曰「萬世之始」。附遠，附于疏遠者，聯姻于異姓也。幣，謂納幣。其辭不稱不腆，凡稱不腆者，主人之謙辭。昏禮納幣，以直相告，示信也。信者，事人之道，婦人之德也。齊，猶匹也。不改節，不再嫁，所以爲信也。男親迎而後女行，陽倡陰隨，剛下而柔上，《易》所謂《咸》也。執摯相見，謂壻往必奠鴈，敬不敢褻，所以明別也。男女有別，無淫辟之私，則無吕易嬴、牛易馬之事，而一本之誼篤，故曰父子親。父子親，則慈孝立而百行始，義生禮作而萬物安。壻既奠鴈出，婦從升車，壻親爲御，授婦以綏，不使僕人代，示躬親也，所以親愛之也。既章別以敬之，又御輪以親之，先王所以得天下之道，始于閨門之内，能敬以親而已。出門而先，壻車在前也。女從男，婦車在後也。夫也者，丈夫也。丈夫以知帥人者也。親迎而玄冕而齊戒者，以事鬼神陰陽之道行之也。鬼者陰之靈，神者陽之靈，故曰鬼神陰陽也。爲社稷主，内主也。爲先祖後，育嗣也。社稷、先祖，皆鬼神也。牢，牲俎也。共牢而食，謂婦始至入室，壻與同席三飯也。夫尊則婦亦尊，夫卑則婦亦卑，所爲同牢之義也。婦無爵，以夫爵爲爵，其坐以夫名分爲序，所以爲同尊卑也。尊用陶，爵用匏，二者無文，自然之質，上古之禮也。尚、上同。三王作爲同牢之禮，器用陶匏，示不忘古，重人道之始也。盥饋，新婦盥潔，饋食舅姑也。食餘曰餕。婦餕舅姑之餘，舅姑以將代己，私親之也。饗新婦一獻畢，舅姑先降自西階，婦降自阼階，示將授之室，使爲内主也。樂音宣暢，陽之義也。昏陰禮，故不用樂。子云：「取婦之家，三日不舉樂，思嗣親也。」人之序，人道相承之次序，所謂「嗣親」也。孝子思嗣親，故不賀。賀，相慶也。

有虞氏之祭也，尚用氣。血、腥、爓祭，用氣也。殷人尚聲，臭味未成，滌蕩其聲。樂三闋，然後出迎牲。聲音之號，所以詔告於天地之間也。周人尚臭，灌用鬯臭，鬱合鬯，臭陰達於淵泉。灌以圭璋，用玉氣也。既灌然後迎牲，致陰氣也。蕭合黍稷，臭陽達於牆屋，故既奠然後焫軟，入聲蕭合羶薌。凡祭慎諸此。魂氣歸于天，形魄歸于地，故祭，求諸陰陽之義也。殷人先求諸陽，周人先求諸陰。詔祝於室，坐尸於堂，用牲於庭，升首於室。直祭祝于主，索祭祝于祊。不知神之所在，於彼乎？於此乎？或諸遠人乎？祭于祊，尚曰求諸遠者與？

此與下節皆雜舉祭祀之義。有虞氏之祭，在誠不在物。尚用氣，以氣爲尚也。陰陽二氣，無聲無臭，最爲微渺。初以血詔神于室，次薦腥肉，次薦爓肉，皆于堂。三者皆不熟，所謂用其氣也。凡聲屬陽，凡臭屬陰。聲通兩間，臭達上下。商人尚聲，先求諸陽也。鬯未灌，牲未殺，臭味未成也。滌蕩其聲，大作樂也。三闋，樂三終也。鬼神在天地之間，以聲音詔告之，求神于陰陽之義也。周人尚臭，先求諸陰也。鬯，酒之香者。臭，香氣灌瀉于地也。鬱，香草。擣鬱合鬯酒，使臭氣陰通于地下。其灌也，用圭璋爲瓚柄。瓚有勺可盛酒。圭璋，美玉也。致陰氣，灌地求神于陰也。蕭，蒿也。合黍稷，謂以黍稷合膏脂，焚以蕭也。火與氣爲陽，使臭氣達牆屋，求神于陽也。既奠，謂堂事畢，尸將入室，薦熟饋食，祝先酌酒，奠于室，而後焫蕭，合膟膋之羶與黍稷之薌。薌、香同，即《禮器》所謂「制祭」也。求諸陽，索諸魂也。求諸陰，索諸魄也。魄至而後魂歸，魂至而後魄靈，故祭求諸陰陽也。慎諸此，通指三代所尚氣聲臭之禮而言。殷人先求諸陽，先聲後臭也。周人先求諸陰，先灌後焫也。「詔祝於室」以下數事，《儀禮》無之，先儒以爲天子諸侯之禮也。於室，謂未朝踐之先。尸在室，迎牲告殺，祝皆詔於室也。坐尸於堂，謂延尸出堂，朝踐薦腥爓也。用牲於庭，謂殺牲庭下也。《詩》云「執其鸞刀，以啓其毛」，即此時也。升首於室，謂取牲首薦于室中。直，當也。以牲首當神前，祝者以辭告于神主也。索祭，求神也。神無形，故求索之。祊，廟門也。祭日索神于門，明日繹，又送神于門。於彼於此，通室、堂、庭、主、祊而言，神之無定在也。遠諸人，疑其不在廟中也。祭于祊，庶幾曰求諸遠之意也。尚，庶幾也。

按：古祭儀不可覩，而諸篇本末俱見，《儀禮》三篇節文尤詳，《周禮》多名法，漢唐以來註疏參伍解釋，大畧已具，不必盡合，而變通存乎時與人。如朝踐之名見于《周禮》而《儀禮》無之，祊祭、堂事之類見于《詩》與《記》而《儀禮》無之。大抵非一代一王之制，而其文非傳自一時一人之手，世遠篇雜，欲一一校勘無遺，難矣。苟隨時損益，皆可以行禮，故曰「百世可知」。學者多聞以聚之，其所不知，闕如耳。

祊之爲言倞諒也，肵祈之爲言敬也。富也者，福也。首也者，直也。相去聲，饗之也。嘏，長也，大也。尸，陳也。毛、血，告幽全之物也。告幽全之物者，貴純之道也。血祭，盛氣也。祭肺、肝、心，貴氣主也。祭黍稷加肺，祭齊去聲加明水，報陰也。取膟律膋僚燔燎升首，報陽也。明水涚稅齊去聲，貴新也。凡涚，新之也。其謂之明水也，由主人之潔著此水也。君再拜稽首，肉袒親割，敬之至也。敬之至也，服也。拜，服也。稽首，服之甚也。肉袒，服之盡也。祭稱孝孫、孝子，以其義稱也。稱曾孫某，謂國家也。祭祀之相去聲，主人自致其敬，盡其嘉，而無與讓也。腥、肆、爓、腍稔祭，豈知神之所饗也？主人自盡其敬而已矣。舉斝角，詔妥尸。古者，尸無事則立，有事而后坐也。尸，神象也。祝，將命也。縮酌用茅，明酌也。醆酒涚于清，汁獻涚于醆酒，猶明、清與醆酒于舊澤之酒也。祭有祈焉，有報焉，有由辟焉。齊之玄也，以陰幽思也。故君子三日齊，必見其所祭者。

倞，掠也，求索之意。祭有肵俎，尸食餘，反于上。主人敬尸，正俎外專設此也。嘏辭有富，即《少牢》「宜稼于田」之類。《詩》云「何神不富」，富之言福。福，備也。首，升牲首于室也。牲首在前，與神坐相直，以表其專直也。相，謂祝與佐食輩贊相尸，欲其神饗也。嘏，福辭，使主人長久盛大，即「萬壽」「百禄」之意。祭有神主，又爲尸，象死者陳列之也。殺牲以毛、血告神，血在内告幽，毛在外告全，所以告幽全者，貴表裏之純也。無血則非殺，毛裸則不純。血由氣化，氣盛則生，氣衰則死。祭以血，明氣之盛爲生物也。《月令》夏祭肺，秋祭肝，夏季祭心，三物皆生氣之主，居前爲陽，屬氣也。或曰：周祭肺，殷祭肝，夏祭心，三代之禮也。黍稷地産，屬陰。尸祭豆間，必取黍稷加于肺上，尊陳五齊，各加明水。水陰物，酒求神于陰，皆以報陰也。膟膋，腸間脂也。將行室事，先取膟膋，合蕭與黍稷燔之，升牲首于室。火與氣、牲首，皆陽，以通神于陽而報之也。明水，清潔之水。涗，以水和之。齊，五齊，見《周禮》，皆酒之厚而濁者，和以水則新矣。潔著，主人潔浄著明也。凡宗廟之祭，主君必再拜稽首，肉袒割牲，敬之至也。敬之至者，服順祖考也。拜必俯伏，所爲服也。稽首至地，服之甚也。肉袒去飾，服之竭盡無餘也。子孫自稱孝，以子孫義所當盡爲稱也。稱曾孫某，適宗主祭，有國家者之謂也。凡稱辭，皆相禮者稱之。稱孝稱曾不謙讓者，主人自致子孫之敬，盡禮儀之善，相與其致盡，不與其讓也。生肉曰腥。陳牲曰肆。爓，以湯瀹之，未熟也。腍，熟之爲殽也。斝、角，皆爵名。舉，祝舉也。詔，告也。妥尸，尸入室即席，祝告主人，拜以安之，尸遂坐而卒祭。此周禮也。古禮則尸立卒祭，有飲食之事而後坐也。祝將命，傳神與主人之命。縮，泲也。齊濁，故泲去其滓。用茅，以茅草苴而泲之。滓去則清，故曰明酌。醆，爵也，夏曰醆。尊中之醴瀉于醆，故曰醆酒。醆酒，即明酌。清，謂水也。以水涗和之，貴其新也。汁獻，謂擣鬱汁，和醆酒，以祼獻也。《周禮·春官·司尊彝職》云「鬱齊獻酌」，即汁獻也。舊澤，陳酒醲厚如膏澤也。以汁和醆酒，猶今人以明水和于醆，飲舊酒也。鬱鬯不和，則汁濁不可以灌。舊酒不和，則味濃不可以飲。祈，謂求福；報，謂酬功；由，用也，辟，除也，用祭除災，所謂禳也。三者皆祭之例。齊之玄，凡齋，衣尚玄也。三日齋，見所祭者，取玄通之義。

按：《周禮》酒有五齊、三酒。齊者，汁和滓之名。五齊，二曰醴齊，要之皆醴也，五以先後異名耳。酒，久也。去滓存汁，即今之酒，三以新舊異名耳。禮貴新賤舊，貴澹賤濃，故醴重于酒，而醴、酒又各以新淡爲重，故水稱玄酒，象太初也。然鬱鬯之酒，釀以秬黍，和以香草，芳芬濃郁，又爲初祼之上尊，何也？鬱鬯唯宗廟用之，祀先盡禮，祀天貴自然，而解者謂泲鬱鬯用五齊，泲五齊用三酒，本文未見此意。鄭據《周禮》以明酌爲事酒，醆酒爲盎齊，清爲清酒，汁獻爲汁莎，舊澤爲舊醳，牽强穿鑿，無謂也。

禮記通解卷九終

禮記通解卷十

郝敬　解

内則第十二

《内則》，閨門内法則也。

后王命冢宰降德于衆兆民。

后王，謂天子。非天子不議禮。天子制禮以一民風，則人人親親長長而天下平。王者先天下首庶物，而稱后者，猶孤、寡、不穀之義。鄭謂后爲諸侯，非也。天子后天，諸侯后天子，夫人后君，皆謂之后。冢宰，天官，相天子統五官，掌六典，則司徒之事亦其所統也。降德，即所謂「道之以德，齊之以禮」也。萬億曰兆。算法億有大小，小者以十爲等，十萬爲億，十億爲兆；大者以萬爲等，萬萬爲億，萬億爲兆，億億爲秭。

子事父母，雞初鳴，咸盥漱，櫛、縰灑，上聲、笄、總，拂髦，冠、緌、纓，端、韠、紳，搢薦笏，左右佩用句。左佩紛帨、刀、礪、小觿錐、金燧，右佩玦、捍、管、遰滯、大觿、木燧。偪，屨著灼綦忌。婦事舅姑，如事父母，雞初鳴，咸盥漱，櫛、縰、笄、總，衣、紳，左佩紛帨、刀、礪、小觿、金燧，右佩箴、管、線、纊曠，施縏盤袠秩，大觿、木燧，衿纓，綦屨。以適父母舅姑之所。

自此至終篇，皆王命冢宰所降于兆民之禮。盥，洗手也。漱，滌口也。櫛，梳也。縰、纚同，以黑繒韜髮也。笄，簪也。總，以繒束髮，結于頂也。髦，毛通，即髮也。將加冠，拂拭其亂髮，上屬于總，男女皆然。下節妾進御，笄，總角，亦拂髦。冠纓垂曰緌。端，禮衣。制方曰端。韠，蔽膝，以韋爲之。古人席地坐，籩豆在前，爲韠以蔽其沾漬，本上古衣皮蔽前之義。大帶垂者曰紳，男女皆用繒帛爲之。搢，插也。笏，竹板，以記事，插之帶閒。古無紙筆，書用簡，筆用刀。左右佩用，謂隨身左右，佩所常用之具。紛帨，拭物巾也。紛即帨。《顧命》云「筍席，玄紛純」，帨故可用純。刀，書刀。礪，磨石。觿、鐫通，錐也。或云：以象骨爲之，小者，解小結也。金燧，《周禮·司〔一〕烜氏》所謂「夫遂取火于日中」者也。晴用金燧取火于日，陰用木燧取火于木也。玦、決通，以骨爲之，著于右手大指，

〔一〕「司」原脱，據《周禮》補。

射以鉤弦也。捍，拾也，皮爲之，韜左臂，收拾衣袖，以利弦也。管，筆管，鄭謂「筆彄」。古人以刀書，其柄曰管。遰、璏通，刀室也。大觿，以解大結。木燧，以取火于木中。偪，以布纏足，自脛至膝，偪束之，以便趨走，故曰偪。屨著綦，謂著屨結綦。綦，屨繫也。舅姑，夫之父母。如事父母，如夫之事父母也。箴，針也。管，筆也。纊，絮也。縏，囊也。囊有閈葉者曰袠。施，謂箴管線纊外，施此貯之也。衿，衣領，通作「襟」，衣衽也。纓，小帶結衿者。凡繫衣冠繩，皆謂纓。結組垂爲流蘇，亦謂之纓。適父母舅姑之所，夫婦同問安視膳，早朝之禮。

及所，下氣怡聲，問衣燠郁**寒，疾痛苛**何**癢，而敬抑搔之。出入則或先或後，而敬扶持之。進盥，少者奉**上聲**槃，長者奉水，請沃盥，盥卒，授巾。問所欲而敬進之，柔色以温之。饘、酏**移**、酒、醴、芼**冒**羹、菽、麥、蕡**焚**、稻、黍、粱、秫**述**唯所欲，棗、栗、飴、蜜以甘之，堇、荁**丸**、枌、榆、免、薧**考**、滫**脩，上聲**、瀡**雖，上聲**以滑之，脂膏以膏**去聲**之，父母舅姑必嘗之而後退。**

適父母舅姑所有二事：一爲問安，「下氣」以下是也；一爲視膳，「進盥」以下是也。苛，細瘡也。抑，按也。搔，爬搔。三言敬者，孝子下氣怡聲之誠心，不敬，所爲皆虛文。饘，厚粥。酏，薄粥。芼羹，菜和肉汁爲羹。蕡，枲麻子。秫，糯也。米之精鑿者曰粱，輭黏者曰秫。飴，餳也。堇，菜名，味甘汁滑。荁，堇類。榆白者爲枌。新生曰免，草木始生出甲，如人免冠然。薨，乾也。滫，米汁。瀡，滑也。以米汁漬肉使滑膩，如今人用豆粉和肉之類。凝爲脂，釋爲膏，以脂膏烹和使潤澤也。嘗之而後退，視其所嘗，知其所嗜也。

男女未冠笄者，雞初鳴，咸盥漱，櫛、縰，拂髦，總角，衿纓，皆佩容臭。昧爽而朝，問何食飲矣。若已食則退，若未食，則佐長者視具。凡内外，雞初鳴，咸盥漱，衣服，斂枕簟，灑去聲埽去聲室堂及庭，布席，各從其事。孺子蚤寢晏起，唯所欲，食無時。由命士以上，父子皆異宮。昧爽而朝，慈以旨甘；日出而退，各從其事；日入而夕，慈以旨甘。

總角，束髮于首如角，男女未冠笄之飾。容臭，謂容蓄香草，即今香囊，佩之衿纓閒，下文云「佩帨、茝蘭」是也。或謂纓即香囊，恐非。昧爽，天欲明未明也。問何食飲，問尊者也。佐長者視食具，如諸孫輩助其父母供祖父母食之類。内外，謂家衆男女。斂枕簟，夜卧則設之，早起則收之也。布席，設尊者坐席。各從事，男女内外各服其事也。孺子，童稚無知，不概以成人禮責之。命士，爵命之士。《周官·典命》子男之士不命，如後世官長自辟之屬。命士以上，有爵而貴，故父子異宮，使各全其尊，且避子之私也。以禮見父母曰朝。每日再朝：昧爽而朝，晨省也，慈以旨甘，視朝膳也；日入而夕，昏定也，慈以旨甘，視夕膳也。慈，愛養也。

父母、舅姑將坐，奉席請何鄉。將衽，長者奉席請何趾。少者執牀與坐。御者舉几，斂席與簟，縣衾篋枕，斂簟而襡獨之。父母舅姑之衣、衾、簟、席、枕、几不傳去聲，杖、屨祇敬之，勿敢近。敦、牟、卮、匜移，非餕俊莫敢用。與恒食飲，非餕莫之敢飲食。父母在，朝夕恒食，子婦佐餕，既食恒餕。父没母存，冢子御食，羣子婦佐餕如初。旨甘柔滑，孺子餕。在父母、舅姑之所，有命之，應唯上聲敬對，進退周旋慎齊齋，升降出入揖遊，不敢噦淵，入聲噫隘、嚏帝咳慨、欠伸、跛倚、睇弟視，不敢唾拖，去聲洟替。寒不敢襲，癢不敢搔。不有敬事，不敢袒裼。不涉不撅蹶，褻衣衾不見現裏。父母唾洟不見現。冠帶垢，和灰請漱；衣裳垢，和灰請澣；衣裳綻裂，紉連箴請補綴拙。五日則燂潛湯請浴，三日具沐。其間面垢，燂潘翻請靧會；足垢，燂湯請洗。少事長，賤事貴，共帥時。

將坐，謂早起時。奉席，奉坐席。鄉，面向也。衽，卧席也。長者，子婦年長者，奉席請也。趾，足所指也。不敢斥首，而但請其足之所指。牀，坐牀。既布席，加牀席上，又設几牀側，皆以安尊者也。斂席與簟，斂其夜寢之席簟。簟在席上，夜則設之，旦起斂之。衾則束而懸之，枕則貯之篋中。襡，韜也。簟必韜之，以其近體也。不傳，不遷移也。敦、牟，皆盛黍稷之器。牟作「鍪」，瓦器。卮以盛酒，匜以盛水漿。凡尊者所用器，不敢飲食也。佐餕，謂所〔一〕食餘不盡者，食之使盡，若助之也。既，盡也。既食恒餕，謂常食所餘，子婦食必盡，示不以復進也。父没母獨食，則長子侍食以温之，恐其思父也。長子既侍食，則不佐餕，羣子與羣婦佐食其餘，亦如父在，食必既也。所餘旨甘柔滑之味，則以食孺子，承父母之志，亦示不以復進也。應唯，應之疾也。慎齋，謹慎齋莊也。揖遊，揖讓優遊也。噦，嘔逆聲。噫，氣不順也。嚏，噴嚏也。咳，嗽聲。氣乏則欠，體倦則伸。偏任爲跛，依物爲倚。睇，旁視也。涕自鼻出曰洟。襲，重衣也。袒裼本不敬，爲奉長者之事乃袒裼，如割牲之類則可。不因涉水，則不撅下裳。撅、揭通。褻衣與衾不見裏，避其穢也。父母唾洟則刷除，不使人見也。和灰，灰，湯也。紉箴，以線貫針也。燂，温也。體曰浴，頭曰沐，面曰靧，足曰洗，米泔曰潘。共帥時，皆率是禮也。時、是通。

男不言内，女不言外。非祭非喪，不相授器。其相授，則女受以篚。其無篚，則皆坐句，奠之，而后取之。外内不共井，不共湢逼浴，不通寢席，不通乞假。男女不通衣裳。内言不出，外言不入。男子入内，不嘯不指，夜行以燭，無燭則止。女子出門，必擁蔽其面，夜行以燭，無燭則止。道路，男子由右，女子由左。

〔一〕「所」，《續修》本作「父」。

男女唯祭喪乃親授受。祭爲嚴肅之地，喪乃急遽之時，故無嫌。非是二者，女必執篚，男子置物篚中。無篚，男女皆跪，奠物於地而后取之，不親交也。男言授，女言受，陰承陽之義。内外不共井，嫌同汲也。湢，浴室。嘯，蹙口出聲，有隱事，以爲號也。道路男右女左，地道尊右也。

子婦孝者敬者，父母、舅姑之命勿逆勿怠。若飲食之，雖不耆，必嘗而待；加之衣服，雖不欲，必服而待。加之事，人代之，己雖弗欲，姑與之而姑使之，而后復之。子婦有勤勞之事，雖甚愛之，姑縱之，而寧數朔休之。子婦未孝未敬，勿庸疾怨，姑教之。若不可教，而后怒之；不可怒，子放婦出而不表禮焉。父母有過，下氣怡色柔聲以諫。諫若不入，起敬起孝，説則復諫；不説，與其得罪於鄉黨州閭，寧孰諫。父母怒，不説，而撻之流血，不敢疾怨，起敬起孝。

子事父母、婦事舅姑，能孝能敬者，是父母、舅姑所愛也。然勿恃愛，于父母、舅姑之命，遂違玩之也。如命之飲食，雖偶不欲食，承命且嘗之，待父母、舅姑知己不欲，而后敢自便也。或加之衣服，雖不欲著，且服之，待父母、舅姑知己不欲，而后自便也。或任以事，使人代己，所以體恤之，雖不欲人代，然且奉命與代，己從旁教使之，而后復親爲之也。其委曲承順，不敢徑情類此。其爲父母、舅姑者，雖愛子，亦當勤勞之。即甚愛之，且縱使爲之，寧數數休息之，不可溺愛而養其驕惰之習也。

如子婦不孝敬，亦勿用疾怨之，姑且教之，不率而后怒之，不可怒而后放出之，不加禮焉。表，猶加也，謂不禮貌，猶言不齒也。父母、舅姑之教子婦如此。人子化父母尤難，遇父母有過，下其氣，不可激也；怡其色，不可倨也；柔其聲，不可疾也。如是以諫，即所謂「幾諫」也。起敬起孝，洗心滌慮，惟恐精誠不至，感格未通，作起其孝敬也。説，伺父母意悦。復諫，仍前下氣怡色柔聲也。不説，謂父母又不聽，則過將遂成矣，得罪于鄉黨州閭矣。與其使親得罪于人，寧使己委曲從容，多方熟諫。寧，安也。即父母又不説，怒而撻之，至于流血，亦惟下氣怡色柔聲，起敬起孝。誠如是，豈有不悦之親乎！

父母有婢匕子若庶子庶孫，甚愛之，雖父母没，没身敬之不衰。子有二妾，父母愛一人焉，子愛一人焉，由衣服飲食，由執事，毋敢視父母所愛，雖父母没不衰。子甚宜其妻，父母不説，出。子不宜其妻，父母曰「是善事我」，子行夫婦之禮焉，没身不衰。

婢子，婢所生子，雖賤，父母所愛，亦終身敬之，敬父母也。妾皆己有，不敢以己之所愛敵父母之所愛，亦愛父母也。由，自也。視，效也。自衣服、飲食之微，一切不敢比效父母之所愛者。妻雖己所善，不敢以父母不説而强留；父母所善，不敢以己不説而輕出。皆知有親而已，不敢以己也。

按：此章之言未免少偏。如舜之父母，未必悦二女，則將出之乎？若婦犯七出，父母縱容之，亦禮之不衰乎？夫禮者義而已，質諸義而弗協，如前所謂起敬起孝，寧熟諫，勿使得罪鄉黨州閭。惟順于父母可以解憂，古有行之者，虞舜所爲大孝也。出妻之説，詳《檀弓上》篇。

父母雖没，將爲善，思貽父母令名，必果；將爲不善，思貽父母羞辱，必不果。

此無父母者所宜深念也。家無嚴君，則情欲易縱；子思辱親，則行常自勉，孝所以爲百行之原也。如此，而後爲真孝子。

舅没則姑老，冢婦所祭祀、賓客，每事必請於姑，介婦請於冢婦。舅姑使冢婦，毋怠、不友無禮於介婦。舅姑若使介婦，毋敢敵耦於冢婦，不敢並行，不敢並命，不敢並坐。凡婦，不命適私室不敢退。婦將有事，大小必請於舅姑。子婦無私貨，無私畜，無私器，不敢私假，不敢私與。婦，或賜之飲食、衣服、布帛、佩帨、茝采、芷二音蘭，則受而獻諸舅姑。舅姑受之，則喜，如新受賜；若反賜之，則辭，不得命，如更受賜，藏以待乏。婦若有私親兄弟，將與之，則必復請其故賜，而后與之。

老，謂年老休息，傳家事于長婦也。長婦有事，猶必請于姑而后行，不遽專也。介，副也，衆婦副冢婦也。使，謂以事役之。友，親愛也。不友，謂不以己獨勞而介婦不與，遂不友愛之，以無禮加之也。介婦不敢敵耦于冢婦，不敢責冢婦與己均任也。不敢并命，有使令專聽長婦也。蓋婦性妒忌，閨門之内，婦孝其姑，冢婦與介婦相得，則家無不理矣。婦，或賜之飲食、衣服，謂所親者私賜之。茝、蘭，皆香草。茝作「芷」。以獻于舅姑，受之，如己新受其人之賜而喜，視舅姑受無異己受也。其或不受反之，如重受舅姑之賜，而藏以待。若有私親兄弟乏，將與之，必復請于舅姑，終不敢以爲己物也。故賜，即前所獻物，如更受賜藏以待者也。

適子、庶子祇事宗子、宗婦。雖貴富，不敢以貴富入宗子之家；雖衆車徒，舍於外，以寡約入。子弟猶歸器、衣服、裘衾、車馬，則必獻其上，而后敢服用其次也。若非所獻，則不敢以入於宗子之門，不敢以貴富加於父兄宗族。若富，則具二牲，獻其賢者於宗子，夫婦皆齊債，平聲而宗敬焉，終事而后敢私祭。

適子，謂父及祖之適子，小宗也。庶子，謂適子之弟。宗子，謂大宗子。宗婦，謂大宗子婦。子弟，即庶子。猶，相若也。歸，遺也。謂子弟與宗父兄貴相若，以其器服歸宗子，必獻其上者，而自用其次也。非所獻，謂子弟爵貴，器服非所可獻，則不敢以入于宗子之門。蓋富貴本不可以加父兄宗族，又況宗子乎？若富，謂庶子家富。具二牲，謂將祭，每牲必具二，以一獻于宗廟，以一祭于私。獻其賢，獻其上牲也。夫婦，謂庶子祭者之夫婦。宗敬，祭于宗廟致敬也。終事，宗子宗廟祭畢也。私祭，庶子自祭其祖禰也。

按：此節事宗子之禮，亦已甚矣，又何以事祖考乎？苟宗子賢，則斯禮也，善其所以受；宗子未必賢，難乎其繼也。後世宗法不行，亦自人情不可强，禮諧人情則百世不易。聖人議禮質諸義，故曰：「人情者，聖王之田。」詳《曲禮下》篇。

飯句**：黍、稷、稻、粱、白黍、黄粱，稰**胥，上聲**、穛**雀**。膳**句**：膷、臐、膮**梟**、醢、牛炙，醢、牛胾**恣**、醢、牛膾，羊炙、羊胾、醢、豕炙，醢、豕胾、芥醬、魚膾，雉、兔、鶉、鷃**晏**。飲**句**：重**平聲**醴，稻醴清、糟，黍醴清、糟，粱醴清、糟。或以酏**移**爲醴。黍酏。漿**句**：水、醷**倚**、濫。酒**句**：清、白。羞**句**：糗餌**二**粉酏**資**。**

飯，謂飯之品。穀暑熟曰黍，秋熟曰稷。稷，粟也。水種曰稻。穀大者曰粱。黍色多黄，白者尤美。粱色多白，黄者尤美。晚熟曰稰，早熟曰穛。穛之言焦也。膳，謂諸殽之品。牛土畜曰膷，羊火畜曰臐，豕水畜曰膮，三者皆羹名。醢，醬屬。三物各以醢和食，故陳設相閒。牛炙，炙牛肉，亦和以醢。凡肉薄切爲胾，細切爲膾。芥醬，以芥爲醬。魚膾，切魚爲膾。雉、兔、鶉、鷃四物，皆可充膳。鷃，鶉屬。飲，謂諸飲之品。酒之未泲者曰醴。汁爲清，滓爲糟，合爲醴。重醴，謂稻、黍、粱醴并設也。酏，粥也。以酏爲醴，釀粥成醴也。黍酏，以黍爲粥。漿，謂諸漿之品。飲之調和者曰漿。《周禮·天官》有漿人。水，涼水。醷，酸漿。濫，以雜糗和水也。酒，謂諸酒之品。酒久造者色清，新釀者色白。

羞，謂內羞之品，充籩實者也。糗，炒米也。餌，乾餅如珥。粉，米屑也。酏作「餈」，糍通，炊米熟，擣以爲餅也。

按：黍、稷相似，暑熟曰黍，秋熟曰稷。稷，粟也〔一〕，粒細而圓〔二〕，尤細于黍。皆陸種也。稻言滔，水種也。穀大而長者〔三〕曰粱，取彊粱意。凡米精者亦曰粱，取良善意。今之秫，大者葉穗如蘆，實如梧子，高丈餘，俗呼爲高粱，此〔四〕粱之正名也。《本草》以粱爲稷，有青白黄三種。其實粱與稷名義相反，稷言粢，微細義，粱言亮，高大義，故穀大者稱粱。五穀各有青白黄赤黑五色，不獨粱也。高粱可飯，尤宜釀酒。古之秬、秠，皆以粒大得名，或指此耳。稰晚成，以皆熟得名。穛早成，以易焦得名。鄭云：「熟穫曰稰，生穫曰穛。」夫穀烏有不熟而生穫者乎？

食（句）：蝸螺醢而苽孤食、雉羹句，麥食、脯羹、雞羹句，折稌杜、犬羹、兔羹句，

〔一〕「也」下一字格原爲墨釘，今刪，《續修》本作「皆」。
〔二〕「圓」下一字格原爲墨釘，今刪，《續修》本作「稷」。
〔三〕「者」下一字格原爲墨釘，今刪，《續修》本作「皆」。
〔四〕「此」，《續修》本、築波本作「者」，則連上讀，於文義不合，《存目》本此處爲讀者塗抹，不易辨認，或亦作「者」歟？

和（去聲）糝（三，上聲）不蓼（了）。濡（而）豚包苦實蓼，濡雞醢醬實蓼，濡魚卵醬實蓼，濡鼈醢醬實蓼。腶脩、蚳（遲）醢，脯羹、兔醢，麋膚、魚醢，魚膾、芥醬，麋腥、醢醬，桃諸、梅諸、卵鹽。

食，謂食味之宜者也。蝸、螺通。苽，一名茭，葉如蒲葦，心可生噉。以蝸爲醢，則以苽米爲飯，以雉爲羹；以麥爲飯，則析脯割雞爲羹；細折稻米爲飯，則以犬與兔爲羹，味各相宜也。凡羹，和以米屑之糝，不須加蓼。菜之辛者曰蓼。濡，烹肉和汁也。苦，甜菜。包苦實蓼，以甜菜包肉，實蓼于中煮之。雞則加醢醬，魚加卵醬，鼈加醢醬，皆實以蓼。鄭云：卵，魚子爲醬也。食腶脩以蚳醢，蚳蟻子以爲醢也。麋，鹿之大者。膚，肉之腴者。麋腥，鹿肉之生而未熟者。五物皆用醢醬烹和。桃諸、梅諸，《周禮》所謂「乾䕩」也。果品乾蓄者曰諸，言非一品也。卵鹽，鹽塊如鳥卵也。

按：「膳：膷、臐」以下二十品，與《儀禮·公食大夫禮》陳設次序頗同，故鄭註即以爲上大夫禮。然記無明文，既爲《內則》，何獨上大夫？大抵飲食日用及祭祀燕饗養老事親，貴賤貧富皆有，皆內人主之，故記者雜舉所聞以爲則。古人觀物察理，因性情時宜，各有取裁，而古今異俗，難可强通。如蓼本惡草，實肉包之以苦，非盡取適口也；蚳爲蟻子，蜩爲蟬，范爲蜂，皆以充食品，今人少有用者，若一一牽强求通以爲禮，則拘矣。

凡食齊（去聲）視春時，羹齊視夏時，醬齊視秋時，飲齊視冬時。凡和（去聲），春多酸，夏多苦，秋多辛，冬多鹹，調以滑甘。牛宜稌，羊宜黍，豕宜稷，犬宜粱，鴈宜麥，魚宜苽。春宜羔、豚，膳膏薌；夏宜腒渠、鱐搜，膳膏臊騷；秋宜犢、麛迷，膳膏腥；冬宜鮮仙、羽，膳膏羶。牛脩、鹿脯、田豕脯、麇脯；麕君脯；麇、鹿、田豕、麕，皆有軒憲；雉、兔，皆有芼。爵、鷃、蜩條、范、芝栭而、蔆、椇矩、棗、栗、榛、柿、瓜、桃、李、梅、杏、楂、梨、薑、桂。

齊，謂温涼之節。食，謂五穀之飯。視春，宜温。羹，肉味之和。視夏，宜熱。醬，醯醢之類。視秋，宜涼。飲，水漿之類。視冬，宜寒。和，調味也。春木主肝，宜酸多，助木。夏火主心，宜苦多，助火。秋金主肺，宜辛多，助金。冬水主腎，宜鹹多，助水。四時同土主脾，常調以滑甘助土。滑則通利，甘則和緩，故調。牛屬土，稌宜濕，水土之氣合也。羊性熱，黍宜暑，暑熱之性合也。豕爲六肉之常供，稷于五穀爲最多。犬屬戌，稻粱秋熟。鴈肥時，麥正秀，魚水族，苽宜木，各有宜也。羔，羊之小者。豚，豕之小者。二物方長而肥，故春氣發生宜之。膳，即羔豚也。薌、香同，以脂膏之香美者煎和之，應春氣芬芳也。夏生物未成，鮮者易敗，故宜乾物。腒，乾肉；鱐，乾魚也。臊，燥也。夏火氣燥，故宜臊。秋物初成，故宜牛子之犢與鹿子之麛。腥，辛也。辛，金味。腥，金氣也。冬物衆而氣寒，鮮者不敗，故宜魚鳥。羶，羶也。獸毛厚者，其氣羶，應冬氣也。脯有薑桂之治曰脩。田豕，野猪。麇，大鹿也。麕，麞也。牛肉宜脩，田豕四物宜脯，又可切大片爲軒。菜和曰芼。雉兔二物皆可以菜釀爲羹。爵、雀同。蜩，蟬屬。范，蜂也。芝，蘑菇之類。栭，木耳之類。蔆，芰也。椇，形似珊瑚而味甜。楂、柤同，似梨而澀。牛以下，鳥獸昆蟲草木之味，共三十有一種，皆可乾之，蓄以待祭享之用。概言其品如此，皆婦人女子所當知，不獨貴者耳。

按：春宜膏、豚之類，鄭註《周禮》以五行盛衰爲解，云「八物得四時之氣盛，人食弗勝，用休廢之，脂膏煎和之」，以薌爲牛膏，臊爲犬膏，腥爲雞膏，羶爲羊膏，近鑿。説見《周禮·天官·庖人職》。牛何獨不可脯，鹿、豕何獨不可脩？四物可軒，牛何獨不可？雉、兔有芼，何獨他獸不可芼？記言亦難盡拘也。

大夫燕食，有膾無脯，有脯無膾。士不貳羹胾。庶人耆老不徒食。

此因上節食品之多，惟人君可備，臣民家不必備也。燕食，燕居常食。鮮曰膾，乾曰脯。有此無彼，言不備也。和汁曰羹，切肉曰胾。不貳，亦謂不備。庶民養老，但取具肉，不空食耳，尤不求備也。

按：鄭以燕食爲饗禮，非也。豈有大夫燕賓而膾脯不備者與？因解上數節爲諸侯燕禮，故以此爲大夫燕禮，其實記言不必與《儀》《周》二禮合也。

膾，春用葱，秋用芥。豚，春用韭，秋用蓼。脂用葱，膏用䪥械**。三牲用藙**毅**，和**去聲**用醯，獸用梅。鶉羹、雞羹、鴽**如**，釀之蓼。魴、鱮**序**烝，雛燒，雉薌，無蓼。**

膾，細切肉也。葱之氣達，芥之味辛，韭、蓼亦然，故春秋各宜也。凝曰脂，釋曰膏。三牲，牛、羊、豕也。蘱，茱萸也。和，調也。醯，醋也。獸，野獸。梅以爲酸，和三牲用醋。獸用梅者，家味野味，各有宜也。鴽，田鼠所化，與鶉、雞皆可羹，雜以蓼也。葱、韰，皆葷菜。韰似韭無實。脂用葱，膏用韰，義未詳。魴、鱮二魚宜烝，鳥雛宜燒，與雉三物，皆宜以香和，不用蓼。薌，香草，紫蘇之類。

按：此節言調和之法，今亦未可盡用。

不食句：雛鼈，狼去腸，狗去腎，狸去正脊，兔去尻考，平聲，狐去首，豚去腦，魚去乙，鼈去醜。肉曰脱之，魚曰作之，棗曰新之，栗曰撰宣，上聲之，桃曰膽之，柤楂、梨曰攢鑽，平聲之。牛夜鳴則⿸疒酉〔一〕由：；羊泠零毛而毳吹，去聲，羶：；狗赤股而躁，臊騷：；鳥皫瓢，上聲色而沙鳴，鬱：；豕望視而交睫接，腥：；馬黑脊而般班臂，漏。雛尾不盈握，弗食。舒鴈翠，鵠、鴞梟胖，舒鳧翠，雞肝，鴈腎，鴇保奥如字，鹿胃。肉腥，細者爲膾，大者爲軒。或曰：麋、鹿、魚爲菹，麕爲辟璧雞，野豕爲軒，兔爲宛苑脾，切葱若韰，實諸醯以柔之。

不食，不利于人者不可食也。雛鼈，鼈之初生者。狼腸直，狗腎熱，狸脊上一道如界，兔尾有九竅，尻，尾骨。狐死正首丘。豕首俯，精聚于腦。乙，魚腸，屈如乙字，魚餒先腸。鼈頸下有骨名醜。

〔一〕「⿸疒酉」，注内亦同，按閩本作「庮」。

此九者皆不可食。食肉脱之，解其毛骨也。食魚作之，拔其鱗甲也。棗多塵，故新之。栗多蛀，故選之。桃多毛，故膽之，使其色清滑也。或曰：膽苦，桃有小而味苦者。樝、梨多螬蝕，攢治之。牛夜鳴者肉臭。痼、蕕同，臭草也。泠，零落也。毳，細毛也。毛稀零而細，羊如此者，肉必羶。股無毛曰赤。躁，急厲也。狗如此者，肉必臊。皫，羽色飄浮無潤澤。沙鳴，鳴而音嘶也。鬱，腐臭。鳥如此者，肉必腐臭。望視交睫，謂卬首上視目睫交合不開。豕如此者，其肉腥。鄭謂腥當作「星」，肉中如米也。黑脊，脊毛黑色。般臂，前脛毛班色。馬蹄病曰漏，《周禮》作「螻」。雛尾不盈握，謂雞鶩之類小而未成者。舒鴈，鵞也。野曰鴈，家曰鵞。野曰凫，家曰鴨。以其行徐飛緩曰舒。尾肉曰翠，脅側曰胖。舒凫，鴨也。鴇，水鳥，鶴屬。鴞似鴈。奥，朏胵也，以藏食曰奥。九者不食，其義未詳。肉腥，肉之鮮者，牒而復細切之爲膾，牒而不細切爲軒。軒，大片也。菹，醃漬也。辟雞、宛脾，皆牒而細切之名。醢，醋也。數者切葱韰釀之，浸以醋，使輭熟也。

按：此節之言，試之未必盡然。今人謂鼈小如馬蹄者佳，此云雛鼈，鼈始生如錢者也，鄭謂爲伏雛。「雛尾不盈握，弗食」，豈亦伏雛邪？爲方長不食，若魚不盈尺之類耳，然何獨鼈乎？牛夜鳴，羊泠毛，豕望視者多，鵞、鴨之尾，雞肝，今人無不食者，難盡據也。

羹食，自諸侯以下至於庶人，無等。大夫無秩膳，大夫七十而有閣。天子之閣，左達五，右達五。公侯伯於房中五，大夫於閣三，士於坫一。

肉曰羹，穀曰食。羹配食，二者常供，故自諸侯至庶人，隨宜無等。上言大夫士庶燕食有、無、不貳，以衆殺言也。此言無等，以羹食二者言也。秩膳，常供之膳。不離左右，所以養老。古者五十服官政爲大夫，未老，故飲食以時而無秩膳。七十有秩膳則有閣，謂以板閣飲食於便處常取也。天子之閣，由正寢達于兩房，左右各五。古者廟制無西房，惟寢有左右房。國君於一房五閣，大夫三閣，士無閣，爲一坫而已。閣高坫卑。閣，木爲之，坫則土器，相似異名耳。

凡養老，有虞氏以燕禮，夏后氏以饗禮，殷人以食禮，周人脩而兼用之。凡五十養於鄉，六十養於國，七十養於學，達於諸侯。八十拜君命，一坐再至，瞽亦如之；九十者使人受。五十異粻章，六十宿肉，七十貳膳，八十常珍，九十飲食不違寢，膳飲從於遊可也。六十歲制，七十時制，八十月制，九十日脩，唯絞、紟琴，去聲、衾、冒，死而後制。五十始衰，六十非肉不飽，七十非帛不煖，八十非人不煖，九十雖得人不煖矣。五十杖於家，六十杖於鄉，七十杖於國，八十杖於朝，九十者，天子欲有問焉，則就其室，以珍從。七十不俟朝，八十月告存，九十日有秩。五十不從力政，六十不與服戎，七十不與賓客之事，八十齊衰之事弗及也。五十而爵，六十不親學，七十致政。凡自七十以上，唯衰麻爲喪。凡三王養老，皆引年。八十者一子不從政，九十者其家不從政，瞽亦如之。凡父母在，子雖老不坐。有虞氏養國老於上庠，養庶老於下庠；夏后氏養國老於東序，養庶老於西序；殷人養國老於右學，養庶老於左學；周人養國老於東膠，養庶老於虞庠，虞庠在國之西郊。有虞氏皇而祭，深衣而養老；夏后氏收而祭，燕衣而養老；殷人冔而祭，縞衣而養老；周人冕而祭，玄衣而養老。

此節詳見《王制》，而載之《内則》者，養老皆中饋之事，教婦人以孝也。凡父母在坐，則子侍立，雖年老，父不命之坐，不敢坐也。

曾子曰：「孝子之養老也，樂其心，不違其志，樂其耳目，安其寢處，以其飲食句。忠養之，孝子之身終句。終身也者，非終父母之身，終其身也。是故父母之所愛亦愛之，父母之所敬亦敬之。至於犬馬盡然，而況於人乎！」

孝子之養老，養父母之年老者。養不離飲食，惟盡心不違，則其養爲忠，所謂「養志」也。終孝子之身，不以親之存亡二心，所謂「忠養」也。愛其所愛，敬其所敬，雖親之犬馬，親没猶不忍忘，如是乃爲事死如生，忠養以終身者也。於人，於父母所愛敬之人。

凡養老，五帝憲，三王有乞言。五帝憲，養氣體而不乞言，有善，則記之爲惇史。

三王亦憲，既養老而后乞言，亦微其禮，皆有惇史。

此帝王養老之禮。世運有升降，而禮數亦異。氣體，謂辭氣容貌。親炙其懿範，觀法其德行，無乞言請教之事，但老者有善則記之，是爲惇實之史，不在虛文浮辭，此五帝之養也。三王亦法其德行，而行禮之後，請教求言，然亦不專恃言，微具此禮耳，皆有記善之惇史。此帝王古今之異也。史，書記也。

淳熬：煎醢加于陸稻上，沃之以膏，曰淳熬。淳毋模：煎醢加于黍食上，沃之以膏，曰淳毋。炮：取豚若將牂，刲朕之刳枯之，實棗於其腹中，編萑丸以苴之，塗之以謹塗，炮之。塗皆乾干，擘百之，濯手以摩之，去其皽展。爲稻粉，糔溲之以爲酏移，以付豚，煎諸膏，膏必滅之。鉅鑊湯，以小鼎薌脯於其中，使其湯毋滅鼎，三日三夜毋絕火，而后調之以醯醢。擣珍：取牛、羊、麋、鹿、麕之肉，必脄梅，每物與牛若一，捶反側之，去其餌。孰，出之，去其皽，柔其肉。漬自：取牛肉，必新殺者，薄切之，必絕其理，湛尖諸美酒，期暮朝而食之以醢，若醯、醷。爲熬：捶之，去其皽，編萑，布牛肉焉。屑桂與薑，以洒諸上而鹽之，乾而食之。施羊亦如之。施麋、施鹿、施麕皆如牛羊。欲濡肉，則釋而煎之以醢；欲乾肉，則捶而食之。糝三，上聲：取牛、羊、豕之肉，三如一，小切之，與稻米，稻米二，肉一，合以爲餌，煎之。肝膋聊：取狗肝一，幪之以其膋，濡炙之，舉燋其膋，不蓼。取稻米，舉糔溲之，小切狼臅燭膏，以與稻米爲酏。

此烹調之法，其品有八：曰淳熬，曰淳毋，曰炮，曰擣，曰漬，曰熬，曰糝，曰肝膋，曰酏。是謂八珍。淳，沃也。熬，乾煎也。陸稻，稻米乾者堅，故沃以膏，曰淳熬。炊黍成飯性柔，沃以膏曰淳毋。毋，黏輭團結之狀。將、牂同，牡羊也。封之刳之，謂殺之而去其五臟也。萑，葦屬。苴，藉也。塗，泥封也。謹作「墐」，黏土也。封以泥而加諸火。擘，剥去乾塗。濯手，以水濯手。皽，膜也。糔、搔通。糔溲，以水和粉也，鄭讀作「滫瀡」。酏，粥也。付豚，謂以稻粉爲粥，敷所炮豚上。不言羊，包舉也。必滅之，謂膏必没肉，以大鑊盛熱湯，切羊豚爲薄脯，以香味和于小鼎，煮于大鑊湯中，湯勿没小鼎，没則湯入壞脯也。擣珍用肉異，既擣，用稻粉爲酏煎之，與炮同法，故亦云去餌，熟，出，去皽也。柔其肉，亦調以醯醢也。脄，肉之肥美者。餌，即粥之付于肉者。餌乾肉熟，則去餌。漬珍，薄切生牛肉，浸以美酒。自今旦至明旦期朝，而後以醬醋食之。牛肉亦須火食，蒙前文畧耳。醷，酸飲。今糟物亦醷類，鄭云梅醬也。熬必用火，先取生肉捶之，加薑桂鹽乾熬之。欲濡食，則以水潤釋，煎之以醢。欲乾食，則捶而碎之。糝者，參和之名。牛、羊、豕肉三均切，共爲一分，稻米二分，合爲餅餌，煎之曰糝。肝膋，用狗肝，取腸間脂裹肝，炙之，肝與膋俱燋，乃食之。食狗不宜蓼，與犬羹同。狼臅膏，狼胸臆中膏，合稻米煮粥，亦一珍也。

按：鄭氏據《周禮·膳夫》以炮豚、炮牂爲二，謂糝酏非珍，乃豆羞之實。然則珍不薦之豆邪？陸者，乾燥歷陸之名。陸稻，即今炒米。《喪禮》柩旁置熬穀，亦謂炒穀也。乾煎曰熬，用水曰煎。孔氏謂陸地所種稻，稻烏有陸種者乎？肉肥者曰胘，鄭謂「夾脊肉」。米粉之溞溲者曰餌，鄭謂「筋腱」。皆不似。大抵此節詳記飲食烹飪之法，爲婦人職中饋者所當知，然窮極滋味，違恭儉撙節之意。飲食男女，人之至欲，聖人緣斯二者，起禮以爲節，故玄酒爲上尊，特牲爲大饗，其所重可知。苟飲食以滋味爲禮，則男女之欲，亦宜無不至矣。或曰：以養君親云爾。厚味腊毒，豈所以致養乎？

禮始於謹夫婦。爲宮室，辨外内，男子居外，女子居内。深宮固門，閽寺守之，男不入，女不出。男女不同椸移枷架。不敢縣於夫之楎輝椸，不敢藏於夫之篋笥，不敢共湢浴。夫不在，斂枕篋，簟席襡獨器而藏之。少事長，賤事貴，咸如之。夫婦之禮，唯及七十，同藏無間。故妾雖老，年未滿五十，必與預五日之御。將御者齊齋，漱，澣，慎衣服，櫛，縰，笄，總角，拂髦，衿纓，綦屨。雖婢妾，衣服飲食必後長者。妻不在，妾御莫敢當夕。

夫婦爲人道之始，不謹則亂倫，故内外男女之辨，不可不嚴。雖夫婦之親，衣亦不同藏，示有别也。七十始同藏，人道絶，無嫌也。五日之御，謂男子五日一接婦人。拂髦，施膏沐也。拂拭毛髮之蓬者，盡飾爲敬也。雖婢妾之賤，同輩進御，必有禮，先長後幼，衣服飲食皆然，嫡庶尤宜辨。妻所當夕，偶不在，則虛其夕，妾不敢當其夕進也。鄭註得之，疏説鑿也。

按：五日之御，鄭謂諸侯娶九女，夫人專夕，媵娣兩兩進御，五日而徧，天子十五日而徧。若是，則古者貴賤無夕不御女。穿鑿附會，不可以爲訓。

妻將生子，及月辰，居側室。夫使人日再問之，作而自問之。妻不敢見，使姆衣服而對。至于子生，夫復使人日再問之。夫齊齋，則不入側室之門。子生，男子設弧於門左，女子設帨於門右。三日，始負子，男射，女否。

及月辰，及十月之初也。側室，燕寢之旁室。作，謂動作將生之時。姆，女師。夫齋者，三日將接子告神，故齋。弧，弓也，男子所事。帨，巾，女子所佩。陽左，陰右。負，抱也。

國君世子生，告于君。接以大牢，宰掌具。三日，卜士負之。吉者宿齊，朝服寢門外，詩負之。射人以桑弧、蓬矢六射天地四方。保受，乃負之。宰醴負子，賜之束帛。卜士之妻、大夫之妾，使食子。凡接子擇日，冢子則大牢，庶人特豚，士特豕，大夫少牢，國君世子大牢。其非冢子，則皆降一等。異爲孺子室於宮中，擇於諸母與可者，必求其寬裕、慈惠、温良、恭敬、慎而寡言者，使爲子師，其次爲慈母，其次爲保母，皆居子室。

他人無事不往。三月之末，擇日翦髮爲鬌朶，男角女羈，否則男左女右。是日也，妻以子見於父，貴人則爲衣服，由命士以下皆漱澣。男女夙興，沐浴，衣服，具視朔食。夫入門，升自阼階，立于阼，西鄉。妻抱子出自房，當楣立，東面。姆先，相去聲曰：「母某敢用時日祇見孺子。」夫對曰：「欽有帥率。」父執子之右手，咳而名之。妻對曰：「記有成。」遂左還授師。子師辯徧告諸婦〔一〕諸母名。妻遂適寢。夫告宰名。宰辯告諸男名，書曰某年某月某日某生，而藏之。宰告閭史。閭史書爲二，其一藏諸閭府，其一獻諸州史。州史獻諸州伯，州伯命藏諸州府。夫入食，如養去聲禮。

世子生三日，見于君。君設大牢，饗負子諸臣，而接見世子，慶始生也。卜士負之，謂卜士之吉者使抱子也。詩，志也，志誠負之，恐失墜也，猶《儀禮》「詩懷」之「詩」。以桑爲弓，以蓬爲矢，有志未備其事也。保受，乃負之，謂士以子授保母，保母受而抱之也。宰醴負子，謂君使宰夫爲主，設醴禮負子之士。賜束帛，酬勞也。卜士之妻與大夫之妾吉者食子，謂乳哺之也。凡接子雖以三日，亦必卜。如祭有常期，亦必卜也。冢子，天子之元子。擇於諸母中與外婦可者爲師以教之，爲慈母以養之，爲保母以擁負之。子生三月，翦髮命名。髮不盡翦曰鬌。男子翦囟留兩旁曰角，女子留縱横交

〔一〕「婦」，原訛作「父」，據閩本正。按：注内作「婦」不誤。

午如絡頭曰羈。不然，男翦右留左，女翦左留右。是日，即翦髮之日。見父，將命名也。貴人爲衣服，謂各服其命服，重其事也。命士以下非貴人，亦滌漱。夙興盛服，具視朔食，謂天子以下至士月朔必盛饌，茲亦設具如朔食也。夫入門，入寢門也。夫立阼階，妻抱子出側室。楣，門上横梁。姆先，相，謂保母立于妻前相禮，代妻言也。母某，妻姓氏也。時日，猶是日。欽有帥，敬教率也。執右手，明將授之事也。兒笑曰咳。爲咳笑聲，呼而名之也。記有成，謂記識期成就也。師，師母。辯、徧通。諸婦，同族卑者之妻。諸母，同族尊者之妻。宰，主事之臣。諸男，同宗子姓。二十五家爲閭，二千五百家爲州。夫入食，入正寢，妻食之，如養舅姑之禮。卿大夫以下，以名徧告同宗。諸侯絶宗，則不告。

按：世子生，接以大牢，即今世俗之湯餅會，爲羣臣賓客慶世子而設，非爲食其子，亦非爲食其母也。接，相見也，鄭讀作「捷」，謂爲其母補虚强氣，迂也。桑弧蓬矢射天地四方，似後世辟禳之術。士大夫妻妾入宫中哺子，此禮未宜。夫入門，鄭因上節妻生子居側室，謂此爲側室門。大夫以下，見子側室，恐未然。下節見妾子于内寢，豈重庶反輕嫡乎？唯寢有堂階，側室烏得南向，有東西階乎？

世子生，則君沐浴，朝服，夫人亦如之，皆立于阼階，西鄉。世婦抱子，升自西階；君名之，乃降。適子、庶子見於外寢，撫其首，咳而名之，禮帥初，無辭。凡名子，不以日月，不以國，不以隱疾。大夫士之子，不敢與世子同名。妾將生子，及月辰，夫使人日一問之。子生三月之末，漱澣，夙齊，見於内寢，禮之如始入室。君已食，徹焉，使之特餕，遂入御。公庶子生，就側室。三月之末，其母沐浴、朝服見於君，擯者以其子見。君所有賜，君名之。衆子，則使有司名之。庶人無側室者，及月辰，夫出居羣室，其問之也，與子見父之禮，無以異也。凡父在，孫見於祖，祖亦名之，禮如子見父，無辭。食子者三年而出，見於公宫，則劬。大夫之子有食母，士之妻自養其子。由命士以上及大夫之子，旬而見。冢子未食而見，必執其右手；適子、庶子已食而見，必循其首。

世子，諸侯之適長子，君夫人所生。夫人不抱，君不咳，與大夫士禮異。衆子咳名，世子不咳，敬之也。阼階，路寢之東階。適子、庶子者，嫡夫人之衆子也，與妾庶子異。外寢，君之燕寢。禮帥初，率前翦髮見父之禮，但無「姆先，相」與「欽有帥」「記有成」等辭耳。名子不以日月等，解見《曲禮》。妾生子，謂衆庶子。禮之如始入室，謂禮生子之妾，如初嫁來之禮。公庶子，即妾生子。朝服，禮服之通稱。其母沐浴朝服見君，與君夫人立于阼階異也。擯者以其子見于君所，無世婦抱也。有賜，謂君有特恩寵賜，則君自名之。若泛然待以衆子，則使有司名之耳，與適庶子異也。凡生子，無論妻妾，皆居側室。庶人無側室，夫出居別室。未生日使人問，既生，亦三月見，父命名，同也。父在，謂生子者之父，即所生子之祖父。祖名之，統于尊也。食子者，國君所卜大夫妾與士妻養公子者。三年子免懷抱，食者還家，見于公宮，君有賜勞之。劬，勞也。大夫以上生子，妻不自養，皆有食母；士以下，妻自食之。命士，上士之始命者。旬，均也，猶《周禮·均人》「公旬用三日」之「旬」，言士大夫子生三月，見父名之禮均也。食，謂朝食。尚早，重始也。父咳而名之，執其右手，示將授之事，重適也。適庶子，則朝食後見，示稍後也。父咳而名之，不執手，但拊循其首，至衆庶子，或首亦不循矣。此禮命士以上均也。

按：冢子有繼體之任，其異于庶子，宜也。衆庶子又異于適庶子，不已甚乎！莫尊于父，而母爲親。以父視之則皆子，重母而輕父，亦未甚宜也。

子能食食，教以右手；能言，男唯上聲女俞。男鞶革，女鞶絲。六年，教之數與方名。七年，男女不同席，不共食。八年，出入門户及即席飲食，必後長者，始教之讓。九年，教之數上聲日。十年，出就外傳，居宿於外，學書計，衣不帛襦如袴，禮帥初，朝夕學幼儀，請肄簡諒。十有三年，學樂，誦詩，舞《勺》、成童，舞《象》，學射御。二十而冠，始學禮，可以衣裘帛，舞《大夏》，惇行孝弟，博學不教，内而不出。三十而有室，始理男事，博學無方，孫遜友視志。四十始仕，方物出謀發慮，道合則服從，不可則去。五十命爲大夫，服官政。七十致仕。凡男拜，尚左手。女子十年不出，姆教婉苑娩晚聽從，執麻枲，治絲繭，織紝組紃巡，學女事以共衣服，觀於祭祀，納酒漿籩豆菹醢，禮相助奠。十有五年而笄，二十而嫁，有故，二十三年而嫁。聘則爲妻，奔則爲妾。凡女拜，尚右手。

食必用手。凡動作皆右手，男女同也。唯、俞，皆應辭，唯疾俞緩。鞶，革帶，男用革，女用絲，鄭謂爲「小囊」，恐非。數，謂十百千萬之數。方名，謂東西南北之名。出入門户則讓行，即席則讓坐，皆居長者之後。數日，謂數朔望六甲之日。外傅，教學之師也。傅，附也，爲弟子附屬也。書，書法。計，算法。童子不衣裘裳，不以帛爲襦袴，示儉也。禮率初，謂六年七年九年之禮，率循不改也。肄，習也。簡，書篇也；諒，信實也。執業請習于外傅，誦讀簡冊，篤志信實，不虛詐務外也。學樂，學八音之器。誦《詩》，誦樂歌之章。勺、酌通，武王樂，「於鑠」之詩也。十五以上曰成童。《象》，文王樂，《維清》之詩也。舞，謂歌以舞也。歌，樂聲。舞，樂容也。《大夏》，禹樂。博學不教，謂未暇爲人師。内而不出，即不教意，貴藴藉、戒淺露也。三十有室，壯而當家也。無方，通達也。孫友，遜順取友。視志，行道相期也。方物，揆度事物。出其謀，發其慮，即所謂四十不惑，可與慮天下事矣。自十歲就外傅，四十始仕，其閒從事學問者三十年，故材成德立，用無不效也。男拜尚左手，以左手加右手上也。女子十歲不出閨門，與男就外傅異，常居内也。姆，女師。婉，委曲也；娩，舒緩也，皆柔順意。能柔順聽從姆教，則賢女也。麻枲，績事也。絲繭，蠶事也。紝，繒帛之屬。組、紃，皆綬類。組如帶闊而薄，紃如繩，今之絛也。觀祭祀，學禮也。女子將爲人婦，相夫助奠，故觀習之。女子年十五至二十，許嫁則笄。有故，謂父母之喪。妻，齊也。妾，接也。來徵曰聘，往就曰奔。尚右手，謂以右手加于左手上也。

禮記通解卷十終〔一〕

〔一〕「禮記通解卷十終」，此行原在書葉闕損處，據《續修》本補。

禮記通解卷十一

郝敬　解

玉藻第十三

《玉藻》，因篇首二字名，所言多衣服之制及行禮容節，其文辭頗華離不詳。記者亦未親見古人，而鄭氏以臆湊泊，未盡與《記》合。今就本文訓釋，亦未盡與鄭合，以俟後之習於禮者正焉。

天子玉藻，十有二旒，前後邃歲延，龍卷衮以祭。玄端而朝日於東門之外，聽朔於南門之外，閏月則闔門左扉，立于其中。皮弁以日視朝，遂以食，日中而餕，奏而食。日少牢，朔月大牢。五飲，上水，漿、酒、醴、酏。卒食，玄端而居。動則左史書之，言則右史書之，御瞽幾聲之上下。年不順成，則天子素服，乘素車，食無樂。

此節記天子衣食之制。玉藻，所以飾冕。玉，謂冕前後垂玉也。藻，以綵絲爲繩貫玉，前後各十二旒，旒十二玉。垂動曰旒。上覆以板，出冕前後曰延。延深長曰邃。邃，深也。卷、衮同。畫龍于衣，其形卷然。以祭，謂天子戴冕被袞奉祭祀也。玄端，以玄色帛爲禮衣。制方曰端。凡禮衣皆端。玄端無繡文，而色玄也。不言冠，蒙上玉藻，亦冕也。戴冕而服玄端，朝日、聽朔之服也。朝日，以春分之日。不言月，陽爲主也。於東門外，迎日出也。東門、南門，皆國城門也。聽朔，謂每遇朔日，頒一月所行政，如《月令》之類。于南門外者，人君南面觀象，所謂旦中、昏中，皆南方也。閏月闔左扉，闔南門之左扇也。閏月中分，前後兩月各半，屬前月者已聽，屬後月者方來，前屬左，故闔左開右也。立于其中，天子立于門中以聽也。皮弁，天子常日視朝之冠。不言衣，亦玄端也。遂以食，謂朝罷而食，亦皮弁也。日中而餕，用朝食之餘也。奏，奏樂。日少牢，謂天子常日用羊、豕也。朔月大牢，牛、羊、豕具也。五飲，即水、漿、酒、醴、酏也。水言上，貴本也。五飲亦朔食也。卒食，謂退朝燕居也。燕居服玄端，不言皮弁，燕居冠可也。左書動，右書言，謂言動左右皆不可苟也。御瞽，侍御之樂工。幾，察也。察音之高下，知樂之邪正也。

按：冕衣有文章，端衣純玄，故鄭以玄端專爲皮弁衣。然其解《周禮》玄冕衣亦純玄，則亦一玄端耳。雖《詩》言「玄袞」，即端衣之畫龍者，制同爲端。故傳記多云端冕，而鄭以冕服專爲祭祀，玄端皮弁專爲視朝視朔，改朝日之玄端爲玄冕，非也。朝日，或云于春分日長，或云于孟春郊迎日，然考之《詩》《書》無徵。記云郊天主日，六宗又祀日，天子不朝天，何獨朝日？既朝日，何獨遺月？《國語》遂有「朝日夕月」之説，附會之也。朝日於東門外，取見日也。聽朔宜于廟朝，何以亦于門外？蓋因《月令》明堂之居附會之也。天子閏月立城門中，門扉半掩，豈無車馬行人出入？迂誕不經，而鄭爲鑿解，云明堂在南門外，路寢在内朝，亦如明堂十二月按時而居，聽朔于堂，反處于路寢，終月闔左扉，皆臆説也。天子常日食少牢，《周禮·膳夫》又云王日一舉用六牲，鼎十有二物，是又不止少牢也。既云玄端朝日，又云玄端以居，禮服、褻服何以别？豈服同冠異、衣同裳異與？朝日則玄衣纁裳，如所謂玄冕服者，燕居則衣玄而纁、雜裳者與？下節云「居冠屬武，自天子下達」，則是禮事端冕，燕居端冠而已。

諸侯玄端以祭，裨（脾）冕以朝，皮弁以聽朔於太廟，朝服以日視朝於内朝。朝，辨色始入。君日出而視之，退適路寢聽政，使人視大夫，大夫退，然後適小寢，釋服。又朝服以食，特牲，三俎，祭肺。夕深衣，祭牢肉。朔月少牢，五俎四簋。子卯稷食菜羹。夫人與君同庖。君無故不殺牛，大夫無故不殺羊，士無故不殺犬、豕。君子遠庖厨，凡有血氣之類，弗身踐也。至于八月不雨，君不舉。年不順成，君衣布搢（薦）本，關梁不租，山澤列而不賦，土工不興，大夫不得造車馬。卜人定龜，史定墨，君定體。

此節記諸侯衣食之制。玄端以祭，不言冠，亦冕也。裨冕以朝於天子，不言服，從裨冕刺繡之服也。天子之冕十二旒，龍衮，爲正冕。諸侯五等以次降，爲副冕。裨，猶副也。詳見《周禮·司服》。皮弁以聽朔于太祖廟，不言服，蒙裨冕之服也。于太廟者，天子受朔于天，諸侯受于祖也。朝服以日視朝于内朝，即皮弁玄端也。諸侯、天子皮弁同，而堪采異也。天子冕而龍衮以祭，冕而玄端以朝日、聽朔，皮弁玄端以視朝、食，玄端而冠以居。諸侯冕服朝天子，冕而玄端以祭，皮弁禆服以聽朔，皮弁玄端以視朝，深衣而冠以居。内朝，謂路門以内之朝。鄭謂天子、諸侯有三朝，庫門之外爲外朝，路門之外爲治朝，路門之内爲内朝。凡朝，將旦辨色，臣始入。君日出視朝，退適路寢，裁決庶政畢，視大夫退，而後君入釋服也。比食，又著朝服，不苟于養也。食必特牲，陳三俎。祭，謂將食豆間之祭。以肺，周所尚也。夕，夕食也。深衣，燕居之服，衣與裳相連。祭牢肉，朝食之餕，不再殺，無肺，但肉耳。朔月少牢，用羊、豕也。五俎四簋，倍常膳也。常食一牲，則三俎二簋。子卯，忌日也。紂以甲子日死，桀以乙卯日亡。凡忌日稱子卯，如杜蕢以智悼子在喪爲子卯。父母亡日，即人子之子卯也。稷食，不食稻粱也。菜羹，不食肉也。夫人與君同庖，不再殺，同牢之義也。庖厨必遠，不見殺也。有血氣之物不踐踏，愛物而養仁也。周八月，夏六月也。五穀方秀，不雨則憂旱。君不舉，不殺牲盛饌也。年不順，雨暘不時也。不成，五穀不登也。衣布，不帛也。搢本，以竹爲笏也。笏本竹簡，古人執以記事，後世始用玉象，故竹笏爲本。關，市門也。梁，魚梁也。租，税也。列，遮列禁禦也。不賦，不收税也。不賦而禁，以時取也。不興土工，不新造車馬，省費也。卜人定龜，遇凶荒則卜也。定龜，謂四時各有所用之龜，詳《周禮·龜人》。如靈龜卜天，繹龜卜地，春用果龜，秋用雷龜之類，卜人之事也。定墨，以墨畫龜甲，灼以火，視其坼璺問從墨與否，吉凶之兆可見。此卜史之事也。體，謂吉凶之體。君道有得失，故龜兆有休咎。君成之，君任之，故曰君定也。尊者定其大，卑者定其小。

按：朝服用緇衣，緇與玄近，鄭云朝服素裳，恐未然。周人尚赤，玄與緇皆由赤入。見于《易》《詩》《書》惟黄裳、朱韍、赤韍、赤舄、黼裳，未聞素裳也。韍色多赤，則裳可知。《詩》有「素韠」，韠即韍，喪用之，非吉服。吉服有素積，積即裳也，惟蜡、始冠、巡牲、卜蠶、武舞等用之耳。《詩·揚之水》「素衣」，禮服中衣，又非裳也。凡鄭所言服色，多以意揣合，今多用之。

君羔幦覓虎犆特；大夫齊車，鹿幦豹犆，朝車；士齊車，鹿幦豹犆。

幦、幂通，以裀覆軾也。人君用羔皮。犆、特同，側也。謂緣邊側也。以虎皮緣羔幦，蓋君之齋車。大夫士之齋車，皆鹿幂豹緣，其朝君之車亦然，敬君如神明也。羊悦虎威，象君德仁而武也。鹿，禄也。豹有文，象人臣食禄有文章也。

按：羔非貴于鹿。君用羔，豈大夫士反用鹿與？鄭謂皮弁用鹿，則是以所賤爲元服也。古人裘皆羔而弁用鹿，是鹿果貴于羔也。記言又難據矣。

君子之居恒當户，寢恒東首。若有疾風迅雷甚雨，則必變，雖夜必興，衣服冠而坐。日五盥，沐稷而靧悔粱，櫛用樿展櫛，髮晞用象櫛，進機暨進羞，工乃升歌。浴用二巾，上絺下綌。出杅于，履蒯快席，連用湯，履蒲席，衣布晞身，乃屨，進飲。將適公所，宿齊戒，居外寢，沐浴。史進象笏，書思對命。既服，習容觀，玉聲乃出，揖私朝，煇如也，登車則有光矣。

居恒當户，向陽明也。寢恒東首，順生氣也。大風雷雨必變、興，敬天怒也。日五盥，洗手也。淅稷之水以洗髮，淅粱之水以洗面。樿櫛，白木梳也。晞，乾也。象櫛，象齒梳也。髮濕則滑，梳宜木；髮燥則澀，梳宜象。既沐飲酒曰機。羞，殽品。飲必工歌，新沐氣虚，導和致養也。唯沐爲然，重首也。浴用二巾，上體絺，貴用細，下體綌，賤用麤也。出杅，解衣出體就杅也。杅，浴器。蒯，草席，倮跣而履其上以浴也。連用湯，頻用熱湯也。履蒲席，既浴，移于蒲席上著布衣乾體，乃著屨進飲也。飲不羞不工歌，殺于沐也。史進象笏，謂掌書記之史，以笏書所思念之事，進執之，答君命，備遺忘也。既服，習容觀，謂著朝服畢，肄習容貌觀瞻也。鳴佩玉之聲以出，與家臣揖于私朝，時天將明，而庭燎之光煇如也。《詩》云「夜向晨，庭燎之煇」，是也。登車則平旦，辨色有光矣。《詩》云「君子至止，言觀其旂」，是也。

天子搢薦珽，方正於天下也。諸侯荼，前詘後直，讓於天子也。大夫前詘後詘，無所不讓也。

搢，插也。笏在手，有事則插之帶間。天子以玉爲笏，名珽，制挺直也，上下不殺，示方正於天下，無所詘撓也。諸侯之笏，用象骨爲之。其上稍殺，而剉其兩角，如葦苕然。荼，葦苕，和柔不挺直也。《考工記・弓人》「斲目必荼」，與此同。前謂上，後謂下。詘，屈通，謂剉角也。上殺爲前詘，下方爲後直。前詘者，上讓於天子；後直者，下伸於臣民也。大夫以竹爲笏，飾以魚須，上下俱殺，中廣，故下文云其殺六分去一，中博三寸，是也。上下俱詘，示外有天子，內有君，無所不讓也。

按：此節即後節所言「笏度」，與圭異。鄭牽《考工記・玉人》大圭「抒上，終葵首」，附合强解，謂天子之圭廣其首，如椎頭，與所言珽方正之制不合，引方言椎頭爲中馗，中馗者，菌也，菌形似椎頭，猶《內則》介婦不敢敵耦于冢婦，註云「不敢掉磬」，《雜記》嬰兒哭，註云「猶嬰彌」，此類皆據方言作解。以「荼」作「舒」，「舒」作「抒」，附合大圭「抒上」，文義艱險，淺學之士詫爲新奇，甚違聖人雅言之訓。夫文字所以同俗，文同而別引方言爲異，是率初學以隱怪也，況于禮又未必合乎！

侍坐則必退席，不退則必引而去君之黨。登席不由前，爲躐席。徒坐不盡席尺。讀書、食句，則齊句，豆去席尺。若賜之食而君客之，則命之祭然後祭。先飯，辯嘗羞，飲而俟。若有嘗羞者，則俟君之食然後食句，飯、飲而俟。君命之羞，羞近者；命之品嘗之，然後唯所欲。凡嘗遠食，必順近食。君未覆手，不敢飧孫；君既食，又飯飧。飯飧者，三飯也。君既徹，執飯與醬乃出授從者。凡侑食，不盡食。食於人不飽。唯水漿不祭，若祭，爲已倷屑卑。君若賜之爵，則越席再拜稽首受，登席祭之，飲，卒爵而俟，君卒爵然後授虛爵。君子之飲酒也，受一爵而色洒先上聲如也，二爵而言言誾斯，禮已三爵而油油以退。退則坐取屨，隱辟而后屨，坐左納右，坐右納左。凡尊必上玄酒。唯君面尊。唯饗野人皆酒。大夫側尊，用棜與；士側尊，用禁。

侍坐，坐君側也。退席，移席卻後也。如席不可卻，則坐當遠君，無逼近君側。黨，側也。席有定位，升席各由本位之前，如歷他人位以登，是謂躐席。躐，踰越也。徒坐，空坐也。不讀書，不飲食，前無所事，則不垂席而坐。讀書、飲食，則坐與席齊。豆以薦食，去席尺，恐汙席也。君賜臣食有二等，一以客禮食，一不以客，尋常侍食。以客，則臣當避客。不以客，則有侍君食之禮。凡爲客食先祭，爲客于君，必待君命祭而後祭也。凡客主分敵，主人告飯，後食飯，主人進羞，後食羞。臣不敢當客，若爲君膳夫嘗食者然。君未飯，取飯先嘗；君未食羞，取羞先嘗；君未飧，取水漿飲而俟君飧。此客食于君之禮也。若尋常侍食，君自有膳宰嘗膳，不必先嘗，但俟君所食饌，從君之後食之。君未食者，不敢先也。其食飯也，俟君先飽。以飲澆飯曰飧。君飧，己且未敢飧，取水漿飲之，以俟君。其食羞也，必待君命食。食近者，不得遠取也。君若命品嘗羞，然後遠近惟所欲，亦不得躐取。凡食遠必順近，此嘗食之常禮也。其飧也，待君飯畢覆手，己乃飧。古人飯以手，食則上其手，畢則手覆而下。凡食告飽則飧。尊者易飽。禮，君再飯即飧，故曰「既食，又飯飧」。大夫三飯後飧，故曰「飯殽者，三飯也」。既殽，則徹饌。君先徹，臣乃自執所食餘飯與醬，降自西階，出授從者歸，終君賜也。獨徹飯與醬者，食以穀爲主，味以醬爲和。侑食，勸食也。勸食者，主人之殷勤。不盡食、不飽者，客之廉讓也。水漿，饌之薄者。若皆祭，則甚屑且卑矣。傢與屑通。傢卑，猶言細微。君賜爵，先飲而後俟君飲，不敢遲君之惠也。洒如，清和之意。言言猶誾誾，和悦也。斯禮已，言如此成禮，飲可止也。三爵則獻酬畢，油油然賓主相悦以退，不及亂也。坐取屨，將出，跪而取所脱之屨。隱辟而后屨，不敢向尊者也。跪左足納右屨，跪右足納左屨，便也。納，謂納足屨中。玄酒，水也。上、尚同。凡設玄酒之尊，必居酒尊之上，《禮運》「玄酒在室」，是也。面尊，置尊以鼻對君，明惠自君專也。饗野人皆酒，不用玄酒，賤不備禮也。側尊，獨置一尊，賓主共也，唯君則異尊。棜、輿通，形如車箱，安尊于上。棜即禁，士用禁，制殺于棜也。禁，取防危意。

按：先飯徧嘗羞，飲而俟[一]，據《論語》孔子「侍食於君，君祭先飯」，彼謂先飯者，即席之初，君祭豆間，臣先舉飯，示不敢祭也。祭必賓長，臣不敢當，斯須變通之禮。若遂飯徧嘗羞，則草野甚矣。既先飯徧嘗飲，而又奚俟乎？嘗食有膳宰，賜食而代，迂濶難行。食畢曰覆手，猶盡飲曰覆盃，即放箸云爾。鄭謂以手循口傍餘粒，非也。君既食，又飯殽，飯殽者三飯，即《禮器》云「諸侯再，大夫士三」。君再飯而殽，臣三飯而殽，後君也。鄭云「臣勸君食」，非也。凡禮因時宜，不必盡同。《記》

〔一〕「俟」，《續修》本作「賜」，《存目》本雖有讀者塗抹，猶能辨識，亦作「賜」。

言「水漿不祭」，孔子蔬食菜羹亦祭。君賜爵先飲，《燕禮》公卒爵而后飲，《曲禮》「長者舉未釂，少者不敢飲」。食後君，飲先君，禮非尚同也。

始冠緇布冠，自諸侯下達，冠而敝之可也。玄冠朱組纓，天子之冠也。緇布冠繢會緌蕤，諸侯之冠也。玄冠丹組纓，諸侯之齊齋冠也。玄冠綦其組纓，士之齊冠也。縞冠玄武，子姓之冠也。縞冠素紕，既祥之冠也。垂緌五寸，惰游之士也。玄冠縞武，不齒之服也。居冠屬武，自天子下達，有事然後緌。五十不散送。親没不髦。大帛不緌。玄冠紫緌，自魯桓公始也。

凡冠用繒帛。冠禮初加，以黑麻布爲冠，不忘古也。諸侯以至士庶同，然止于初冠一用，敝則不更爲矣。諸侯而上，惟天子始冠不用布，用玄繒爲冠，朱組爲纓。諸侯始冠亦緇布，但以采繢之組爲纓緌，大夫以下無緌矣。玄帛冠，用丹組爲纓者，諸侯齊戒之冠也。玄帛冠用綦色組爲纓者，士之齋冠也。冠下圍額者曰武，取堅固義。武後有缺不屬，繫組于缺束冠曰纓，垂其餘爲飾曰緌。緇，黑色；玄，黑赤色。二色皆由赤入。周人尚赤，故冠服多用之。冠有玄冠、緇布冠，衣有玄衮、緇衣，弁有爵弁。爵即玄，燕爵，玄鳥也。《王制》有燕衣，非凶事不用白。白，殷色也。周以火德勝殷，用其德爲吉，用其勝爲凶，故《染人》「夏〔一〕纁玄」《鍾氏》「三入爲纁」「七入爲緇」，皆不離赤，而禮服無純白。所謂素者，絲未染之本色蒼白，非漂湅之白也。凡冠皆玄，不獨齋冠，但齋冠有緌。不言天子齋冠，即玄冠朱組纓也。不言大夫，與士同也。朱與丹同赤，而朱色尤鮮明。綦，青黑色，或云「蒼艾色」。或云：雜文熟絹曰縞，生絹曰素。縞白于素。冠本玄，而有用縞爲冠，用玄爲武者，此乃同宗服盡者爲同宗喪，微示其變者也。以縞爲冠，以素爲武，冠紕于武上者，此三年喪大祥之冠也。紕，屬也。《詩》云：「素絲紕之。」素紕，即素武。以其比于冠曰紕。平居冠無纓緌，垂緌五寸，言長也。無事而脩飾，此惰慢游閒之人所服也。夫縞冠玄武，示變也，乃有冠玄而武反縞者，謂凶乎，不宜冠不變；謂吉乎，不宜武用縞。《喪大記》謂小斂後「弔者襲裘，加武」，頗與此同，所謂玄冠易之者也，此非弔而服之，何也？蓋先王放逐不帥教之民，不與齒者，使服此，以明其非吉士，凶變之服也。居冠，燕居之冠，即玄冠。冠武連屬無缺，故無纓緌。自天子下達于庶人同，必有事行禮之冠，乃有缺項著纓垂緌也。喪禮啓殯，要絰之麻〔二〕散垂，摧裂之狀也。葬畢，乃絞之。五十始衰，不以散麻送葬，絞可也。親沒，謂親始死。孝子解笄纚散髮曰脱髦。髦、毛同。《詩》云「髦士」，《曲禮》云「髦馬」。髮亦曰髦。五十始衰，親喪免，不徒首散髮也。大帛，以素絹爲委貌大冠。不緌，尚質也。冠纓無用紫者，自魯

〔一〕「夏」原訛作「重」，據《周禮·染人》改。

〔二〕「麻」下一字格原爲墨釘，今删。

桓公始也。

按：此節之義，註疏未明。冠弁，古人首服通稱。古冠制小，《詩》云「臺笠緇撮」，即緇布冠也，僅可以撮髮，用布而色黑，故謂之緇撮。武不及額，而冠加頂上，如今羽流之飾，其遺意也。夏曰毋追，殷曰章甫，皆撮小之名。至周，變爲委貌。委即武也。委下冒首，其制始大，與弁等。弁，槃也，槃然大也。兩手奉而戴曰弁。冕則加板于頂，前後垂旒。三制不同，而皆可稱冠。冕最貴，次弁，次冠。其衣裳各殊，隨時變通，非冕定著冕服，弁定著弁服，冠定著冠服，如鄭氏云也。《周禮》冕服五，論其品物，如今一品仙鶴，二品錦雞之類，非獨冕可著，冠、弁遂皆不可也，亦非冕服但祭可用，他一切不可用也。祭則弁冕，齋則玄冠，平居亦玄冠。必言齋者，謂雖緦功小喪，齋必變玄，非謂玄冠但可用之齋，而他皆不可用也。鄭又謂大帛爲「白布冠」，《春秋傳》「衛文公大布之衣，大帛之冠」，則是衣布而冠帛也；又謂髦爲人子事親之飾，紕爲冠緣，皆未然。

朝玄端，夕深衣。深衣三袪驅，縫齊咨倍要平聲，衽當旁，袂迷可以回肘，長中去聲，繼揜尺，袷劫二寸，袪尺二寸，緣廣寸半。以帛裹布，非禮也。士不衣織。無君者不貳采。衣正色，裳間色。非列采不入公門，振絺綌不入公門，表裘不入公門，襲裘不入公門。纊爲繭，緼爲袍，襌丹爲絅頃，帛爲褶牒。朝服之以縞也，自季康子始也。孔子曰：「朝服而朝，卒朔然後服之。」曰：「國家未道，則不充其服焉。」

凡朝見以旦，故旦服玄端。玄端即朝服。上云君朝服日出而視朝，夕深衣祭牢肉。深衣，衣裳相連，著于禮服内，故曰深。古禮服玄端，平居深衣，二服最爲常用。「三袪」以下，深衣之制也。袪，袖頭。袪之言驅，驅使揮袖，故曰袪。三袪，謂衣長廣三倍袖頭。下文云「袪尺二寸」，展之則二尺四寸，三分其長，則七尺二寸。人身長八尺，除首及足踝以下，衣不及身八寸。衣下邊曰齊。縫齊，緝邊也。倍要，謂下邊寬倍要間。衽，裳帷幅也。禮服殊裳，故衽圍揜前後；深衣連裳，故衽揜向旁。衽用布六幅，幅廣二尺二寸，每幅邪裂合縫，下廣居三之二，上狹居三之一，下廣一丈四尺四寸，要七尺二寸，亦三倍其袪也。袂，即袖也。袖之寬大，内可曲肘。長，即袂之長。中，猶齊也。寬可回肘，長與肘齊，而外又繼續，使揜過肘一尺。《深衣》篇云「袂之長短，反詘之及肘」，是也。袷，領也。領用裌，故曰袷。袷之言合，左右交合也。二寸，寬二寸。緣，緣袖頭。緣廣一寸有半。深衣著朝服内，故用布。朝服用十五升布，若深衣用帛，則帛反居布内爲裏也。以布裏帛則可，以帛裏布失宜，故深衣必以布。士未仕無爵，宜衣布。治絲曰織。臣去位無君，服純素，不得二色爲采。凡貳采者，衣在上用正色，裳在下用間色。青赤黄白黑，五方之正色。緑紅騮碧紫，五行相克之間色也。公門之服尚吉。列采，衆采也。振，袗通，單也。絺綌涼薄，單則見體近媟，不以入公門。裘，以皮爲之。皮上有單衣爲表曰裼，不裼露皮曰表裘。皮不用裼則野，不可入公門。凡裘，皮裹，布帛表，表即裼衣。古裼衣，即是冬月之禮服。若外又以衣掩襲，是有事示變者，不可以入公門。纊，絮也。纊出于繭，以縕于衣中爲袍，單薄者爲絅，絹帛厚者爲袷褶，各有所宜。古冠用帛，衣裳多用布。祭服裨冕用帛，朝服玄端多用布。縞，薄繒也。用縞染色爲朝服，自季康子始耳。諸侯皮弁裨服以聽朔，皮弁玄端以視朝，故先服裨服聽朔，卒事而後服玄端視朝。此孔子之言，則朝服之不當用帛明矣。又曰：「國家無道，多難之秋，服色不宜充盛，從儉可也。」未道，猶言不理。

按：此節之義，鄭多不達。深衣一而已，長衣、中衣，豈別爲三衣乎？與表裘、襲裘之義，俱芒然。

唯君有黼裘以誓省，大裘非古也。君衣狐白裘，錦衣以裼夕之。君之右虎裘，厥左狼裘。士不衣狐白。君子狐青裘豹褎袖，玄綃衣以裼之；麛裘青豻岸褎，絞衣以裼之；羔裘豹飾，緇衣以裼之；狐裘，黄衣以裼之。錦衣狐裘，諸侯之服也。犬羊之裘不裼句。不文飾也，不裼句。裘之裼也，見美也。弔則襲，不盡飾也。君在則裼，盡飾也。服之襲也，充美也。是故尸襲，執玉、龜襲。無事則裼，弗敢充也。

黼，織白黑爲斧文，以爲裘表也。誓，戒也。省，巡也。人君誓師省方，則被黼裘以示斷。後世被大裘誓省，非古也。羔裘無表曰大裘，天子服以郊天，非以誓省也。狐白裘，集狐腋白皮爲裘。錦爲表，人君之服，希貴也。君左右，虎賁護衛之屬。虎、狼裘，尚猛也。右虎者，右多力，虎猛于狼也。士不衣狐白，戒奢也。狐青，狐蒼色。君子，謂大夫士。豹褎，以豹皮緣袪。綃，綺屬。以玄色綃爲表也。麛，鹿子。豻，犬屬，豺類。豻褎，以豻皮緣袪。絞、縞通，白繒薄者。羔，小羊。羔裘豹皮緣袪，緇衣爲表，古人冬月視朝之服，以代玄端者也。狐裘黄衣爲表，冬月蜡祭之服。以錦衣爲表，則冬月裨冕之服。鄭謂君狐白裘，素錦衣，素不可以爲錦，惟天子諸侯葬用之，非吉服。鄭蓋拘《論語》「緇衣羔裘，素衣麑裘，黄衣狐裘」，云衣與裘色相稱。然羔裘但言羔，未定言黑羔也，鹿子未全素，狐色不皆黄。古人義或別有取，不專爲色稱耳。太古衣皮，禮本古初。冬取皮爲服，内毛外革，以布帛爲單衣著皮上。袒皮而加單衣，故曰裼，猶「袒裼」之「裼」，即裘之表。羔裘，緇衣即是裼；狐裘，黄衣即是裼。錦衣同。凡禮衣單。《孟子》云：舜爲天子，被袗衣。袗，單也。裘外裼衣，即是朝祭服，非裼衣之上又著朝祭服也。又著，則爲襲矣。天子冬至郊天，大裘無表，即後云「大裘不裼」是也。犬羊之裘，以犬羊皮爲裘，微賤之服，皮外無表曰不裼。賤而無文，禦寒而已，即上云「表裘」也。凡裘之裼也，表而出之，所以見裘之美。唯弔喪加他衣掩襲，使不見美。入公門，君在則裼裘，致其美以敬君也。單曰裼，重曰襲，凡服重覆掩襲充塞其美，使不外見也。故人始死不欲見尸，則以衣重襲。執玉與龜，恐其輕媟，則重襲包裹。《曲禮》曰：執玉，有藉者裼，無藉者襲。若禮服外見，豈可襲乎？故居常無事，裘皆不襲，襲則充塞其美。有凶變之事則然，否弗敢也。

按：鄭氏不解裼襲之義，謂古人裘上有裼衣，裼衣上有襲衣，襲衣上有正服，裘下近體，必有媟衣；又謂深衣、中衣、長衣皆所以襯禮服。若是，則重累臃腫，周旋百拜，其能勝乎？又以「誓省」作「秋獮」，秋豈可裘之時？又以「尸襲」爲祭祀之尸，祭何獨尸當襲？其舛誤無稽類此。

笏，天子以球玉，諸侯以象，大夫以魚須文竹，士竹本象可也。見於天子，與射，無説脱笏。入太廟，説笏，非禮也。小功不説笏，當事免則説之。既搢必盥，雖有執於朝，弗有盥矣。凡有指畫於君前，用笏；造受命於君前，則書於笏。笏，畢用也，因飾焉。

笏，忽也，即手板。執以爲恭，不敢忽也。執以記事，備忽忘也。蓋簡類，本竹爲之。古無玉象等制，後王制禮辨物，天子笏用玉。球，美玉。諸侯笏用象齒。魚須，魚頰骨。大夫竹笏，用魚骨文飾。士竹笏不用飾，即本象可也。象，猶色也。竹素無文，笏初本竹，故曰本象。或云：以象骨文竹。象貴于魚，豈士貴于大夫，而上同諸侯乎？見天子與祭宗廟，尚嚴敬，古人笏不離身。射操弓矢無事笏，而正威儀不可少，惟搢之帶間耳。脱，去也。非凶事匆遽，不去笏。小功，喪服之輕者。情不勝禮，亦不去笏。惟當凶事免冠，去笏可也。在廟執事，搢笏則必盥手。在朝雖執事，不設盥具則弗盥。指畫君前，不敢舉手，必用笏。造受命，謂詣君前受命。畢，簡也。《學記》云「佔畢」，書記用之。又畢、蹕通，止也。《大射禮》司馬「以弓爲畢」，即今如意之類。大夫君前記事指揮，不敢以手，用笏當畢，故曰畢用。盡飾致敬，故文以魚須。笏惟大夫文飾，天子、諸侯純用玉象，士純竹耳。

笏度二尺有六寸，其中博三寸，其殺六分而去一。而素帶終辟，大夫素帶辟垂，士練帶率律下辟，居士錦帶，弟子縞帶，并紐約用組。韠，君朱，大夫素，士爵韋。圜、殺、直。天子直，公侯前後方，大夫前方後挫角，士前後正。韠下廣二尺，上廣一尺，長三尺，其頸五寸，肩革帶博二寸。大夫大帶四寸。雜帶，君朱緑，大夫玄華，士緇辟，二寸，再繚四寸。凡帶有率律，無箴功。一命緼韍幽衡，再命赤韍幽衡，三命赤韍葱衡。天子素帶，朱裏，終辟。王后褘輝衣，夫人揄狄。三寸，長齊于帶。紳長制：士三尺，有司二尺有五寸。子游曰：「參分帶下，紳居二焉。」紳、韠、結袗三齊。君命屈狄。再命褘衣，一命襢戰衣，士褖彖衣。唯世婦命於奠繭，其他則皆從男子。

此節記笏、帶、韠、佩之制，因上節言笏及之。執笏，則束帶垂韠懸佩，相因也。鄭謂爲錯簡，今依原文解之。笏度，謂笏長廣之度。其長二尺六寸，其廣三寸，天子至士同。惟天子笏方正挺直不殺，上中下廣皆三寸；諸侯前詘後直，上殺六之一，廣二寸半，中以下廣三寸；大夫前詘後詘，上下皆殺六分之一，廣二寸半，惟中博三寸。「而素帶」以下，因笏遂及帶，以笏搢之帶間也。素帶，天子諸侯之帶。素，生絹也。辟、襞通，裂也。古者裂帛爲帶，疊摺縫之也。終，竟也。終辟，謂終帶圍及垂紳皆辟。大夫帶亦素，要圍不辟，但辟其紳之垂者。士帶用熟絹。率、律同，署也。大率辟其紳之近下者耳。居士，處士，帶用錦，有道藝，尚文也。弟子幼學，帶用生絹，尚質也。并紐，兩端爲穿紐。約，結也。帶交處，用組結之。組，小條也。韠，蔽膝，即韍也。天子、諸侯朱，大夫素，士爵，皆用韋爲之。韋，熟皮也。爵，玄色。疏謂祭服曰韍，朝服曰韠，爵弁曰韎韐。按《詩》云「庶見素韠」，是喪，非朝也；又云「朱芾斯皇」，芾、韍通，是戎，非祭也；又云「韎韐有奭」，是天子，非士也。鄭據《士冠禮》以此爲玄端之韠，云韠〔一〕與裳色相似，未盡然。圜，挫四角也。殺，上廣下削也。直，隋而長也。三者，韠形也。天子隋直而圜，以象天也。公侯上下不挫角。上曰前，下曰後。方以象地也。大夫上方下圜，方以事上，圜以使下也。士上下方正，象守正也。下廣二尺，上廣一尺，長三尺，方圜不同，其度準此。頸，謂韠近帶處窄之，以容革帶，廣五寸，兩傍斗入各二寸有半。革帶，即鞶帶。禮服有大帶，帛爲之，即素練錦縞也。又有革帶，皮爲之。大帶廣四寸，革帶廣二寸。肩，即韠頸兩傍承革帶處。雜帶，又雜用之帶。大帶廣四寸，通大夫以上同也。雜帶，則君朱緑，大夫玄華，玄色而有花文也，士緇帶，皆辟裂縫之。其廣皆二寸，減大帶之半。雜帶束要，再繚繞之，則亦四寸。雜帶無并紐與垂紳，故再繚，尚斂飭，不貴緌也。凡帶，謂大帶、雜帶。率，謂大率。襞摺如法可束耳，不必箴線攻緻也。韍，即韠。衡、珩通，佩玉也。佩與韠帶同垂，而佩懸之帶間也。《周禮》：公侯伯之卿三命，其大夫再命，其士一命；子男之卿再命，其大夫一命。緼，赤黄色。幽，黑色。葱，青色。天子大帶，生絹爲表，朱爲裏，全帶皆有辟縫。「王后褘衣」以下，記男女衣帶之别。天子之后服褘衣，夫人下后一等，服揄狄。褘，煒也，與翬通，雉也。揄，飛也。狄、翟通，亦雉也。揄，鄭作「摇」，

〔一〕「韠」，原作「畢」，據文義改。按：依郝注用字，或亦當作「韠」。

引《爾雅》「江、淮以南，雉五采青質曰摇」。后與夫人之衣，皆繡雉。褘、揄，互文也。三寸，長齊于帶，謂后夫人衣，不及紳三寸。婦人之帶，長于衣也。紳，大帶之垂者。男子紳長之制，士三尺，有司二尺五寸。有司供役趨走，帶較短。又引子游之言明之。人身長八尺，要以下四尺五寸，分爲三，紳居二，故紳長皆三尺，韠亦長三尺。結，鄭云或作「袗」，是也。袗，單衣。禮衣皆單。《孟子》云：「被袗衣。」男子帶、韠、衣三者齊，此紳長之制也。君命，世婦輩蒙君寵命。雉不飛者曰屈狄，猶龍衮之有升降也。《周禮》作「闕狄」，不備之意。再命，謂加賜，則褘衣與后服同，二者皆特命也。一命，又妻從夫命之數，如子男之大夫一命，其妻襢衣，即《周禮》展衣。《詩》云：「瑳兮瑳兮，其之展也。」鄭謂襢衣白也。士，謂不命之士。其妻褖衣，《周禮》作「緣衣」，雜色緣飾也。鄭謂色黑，字從彖、豕也。豕色黑。此皆從夫之爵爲服。唯天子世婦蠶事畢獻繭，奠于天子后妃之前，天子命以服，則隨所命服之，其他婦人之服皆從夫之爵而已。

按：此與前節言笏制，與圭異。天子尋常視朝入廟，燕饗小禮，皆執笏。古者笏不離身，身被禮服，則手執笏。若大圭，惟大祭祀，大賓客，天子祀天地，諸侯朝天子用之。鄭以《周禮·玉人》大圭爲天子之笏。大圭長三尺，笏度長二尺有六寸，易辨也。記明言「中博三寸」，則上下殺與前方正詘制合。其爲天子與諸侯大夫笏度甚明。今引《玉人》「抒上，終葵首」，謂天子笏即大圭，首如椎頭，殊不似。圭末有如椎頭者，以爲笏，愈遠矣。「而帶」以下不解，遂稱脱簡。訓「辟」作「裨」，謂雜帶即裨。割後童子節「肆束及帶，勤者有事則收之，走則擁之」十五字移置「無箴功」下。「褘衣」以後，牽《周禮》附合改舊章。今繹原文，未見錯也。

凡侍於君，紳垂，足如履齊咨，頤霤，垂拱，視下而聽上，視帶以及袷，聽鄉向任左。凡君召，以三節，二節以走，一節以趨，在官不俟屨，在外不俟車。士於大夫，不敢拜迎而拜送。士於尊者，先拜，進面，答之拜則走。士於君所言，大夫沒矣，則稱謚若字名句，士與大夫言名句，士字大夫句。於大夫所，有公諱，無私諱。凡祭不諱，廟中不諱，教學臨文不諱。

侍於君，侍立也。紳垂則身磬折。齊，衣下邊。身俯則齊委地，如足踐之。頤，頷也。霤，屋簷。身俯則首前，頤向下如霤，手下垂而交拱，目不仰視，以耳上聽，視不過帶與領間。聽向任用左耳，侍立常在右也。君召以節，謂以符節示信。不過三，二節急故走，一節緩故趨。趨則直前，走則超越。在官，謂在官府治事之處。不俟屨，不及納屨也。在外，謂遠也。不俟車，不待駕也。士卑，大夫尊。大夫詣士，則士不敢拜迎，恐煩答也，于其既去而拜送耳。士於尊者，謂士詣大夫，必先拜門外而後進見，亦勿使答也。若大夫答拜，則士走避。士於君前言及大夫，如大夫存者，君前必名；如大夫沒者，必有謚，稱謚與字名之，不徒斥名也。如士與大夫言，士自稱名，稱大夫則字。舊解失之。「於大夫所，有公諱」，謂如本國先君諱之類，無私家之諱也。凡祭，祭羣神。廟中，祭先祖。祝嘏之辭，有先君之名在，亦不諱，如《雍》詩稱「克昌」是也。教學臨文不諱，如《論語》言徵言在、言發言宋之類是也。

古之君子必佩玉，右徵、角，左宫、羽，趨以《采齊茨》，行以《肆夏》，周還旋中規，折還中矩，進則揖之，退則揚之，然後玉鏘鳴也。故君子在車則聞鸞和之聲，行則鳴佩玉，是以非辟之心，無自入也。君在不佩玉，左結佩，右設佩；居則設佩，朝則結佩。齊齋則綪争結佩而爵韠。凡帶必有佩玉，唯喪否。佩玉有衝牙。君子無故玉不去身，君子於玉比德焉。天子佩白玉而玄組綬，公侯佩山玄玉而朱組綬，大夫佩水蒼玉而純組綬，世子佩瑜玉而綦組綬，士佩瓀軟玟民而緼組綬。孔子佩象環五寸而綦組綬。

徵、角、宫、羽，佩玉聲中五音也。左、右，互言。不及商，包舉也。鄭註云事、民宜勞居右，君、物宜逸居左，鑿也。《爾雅》云：堂上謂行，門外謂趨。趨疾行徐。《采薺》《肆夏》，皆樂歌。《采薺》，《小雅·楚茨》之詩，宗廟行禮，歌之和緩者，于疾趨則歌；《肆夏》，《周頌·時邁》之詩，省方周流，歌之行邁者，于緩行則歌，使疾徐各有節，所謂和之以樂也。還、旋同。周還，圜轉也。折還，方轉也。進則微俯而前如揖，不過亢；退則微仰而後如揚，不過卑，所謂節之以禮也。如此，則舉動中節，玉聲應之，鏘鏘和鳴，以爲養心之助。鈴在衡曰鸞，在軾曰和，故君子在車聞鸞和，行步鳴珮玉，無時無處不致養，所以非僻之心無自入也。君在不佩玉，朝則結佩，謂尋常在君側，或有所執事奔走，非行禮之會。鄭謂世子之禮，拘也。不佩玉，不敢比德，且使行無聲也。左結佩，結玉佩也。右設佩，設事佩，不結也，如觿燧之類，所以供役。右設，便也。居則設佩，謂平居則左右俱設，齋戒則屈其佩向上而結之，神道主静也。綪作「緈」，猶《儀禮》陳設之「綪」，屈也。爵韠，玄色之韠。齋尚玄。凡束帶必佩玉，唯喪有帶無佩。衝牙，琢玉如牙形，懸佩間，使相衝擊成聲也。玉比德，故不去身。白，粹之至也。玄，天色也。組綬，以組貫玉曰綬。山玄，玉色玄如山。山静，象仁也。水蒼玉，玉色蒼如水。水動，象知也。純，素絲也。瑜，玉之美者，不論色也。綦，雜文。瓀玟，石次玉者。緼，赤黄色。孔子不佩玉而佩象環，其廣五寸。環無窮，象無聲，五者天地之中數。此平居之佩，若禮服，玉不可易也。

童子之節也，緇布衣，錦緣，錦紳并紐，錦束髮，皆朱錦也。肆束，及帶，勤者有事則收之，走則擁之。童子不裘，不帛，不屨絇劬，無緦服，聽事不麻。無事則立主人之北，南面。見先生，從人而入。

童子之節，謂童子之禮節。衣緇布，尚質也。衣緣、帶、紳、束髮，皆用朱色之錦，示將成人，備文也。肆束，謂雜帶再繚，示謹飭也。及帶，帶雖長，無使多垂，盡帶而止。勤，服勞也。收之，收其紳之垂者。走則抱之，防踐踏也。衣裘、帛，屨頭著絇，皆成人之飾，非童子所宜。緦服輕，童子不備禮，則不服。惟聽長者使令之事，非大喪不加麻絰。無使令之事，則立主人背後，南面以伺。將見長者，不徑前，必隨人入，勿煩長者專禮也。

侍食於先生、異爵者，後祭先飯。客祭，主人辭曰：「不足祭也。」客飧孫，主人辭以疏。主人自置其醬，則客自徹之。一室之人，非賓客，一人徹。壹食之人，一人徹。凡燕食，婦人不徹。食棗、桃、李，弗致于核。瓜祭上環，食中，棄所操。凡食果實者後君子，火熟者先君子。有慶，非君賜不賀。有憂者，勤者有事則收之，走則擁之。孔子食於季氏，不辭，不食肉而飧。

先生、異爵者，年長位尊也。後祭，不敢先也。先飯，不敢當客也。客祭，敬主人之盛饌也，故主人辭以不足祭。飧，謂以飲澆飯。禮，三飯乃飧。食飽而加飧，美主人之饌也，故主人辭以麤疏。食必有醬，主人親送。食畢，客亦親徹，報施稱也。一室之人，謂同室之人共食，非賓客也。壹食，謂同輩聚食，無老幼尊卑異膳也。二者皆無賓主之辨，但少者一人徹耳。凡男子燕會飲食，婦人不徹，不預外事也。祭則婦人徹室中之饌。食棗、桃、李，不盡齧至核。或曰：不委其核于地也。食瓜，横切其上如環以祭，而食其中，棄其所操之皮。果實，凉爽之物易食，則後君子。火熟，炎熱之物難食，則先君子。此緩急之節也。喜慶之事非一，惟君賜榮則賀，他不足賀也。「有憂者」以下，有闕文。「勤者」以下十一字重出。孔子食于季氏，將食不辭，不嘗肉，不三飯遂飧。主人不知禮，故示不屑之意。

君賜車馬，乘以拜賜句；衣服，服以拜賜句。君未有命，弗敢即乘、服也。君賜，稽首，據掌，致諸地。酒肉之賜，弗再拜。凡賜君子句，與小人句，不同日句。凡獻於君，大夫使宰，士親，皆再拜稽首送之。膳於君，有葷、桃、茢，於大夫去茢，於士去葷，皆造於膳宰。大夫不親拜，爲君之答己也。大夫拜賜而退。士待諾而退，又拜，弗答拜。大夫親賜士，士拜受，又拜於其室；衣服，弗服以拜。敵者不在，拜於其室。凡於尊者有獻，而弗敢以聞。士於大夫不承賀，下大夫於上大夫承賀。親在，行禮於人稱父。人或賜之，則稱父拜之。

君賜車馬之初，即拜矣。異日乘此車馬，往拜車馬之賜。君賜衣服之初，即拜矣。異日服此衣服，往拜衣服之賜。然必君命之乘乃敢乘，君命之服乃敢服也。君賜，則稽首，以首據掌上，極至于地以拜。他日服、乘又拜，所謂再拜也。惟車馬衣服爲然，若酒肉之賜，承賜時拜之，明日弗再拜也。將之以禮曰賜，投之以物曰與。君子、小人貴賤德力不同，如《詩》歌《采薇》以勞將帥，又歌《杕杜》以勞士卒，不同日也。大夫有所獻于君，使家宰代獻。不親，恐君降禮也。士獻則親，分卑，君無答也。皆再拜稽首送者，大夫遣宰時再拜稽首，及宰抵君門授小臣，與士親獻者，又再拜稽首。膳於君，謂以飲食獻君。葷，辛烈之物，薑葱之類。桃枝辟惡，茢帚除穢。三物皆以禦不祥。致膳用之，示潔敬也。

致膳於大夫，則去茢，用葦、桃。致膳於士，則去葦用桃。皆造於膳宰，謂皆詣掌飲食者致之，不徑達也。凡大夫拜君賜，于門外不見君，恐煩君答也。既拜，不待君命退，恐煩君召也。士亦拜門外，待君諾乃退，既得君諾又拜。君于士無答，故士得盡禮也。大夫親賜于士，士親拜受，明日又往拜于大夫家。大夫之賜無車馬，惟衣服，不必服以拜，殺于君也。若分敵，既親拜賜，不必再往。惟賜時不在，乃往拜于室耳。凡有獻于尊者，辭弗敢徑聞，但云聞于從者執事之類，不敢瀆也。承賀，謂有慶事受賀。士于大夫分隔，不敢承。下大夫於上大夫，承可也。親在，禮必稱父，統于尊也。

禮不盛，服不充，故大裘不裼，乘路車不式。

禮有以文爲貴者，敬之可以美盡者也；有以質爲貴者，敬之不可以文致者也。極則反本焉。故服之見美，非禮之盛者也。宗廟之祭，賓客之享，衣服盡飾，必見其美，不敢充也。充，蔽塞意。故冬至郊天，禮之盛者，天子被大裘，大裘無表，謂之不裼。裘之裼也，見美也。不裼，則美不見之，謂充美，與襲同耳。凡在車見所敬則伏式。郊乘大路，敬天不二，故不式，即充服之意。皆所謂至敬無文，禮之至盛者也。

父命呼，唯而不諾，手執業則投之，食在口則吐之，走而不趨。親老，出不易方，復不過時。親𤻲劑，色容不盛。此孝子之疏節也。父没而不能讀父之書，手澤存焉爾。母没而杯圈不能飲焉，口澤之氣存焉爾。

唯者，應之速。諾者，應之徐。超行曰走，連步曰趨。出不易方，往有定所也。復不過時，歸有定期也。瘠，病也。色容不盛，即《文王世子》謂「色憂不滿容」也。疏，粗也。粗節，非禮之精。孝子不忍忘親之心，則精也。父書，父所嘗讀之書。不能，猶言不忍。澤，沾也。手澤，手所沾之汗澤。杯圈，酒器。屈木爲之曰圈。口澤，口所沾之津液。父言書，母言杯圈，各因所事也。事死如生，終身之慕，可謂孝矣。

君入門，介拂闑臬，大夫中棖橙與闑之間，士介拂棖。賓入不中門，不履閾，公事自闑西，私事自闑東。君與尸行接武，大夫繼武，士中武。徐趨皆用是。疾趨則欲發，而手足毋移。圈犬豚屯，上聲行，不舉足，齊咨如流。席上亦然。端行，頤霤如矢。弁行，剡剡起屨。執龜、玉，舉前曳踵，蹜蹜如也。凡行，容惕惕，廟中齊齊，朝廷濟濟翔翔。

君入門，謂兩君相見入門。介，副也，謂兩君之擯介。卿爲上介，大夫爲次介，士爲末介，各從其君後。門中央豎短木室扉曰闑。門兩傍長木立扉曰棖。兩君入門，各當東西棖闑之中，主君由東，賓由西。主君之上擯在君後稍近西，拂闑。賓之上介在賓後稍近東，亦拂闑。次大夫各當君後，棖闑中。次士各拂東西棖。參差鴈行，不相襲也。賓入，又謂鄰國卿大夫來聘者。稱賓，殊君也。不中門，謂入門稍東近闑。門限曰閾。公事，奉君命聘享之事。入自闑西，用賓禮。己事私覿，入自闑東，用臣禮。凡臣出入由闑右，入以東爲右也。君與尸，分尊尚徐。足迹曰武。後武踐前武，相接行緩也。大夫行稍疾，武相及也。士行散步，兩足中間容一武。此徐趨之節。君大夫士凡徐行，皆用此。與尸行，據祭時言也。徐趨，猶言徐行。疾趨，猶言疾行。疾趨則步欲起發，手足欲端正，無傾側動移。圈豚行，謂轉身廻旋。豚性奔突，在圈中，則迴旋。不舉足，謂足不離地。齊，衣下邊。如流，曳地如水流也。席上，謂登席。行其上，亦如是也。端行，直身正行。頤霤，頤下垂。如矢，身直也。弁、槃通，逍散貌。剡剡，鋭利，屨頭起發之貌。龜、玉重器，執以行，足前舉其趾，後曳其踵，蹜蹜然局促不進也。凡行步之容，惕惕然如履危；行廟中，齊齊然嚴正；行朝廷，濟濟然詳整，翔翔然安舒也。

按：行容惕惕，鄭音傷傷，直疾貌，以行爲行路。夫行路者直疾，何足表禮？本謂士君子步履兢惕云爾。心苟不在，履錯失容，雖宗廟朝廷，其能齊齊、濟濟翔翔乎？即《易》之「惕若」，俗語「履平地而恐」之意，與「怵惕」之「惕」正同。必謂从昜音傷，甚無謂。與「鄉人裼」之「裼」作「禓」，皆好異穿鑿之過。

君子之容舒遲，見所尊者齊齋遬速。足容重，手容恭，目容端，口容止，聲容静，頭容直，氣容肅，立容德，色容莊，坐如尸。燕居告温温。凡祭，容貌顔色如見所祭者。喪容纍纍，色容顛顛，視容瞿瞿句，梅梅，言容繭繭。戎容暨暨，言容詻詻額，色容厲肅，視容清明。立容辨卑，毋讇諂，頭頸必中。山立，時行，盛氣顛田實揚休，玉色。

舒遲，閒雅貌。齊則不敢舒，遫則不敢遲，見尊者之容也。足容重，遲篤也。口容止，閉塞也。聲容静，認嘿也。氣空肅，屏息也。立容德，安定也。德，得也。有所得，則無皇皇徵逐之態。燕居告，謂燕居及告語，皆以温温爲貴。此上十一者，君子之容也。喪容，居喪之容。纍纍，羸瘠貌。顛顛，匆遽貌。瞿瞿，驚顧貌。梅梅，酸楚貌。或云：梅梅，猶昧昧。繭繭，結澀貌。四者，皆居喪之容。戎容，軍旅之容。暨暨，果毅貌。詻詻，剛決貌。色厲肅，則氣勇。視清明，則神鋭。四者皆軍旅之容。立容，又泛言與人立之容。辨，辨别也。心常辨别，惟恐失容，即《論語》「察言觀色，慮以下人」之意。謙卑而不至諂屈，則不失己。或云：「辨」當作「貶」。山立，安重也；時行，不妄動也，即「足容重」之意。盛氣，氣體充滿也。顛、填通，填塞充實于中，而發揚休美于外也。玉色，温栗如玉也。

凡自稱，天子曰「予一人」，伯曰「天子之力臣」。諸侯之於天子，曰「某土之守臣某」；其在邊邑，曰「某屏之臣某」；其於敵以下，曰「寡人」。小國之君曰「孤」，擯者亦曰「孤」。上大夫曰「下臣」，擯者曰「寡君之老」。下大夫自名，擯者曰「寡大夫」。世子自名，擯者曰「寡君之適的」。公子曰「臣孽」。士曰「傳去聲遽之臣」，於大夫曰「外私」。大夫私事使，私人擯則稱名，公士擯則曰「寡大夫」、「寡君之老」。大夫有所往，必與公士爲賓也。

伯，方伯。力臣，股肱宣力之臣。某土，如云東土、西土之類。屏，藩屏。某屏，如云東藩、西藩之類。敵，謂諸侯交相稱。擯，相禮者。世子，諸侯適子。公子，諸侯庶子。孽，旁芽。傳遽，驛傳急遽，猶言奔走之臣，士自稱于外諸侯者也。士于鄰國大夫，則自稱「外私」。家臣曰私，對鄰國曰外。大夫私覿主君，則自使私人爲擯，稱大夫名以通。若奉君命見，則公家之士從行者爲擯，辭稱「寡大夫」「寡君之老」。凡大夫有公事〔一〕他國，必有公家之士從行爲賓，不徒以私士行也。

禮記通解卷十一終

〔一〕「公事」下疑有脱文。